马克思主义研究文丛

马克思哲学与现代哲学变革

贺来◎著

中央编译出版社

图书在版编目（CIP）数据

马克思哲学与现代哲学变革/贺来著. —北京：中央编译出版社，2018.8
ISBN 978-7-5117-3580-5

Ⅰ. ①马…
Ⅱ. ①贺…
Ⅲ. ①马克思主义哲学－研究
Ⅳ. ①B0－0

中国版本图书馆 CIP 数据核字（2018）第 116517 号

马克思哲学与现代哲学变革

总 策 划：
出 版 人：葛海彦
出版统筹：贾宇琰
责任编辑：谭　伟
美术编辑：王洪广　吴成英
责任印制：刘　慧
出版发行：中央编译出版社
地　　址：北京西城区车公庄大街乙5号鸿儒大厦B座（100044）
电　　话：（010）52612345（总编室）　　（010）52612339（编辑室）
　　　　　（010）52612316（发行部）　　（010）52612346（馆配部）
传　　真：（010）66515838
经　　销：全国新华书店
印　　刷：三河市华东印刷有限公司
开　　本：710 毫米×1000 毫米　1/16
字　　数：326 千字
印　　张：22
版　　次：2018 年 8 月第 1 版
印　　次：2018 年 8 月第 1 次印刷
定　　价：88.00 元

网　　址：www.cctphome.com　　邮　箱：cctp@cctphome.com
新浪微博：@中央编译出版社　　微　信：中央编译出版社（ID: cctphome）
淘宝店铺：中央编译出版社直销店（http://shop108367160.taobao.com）
　　　　　（010）55626985

本社常年法律顾问：北京市吴栾赵阎律师事务所律师　闫军　梁勤
凡有印装质量问题，本社负责调换，电话：（010）55626985

五月五 🤝

前　言

马克思是现代哲学家,是推动哲学从传统向现代转向过程中极为重要的人物。然而,很长时间以来,不少人停留于传统哲学的理论视野和思维方式理解马克思哲学,由此所造成的后果便是:马克思哲学中那些最富现代意义的理论创见和思想智慧被深深地掩蔽起来。这是对马克思哲学和对我们自身的双重损害。

揭示马克思哲学的现代哲学意蕴,不仅具有重要的学术价值,而且具有重大的现实旨趣。这不仅体现在马克思哲学关于现代人生存状态的深刻反省,对未来人的更为合理的可能生存样式的探索,是正在向往和追求美好生活的当代中国人必须认真聆听并深入体味的富有穿透力的声音,更重要的是,由于马克思哲学在今天中国人思想和语言中极为特殊和重要的地位和影响力,彰显马克思哲学的现代哲学意蕴,对于我们进一步变革哲学观念、推动思想解放,摆脱和避免过时的、陈腐的观念和原则的纠缠和困扰,并因此推动中国社会的文明进步,具有十分特别的必要性。

因此,阐发和拯救马克思哲学的现代哲学意蕴,并从今天的现实生活和哲学思考出发,彰显和焕发其应有的思想魅力,使之成为我们时代哲学智慧的内在构成力量,是我们必须承担的重要理论任务。我认为,这是纪念马克思并向他致敬的最好方式。

25年之前,即1993年,我投入高清海先生门下,成为他的第十三名博士生。入学之时,先生的《哲学的憧憬》一书刚刚出版。在这部以亚里士多德的《形而上学》为研究和反思对象的著作中,先生明确提出并论述了马克思哲学在思维方式上所实现的现代哲学变革。受先生影响和鼓励,马克思哲学的现代哲学意蕴成为我此后关注和思考的重要课题之一。围绕这一课题，我陆续出版和发表了一系列成果，收录在本书的论文，即是其中较有代表性的部分。这些成果大体包括三个方面的基本内容。

第一方面，是对马克思哲学在哲学存在方式方面所实现的现代哲学变革的探讨。对哲学的合理存在方式重新进行反思和探寻，这是传统哲学向现代哲学转向过程中哲学的重要主题，马克思在此方面作出了十分特殊的贡献。这一部分收录的内容，对马克思哲学在哲学存在方式的转换上所做的重要工作及其在此过程中所显示的特殊的哲学维度，以及与此密切相关的马克思哲学在"哲学的立足脚点"、"形而上学"、"实践观"、"现代性反省"等重大问题上所实现的范式转换，进行了专门的研究和阐发。

第二方面，围绕着哲学领域最为基本和重大的一系列问题，探讨马克思所实现的哲学观念的现代变革。这些问题包括"存在论"、"辩证法"、"历史唯物主义"、"社会观"、"人的自我理解"、"主体性"等等。所有这些问题，均是哲学史上最为经典和核心的问题，马克思以现代哲学的眼光，对它们作出了区别于传统哲学的创造性回答。

第三方面，是对马克思的现代哲学变革与现代社会深层关系的探讨。马克思的现代哲学变革，是与他对现代社会生活深刻的批判性理解密不可分的，甚至可以说，对现代社会生活的批判性理解，构成了其哲学变革的深层现实基础。在这一部分，围绕着马克思哲学的"社会观"与"发展观"、马克思哲学的"类"概念与"人类命运共同体"思想、马克思哲学的"关系理性"思想与"真实共同体"的探寻、马克思哲学关于"有尊严的幸福生活"的理解、马克思哲学对于"价值虚无主义"的反省等与今天人们的现实生活有着最为内在关联的重大问题，试图作出有一定新意的理解。

本书内容，只是笔者在"马克思哲学与现代哲学变革"这一课题上所做的部分工作，由于篇幅所限，一些其他成果没能收录进来。但是，它记录了我在此问题上的思想轨迹，表达了我对马克思哲学的一些基本理解。希望此书的出版，能推动国内对于这一问题的进一步思考和研究。

本书能够出版，首先要特别感谢杜永明副编审，正是他的热忱、敬业和工作的高效，才使本书有幸得以纳入文库。同时，我要感谢我的研究生彭双贞、李亚琪、王一帆和武珊珊同学，他们为本书的文字校对做了大量细致的工作。本书内容的研究和写作，得到了中宣部"四个一批"人才工程的支持，也在此谨致谢意。

贺　来

2018 年 6 月

目 录
CONTENTS

上 篇
马克思哲学与哲学存在方式的变革

现代性学科建制的突破与马克思哲学的存在方式 …………… 3
超越"现实"的"现实关怀"
　　——马克思哲学如何理解和关注现实？ …………… 19
哲学"立脚点"的位移与马克思的哲学变革 …………… 30
"形而上学终结"之后的哲学主题 …………… 47
论马克思哲学与形而上学的深层关系
　　——"形而上学的终结"与"形而上维度的拯救" …………… 59
论马克思实践哲学的政治意蕴 …………… 72
"现代性"的反省与马克思哲学研究纵深推进的生长点 …………… 86

中 篇
马克思的现代哲学变革与哲学观念的范式转换

马克思哲学与"存在论"范式的转换 …………… 97
"终极实在"观的创造性转换与马克思的社会概念 …………… 115

论历史唯物主义的辩证本性 …………………………………… 128
辩证法与人的存在
　　——对辩证法理论基础的再思考 ……………………………… 143
"思维"与"存在"的异质性与辩证法的批判本质 …………… 158
辩证法与实践理性 ……………………………………………… 173
马克思哲学与"人"的理解原则的根本变革 ………………… 186
"主体性"观念的反思与意识形态批判 ……………………… 201
深化"主体性"研究的重大课题
　　——从"认知主体"到"价值主体" ………………………… 215

下　篇
马克思的现代哲学变革与现代社会

马克思哲学"社会观"与"发展观"的现代视野
　　——"以人为本"社会发展观的前提反思 …………………… 231
马克思哲学的"类"概念与"人类命运共同体" ……………… 248
"关系理性"与真实的"共同体" …………………………… 262
有尊严的幸福生活何以可能 …………………………………… 292
中国哲学、西方哲学、马克思主义哲学：价值信念层面的对话 …… 306
马克思的哲学变革与价值虚无主义课题 ……………………… 317

索　引 …………………………………………………………… 332

上 篇
马克思哲学与哲学存在方式的变革

现代性学科建制的突破与
马克思哲学的存在方式①

罗蒂在《哲学与自然之镜》中指出："在古代世界，'哲学'并不是一门学科、一门学术科目或一门思想专业的名称"，哲学成为一个学科或专业，是17、18世纪的产物，它是随着现代性的建构，尤其随着自然科学的发展，且"由于思想生活世俗化了，一门被称作'哲学'的俗世学科的观念开始居于显赫地位。这门学科以自然科学为楷模，却能够为道德和政治思考设定条件"，而在此过程中，康德是一个标志性人物："康德以后，哲学成了一门学术专业"。②

把这一现象置于现代社会的进程中，我们可以清楚地看到，哲学成为一门学术专业，与现代性的进程是内在结合在一起的。正如韦伯所揭示的那样，现代性在根本上是一个理性化的进程，现代人必须遵循理性的社会秩序，按照理性的法则和要求，在社会的分工体系中寻求自己的位置。这一领域最典型的表现便是现代官僚体系，它完全按照合理化的原则组织起来，通过这种组织方式，形成现代社会的基本秩序并保证其运行。正是在这一背景下，哲学被理性化的社会秩序规训为大学学院中的一个学科和专业，哲学家成为大学学院中的一个职业，即"哲学教授"。

这一变化所付出的重大代价就是哲学成为职业分工体系中的一员，它被迫在与大学中其他学科，尤其与自然科学等具体学科的竞争中，即在学

---

① 原载《天津社会科学》2017年第6期。
② [美] 罗蒂：《哲学与自然之镜》，李幼蒸译，生活·读书·新知三联书店1987年版，第11—12页。

院体制中觅得自己的生存空间。由此所造成的最直接的后果,便是哲学与鲜活的人的现实生活之间的关系被切断,哲学成为一桩按照"学术规范"展开的知识性生产活动。白瑞德对逻辑实证主义的评论颇为中肯地揭示了这一点:现代的大学跟现代的工厂没有两样,同是这个时代分工专业的表现,尤有甚者,哲学家晓得,我们近代的知识之所以远比过去的知识来得精确有力,都是分工的结果。现在科学乃是由知识的社会组织一手造成。所以现代的哲学家,正因为他自己在团体中的客观社会角色,而被压迫成为科学家的赝品;他也要靠分工专业来改善自己的知识利器。于是现代的哲学家格外注重技巧,分析逻辑和语言、方法以及语意学,而且一般来说,为求形式上的工巧,常把所有的内容琢磨殆尽。所谓逻辑实证主义,简直暴露了哲学家自认为不是科学的犯罪感;也就是说,不是用科学模式来制造足以依赖的知识的研究人员①。现代性建制所造就的哲学的过分的专业和学科意识,使得哲学成为学术工业流水线上的一个生产环节,大批的"产品"被制造出来,这些产品包括学术论文、著作、科研项目、各种评奖等等,哲学学科和专业在不断追求和创造自身"繁荣"的同时,它也愈来愈把自身局限在学院的象牙塔中,与丰富广阔的社会生活、与深邃的个体生命隔离开来,各种印刷品中的哲学话语,如同超市中的商品一样飞速增加和膨胀,但哲学曾经拥有过的摄人心魄的智慧却越来越稀缺和罕见。

  正是在此意义上,今天我们思考马克思哲学的出场方式和存在方式,具有特殊的启示意义。在西方哲学史家们编撰的很多哲学史专著中大都没有给马克思哲学留下独立的章节。这种情况颇耐人寻味。之所以如此,一个根本原因就在于,这些哲学史著作囿于现代性所造就的学科规训框架及其哲学观念。与之不同,马克思哲学在根本上改变了哲学的出场和存在方式,它超越了现代性学科体制的规训和界限,使哲学与人们的现实社会生活建立了一种密不可分的内在关系,哲学成为一种内在于社会生活并推动社会生活运动的一种有机力量,甚至可以说,哲学本身就是社会生活及其

---

① [美]白瑞德:《非理性的人》,彭镜禧译,黑龙江教育出版社1988年版,第4页。

跃迁过程不可分割的一部分。这使马克思哲学在当代哲学景观中呈现出与其他哲学流派有着重大不同的独特的精神气质，可以说，如果说其他主要哲学流派基本属于"学院哲学"，那么，在其本性上，马克思哲学更多地表现出突破"学院化哲学"的学科分工限制的特质。这是马克思哲学特殊的优势，也是马克思哲学独特的魅力之所在，它对哲学在今天重新焕发其特殊的思想智慧活力具有深刻的启示性。

一、重建哲学与现实生活的"有机联系"

要重振哲学的魅力，首先是恢复哲学与人的现实生活的内在关联。如果我们追溯哲学的源头，可以发现，无论是古希腊还是中国先秦诸贤，哲学并不是一门学科或专业，而是一种"热情的生命方式"，海德格尔在《什么是哲学》一文中曾对"哲学"一词进行词源学的考证。在希腊文中，哲学（philosophia）源于philosophos，依赫拉克利特的说法，philosophos所意指的是"热爱sophos"，而"热爱（phileia）"则表明以逻各斯的方式去说话，与逻各斯相"应合"（en-tsprechen）。因此，哲学，或者说"热爱sophos"就是与"sophos"相应合、相协调。从这种词源学的考证可以看出，"哲学"在最本源的意义上，并不是一个"名词"，而是一个"动词"；不是一种知识性的理论"学科"或者"专业"，而是一种活生生的、具体的生活方式和生命方式。最早的哲学家寻求宇宙秩序的整体性见解，其目的不是获得关于宇宙的客观知识，而是获得关于人和社会自身的自我理解，获得关于人在宇宙中自身位置的自我意识，并且根据这种自我理解和自我意识来塑造自己的生活。胡塞尔在《欧洲科学危机与超验现象学》中，曾这样描述这些最早的哲学家和他们的哲学："对于古希腊罗马人来说，什么是最根本的呢？通过比较分析可以肯定，它无非是'哲学的'人生存在形式：根据纯粹的理性，即根据哲学，自由地塑造他们自己，塑造他们的整个生活，塑造他们的法律"①，以苏格拉底为例，在他的

---

① ［德］胡塞尔：《欧洲科学危机与超验现象学》，张庆熊译，上海译文出版社1988年版，第8页。

眼中，哲学不是一种"学院"内的"理论学科"，而是一种热情的生命方式，他的哲学就是在大街上、集会中乃至法庭上与他人的"对话"活动（这才是所谓"辩证法"的原始含义），通过这种"对话"活动，促进人和社会的自我理解，并据此来追求和塑造一种更美好的生活，这也构成了其哲学的根本旨趣。因此，对于他们，我们甚至不能以现代通常理解的"哲学家"来称呼，他们是游吟诗人、思想者，甚至是僧侣，"哲学"对于他们并非一种"职业"，而是与人的现实生活内在相关的"生命的事情"，这一点就如康德所说的：哲学"在古人那里原是对至善借以措身的概念是对于马克思哲学当代阐释善借以获致的行为的诠论"①。

马克思哲学是上述伟大哲学传统的继承和发扬者。马克思的哲学思考和探索，不是为了成为大学学院中的职业教授，更不是为了使哲学成为狭义的现代性学科建制中的一个"成员"，而是要重建曾一度丧失的哲学思想与现实世界之间的有机联系。青年马克思这样指责流行的哲学："哲学，尤其是德国哲学，喜欢幽静孤寂、闭关自守并醉心于淡漠的自我直观"，与之不同，马克思相信："哲学不是世界之外的遐想，就如同人脑不在胃里，也不在人体之外一样。自然，哲学首先是通过人脑与世界相联系，然后才用双脚站在地上；但这时人类的许多其他活动领域早已双脚立地，并用双手攀摘大地的果实。它们甚至想也不想，究竟是'头脑'属于这个世界，还是这个世界是头脑的世界"，"因为任何真正的哲学都是自己时代精神的精华，所以必然会出现这样的时代，那时哲学不仅从内部即从其内容来说，而且从外部即其外部表现来说，都要与自己的时代的现实世界相接触并相互作用，那时，哲学对于其他的一定体系来说，不再是一定的体系，而正在变成世界的一般哲学，即变成当代世界的哲学，各种外部表现证明哲学获得了这样的意义：它是文明的活的灵魂，哲学已成为世界的哲学，世界已成为哲学的世界。"② 在这一论述中，马克思十分清楚地表达了对哲学与世界关系的自觉理解：哲学不应该跳到"世界之外"寻求一个永恒的"阿基米德点"，然后从这一阿基米德点俯瞰和解释此岸世界，与之

---

① ［德］康德：《实践理性批判》，韩水法译，商务印书馆1999年版，第119页。
② 《马克思恩格斯全集》第1卷，人民出版社1956年版，第120页。

相反，哲学无论从其内容还是形式，都必须"与自己的时代的现实世界相互接触并相互作用"，直至哲学与现实世界内在地结合在一起，实现"哲学的世界化"与"世界的哲学化"。

哲学与现实世界的"有机联系"，不同于"外在联系"。自古以来，哲学从来都宣称要理解和解释现实世界，没有一种哲学自认要"脱离现实世界"。但在哲学史上，众多高调欲理解和解释现实世界的哲学却最终恰恰以远离现实世界，甚至以瓦解和抽象现实世界为归宿。这其中最根本的原因就在于，它们在处理哲学与现实世界关系时，采取的是一种抽象的形而上学思维方式和思想逻辑。在哲学的对象和主题上，它把"发现"、"终极存在"作为自己的根本任务；在基本思想理路上，它认为"终极存在"就是最普遍的概念[①]，用黑格尔的话表达，"逻辑是真理的绝对形式，尤其是纯粹真理的本身"[②]；在理论旨趣上，它把沉思的生活方式视为最纯粹和最令人神往的境界，甚至是把人们从凡俗中拯救出来的特殊途径，亚里士多德把沉思的生活与技艺的和实践的生活区分开来，认为沉思的生活居于一切生活方式之首，代表着人生最高的幸福，这种观念表达了整个传统形而上学所共同憧憬的哲学境界。遵循这种思维方式和思想逻辑，哲学的主要功能就是通过逻辑概念之网，去一劳永逸地捕获关于整个世界的最后谜底，由此所导致的结果是：世界上的事物成为"逻辑范畴这块底布上绣成的花卉"，"一切存在物，一切生活在地上和水中的东西经过抽象都可以归结为逻辑范畴，因而整个现实世界都淹没在抽象世界之中，即淹没在逻辑范畴的世界之中"[③]。很显然，在传统形而上学思维方式和理论逻辑的支配之下，在哲学与现实世界关系问题上，必然导致双重后果：哲学的"非世界化"与世界的"非哲学化"，前者意味着哲学把自己幽禁在超感性的理性和逻辑世界而外在于现实世界，后者意味着现实世界失去了哲学思想作为一种现实的思想力量的参与和推动。哲学与现实世界的这种联系不具有"有

[①] ［德］海德格尔：《存在与时间》，陈嘉映、王庆节译，生活·读书·新知三联书店1987年版，第4页。
[②] ［德］黑格尔：《小逻辑》，贺麟译，商务印书馆1980年版，第64页。
[③] 《马克思恩格斯文集》第1卷，人民出版社2009年版，第600页。

机性",而是体现为"外在性"。正是在此意义上,马克思针对德国哲学指责道:"这些哲学家没有一个想到要提出关于德国哲学和德国现实之间的联系问题,关于他们所作的批判和他们自身的物质环境之间的联系问题"①。

哲学与现实生活的"有机联系"意味着,哲学与现实世界之间建立起一种良性的内在循环关系。一方面,现实生活构成哲学的起点和归宿。哲学并非依靠纯粹理性而自足完备、无须外求的独立王国,其生命之根深植于不断变动、充满矛盾的现实生活之中,哲学的合法性来源于对现实生活的批判性反思并须在现实生活中确证自己的现实力量。对此,马克思明确说道:"德国哲学从天国降到人间;和它完全相反,这里我们是从人间升到天国……我们的出发点是从事实际活动的人,而且从他们的现实生活过程中还可以描绘出这一生活过程在意识形态上的反射和反响的发展",无论是哲学的内容和主题,还是哲学的语言,都根源于现实生活:"无论思想或语言都不能独自组成独立的王国,它们只是现实生活的表现。"② 另一方面,哲学又以一种理论的方式"趋向现实",作为一种内在的思想力量参与和推进到对现实生活的运动和跃迁之中,从现实生活中生成的哲学思想需要再次回归到现实生活,"在实践中证明自己思维的真理性,即自己思维的现实性和力量,自己思维的此岸性。关于离开实践的思维的现实性与非现实性的争论,是一个纯粹经院哲学的问题"③,总之,哲学虽然根植于现实生活,但其一旦形成,它便获得了相对独立性,但这种独立性并不意味着脱离现实生活,而是为了以一种反思批判的方式更深入地理解现实生活的本质,从而"实际地反对并改变现存的事物"。在哲学与现实生活的这种良性循环中,哲学以理论的方式成为现实生活变化和发展的内在环节和有机构成力量。

对于马克思哲学与现实生活的这种内在循环关系的理解,柯尔施曾用"理论与实践的整体性"来进行概括。他认为,对马克思哲学而言,"理论上的批判和实践上的推翻在这里是不可分离的活动,这不是在任何抽

---

① 《马克思恩格斯选集》第1卷,人民出版社2012年版,第145—146页。
② 《马克思恩格斯全集》第3卷,人民出版社1956年版,第525页。
③ 《马克思恩格斯选集》第1卷,人民出版社2012年版,第138页。

的意义上说的，而是具体地和现实地改变资产阶级社会的具体和现实的世界"①。在二者的这种不可分离的辩证关系中，马克思超越了片面的"实践政治派"，他们不懂得："不使哲学成为现实，就不能消灭哲学"，同时也超越了片面的"理论政治派"，他们不懂得："不消灭哲学，就能够使哲学成为现实"②。在此，哲学与现实生活不再是一种外在的强制性关系，而真正成为一种内在融涵、彼此滋养、相互推进的有机关系。很显然，马克思哲学与现实生活所建立的这种"有机联系"，与现代性学科建制中的"学院哲学"有着重大不同的思想旨趣，也必然会带来哲学存在方式、工作方式等多方面的重大变化。

二、对现实社会生活的前提性追问：为未来"开路"的批判性思想

建立哲学与现实生活的有机联系，并不是要限制哲学的作用，恰恰相反，是为了更有力、更坚实地发挥哲学的思想引导功能。在哲学与现实生活的有机联系中，哲学不是要为"过去"和"现在"作出"总结"，从而充当一切事物和话语的"后设叙事"，而是要立足于现实生活，通过对现实社会生活的前提性追问，为现实生活的未来寻求新的可能性。在此意义上，马克思哲学追求的是具有"前卫性"和"超越性"的思想。这也正是我们今天重振哲学智慧迫切需要的思维向度。

哲学之为哲学，在于它能充当一切事物和话语的"后设叙事"，这是长久以来哲学的深层信念。众所周知，形而上学又名"物理学之后"，即表明了它要为一切存在者提供最终解释和终极根据的理论理想。黑格尔的论述颇具代表性，他认为，对于哲学来说，"最关紧要的是，在有时间性的瞬即消逝的假象中，去认识内在的实体和现存事物中的永久东西"，"哲学的任务在于理解存在的东西，因为存在的东西就是理性"，"哲学作为有

---

① [德] 柯尔施：《马克思主义和哲学》，王南湜、荣新海译，重庆出版社1989年版，第52—53页。
② 《马克思恩格斯选集》第1卷，人民出版社2012年版，第8页。

关世界的思想，要直到现实结束其形成过程并完成其自身之后，才会出现。概念所教导的也必然就是历史所呈示的。这就是说，直到现实成熟了，理想的东西才会对实在的东西显现出来，并在把握了这同一个实在世界的实体之后，才把它建成为一个理智王国的形态"①，以一种理论的方式成为"说完了一切的上帝"，为整个世界提供可一劳永逸地阻止无穷后退的、最后的"总结陈辞"，是哲学的最高使命。正是在这个意义上，马克思把黑格尔哲学恰如其分地称为"理性神学"或"思辨神学"。

哲学欲成为"后设叙事"，这是哲学的妄想和僭越，也是哲学在今天失去思想魅力的重要根源。现代社会的世俗化进程，各门具体科学和知识领域的不断深入推进，以及社会生活各领域的不断分化，等等，已经不可能允许，也绝无可能接受哲学永远深藏在最后面、傲立在最高处的唯我独尊的权威。哲学的这种"非神圣形象的自我异化"，使自己变成了如康德所描述的那样，她只为人所鄙视了：她成了一个孤苦伶仃、流离失所的妇人，像海枯巴那样自怨自艾地感叹说：过去，我拥有至高无上的权力，我所生的都是有能力的儿女——而今，我却流离失所、被人遗弃、一无所有了。② 今天，仍有不少人留恋哲学曾有的这种荣光，但无论对于具体科学，还是对于现实生活，以及对于现代社会和现代哲学有深刻自觉的人来说，它已经完全失去了其感召力与规范力。

马克思深刻地看到了这种哲学观和哲学存在形态的内在弊端，"一切谜语的答案都在哲学家们的写字台里，愚昧的凡俗世界只需张开嘴来接受绝对科学的烤松鸡就得了"，马克思无法忍受这种哲学的僭妄。正是在此意义上，马克思说道："哲学家们只是用不同的方式解释世界，而问题在于改变世界。"③ "用不同的方式解释世界"，即指以往以充当"后设叙事"为己任的哲学观和哲学形态；而"问题在于改变世界"则为哲学提出了全新的课题：哲学不是作"最后总结"的"后设叙事"，而应成为参与到"改变世界"的实践活动中的思想力量。这意味着，哲学的基本姿态应该

---

① ［德］黑格尔：《法哲学原理》，范扬、张企泰译，商务印书馆2009年版，第13、16页。
② ［德］康德：《纯粹理性批判》，韦卓民译，华中师范大学出版社2000年版，第3—4页。
③ 《马克思恩格斯选集》第1卷，人民出版社2012年版，第140页。

发生根本性改变，即从"后设叙事"转向为未来"开路"的"超越性"和"前卫性"思想探索。

转向为未来"开路"的"超越性"和"前卫性"探索，并不是说哲学拥有为未来生活"立法"的终极话语权，倘若如此，哲学依然在试图扮演传统哲学的"后设叙事"的角色。哲学为未来"开路"，是通过哲学的一种特殊工作方式而实现的。对此，马克思表述道，"新思潮的优点就恰恰在于我们不想教条式地预料未来，而只是希望在批判旧世界中发现新世界。现在哲学已经变为世俗的东西了，最确切的证明就是哲学意识本身，不但表面上，而且骨子里都卷入了斗争的漩涡。如果我们的任务不是推断未来和宣布一些适合将来任何时候的一劳永逸的决定，那么我们便会更明确地知道，我们现在应该做些什么，我指的就是要对现存的一切进行无情的批判"[1]。换言之，"在批判旧世界中发现新世界"、对"现存的一切进行无情的批判"，成为哲学介入现实，为未来"开路"的特有活动方式。

"在批判旧世界中发现新世界"的哲学活动是一种指向社会生活的前提性追问，通过追问，进而揭示现实社会生活赖以存在的基础的有限性和内在矛盾，克服抽象意识形态对于现实生活的遮蔽和扭曲，提升人们对于社会生活及其未来发展的自觉意识，从而为人们的自我超越、创造"另一种可能生活"敞开新的空间。

对社会生活的前提性追问，包含两个基本视角：一是追问构成社会生活本质的社会关系的合法性；二是追问人们理解这种关系的意识形态的合法性。

追问构成社会生活本质的社会关系的合法性，基于马克思对于社会关系在人的社会生活中所具有的本质性作用的认识。在马克思看来，人在根本上是一种社会性的存在，社会关系对于人的存在具有根本的"本体性"的意义，他强调："人的本质不是单个人所固有的抽象物，在其现实性上，它是一切社会关系的总和。"这意味着，现实的个人都不是遗世独立的孤立存在，而是生活在具体的社会关系中，每一个人的生活状态、生存品性

---

[1]《马克思恩格斯全集》第1卷，人民出版社1956年版，第416页。

乃至生存命运都受到各自所处的社会关系的深刻影响，不同性质的社会关系规定了其在社会生活中的地位与生活前景，因此，一个人自由与解放程度与其社会关系的合乎人性的程度内在地关联在一起。基于这一基本认识，反思现实世界中社会关系的性质，揭示其与人的自由和发展相矛盾的内在困境，从而使人们获得对于社会历史现实本质的自觉意识，从而使自身成为内在于"实际的改变与变革现存事物"的实践活动的推动力量，就成为哲学的重要功能。

追问构成社会生活本质的社会关系的合法性，对马克思而言，集中体现在他对于资本主义社会关系合法性的前提性追问。① 众所周知，马克思对资本主义的分析是从商品开始的，在此，笔者引用马克思《资本论》中关于"商品的拜物教性质及其秘密"中的一段话说明这一点，商品形式的秘密不过在于：商品形式在人们面前把人们本身劳动的社会性质反映成劳动产品本身的物的性质，反映成这些物的天然的社会属性，从而把生产者同总劳动的社会关系反映成存在于生产者之外的物与物之间的社会关系。由于这种转换，劳动产品成了商品，成了可感觉而又超感觉的物或社会的物商品形式和它借以得到表现的劳动产品的价值关系，是同劳动产品的物理性质以及由此产生的物的关系完全无关的。这只是人们的一定的社会关系，但它在人们面前采取了物与物的关系的"虚幻形式"②，人与人自由的社会联系被抽象的物与物关系所笼罩和扭曲，抽象对人的统治成为现代人的命运。马克思正是通过对商品、资本等资本主义社会的"象形文字"的解码，揭示了社会关系的"自反性"与存在限度，暴露了资本主义社会关系的合法性危机，结束了其把自身永恒化的"终结历史"的幻想。

追问人们理解社会现实的意识形态的合法性，是对一定历史条件下占据统治地位的、支配着人们对社会现实理解和认识的意识形态的合法性的批判性反思。这即是马克思哲学极为重要的"意识形态批判"功能。在人类历史发展过程中，人的认识和观念却总有一种僭越自身界限，把自身变成独立王国，并由此颠倒观念与生活关系，产生观念支配世界的幻觉。对

---

① 由于篇幅关系，本文无法对这一内容极为丰富的课题进行专门探讨。
② 《马克思恩格斯全集》第44卷，人民出版社2001年版，第89页。

此，马克思论述道:"人们迄今总是为自己造出关于自己本身、关于自己是何物或应当成为何物的种种虚假观念。他们按照自己关于神、关于模范人等等观念来建立自己的联系。他们头脑的产物就统治他们。他们这些统治者就屈从于自己的创造物。我们要把他们从幻想、观念、教条和想象的存在物中解放出来,使他们不再在这些东西的枷锁下呻吟喘息。我们要起来反抗这种思想的统治。"① 抽象观念成为"意识形态",具有两个重要特点:一是"赋予自己的思想以普遍性的形式,把它们描绘为唯一合乎理性的、有普遍意义的思想";二是进一步把"'普遍的东西'说成是占统治地位的东西"②。很显然,以这种抽象观念为根据来理解现实生活,必然扭曲对现实社会生活本质的理解,更严重的是,它将成为一种使现存状况永恒化、阻止其变革与发展的僵化和保守力量。因此,揭示了抽象观念成为"意识形态"的深层根源,揭穿其独立性外观和普遍性形式的假象的秘密,是"实际地改变与变革现存事物"的重要条件。

限于篇幅,本文无法对马克思意识形态批判的具体思想展开进行讨论。马克思的基本观点是,要破除意识形态的幻象,关键在于确立这样的历史观:"我们的出发点是从事实际活动的人,而且从他们的现实生活过程中还可以描绘出这一生活过程在意识形态上的反射和反响的发展。甚至人们头脑中的模糊幻象也是他们的可以通过经验来确认的、与物质前提相联系的物质生活过程的必然升华物。因此,道德、宗教、形而上学和其他意识形态,以及与他们相适应的意识形式便不再保留独立性的外观了。它们没有历史,没有外观,而发展着自己物质生产和物质交往的人们,在改变自己这个现实的同时也改变着自己的思维和思维的产物。不是意识决定人们的生活,而是生活决定意识。"③ 通过对意识形态与现实生活关系的颠倒,洞穿意识形态的幻象,祛除意识形态对现实历史运动的遮蔽,推动人们改变被意识形态所掩盖的抽象的现实社会关系,哲学因此成为为人们未来生活"开路"的积极的思想力量。

---

① 《马克思恩格斯全集》第 3 卷,人民出版社 1960 年版,第 15 页。
② 《马克思恩格斯选集》第 1 卷,人民出版社 2012 年版,第 180、181 页。
③ 《马克思恩格斯选集》第 1 卷,人民出版社 2012 年版,第 152 页。

通过对社会生活的前提性追问，转向为未来"开路"的"超越性"和"前卫性"探索，这是哲学观、哲学存在方式和工作方式的重大转变。它使哲学彻底地摆脱了代表终极真理和最高知识的"后设叙事"，真正成为超越性的历史性活动。哲学由此获得永远新鲜的思想活力，只要人与社会仍在追求自我发展，哲学的这种追问和探索就永远被需要和呼求。

三、在"跨学科"的批判性对话中拓展哲学的思想空间

把哲学把握为对社会生活合法性的前提追问活动，使马克思哲学跨越了以往哲学的存在边界。这突出地体现在它通过与其他人文社会科学的批判性对话，拓展哲学的思想空间，重塑了哲学的存在方式、工作方式乃至表述方式。

在其本源处，哲学就是与人类文化的其他学科和知识领域相互作用的，但随着哲学成为"后设叙事"与"超级学科"，哲学成为高居于其他学科和知识领域之上的、"唯我独尊"的"孤家寡人"，当哲学把这视为"王者荣耀"时，其实正是哲学的不幸。它把自身封闭在一个自我旋转的圆圈中志得意满，其他具体学科却不断离它远去，在独立发展中不断深化和丰富属于自己的领域和王国。与此同时，正如恩格斯指出的，哲学被从"自然和历史领域驱逐出去"[①]，失去了它应有的思想宽度和包容性。

把哲学视为"后设叙事"与"超级学科"，基于这样一个基本信念：它比所有其他学科都更深入地接触到了"实在"本身。人类文化的各具体学科和领域认识世界的不同方面，但哲学所面对的不是世界的某种特殊的部分，而是世界的"本质"或"实在本身"。因此，在哲学与人类文化的其他学科的关系中，前者扮演着法官和审判者的地位，后者则处于从属和依附的地位。以这种信念为前提，哲学与人类文化的其他学科之间不可能

---

① 《马克思恩格斯选集》第 1 卷，人民出版社 2012 年版，第 257 页。

也不需要有真正的批判性对话。

如前所述,马克思哲学自觉地放弃了对哲学作为"后设叙事"与"超级学科"的期待,这必然带来它与人类文化的其他学科之间关系的重大调整。阅读马克思的著作,不少人深感困惑,马克思哲学没有建构以往哲学那样由"纯粹"的哲学概念和范畴所建构起来的巍峨体系,那么,马克思的哲学究竟存在何处?在人们公认的马克思"成熟时期"的著作中,我们始终找不到用以往哲学话语的形式表达出来的系统的哲学文本,找不到与康德、黑格尔、胡塞尔、海德格尔等可相比较的哲学话语系统。相反,我们看到的是马克思在与法哲学、政治经济学、人类学、政治学、历史学、文学等学科的广泛而深层的互动和交汇中,表达和生成自己的哲学思想。通过与人类文化的不同学科的批判性对话,既充分吸取其思想营养,同时又对其限度进行前提性的批判,构成了马克思哲学重要的工作和存在方式。

众所周知,马克思的《资本论》的副标题为"政治经济学批判",与古典政治经济学的深层的批判性对话,是马克思哲学,尤其是其历史唯物主义形成的重大奥秘。马克思自己承认,"法的关系正像国家的形式一样,既不能从它们本身来理解,也不能从所谓人类精神的一般发展来理解,相反,它们根源于物质的生活关系,这种物质的生活关系的总和,黑格尔按照18世纪的英国人和法国人的先例,概括为'市民社会',而对市民社会的解剖应该到政治学中去寻求"①,正是对政治经济学的透彻研究,使马克思深入到了现实社会生活本质的深处。但马克思对古典政治经济学的研究,又不是简单地把它当作现成的东西接受下来,而是始终把它与前述的社会现实生活的前提性追问内在结合在一起,马克思追问现实社会生活的社会关系本质合法性、追问人们理解社会现实的意识形态的合法性,同时也就意味着追问古典政治经济学的合法性限度。马克思指出:"国民经济学从私有财产的事实出发。它没有给我们说明这个事实。它把私有财产在现实中所经历的物质过程,放进一般的、抽象的公式,然后把这些公式当

---

① 《马克思恩格斯选集》第2卷,人民出版社2012年版,第2页。

作规律。它不理解这些规律,就是说,它没有指明这些规律是怎样从私有财产的本质中产生出来。"① 私有财产及其所代表的资本主义社会关系,构成了古典政治经济学不予反思的无条件的前提,正是这一点,构成古典政治经济学无法突破的根本限度。通过对这一根本限度的批判性反思,马克思形成了他对于现代资本主义社会的诊断、治疗与超越,马克思哲学独有的理论纲领和思想硬核也因此得以酝酿成熟。对此,马尔库塞的说法是颇富有见地的,他认为:"马克思理论的所有哲学概念都是社会的和经济的范畴,然而,黑格尔的社会和经济范畴都是哲学的概念在马克思理论中,任何一个简单概念都有一个本质不同的基础。这正像一个新的理论必有一不能从先前的理论中所产生的新的概念结构和总体结构一样。"②

同样十分重要的是马克思晚年卷帙浩繁的《人类学笔记》与《历史学笔记》,对于这些耗费巨大精力所做的研究工作,如果囿于传统哲学的观念,在这里几乎找不到"哲学"。然而,如果我们不再坚持作为"后设叙事"与"超级学科"的哲学自我理解,就可以看到,马克思通过与英、美、德、俄重要的历史学家和人类学家的批判性对话,充分吸收其思想资源,重新反思、调整、丰富和完善自己以往的思想观点和理论表述,突破"欧洲中心主义"的视野,对已经形成的哲学思想进行自我前提性的批判。正是在此意义上,人们普遍承认,他晚年的《人类学笔记》和《历史学笔记》构成其历史唯物主义学说的重要组成部分,而且为后来者从变化了的历史境遇出发不断重思理论与现实开辟了一个开放的思想空间。甚至有学者不无根据地主张,人类学是人们熟知的马克思哲学"三大来源"之外的第四大来源和组成部分。③

马克思与文学的关系也越来越得到人们的关注。研读《马克思恩格斯全集》,我们可以发现,从青年马克思到晚年马克思,文学始终是其把握时代本质、激发理论思考、表述理论观点的重要资源。马克思从荷马史

---

① 《马克思恩格斯全集》第 3 卷,人民出版社 2002 年版,第 266 页。
② [德] 马尔库塞:《理性与革命》,程志民等译,重庆出版社 1993 年版,第 235 页。
③ 参见俞吾金:《马克思主义的第四个来源和第四个组成部分》,载《学术月刊》1993 年第 8 期。

诗、希腊悲剧中获得了解古代社会的重要资源；在讨论货币时，马克思大段引用莎士比亚的描述，声称对于货币本质，莎士比亚比"我们那些满口理论的小资产阶级知道得更清楚"，马克思和恩格斯尤其钟情18—19世纪文学作品，马克思称赞巴尔扎克对资本主义的"现实关系有着深刻的理解"①，恩格斯认为《人间喜剧》汇集了法国社会的全部历史："我从那里，甚至在经济细节方面……所学到的东西，也要比当时所有的职业史学家、经济学家和统计学家们那里学到的全部东西都要多。"② 柏拉威尔在《马克思和世界文学》一书中十分细致地梳理、研究和探讨了文学在马克思毕生理论探索中所扮演的重要角色，他指出，从马克思青年时代开始，"文学成了他有力的战斗武器；随着他自己的世界观逐渐从早期黑格尔和费尔巴哈混合物中演变出来，他就开始借助文学来证实和提出他的新观点；他认为，在文学或其他艺术中不取得一个牢固的杰出的地位，他在成熟时期要形成一个完整的体系是不可能的。晚年的马克思则经常从文学作品中寻找精神上的支持、游戏的材料、论点的弹药。他精通古典文学，从中世纪到歌德时代的德国文学，但丁、波雅多、塔索、塞万提斯、莎士比亚的作品，十八和十九世纪的法国和英国的散文小说；任何当代诗歌，凡是能够有助于破坏传统权威和引起对未来社会正义的希望的……他都无不感到兴趣"③。马克思一改柏拉图主义"把诗人赶出理想国"的对文学的傲慢，把文学当成滋养和推动其哲学思考的重要源泉。

马克思哲学与人类文化其他学科和知识领域的这种批判性对话，不是外在的、形式性的关系，而是意味着对哲学自身及其存在方式和工作方式的全新理解。要言之，首先，它与前述重建哲学与现实生活的有机联系、对现实社会生活的前提性追问的哲学旨趣是内在统一的，人文社会科学是关于现实的人及其社会生活的自我理解学说，哲学重建与现实生活的有机联系，对现实社会生活进行前提性追问，必然内在要求自身与人文社会科

---

① 《马克思恩格斯文集》第7卷，人民出版社2009年版，第47页。
② 《马克思恩格斯文集》第10卷，人民出版社2009年版，第571页。
③ ［英］柏拉威尔：《马克思和世界文学》，梅绍武、傅惟慈、董乐山等译，生活·读书·新知三联书店1980年版，第537—538页。

学结盟。其次，它体现了马克思哲学超越现代性所造成的学科藩篱，扩展哲学的思想幅度，重焕哲学的思想活力的努力，在与人文社会科学不同知识领域的批判性对话中，哲学不再是唯我独尊的孤独弃妇，而是加入到了人文社会科学的"共和国"中，使二者形成了一种良性的互动沟通关系，哲学由此有力地摆脱了现代性所形成的学科界限，获得了更为宽广的思想天地。罗蒂主张在"后哲学文化"中，哲学应成为"骑着文学的历史的—人类的—政治的旋转木马"的文化对话者，马克思当然与此有着重大不同，但在超越"哲学文化"中哲学自我理解的幻觉，推动哲学摆脱理论自闭这一基本立场上，马克思无愧于这一趋向的先行者。最后，在哲学与人文社会科学的批判性对话中，哲学释放了齐泽克、柄谷行人等人说的"视差之见"所内含的批判潜能，马克思与古典政治经济学、与人类学的批判性对话，实质上是马克思在思想视界的"移动"中不断消除"思想盲点"，对对方和自身思想前提进行反思和修正的过程。因此，这种批判性对话，是哲学获得思想活力和创造力的重要途径。

超越"现实"的"现实关怀"

——马克思哲学如何理解和关注现实?[①]

一、马克思"现实关怀"的哲学品格

马克思主义哲学研究必须关注"现实"、解决"现实"问题,并在此过程中实现其丰富和发展,这是当前马克思主义哲学研究中一种很强大的声音。它反映了人们对当前中国社会生活急切的参与欲,反映了人们对于教条主义和抽象思辨的研究方式的不满,因而值得引起我们的高度重视。但是,如果拒绝简单的答案,把问题引向深入,那么就将看到,理论与现实的关系是一个极为复杂的问题:要让哲学真正以一种符合哲学本性的方式在"现实"中发挥作用,必须对一些重要的前提性的问题进行自觉的领悟和反思。这些前提性问题首先便是:究竟什么是哲学意义上的"现实"?哲学关注和介入现实的恰切方式究竟是什么?

从哲学史上看,对"现实"的思考和关注并不是自马克思开始的。从哲学产生之日起,哲学就一直在努力去理解"现实世界"并寻求阐释现实世界的哲学思维方式。例如,在亚里士多德那里,"潜能"与"现实"的关系已经成为一个重大的哲学问题。黑格尔在《小逻辑》中就这样说道:

[①] 原载《哲学研究》2008 年第 10 期。

"哲学的内容就是现实"①,"哲学所研究的对象就是现实性"②。按一般的理解,黑格尔是最脱离"现实"的沉溺于思辨的哲学家。那么,为什么他说哲学的内容就是"现实",而且哲学的研究对象就是"现实性"?

要理解这一看似矛盾的事实,需要分析哲学中所谓"现实"与常识所说的"现实"之间的区别。常识所说的"现实",一般所指的是"现存"的经验的"事实"世界,即"现存"的"事物、社会状况、典章制度"等等;正如民间谚语所说,"眼见为实",被人们的感觉所证实并被生活经验所确定的事物,就具有"现实性"。但是,哲学所说的"现实"恰恰要超越这种常识意义上的"现实性"。从哲学的眼光出发,常识意义上的"现实"是未经反思的、缺乏内在根据的"偶然"存在,它们只能归属于"现象领域",因而恰恰是缺乏真正的现实性的。与此相反,哲学自其诞生的那天开始,就服膺于如下信念:"现存的不可能是真实的","直接经验的世界——我们发现自己生活于其中的世界——必须被理解、改变甚至颠覆,以便显露出它的实际面目"③。因此,从柏拉图、亚里士多德开始,"哲学就是从有限世界出发来构造一种现实,这种现实不以潜能和现实的重大差异为条件,它控制了它的否定要素,它本质上是完善的、独立的——自由的"④。哲学所做的第一件事并非是肯定现存世界,相反,恰恰是消解和否定现存世界,去"构造"或者"创造"出一种"理想"中的、超越性的"现实"。这也就是说,对于哲学而言的"现实性",恰恰是建立在怀疑和不承认"现存性"的真实性与合理性的前提之上,它要否定和超越"现存"世界,去追求和寻找一种属于哲学的"真实",只有这种"真实"才是哲学家所认可的属于人类自己的"合乎理性"的生存世界。这种"真实"对于柏拉图而言是"理念",对于黑格尔而言是"精神"。黑格尔关于"现实"的理解颇具代表性:"就此说的哲学意义而言,稍有教养的人,应该知道上帝不仅是现实的,是最现实的,是唯一真正地现实

---

① [德]黑格尔:《小逻辑》,贺麟译,商务印书馆1987年版,第43页。
② [德]黑格尔:《小逻辑》,贺麟译,商务印书馆1987年版,第45页。
③ [美]赫伯特·马尔库塞:《单向度的人》,刘继译,上海译文出版社1989年版,第111页。
④ [美]赫伯特·马尔库塞:《单向度的人》,刘继译,上海译文出版社1989年版,第114页。

的"①。很显然，在此，黑格尔所说的上帝不是神学意义上的神，而是他所悬设的作为逻辑学、本体论与辩证法三位一体基础的"活生生的精神"。对此，恩格斯在评介黑格尔名言"凡是合乎理性的东西都是现实的；凡是现实的东西都是合乎理性的"②时，曾中肯地指出："在黑格尔看来，决不是一切现存的都无条件地也是现实的。在他看来，现实性这种属性仅仅属于那同时是必然的东西，所以，他决不认为政府的任何一个措施……都已经无条件地是现实的"，"按照黑格尔的思维方法的一切规则，凡是现实的都是合乎理性的这个命题，就变为别一个命题：凡是现存的，都一定要灭亡"。③ 可见，运用哲学的方式、从哲学的视角出发把握的"现实"，与"非哲学"的常识意义的感知"现实"具有重大的区别。第一，哲学所把握的现实不是价值中立的既成"事实"，而是寄托和凝聚了哲学家的价值关怀和理想憧憬的一种"虚灵的真实"；第二，哲学对现实的把握不是对现存状态的消极肯定与默认，而是通过对现存状态的否定和批判所实现的一种新的生存境界的澄明；第三，哲学对现实的关注不是为解决某个具体问题提供某种现成的技术性和工具性的策略和方法，而是要通过对现存世界的反思，为理解人的生存状态提供一种思维方式、价值理想和人生境界，从而促进人们对自身生存境遇的自觉理解和自我意识，并因此推动人与社会不断的自我调整、变革与跃迁。因此，哲学对现实的关注，总是具有反思性、批判性和超越性的品格。在此意义上，我们可以把哲学对现实的这种理解和把握称为"超越现实（常识意义上的）"的"现实性"（哲学意义上的）。

哲学对现实的这种特有的理解和关注，所体现的是哲学作为一种特殊的意识形式和人文向度的特殊本性。正是在这种对于"现实性"的理解和关注方式中，哲学才显示了它的特殊功能和作用，即通过对现存世界的超越和否定和对一种"更高的现实"的想象，去批判现存世界，规范和引导人们的生活，开拓未来社会。离开这一点，哲学就将或者成为顺从现存世

---

① ［德］黑格尔：《小逻辑》，贺麟译，商务印书馆1987年版，第44页。
② ［德］黑格尔：《法哲学原理》，范扬、张企泰译，商务印书馆1961年版，第11页。
③ 《马克思恩格斯选集》第4卷，人民出版社1995年版，第215—216页。

界的"乡愿之学",或者成为纠缠和沉溺于事实的"实证之学"。

当我们承认马克思的理论体系中包含着哲学的维度的时候,这实际就意味着,马克思哲学在理解、关注和把握现实的时候,同样禀赋着上述反思性、批判性、理想性和超越性等特征。

与传统形而上学和思辨哲学不同的是,马克思不是把"现实"理解为超感性的概念世界(如柏拉图、黑格尔等人所认为的),因而也不是把这种反思性、批判性、理想性和超越性归结为抽象的理性,而是从"实践"出发去理解"现实"。① 把"现实"当作"实践"去理解,意味着:第一,"现实"不是静止的"现在",而是在感性实践中不断自我生成并向未来敞开的历史性过程——"面向未来"的"历史性"是"现实"的本质特征;第二,"现实"不是永恒的"现存",而是要在实践活动中不断被改造和超越的对象——"自我改造"和"自我超越"是"现实"的另一根本特征;第三,"现实"不是价值中立的僵死"事实",而是一个在感性实践活动中追求人的自由和解放的价值空间——"价值指向性"是"现实"的又一个重要特征。

从这些特征可以清楚地看到,马克思哲学在对"现实"的理解中,所贯注的是一种真正的哲学精神。这种精神概括而言,第一,是一种"不崇拜任何东西"的批判精神:马克思哲学关注"现实"不是为了维护现存世界,而是要在对"现存事物的肯定的理解中同时包含对现存事物的否定的理解,即对现存事物必然灭亡的理解",它对"每一种既成的形式都是从不断的运动中,因而也是从它的暂时性方面去理解"②;"如果我们的任务不是推断未来和宣布一些适合将来任何时候的一劳永逸的决定,那么我们便会更明确地知道,我们现在应该做些什么,我指的就是要对现存的一切进行无情的批判"③。否定现存世界,为未来的可能世界敞开新的空间,这才是马克思"现实关怀"的核心内容。第二,是一种"实际地改变和反对现存事物"的超越精神:马克思哲学"关注现实"不是为了让现存世界永

---

① 《马克思恩格斯选集》,人民出版社1995年版,第54页。
② 《马克思恩格斯全集》第44卷,人民出版社2001年版,第22页。
③ 《马克思恩格斯全集》第1卷,人民出版社1956年版,第416页。

恒化，而是要宣告现存世界的有限性与"过时性"，从而去寻求和创造一种新的人的生存样式；正是在此意义上，马克思才强调："对实践的唯物主义者即共产主义者来说，全部问题都在于使现存世界革命化，实际地反对并改变现存的事物"①。第三，综合以上二者，是一种否定现存状况、面向未来、寻求希望的"乌托邦精神"：马克思哲学关注"现实"不是为了注解和维护现存世界，而是对现存世界表达深刻的怀疑，是为了在众人志得意满之时发现和揭示现存世界的缺陷，从而避免人与社会在无人质疑的温床上陷入僵化与停滞，使人们能保持自我超越的勇气和希望。在马克思看来，真正具有"现实性"的不是现存状态，而是否定现存状态以后所彰显的"不在场"的未来。因此，关注"现实"实质上是关注那"不在场的在场"，关注那"不可见的可见性"；它所体现的是一种解构现存世界并在这种解构中"发现"新世界的"乌托邦精神"。

二、马克思"现实关怀"的基本样式

马克思的"现实关怀"是以一种真正符合哲学本性的方式表现并得到落实的，它体现为两种基本的样式：第一，通过意识形态的批判，破除虚假观念的遮蔽，促进对人的生存状况的自我意识，以推动人的自我理解；第二，通过对"形而上学的现实运作"的反思和批判，揭示使人的生活陷入抽象化的物质力量以及这种物质力量背后所体现的社会关系，推动人们以一种实践的方式来改变和摧毁不合理的生存状态和现实关系，从而激发人们对于未来可能生活的想象力，并以此促进人与社会的不断自我跃迁。

1. 意识形态批判是马克思介入现实的重要方式之一。正如学者们已经指出的那样，"意识形态"是一个纷纭复杂、充满争议的概念，尤其在现当代哲学中，它更被赋予了异质性的内涵。但人们普遍承认，马克思是意

---

① 《马克思恩格斯选集》第1卷，人民出版社1972年版，第48页。

识形态批判最为重要的创始人和奠基者。在马克思那里，"意识形态"摆脱了"价值中立"的描述性涵义而成为一个批判性概念；在此，"批判性概念意味着特点为意识形态或意识形态的这种现象是误导的、幻想的或片面的；把一些现象的特点视为意识形态就带有对它们的含蓄批判和谴责"①。在《德意志意识形态》中，马克思曾把"意识形态"的特征归结为这样两个：第一，把特殊利益说成普遍利益；第二，把"普遍"的东西说成是统治的东西。② 在社会生活中，总是不可避免地存在着这样一种"权力话语"，即它试图把某种特殊集团的利益普遍化和永恒化，把特殊利益宣称为所有人的共同利益，并从此出发而获得统治的合法性。这里所谓"统治"包含的是这样一层含义："当既定权力关系是'系统地不对称'时，那就是说，当特定代理人或代理人团体被长期赋予其他代理人团体被排除的以及很大程度上得不到的权力（不论这种排除的基础何在）时，我们就谈到'统治'"③。马克思的意识形态批判就是要反思这种权力话语统治所具有的虚幻性，揭示这种权力话语的普遍性外观下的特殊利益，剖析它对人的现实生活的扭曲和统治机制，使人们对它保持高度的警觉，从而帮助人们从种种貌似合理的统治或权力关系的控制中摆脱和解放出来。

只要看看马克思所留下的著作，就不难发现，意识形态批判构成了其理论工作的重要组成部分。第一，对黑格尔哲学的批判，这是马克思一生反复进行的重要课题之一。在马克思那里，这种批判不是一般的理论批判，而是具有意识形态批判的性质和意义。马克思把黑格尔哲学视为资产阶级原则的哲学表述，对它的批判"既是对现代国家和对同它相联系的现实所作的批判性分析，又是对迄今为止的德国政治意识和法意识的整个形式的坚决否定"④，"黑格尔站在现代国民经济学的立场上。它把劳动看作人的本质，看作人的自我确证的本质；他只看到劳动的积极方面，而没有看到它的消极方面"⑤。因此，对黑格尔哲学的批判实质上是对在观念中得

---

① ［英］汤普森：《意识形态与现代文化》，高銛等译，译林出版社2005年版，第60页。
② 《马克思恩格斯全集》第3卷，人民出版社1960年版，第54—55页。
③ ［英］汤普森：《意识形态与现代文化》，高銛等译，译林出版社2005年版，第66页。
④ 《马克思恩格斯全集》第1卷，人民出版社1995年版，第8页。
⑤ 《马克思恩格斯全集》第42卷，人民出版社1979年版，第163页。

到表达的资产阶级原则的分析和批判,并因而被提升到了意识形态批判的高度。第二,对国民经济学的批判,这种批判几乎贯穿马克思的一生。在马克思看来,国民经济学的规律实质上所表达的是"异化的规律",反映的是"私有财产的本质"。因此,当国民经济学宣称自己所发现的"经济规律"具有普遍性和永恒性的时候,它实质上具有把某个特殊的阶级——资产阶级的利益普遍化和永恒化的意识形态性质。就此而言,马克思的政治经济学批判具有鲜明的意识形态批判性质,其旨趣是要揭穿其"非批判的实证主义"面目,揭示其所宣称的"客观经济规律"的暂时性与狭隘性。第三,对青年黑格尔派的批判,这是马克思在其著作中不断深入进行的一项重要工作。当马克思批评其"观念决定生活"的唯心主义立场的时候,并不像人们一般所理解的那样,这是一种纯粹的"哲学批判";事实上,"德意志意识形态"的实质在于它们用形而上学的思辨掩盖了生活中实实在在存在的奴役和统治关系,它把"思想、观念、概念"等变成"某种独立的东西",把它们视为"人们的真实枷锁",试图通过意识的改变来消除束缚着人们的限制。在马克思看来,这种方式所起到的是维护和捍卫"现存世界"的作用,它以"对词句的斗争"粉饰和掩盖了现存世界的真实矛盾和人的真实的生存困境。正是在此意义上,马克思才这样说道:"青年黑格尔派玄想家们尽管满口讲的都是'震撼世界的'词句,却是最大的保守派"[①]。因此,对青年黑格尔派的批判,就是要解除被其所遮蔽了的"德国哲学"与"德国现实"、"词句的批判"与其自身的"物质环境"之间的联系,从而改变"德意志意识形态"所要"保守"的那个"现存世界"。就此而言,对"青年黑格尔派"的批判实质上是一种意识形态批判。

2. 对"形而上学的现实运作"的批判是对现实生活中所存在的使人与社会陷入抽象化的物质力量及其所反映的社会关系的批判。这是马克思表达其现实关怀的更为基础的一种方式。

众所周知,形而上学是整个西方传统哲学的核心。概括而言:(1)它

---

① 《马克思恩格斯选集》第 1 卷,人民出版社 1995 年版,第 66 页。

把寻求终极实在、最高本体和世界的"最后本质"作为人的思维和生存的最高宗旨和目标;(2)它把寻求单极的、同一性的"一元化原则"当作解决思想和生存问题的基本原则;(3)它把寻求非时间、非语境的"非历史"的、"永恒在场"的"本真存在"作为思维和生存的最高支撑。这三者表明,所谓形而上学思维范式,就是一种试图从一元化的、非历史的终极本体来把握人与世界的思维范式,是一种迷恋于最终主宰、"第一原理"和最高统一性的思维范式。寻求绝对实在的"绝对主义"、寻求一元化原则的"总体主义"、寻求永恒在场者的"非历史主义",这三者构成了其最根本的特征。

对上述形而上学思维范式的批判是现当代哲学的重大主题,现当代哲学家们从各不相同的视角对其所包含的理论弊病与内在困境进行了多方面的剖析。马克思是哲学史上最早对形而上学思维范式进行深入批判和解构的思想家之一。海德格尔曾这样评价道:"形而上学就是柏拉图主义。尼采把自己的哲学标示为颠倒了的柏拉图主义。随着这已经由卡尔·马克思完成了的对形而上学的颠倒,哲学达到了最极端的可能性。哲学进入其终结阶段了。"① 但与尼采有着重大不同,马克思对形而上学的批判不是一种纯粹的理论批判:他并不局限于寻求和追溯形而上学的理论渊源和思想谱系,而是认为要消解思想理论形态的形而上学,必须揭示其在现实生活中得以存在的社会历史基础和根据,消解"形而上学的现实运作"。基于这种立场,马克思在哲学史上开创了"形而上学的社会历史批判"这一形而上学批判的独特方式。

在马克思看来,"形而上学的现实运作"在资本主义社会中具体体现为"资本逻辑"的统治。

"资本逻辑"的统治首先体现在资本是资本主义社会中统治人们全部生活的终极的"绝对存在",它如同"普照的光",把资本主义社会生活的一切方面都隐没其中,主导着人与世界、人与人以及人与自身的关系,构成了全部社会生活的轴心原则。它"至大无外"——没有什么能逃避于

---

① [德]海德格尔:《海德格尔选集》下卷,孙周兴选编,上海三联书店1996年版,第1244页。

资本力量的掌握而自存；它"至小无内"——没有什么能幸免于资本力量的侵蚀而表现为自为的合理的东西。在此意义上，"资本"构成了资本主义社会一切存在物的内在"本质"和"实体"：一切存在物都必须在资本面前证明其存在的"目的"和"意义"，否则将失去其存在的价值和必要性。

其次，"资本逻辑"的统治还体现在它是一种吞噬一切的"同一性"和"总体化"力量。一方面，它使资本的关系成为统治现实生活的唯一、绝对的关系，把人的生命和社会生活中的一切丰富内容都还原和蒸馏为抽象的"交换价值"，"它把人的尊严变成'交换价值'，用一种没有良心的'贸易自由'代替了无数特许的和自力挣得的自由"①。另一方面，它具有操控一切、使一切发生扭曲和颠倒的魔力："它是一切事物的普遍的混淆和替换，从而是颠倒的世界，是一切自然的品质和人的品质的混淆和替换"②。

最后，"资本逻辑"的统治还体现在它是一种试图永远维护其统治地位、使现存状态永恒化的"非历史性"的保守力量。马克思指出："资本不是物，而是一定的、社会的、属于一定历史社会形态的生产关系，它体现在一个物上，并赋予这个物特有的社会性质"。因此，资本的逻辑在根本上是一种社会关系的逻辑：在这种社会关系中，作为资本人格化代表的资本家必然把由资本逻辑所控制的社会状态宣告为完美的"千年王国"，这一"千年王国"代表着理性的实现，因而也就意味着"历史的终结"。对此，马克思这样总结道："你们的偏私观念使你们把自己的生产关系和所有制关系从历史的、在生产过程中是暂时的关系变成永恒的自然规律和理性规律。"③

在这种"资本逻辑"的统治之下，"抽象对人的统治"就成为了一种必然的命运。

资本逻辑的统治原则及其后果，与我们前述形而上学思维范式所遵循的理论原则与特质二者之间具有一种内在的同构性："绝对主义"、"总体

---

① 《马克思恩格斯选集》第1卷，人民出版社1995年版，第275页。
② 《马克思恩格斯选集》第1卷，人民出版社1995年版，第145页。
③ 《马克思恩格斯选集》第1卷，人民出版社1995年版，第289页。

主义"与"非历史主义",既是"资本逻辑"的统治所遵循的原则,也是形而上学思维范式所贯彻的原则。如果说形而上学是一种"颠倒的思维方式",那么其根源就在于现实世界是一个"被颠倒的世界"。对此,马克思曾论述道:"个人现在受抽象统治,而他们以前是互相依赖的。但是,抽象的观念,无非是那些统治个人的物质关系的理论表现"①。这里所谓"个人受抽象统治",意指的即是个人受"资本逻辑"这一抽象力量的控制;所谓"抽象的观念",意指的即是以理论形态出现的形而上学,而理论形态的形而上学不过是"形而上学的现实运作"在观念上的表现。

三、几点基本结论

通过以上分析,现在可以作出如下几点基本结论。

第一,当强调哲学关注现实的时候,我们必须自觉地意识到哲学对现实的理解及其关注现实的方式与常识和实证科学的重大区别,从而真正在哲学的层面上,以一种符合哲学本性的方式去体现和落实这种现实关怀。这一点上,我们必须充分吸取沉重的历史教训:在历史上,我们曾一度极为强调哲学"为现实服务";但由此造成的后果是,一方面使哲学失去了应有的精神品格,被降低为流俗的经验常识并因而被庸俗化与实证化,另一方面使"现实"不能从哲学中获得应有的启示和帮助,从而当社会生活陷入非理性灾难的时候,哲学不能发挥其应有的反思批判功能并提供积极的思想力量。

第二,当强调马克思哲学是一种关注和改造现实的哲学的时候,我们应该自觉到,马克思主要是通过提供一种特有的思维方式、通过意识形态批判与对"形而上学的现实运作"的批判,来表达、体现和落实这种现实关怀的。马克思不是收集"事实"和"材料",然后对这些"事实"和"材料"进行分析综合的实证科学家(马克思从不把自己称为"政治经济

---

① 《马克思恩格斯全集》第46卷上册,人民出版社1979年版,第111页。

学家",而是把自己所做的工作称为"政治经济学批判",即充分表明了这一点),也不是提供"解决具体问题"的"有效"、"药方"、"咨询决策"和"政策建议"的专家,更不奢望建立一劳永逸的原则,提供一把能打开一切"锁头"的"钥匙"。马克思的"现实关怀"所立足的完全是哲学层面,所运用的完全是哲学的方式,所体现的完全是哲学的精神。

第三,意识形态批判与对"形而上学的现实运作"的批判作为马克思"现实关怀"的两种样式,在不同的历史条件和时代语境中会有不同的表述。在不同情境中,人和社会的发展会面临着形态各异、内涵变动的意识形态幽灵(马克思、阿多诺、阿尔都塞、哈贝马斯、齐泽克等人对意识形态概念分别从不同角度所作的阐释,即从一个侧面表明了这一点),因而意识形态批判也需要随之充实不同的内涵与主题。同样,"形而上学的现实运作"既可以表现为"资本的逻辑",也可以表现为"权力的逻辑"、"技术的逻辑"等。当现实生活中某种力量或关系占据绝对的统治性地位,并因此而导致人的生存和社会生活抽象化的时候,就表明形而上学的幽灵已经在现实生活中开始运作,因此对"形而上学的现实运作"的批判也需要随着社会生活的变动而充实不同的内涵与主题。马克思为我们提供了"现实关怀"的两种基本样式,但它是开放的。今天我们强调哲学关注现实,最为恰切的姿态就是对今天生活中活动着的种种意识形态幽灵和"形而上学的现实运作"进行深入的批判与反省,从而驱除使我们的生活陷入抽象化的抽象力量,以捍卫我们的生活的具体性和丰富性。

第四,综合以上三点,当我们主张哲学要关注现实的时候,应该充分自觉到"现实"所具有的深刻的哲学内涵,充分自觉到哲学的"现实"概念所具有的价值理性向度以及哲学在关注现实时所应渗透的批判精神、超越精神与乌托邦精神。只有以此为前提,哲学对现实的关注才能发挥其积极的作用,才能"帮正忙"。否则,哲学就有可能成为现存世界的婢女而沦为工具性的"肯定性思维"与"统治性逻辑",从而陷入"无批判的实证主义";以此方式来关注现实,并不会真正有助于现实的跃迁和进步。

哲学"立脚点"的位移与
马克思的哲学变革①

在《关于费尔巴哈的提纲》(以下简称《提纲》)的第十条,马克思指出:"旧哲学的立脚点是市民社会,新唯物主义的立脚点则是人类社会或社会的人类。"② 在这一论述中,马克思首次谈到并明确表述了自己哲学的"立脚点",这应该说是意味深长而且意义深远的。"立脚点"意味着"起点"和"归宿",意味着对于哲学的逻辑基石和价值支点的设定和自觉,不同哲学思想境界的高下、所呈现的思想视域的宽窄和思想穿透力的强弱及其在哲学史上的影响等,都与哲学的"立脚点"有着深刻的内在关联。在一定意义上,可以说,哲学的变革往往发生在哲学"立脚点"的转换之中。因此,马克思这一关于哲学"立脚点"的论述具有非同寻常的意义,但与《提纲》十一条中其他各条相比,人们对它的关注和研究却显得相对薄弱,这是与其所具有的特殊重大的意义不相称的。本文试图把马克思的这一关于"立脚点"的表述置于哲学发展史的背景下,对其思想内涵和理论意义进行阐发,以推动对于马克思哲学变革的理解。

一、哲学"立脚点"的位移与哲学自我理解的深化

所谓"立脚点",英文译为 standpoint,意即所"站立之点"。哲学作

---

① 原载《南京社会科学》2017年第1期。
② 《马克思恩格斯选集》第1卷,人民出版社2012年版,第140、141页。

为人类思想文化的一种特殊维度，其在人类生活和诸知识形式中的"立足之处"究竟是什么？这是哲学自产生起就必须面临的根本性问题。

在哲学史上，不同的哲学家和哲学派别对于哲学置身于其上的"立脚点"的自我理解充满歧义，但超越这些分歧和不同，可以发现，哲学对"立脚点"的追寻和确立基本上有两种最基本的路径和立场。第一种试图从"世界之外"寻求哲学的立脚点，我们可以称之为"外在的观点"；第二种则试图从"世界之内"寻求哲学的立脚点，我们可以称之为"内在的观点"。这二者代表着在哲学立脚点这一问题上有着根本性质区别的两种态度和立场。

"外在的观点"是一种把哲学置于世界的旁观者的位置，试图从一种"超然"的视角去看待世界、人以及人与世界关系的哲学立场和观点。哲学从其诞生始，其最初的动机是以一种理性的方式去理解和把握世界，但"外在的观点"相信，要真正抵达对世界的终极认识，哲学需要把自身的立脚点位移到世界之外，这是哲学与人类一切认识形式之间的根本区别，也是哲学特殊的优越之处：其他一切认识形式的局限性就在于它总是在世界之内寻求自身的立足点，这使得其无法摆脱这种立脚点带来的"偏见"的影响而获得对世界"如其所是"的把握。哲学却能跳出"三界之外"，从一个纯粹"客观"的立场出发进行理性追问。

很显然，"外在的观点"把哲学的立脚点置于"世界之外"，基于对哲学作为"超级学科"地位的坚定信念。普特南曾用"上帝的眼光"概括这种观点：对"世界的存在方式"，只有一个全面的、真实的描述，世界是由不依赖于心灵之对象的某种确定的总和构成的，真理不外乎在语词或思想符号与事物和事物集之间的某种符合关系。① 哲学致力于获得关于"世界存在方式"的最真实和最全面的"表象"，它相信，"去认知，就是去准确地再现心之外的事物；因而去理解知识的可能性和性质，就是去理解心灵在其中得以构成这些再现表象的方式"②，"心灵"只有立脚于世界之外，才能获得对"心灵"之外的事物的"准确"再现。正因为此，哲

---

① ［美］普特南：《理性、真理与历史》，童世骏、李光程译，译文出版社2005年版，第55、56页。
② ［美］罗蒂：《哲学与自然之镜》，李幼蒸译，生活·读书·新知三联书店1987年版，第1、12页。

学才能为一切具体的知识领域提供最终的根据,才能获得这样一种毋庸置疑的权威,即"哲学作为一门基本学科,这门学科为证明或批判生活方式和社会改革纲领提供着基础"①。

从"世界之外"寻求哲学的立脚点所形成的哲学,亚里士多德称为"形而上学"。在亚氏看来,哲学与具体知识的不同之处在于,它寻求对"终极存在"问题的回答。亚里士多德把哲学的最高主题视为探究"存在之为存在"的最终原因和最高理由,并把以这一主题为探究对象的"理论"称为第一哲学,也即形而上学。这一形而上学相信,唯有"终极实在"才是使所有"存在者"获得最终合法性的根据,哲学的根本任务就是通过对"终极实在"的探究,获得关于整个世界的终极原因和终极解释。可以说,对"终极实在"的形上追求,构成了哲学自诞生之日起就连绵不断的最为深层和持久的冲动。对"终极实在"的认识与对一般"存在者"的认识不同,后者是"有限"的知识,而前者是"无限"的智慧。"无限"之为"无限",就在于它能站到"世界之外",获得关于"整个世界"的最终原理和原因的终极解释。正因为此,形而上学成为了超绝的"第一哲学",它自足完满,无须外求,体现着人的"最高德性"。亚里士多德把哲学的这种思辨生活称为人的"入神"状态:"如若理智对人来说是属神的,那么合于理智的生活相对于人的生活来说就是神的生活"②。哲学作为"神学",正因为能立脚于"世界之外",因而也获得了对于精神世界的立法权和"思想宪法"的地位。亚里士多德的这种哲学基本观念形成了影响深远的"形而上学实在论"理论形态,并在后来者那里不断得到延续和呼应。

哲学把自身立脚点置于"世界之外",由此使得"外在超越"成为哲学最鲜明的特征。哲学试图获得对"存在"的总体性认识,这使得它必然具有"超越"性,但按照上述形而上学实在论的超越方式,超越的"支点"存在于现实的感性世界之外。为了获得对一切进行批判并为一切知识奠基的制高点与话语权,哲学必须在"世界之外"寻找立脚点,也唯此,

---

① [美]罗蒂:《哲学与自然之镜》,李幼蒸译,生活·读书·新知三联书店1987年版,第1、12页。
② [古希腊]亚里士多德:《尼各马科伦理学》,苗力田译,中国人民大学出版社1999年版,第233页。

作为"超级学科"的哲学之特殊地位方能获得确证。哲学要理解的对象是现实世界，但它要到现实世界之外寻求一个阿基米德点，并从它出发来实现对现实世界的解释。通过否定现实世界来寻求哲学自身的立脚点，这决定了哲学的"超越"必然是一种"外在的超越"。

以"外在于"世界的方式"超越"世界，这种对哲学立脚点的设定所面临的根本挑战在于：哲学何以能在把自身从世界剥离的同时，断言整个世界？换言之，哲学如何能够拔起自己的头发离开地球一样站到"世界之外"思考和发言？这是一切"神学化"的形而上学实在论所面临的根本挑战。

近代哲学自觉到了这种对哲学立脚点设定的内在困境，它自觉地意识到，哲学以"无人身"的"终极存在"作为立脚点，遗忘了这一基本事实：那就是任何存在，只有在与人的思维的关系中，才是可能的，离开人的思维的把握和认识，所谓存在将是混沌的虚无。基于这种自觉，近代哲学以笛卡尔的"我思故我在"这一标志性的主张为开端，开始了所谓"认识论转向"。对于这一转向的具体内容，学者们已经作了多方阐发。从本文观点出发，这一转向实际上意味着哲学立脚点的重大位移。黑格尔在《哲学史讲演录》中说道：我们从笛卡尔起，踏进了一种独立的哲学，这种哲学明白：自我意识是真理的主要环节，它自己是独立地从理性而来的。在这里，我们可以像一个在惊涛骇浪中长期漂泊之后的船夫高呼"陆地"一样，找到了自己的家园。① 在这个家园中，哲学的原则是从自身出发的思维，它抛弃僵死的外在性和权威，坚持内在性本身，按照这个内在性原则，思维、独立的东西，最纯粹的内在顶峰，就是现在自觉地提出的这种内在性，这个原则是从笛卡尔开始的。② 黑格尔的这一论述富有洞察力地指明：自笛卡尔开始，哲学的立脚点从"无人身"的终极存在转向了"内在性"的"思维主体"。"思维主体性"的绝对性，取代了超人的终极

---

① ［德］黑格尔：《哲学史讲演录》第4卷，贺麟、王太庆译，商务印书馆1978年版，第217、217—218页。
② ［德］黑格尔：《哲学史讲演录》第4卷，贺麟、王太庆译，商务印书馆1978年版，第217、217—218页。

存在，成为了哲学的新的立脚点。

随着以人的"思维主体"作为哲学的新立脚点，使得近代以来"思维与存在的关系"成为哲学的基本问题。如果说近代哲学之前，"存在"是从一个超人的无人身理性的视角所呈现出来的超绝实在，那么，现在"存在"必须在"思维"面前证明自己的合法性，也就是说，必须从与"思维"的关系中证明自身的"客观性"，由此使得如何克服思维与存在的矛盾，实现二者的统一，成为近代哲学的重大主题。很显然，这是哲学立脚点的位移所带来的哲学主题的重大变化。

但是，以"内在性"的"思维主体"为哲学的立脚点，同样面临着诸多重大的挑战。第一，人的思维作为人脑的活动，具有鲜明的"主观性"，而且这种"主观性"最终落实于"个人"，"个人的主观性"难以避免地具有"私人性"，倘若如此，认识的"客观性"和"普遍有效性"如何能够保证？第二，人的思维活动是人内在的、隐秘的心灵活动，对它的了解，主要依赖个人主体的"内省"，这是人无法观察的"黑箱"，倘若如此，如何保证人的思维和认识活动具有可交流的"公共性"和"普遍性"？第三，如上述二者密切相关，人的思维认识活动如何避免陷入心理主义的泥淖而保证人的认识的必然性和普遍性？以上三个方面，即是弗莱格、维特根斯坦、赖尔等语言分析哲学家们从不同方向对于近代的"认识论"哲学赖以立足的基石所提出的质疑和批评。这些质疑和批评的核心在于：内在性的思维主体由于其"主观性"、"私人性"，是否有足够的坚实性和可靠性作为哲学的立脚点，来为人关于存在的客观普遍知识奠定基础？

这正是当代语言哲学兴起的重要原因。无疑，当代语言哲学对于哲学以外在的终极存在作为哲学立脚点的形而上学实在论持坚决的拒斥态度，指其为语言逻辑的误用而导致的形而上学呓语。但它对于上述近代以内在性的"思维主体"为立脚点的"认识论哲学"持同样的质疑和批判态度。在它看来，无论是非反思地以外在的终极存在为哲学的立脚点，还是以反思性的我思"主体"为哲学的立脚点，都遗忘了哲学更为本源和基础性的立脚点，那就是语言。

以语言作为哲学的立脚点，意味着语言是存在和关于存在的知识的寓所，离开语言的中介，无论是直接断言"终极存在"，还是以思维主体为根据寻求与存在的统一并因此为知识提供普遍和客观的基础，虽然表现各异，但实质上都是形而上学的独断。海德格尔"语言是存在的家"、"语言破碎处，万物不复存"的名言即表达了欧洲大陆哲学家在此问题上的代表性观点。而自奎因提出"本体论承诺"的观点以来，英美分析哲学越来越呈现出普特南的"内在论"倾向，其特征在于：只有在某种描述或某个理论之内提出"构成世界的对象是什么这个问题"才有意义。在内在论者看来，"真理"是某种合理的（理想化的）可接受性——是我们的信念同我们的经验之间、我们的诸信念之间的某种理想的融贯——而不是我们的信念同不依赖于话语或不依赖于心灵的"事态"之间的符合。并不存在我们能有效或能知道的想象的"上帝的眼光"；存在着的只是现实的人的各种看法，这些现实的人描述为之服务的各种利益和目的或思考着他们的理论。① 坚持这种观点，就意味着所谓实在，只是在概念框架之内并相对于语言系统呈现出来的"客观性"，并不具有超越语言系统的"客观性"。奎因的"本体论承诺"把"存在"从"何物存在"转换为"说何物存在"，视"本体"为语言学意义上的"变元的值"，即某种特定语言所蕴含的"本体论承诺"。这意味着所谓"实在"，是在一种语言内部"认为存在什么"，而并非如传统形而上学所说的"何物存在"，本体论问题"不是关于事实的问题，而是关于为科学选择一种方便的语言形式，一个方便的概念体系和结构的问题"② 。明确自称为"实用主义后裔"的罗蒂，更是把其重要理论任务定为消解柏拉图主义的超历史的"形而上学实在"，认为人的语言是实现人的社会需要的实践工具，而不是关于非语言的"实在"的表象和"自然之镜"。因此，我们绝不可能走出语言之外去把握不以一个语言学描述为中介的实在，我们应该怀疑在实在与表象之间的古希腊区分，我们应该设法用诸如"关于世界之比较有效的描述"和"关于世

---

① ［美］普特南：《理性、真理与历史》，童世骏、李光程译，译文出版社 2005 年版，第 55、56 页。
② ［美］奎因：《从逻辑的观点看》，江天骥等译，上海人民出版社 1987 年版，第 16 页。

界之不太有效的描述"之间的区分取而代之。① 国内学者陈嘉映指出,哲学之转向语言,意味着哲学获得这样的自觉:"理解一种语言同时就是通过一种语言理解世界……语言突出地凝结着我们的理解。研究语言已经是一种反思式的理解——我们在研究语言的时候,已经在研究我们的理解。哲学连同我们对世界的理解来理解世界"。② 这即是说,在语言中,蕴含着关于世界及其理解的奥秘。正因为此,语言理应成为哲学的真实立脚点。

从上述讨论可以看出,哲学的发展史,在一定程度上就是一部哲学不断寻求自身立脚点的过程。通过对自身立脚点的不断寻求,哲学鲜明体现出不同于其他具体学科的发展特点,那就是以一种"不断后退"的方式,探索理解人与世界之间关系最为基本、最为本源的出发点和基石。就此而言,"不断后退"同时又是不断的"进展"和"深化",即希求通过愈加深刻的自我反思和自我批判,把哲学的立脚点奠基于更加坚实和牢固的根基之上。

二、社会生活现实与哲学立脚点的重新设定

与上述对哲学立脚点的理解不同,马克思哲学宣告以"社会"作为哲学的新的立脚点,这意味着哲学视域的重新体认和开展。很显然,这种重置哲学立脚点的要求,表明了它对于以往哲学立脚点的不满态度。那么,在它的视域中,以往哲学立脚点的根本缺陷在什么地方?"社会"作为哲学的新的立脚点,其理论优越性体现在何处?

要回答这一问题,首先必须具体考察以"社会生活"为哲学立脚点的马克思哲学对于"思维主体"和"语言"等哲学立脚点的批判性反思。

在马克思哲学看来,形而上学实在论以"终极存在"为哲学的立脚点,最根本的错误就在于它在理解"存在"时所代表和体现的"旁观者"的理论哲学立场,这种立场意味着它完全忽视了实践活动在"存在"的生

---

① [美]罗蒂:《后形而上学希望》,张国清译,上海译文出版社2003年版,第27页。
② 陈嘉映:《说理》,华夏出版社2011年版,第68页。

成中所具有的根本性作用，而离开人的实践活动的"终极存在"只不过是"世界之外的遐想"。在《提纲》第一条中，马克思指出：包括费尔巴哈的唯物主义在内的从前的一切唯物主义的主要缺点是——只是从直观的或客体的形式去理解感性、现实、对象，而不是把它们当作实践，当作人的感性活动去理解，因此，和唯物主义相反，唯心主义却发展了能动的方面，但只是抽象地发展了。① 在第八条中，马克思又说道："社会生活在本质上是实践的，凡是把理论导致神秘主义的东西，都能在人的实践中以及对这种实践的理解中得到合理的解决。"② 这两段互为解释和相互支撑，是理解马克思"存在观"的十分重要而关键的论述。第一段强调必须把"存在"、"当作实践"去理解，第二段则进一步把"实践"理解为"社会生活"或者说把"社会生活"的本质理解为"实践"。把这两段话完整地联系起来，所表达的观点是：所谓"终极存在"，就是人的实践活动所生成和创造的"存在"，而实践活动的展开就是人的社会生活，因而，社会生活构成了哲学最本源、最"终极"的存在。这从《提纲》的另外两段论述又获得了充分的印证。这两段论述分别是：人的本质在其现实性上是一切社会关系的总和，而不是单个人固有的抽象物。③"旧唯物主义的立脚点是市民社会，新唯物主义的立脚点则是人类社会或社会的人类。"④ 前者与马克思视"社会生活"为"终极实在"是完全一致的：由于社会生活构成人的最为本源性和基础的生存境遇，那么，就必然合乎逻辑地把人之为人的"本质"把握为"社会关系的总和"；后者则十分清晰地表达了马克思对于哲学基本视野的自觉：那就是"人类社会"或"社会的人类"构成其哲学的"终极视域"。

在马克思这里，与"语言"和"意识"相比，生活实践以及由此展开的社会生活具有更为基础的地位。马克思强调："意识在任何时候都只能是被意识到了的存在，而人们的存在就是他们的现实生活过程"⑤，"不是

---

① 《马克思恩格斯选集》第1卷，人民出版社1995年版，第58页。
② 《马克思恩格斯选集》第1卷，人民出版社1995年版，第60页。
③ 《马克思恩格斯选集》第1卷，人民出版社1995年版，第56页。
④ 《马克思恩格斯选集》第1卷，人民出版社1995年版，第57页。
⑤ 《马克思恩格斯选集》第1卷，人民出版社1995年版，第72页。

意识决定生活，而是生活决定意识"①。在此意义上，先前的哲学把意识置于理解人、世界以及人与世界关系的最为本源的基础地位，这种"观念统治世界"的观点在根本上颠倒了本源与派生的关系，是对"人生在世"最基本的生存结构的扭曲和遮蔽。同样，语言也不具有基础性和本源性：语言也和意识一样，只是由于需要，由于和他人交往的迫切需要才产生的，语言是一种实践的、既为别人存在因而也为我自身而存在的现实的意识。②正像哲学家把思维变成一种独立的力量那样，语言是思想的直接现实，他们也一定要把语言变成某种独立的特殊的王国。在哲学语言里，思想通过词的形式具有自己本身的内容。从思想世界降到现实世界的问题，变成了从语言降到生活的问题，这就是哲学语言的秘密。③ 正是在此意义上，把哲学从"认识论转向"和"语言学转向"推进到更具有基础性和根本性的"生活实践转向"，使马克思成为哲学史上最重要的先驱者。

按照马克思的观点，开启人的最为"实在"的"在世结构"的，是作为人本源性活动的生活实践，而社会生活正构成这一"在世结构"的基本内容。在实践活动中所展开的人与人的关系和人与自然的关系，都以社会生活作为前提和条件。实践活动首先指向人与自然的关系，但人与自然关系只有在社会生活中才具有现实性，马克思指出：只有在社会中，自然界对人说来才是别人为他的存在和他为别人的存在，才成为人与人联系的纽带，才是人的现实生活的要素；只有在社会中，自然界才是人的存在的基础。④ 这就是说，人与自然之间必须以人与人的相互结合形成的社会生活为中介，而从来不是单一个人与自然界的"结缘"，正是在人的实践活动中自然才转化为人的"无机身体"。同时，生活实践在根本上是一种个人与他人"共在"，实践活动必然指向人与人的关系，并不断向他人开放"结缘"形成社会关系的过程。在马克思这里，"现实的个人"既不能被虚化和蒸馏为规定所有不同生命个体存在的、普遍性的"抽象本质"，同

---

① 《马克思恩格斯选集》第1卷，人民出版社1995年版，第73页。
② 《马克思恩格斯选集》第1卷，人民出版社1995年版，第81页。
③ 《马克思恩格斯全集》第3卷，人民出版社1960年版，第525页。
④ 《马克思恩格斯全集》第3卷，人民出版社2002年版，第301、196页。

时也并非遗世独立的孤立存在，而是处于"社会关系"之中的"社会化"的"个体"。马克思指出：孤立的个人在社会之外进行生产——这是罕见的事，人是最名副其实的政治动物，不仅是合群的动物，而且是只有在社会中才能独立的动物。① 个人的首要活动和个人存在的首要属性都涉及其与其他个人的关系，正是在此意义上，马克思强调："成为奴隶或成为公民，这是社会的规定。是人和人或 A 和 B 的关系。A 作为人并不是奴隶。他在社会里并通过社会才成为奴隶"。② 这两重内涵结合在一起表明，施蒂纳式的"唯一者"是离开社会生活的缺乏现实性的抽象幽灵，所谓"人"只能是"社会关系中的个人"。正是在此意义上，马克思认为，个体是社会存在物。因此，即使不采取共同的、同其他人一起完成的生命表现这种直接形式，他的生命表现也是社会生活的确证和表现。人的个人生活和类生活并不是各不相同的，尽管个人生活的存在方式必然是类生活的较为特殊的或者较为普遍的方式，而类生活必然是较为特殊的或者较为普遍的个人生活。③

社会生活不仅是人的在世结构的基本内容，而且还是人的自由和解放得以可能的母体和根据。一方面，社会生活是个人生活实践及其交往关系的结果和产物；另一方面，个人是社会存在物，社会生活构成个人生活的基本条件。每个人的生存状态、生活品质乃至生存命运均受社会生活的深刻影响。因此，人的自由和解放程度与社会生活的性质及其发展程度不可分割地关联在一起。在马克思哲学看来，人的被奴役和被压迫的最深层根源在于与人的生命相敌对的不合理的现实社会关系。这种社会关系的改变，显然既不能仅依靠人们理论认识对世界的解释，也不能依靠语言层面的话语力量，而"必须推翻使人成为被侮辱、被奴役、被遗弃和被蔑视的东西的一切关系"④。通过对社会关系的实际的改造和转换，把人们从社会关系的束缚和统治中解放出来，是不断提升人的自由程度的根本途径。在

---

① 《马克思恩格斯全集》第 46 卷上册，人民出版社 1979 年版，第 21 页。
② 《马克思恩格斯全集》第 46 卷上册，人民出版社 1979 年版，第 220 页。
③ 《马克思恩格斯全集》第 3 卷，人民出版社 2002 年版，第 302、306 页。
④ 《马克思恩格斯选集》第 1 卷，人民出版社 2012 年版，第 10 页。

马克思看来，无论是"人的依赖关系"，还是"物的依赖关系"，都代表着历史上所存在的使人陷入片面化和抽象化的社会关系，人的真正的自由和解放的奥秘就在于超越和克服这种性质的社会关系，并创造和重建与人的自由生命相适应的新型社会关系。马克思这样描述到：全面发展的个人——是历史的产物而不是自然的产物，他们的社会关系作为他们共同的关系，也是服从于他们自己的共同控制的。要使这种个性成为可能，能力的发展就要达到一定的程度和全面性，这正是以建立在交换价值基础上的生产为前提的，这种生产才在产生出个人同别人和同自己相异化的普遍性的同时，也产生出个人能力和个人关系的全面性和普遍性。① 通过生成"服从于他们自己共同控制"的社会关系，为人的"自由个性"创造现实的条件。

综合以上分析，在马克思哲学视野中，实践活动展开人最基本的"在世结构"，社会生活构成人最基础性的在世内容。基于这一观点，形而上学实在论所追问的"终极存在"转换为实践活动所展开的社会生活本身，"内在性"的"思维主体"成为奠基于实践活动的衍生样式，语言被理解为根源于实践活动并通过实践活动存在和发展的交流手段。可以看出，在此，马克思哲学把社会生活视为理解存在、认识和语言的出发点和归宿，认为其拥有比后者更为本源和基础的地位，因而更有资格和理由成为哲学的更为坚实的立脚点。

可见，马克思对于以往哲学对自身立脚点的批评，基于他对于社会生活在人的生命存在以及人与世界关系中所具有的基础性和本源性地位的自觉。在此意义上，有学者认为马克思提出了一种与以往哲学不同的本体论，即"社会本体论"，并以此实现了对传统哲学根本转换，"这一转换是通过马克思将体系哲学与社会理论的引人注目的综合而实现的"，这一综合的成果集中体现为他的"社会本体论"，"即一种关于社会实在之本质的形而上学"②。应该说，这一观点十分中肯地指出了马克思哲学在此问

---

① 《马克思恩格斯全集》第30卷，人民出版社1995年版，第112页。
② ［美］古尔德：《马克思的社会本体论：马克思社会实在理论中的个性和共同体》，王虎学译，北京师范大学出版社2009年版，第1页。

题上的理论旨趣：以"社会生活"为本体，终极存在、抽象的认识和语言等都失去了其独立的外观，它们要求在社会生活的基础上重新被理解并获得新的定位和意义。

三、社会生活的辩证本性与哲学立脚点的包容性

社会生活之所以能取代以往哲学对自身立脚点的设定，其深层根据在于，它有力地克服了以往哲学所面临的重大理论矛盾和困境，在一个更具包容性的视野中，为理解思维与存在、主观与客观、人与世界关系等哲学最为根本性的问题提供了一个更为坚实的基础。

从《提纲》第十条的论述中，我们已经看到，当马克思把新哲学的立脚点确定为"社会化人类或人类化社会"时，他直接针对的对立面是把"市民社会"确立为立脚点的"旧哲学"，那么，以"市民社会"为哲学的立脚点究竟意味着什么？它存在着什么内在的深层矛盾和困境？

众所周知，"市民社会"是哲学社会科学理解现代社会的特征和本质时的一个十分重要的概念，对此，不同学科的理解视角不尽相同。从哲学视角出发，"市民社会"是与"个人主体性"原则即现代性最为根本的原则内在关联在一起的。这种"主体观念"从笛卡尔开始才真正予以确立，并通过黑格尔第一次明确地把"现代的原则"概括为"主体性"。这种作为现代性基本原则的"个人主体性"，其核心内容就是把主观意识的"自我"实体化为"主体"，强调一切存在者存在的最终根据就是自我意识的同一性，认为只要确立"作为突出的基底的我思自我"，绝对基础就被达到了，这就是说，主体作为真实的在场者，乃是被转移到意识中的根据，也就是在传统语言中十分含糊地被叫到"实体"的那个东西。所以自笛卡尔以来，"'我'成了别具一格的主体，其他的物都根据'我'这个主体才作为其本身而得到规定"。正是这种"主体性"原则，支撑着宗教改革、启蒙运动和法国大革命，确立了现代文化形态：在现代，国家和社会、宗教生活，

以及道德、艺术和科学等都体现了主体性原则。在马克思看来，由笛卡尔所肇始的这种"主体性原则"并非单纯的哲学观念，而是集中体现和表达了现代世界的时代精神。这种精神就是市民社会的精神。

早在马克思之前，黑格尔就已经指出，"市民社会"是展现个人自主性的基础领域和土壤，在市民社会里，如果每个人"不同别人发生关系，他就不能达到他的全部目的，因此，其他人便成为特殊的人达到目的的手段。但是，特殊目的通过同他人的关系就取得了普遍性的形式，并且在满足他人福利的同时，满足自己。"市民社会是一切人反对一切人的战场，是个人私利的战场，同样，市民社会也是私人利益跟特殊公共事务冲突的舞台，并且是它们二者共同跟国家的最高观点和制度冲突的舞台①，"在市民社会中，每个人都以他自身为目的，其他一切在他看来都是虚无"②。在此意义上，"市民社会"使每个人的主体性得到充分的发挥，但同时也导致了不同的"个人主体"之间的冲突与分裂。

马克思充分地意识到，市民社会的精神是一种充满着对立和冲突的精神，它所遵循的是"对象化"的二元对立的逻辑和原则：市民社会"扯断人的一切类联系，代之以利己主义和自私自利的需要，使人的世界分解为原子式的相互对立的个人的世界"③。这种"对象化的逻辑"体现在人与他人、人与世界关系的各个方面，导致了个人与他人、人与自然、主观与客观等之间的一系列深层对立。

市民社会的这种分裂和对立的精神构成了近代哲学内在的分裂和对立的现实基础。如前所述，近代哲学是以"内在性"的"思维主体"为立脚点的，思维与存在、主观与客观的矛盾关系由此成为近代哲学的中心课题，然而，以"思维主体"作为哲学的立脚点，是不可能真正实现这些矛盾的内在统一的。相反，虽然哲学家用尽各种办法，试图实现它们的和解，但由于其所设定的立脚点的内在缺陷，结果仍不可避免地使这种对立和冲突难以得到真正的解决，近代哲学发展中所形成的唯物主义与唯心主

---

① ［德］黑格尔：《法哲学原理》，范扬、张企泰译，商务印书馆1979年版，第197页。
② ［德］黑格尔：《法哲学原理》，范扬、张企泰译，商务印书馆1979年版，第309页。
③ 《马克思恩格斯全集》第3卷，人民出版社2002年版，第301、196页。

义、经验论与唯理论、绝对主义与相对主义、主观主义与客观主义等思想倾向和哲学派别都充分体现了这一点。康德试图通过对理性的批判，弥合上述分裂和冲突，但仍然留下了"物自体"这一作为理性界限的、无法为"思维主体"所把握的存在这一概念。黑格尔试图以思存同一的绝对精神为基础，在其辩证的历史运动中实现上述矛盾的和解，然而，黑格尔所持的基本立场实质是经过辩证法改造和重建的形而上学（正是在此意义上，马克思说其"实现了形而上学的复辟"），因而他不过是以一种形而上学的、思辨神学的独断方式掩盖了问题而非真正解决了问题。

以"内在性"的"思维主体"为立脚点，必然在人与世界的关系上贯彻"对象性"逻辑，从而导致"主体"与"客体"、人与世界关系的对立和分裂。海德格尔指出，不仅是"主体"的权威，还有贯穿整个近代哲学的主客体关系，都是随着"自我"这一"基体"确立的："'我'成了出类拔萃的主体，成了那种只有与之相关，其余的物才得以规定自身的东西。由于它们——数学的东西，它们的物性才通过与最高原则及其'主体'（我）的基础关系得以维持，所以，它们本质上就成了处于与'主体'关系之中的另外一个东西，作为 obiectum（抛到对面的东西）而与主体相对立，物自身变成了'客体'"，而成为"客体"，也就是"世界被把握为图象"①，"图象一词意味着：表象着的制造之构图"，为了这种世界观的斗争，并且按照这种斗争的意义，人施行其对一切事物的计划、计算和培育的无限的暴力②。很显然，在此情况下，主体与客体、人与世界之间必然处于深刻的冲突和分裂状态。

同样不可避免的是，以"内在性"的"思维主体"为立脚点，也必然在个人与他人的关系上贯彻"对象性逻辑"，从而导致人与他人关系的对立和分裂。通过多方面的批判性反思，现当代哲学已经向我们揭示，当"主体"被实体化为哲学的立脚点并以此为出发点来理解自我与他人的关系时，他与他人不可能是"我"与"你"的对等关系，而必然是一种

---

① ［德］海德格尔：《海德格尔选集》下卷，孙周兴选编，上海三联书店1996年版，第882、899页。
② ［德］海德格尔：《海德格尔选集》下卷，孙周兴选编，上海三联书店1996年版，第904页。

"我"与"他"的关系,体现在社会生活中,"主体"必然不可能以一种真正平等的方式来对待别人,而只能把他人"对象化"与"客体化",将"我"与"他"的关系,转化为"我"与"它"的关系。这种"我"与"它"的关系,就像马丁·布伯所指出的那样:"'我'与'它'并非邪恶,恰如物质并非邪恶,但两者均狂妄地以存在自居,因而在此意义乃是罪孽。倘若人听凭它们宰制自我,则无限扩张的'它'之世界将吞没他,他之'我'将荡然无存"①,人们的社会生活"除了疯狂扩张的'它'之暴政,它无物可以继承。'我'在此暴政下日渐丧失其权力,可它仍沉醉在君主的迷梦中"②。因此而形成对他人的"蔑视"、"伤害"和"侮辱",这种"蔑视"、"伤害"和"侮辱",在法权层次上表现为对他人权力的拒斥,在肉体层次上表现为"强暴",在社会价值层面上表现为对他人"尊严"和"荣誉"的废黜和剥夺。在此意义上,以主体性作为社会批判的规范基础,所导致的结果便是:曾经从中获得自己乌托邦期望和自己的自我意识的那些增强影响力的力量,事实上却可以使合理性转变为非理性,使解放转变为压迫,使自主性转变为依从性。③

可见,以实体化的"思维主体"为哲学立脚点所导致的哲学的上述内在分裂和矛盾与充满对立和冲突的市民社会精神有着深层的一致性。在马克思哲学看来,哲学观念不是哲学家头脑的向壁虚构,而是以一种观念的方式凝聚着时代精神,集中反映着一定历史阶段人们的生存状态。卢卡奇曾在《历史与阶级意识》中对"资本主义思想的二律背反"进行了深入分析,揭示了近代哲学之所以陷入种种两极对立的社会历史根源,他指出,近代哲学是从"意识的物化结构中产生出来的"④,而这种"物化结构"正是现代资本主义市民社会的固有性质和必然结果,卢卡奇以康德的批判哲学为主要分析对象,呈现了近代哲学的主观主义与客观主义、唯心

---

① [德]马丁·布伯:《我与你》,陈维纲译,生活·读书·新知三联书店2002年版,第40页。
② [德]马丁·布伯:《我与你》,陈维纲译,生活·读书·新知三联书店2002年版,第41页。
③ [德]霍耐特:《为了承认而斗争》,胡继华译,上海人民出版社2005年版,见第六章的有关论述,第90页。
④ [匈牙利]卢卡奇:《历史与阶级意识》,杜章智、任立、燕宏远译,商务印书馆1996年版,第177页。

主义与唯物主义、主动性与受动性、必然性与自由性等一系列"二律背反"及其社会生活基础。应该说，卢卡奇的这种分析是富有洞察力的。

因此，要克服近代哲学的一系列矛盾和冲突，关键在于改变和超越充满分裂和冲突的市民社会精神，正是在此意义上，马克思形成了这样的重要论断：唯灵主义与唯物主义、主观主义和客观主义、活动与受动，只有在社会状态中才失去它们彼此间的对立，从而失去它们作为这样的对立面的存在。我们看到，理论对立本身的解决，只有借助于人的实践力量，只有通过实践的方式才是可能的；因此，这种对立的解决是现实生活的任务，而绝对不只是认识的任务。①

这一论述包含两重内涵。首先，它表明，社会生活为消融和克服上述一系列二元对立提供了辩证的中介和坚实的基础。如前所述，社会生活在本质上是实践的，这即是说，社会生活是人们实践活动的结果。而实践活动的展开，是一种主观与客观、思维与存在、受动与被动、必然性与自由性等各种矛盾因素的否定性统一过程，在实践活动过程中，所有这些因素和环节都失去了其独立存在的性质，而成为相互作用、相互转化和内在融合的关系。作为人自我生成的创造活动，实践是一种集目的性与因果性、个人与社会、物质与精神、过去与未来等矛盾于一身的活动，在这种活动中，人以物的方式去同对象发生关系，换来的却是物以人的方式的存在。通过实践活动，原来是一个自在的存在自然物，现在变成了"为人的存在"，原来的人是从属于自然的一部分，现在自然成为从属于人的"无机身体"，原来自然是自身变化的主体，现在变成人的活动的客体。实践活动把原来只有单一性质的世界即自然关系的世界，变成了双重关系的矛盾世界，它改变了自然固有的秩序。可见，实践观点克服了知性化的实体本体论所导致的对人的概念化和抽象化。知性化的实体本体论面对人的双重和矛盾本性，只能以一种"非此即彼"的形而上学的思维方式把人丰富的矛盾的存在本性还原为某种单一的绝对本性。之所以如此，一个根本原因就在于它无法找到把人的双重和矛盾本性内在统一的基础，而实践观点正

---

① 《马克思恩格斯全集》第3卷，人民出版社2002年版，第302、306页。

提供了这种基础。以实践活动为基础，人的双重和矛盾本性，实现了否定性的统一。而这由种种矛盾关系所形成的世界，正是人的社会生活世界。可见，社会生活把近代哲学中所暴露的彼此对立的矛盾和冲突内在地综合和统一起来，使之实现了辩证的和解。

同时，这一论述还意味着，人们观念中的矛盾和冲突的真正克服和解决，必须超越单纯的理论思辨的方式。观念的矛盾和冲突，根植于人们的现实生活，它是现实生活陷入抽象化的"症候"和表现。因此，对它们的超越，不能仅仅停留在理论层面，而必须消解使之滋生和繁殖的社会生活结构。如前所述，近代哲学的二律背反根源于市民社会及其物化结构，理论观念上的二元对立与充满分裂和冲突的市民社会精神有着深层的内在关联。因此，要消除理论上的二元对立，就必须对市民社会精神进行改造，在"社会化人类"和"人类社会"中实现对它们的真正超越。正是在此意义上，马克思才强调，理论对立的克服，是"现实生活"的任务而非仅仅依靠理论思辨所能达成。

可见，马克思以社会生活作为哲学的立脚点，对哲学史上所遗留的重大理论挑战作出了有力的回应。英国著名哲学家伯林曾说过，哲学史上伟大哲学家的理论变革的重要表现之一就在于他们"改变了问题自身的性质，变换了那些问题之所以成其为问题的视角"①，在此意义上，马克思通过哲学立脚点的位移，实现了哲学重大的理论变革。我在上文主要从马克思与以"认识论"为中心的近代哲学的关系，讨论了这种变革。事实上，如果把马克思哲学关于哲学立脚点的观点与以"语言哲学转向"为特点的当代哲学作进一步的比较，我们会进一步发现这一理论变革对于克服语言哲学转向所带来的诸如语言与世界语言与实在、涵义与指称、分析与综合、真理与价值等一系列二元对立同样具有重大意义，普特南等哲学家通过对实用主义的重新阐释，已经发现和揭示了社会生活对于克服这些二元对立所具有的特殊重要性。在此方面，马克思哲学早已洞烛先机，表现出惊人的敏锐和洞察力。

---

① ［英］以赛亚·伯林：《自由及其背叛》，赵国新译，译林出版社2005年版，第4页。

"形而上学终结"之后的哲学主题[①]

对传统形而上学的批判，已成为当代哲学的重大课题。虽然仍有不少人留恋传统形而上学作为哲学和科学的"女王"曾享有的"威严"和"权力"并因此而带来的"神圣感"和"崇高感"，但自19世纪末开始的一个多世纪以来，现当代哲学从各个层面对其所做的深入和尖锐的批判性分析，使得传统形而上学的基本理论原则和思维方式早已千疮百孔，难以为继。正是在此意义上，"形而上学的终结"与哲学的"后形而上学转向"被人们概括为当代哲学的基本趋向。但与此相伴随的一个带有根本性的重大课题是：在"后形而上学"时代，哲学将如何自存？如果承认哲学仍有存在的必要，那么，它的基本问题与任务将是什么？

我们认为，在"后形而上学"时代，哲学的基本主题不是别的，正是"形而上学批判"，或者说，"形而上学批判"构成了"后形而上学"时代哲学的基本课题与任务。通过"形而上学批判"，保持思想的自由和活力，维护生活的具体性和丰富性，保持人类面向未来的开放性和可能性，是"后形而上学"时代哲学的根本使命。

一、"形而上学是人的自然趋向"：一个需重新理解的议题

对于"形而上学终结"，人们的反应很不相同。其中有两种最具代表

[①] 原载《天津社会科学》2011年第1期。

性的态度。一是把它视为哲学的灾难和耻辱，在它看来，"形而上学的终结"意味着哲学失去了永恒的对象和主题从而陷入了"无家可归"的命运。为此，它要与"形而上学的终结"相对抗，捍卫人与哲学"与生俱有"的"形而上学本性"。这种观点在为自己辩护时，经常援引康德《纯粹理性批判》中"形而上学是人的自然倾向"的论述，证明形而上学乃是人与哲学的"宿命"因而具有"不可终结性"。另一种态度与之相对，它完全认同"形而上学的终结"，认为这是哲学不可避免的结局，而且随着"形而上学的终结"，"哲学问题"将不再存在，哲学也因此而走向消亡，在此意义上，"形而上学的终结"与"哲学的终结"乃是同一过程和同一问题的不同表述。

这两种态度似乎相互对立，但实质上内在相通，那就是二者都把传统"形而上学"所代表的理论形态与"哲学"等同起来，由于这种等同，前者试图通过捍卫"形而上学"来捍卫哲学，以避免"哲学的终结"，后者则在为"形而上学终结"倍感鼓舞的同时，也为"哲学的终结"而欢呼。

我们首先对第一种态度进行批判性的分析，尤其着重对人们关于"形而上学是人的自然倾向"这一命题似是而非的理解进行分析。"形而上学是人的自然倾向"，这一命题来源于康德《纯粹理性批判》，在该书导言中，康德在"纯粹数学是怎样成为可能的"和"纯粹自然科学是怎样成为可能的"之后，提出了这样的问题："形而上学，作为自然的倾向，是怎样成为可能的"？[①] 从这一问题可以看出，康德毫无疑问承认"形而上学是人的自然倾向"，然而，康德是否对这种"自然倾向"持积极的肯定态度呢？是否认为这种"自然倾向"应该无条件地保留和接受呢？深入研究康德的《纯粹理性批判》以及康德的整个哲学体系就可以明白：事实恰恰相反，康德承认"形而上学是人的自然倾向"，但同时强调这一"自然倾向"恰恰是需要反思和批判从而引起高度警觉的现象，可以说，整部《纯粹理性批判》，康德都是在与这种"自然趋向"作"斗争"，揭示这一"自然趋向"所具有的"海市蜃楼"般的"虚幻性"，从而避免由它所导

---

① ［德］康德：《纯粹理性批判》，韦卓民译，华中师范大学出版社2000年版，第51页。

致的思想迷乱和困境。

具体来说，"形而上学作为人的自然倾向"，就是人们试图超越有条件的经验领域，去把握无条件的"大全"和"总体"的欲望。把握无条件的"大全"和"总体"，也就是要实现一种"原理的统一性"，康德称之为"理性的统一性"：可以"把理性看作在原理之下获得知性的规则的统一性之一种能力。据此，理性就绝不直接致力于经验或任何对象，而是致力于知性，为的是要通过概念而给知性的杂多知识以一种验前的统一性，这种统一性可以称为'理性的统一性'"①。概括而言，"形而上学作为人的自然倾向"具有如下几个最基本的特点。第一，超验性，即对一切经验现象的超越，与经验现象关联在一起的知识都是有限的，但形而上学作为"思想的最高统一性"所获得的是绝对的知识，因而必然是"超验"的。第二，无限性。与经验有关的知识都是有限的，它只是"现象性"的、受条件限制的，而关于无条件的总体的知识则跨越过一切特定的限度并因此获得最大限度的"自由"。第三，最高统一性。形而上学的知识所要寻求的是"多中之一"，即要把知性所形成的知识统一起来，把"杂多"的、具体的知识总体化为绝对的最高的终极原理。因此，形而上学的知识是完备性的、无条件的、最高的知识，构成一切具体的、有条件的知识的基础和目标。

在此意义上，"形而上学作为人的自然趋向"，所体现的是人的理性的"本能"。超越经验限制，追求超验真理，超越有限知识，把握无限实在，超越现象的多样和杂多，掌握绝对统一的整体，这是人的理性不可遏止的欲望，"打破砂锅问到底"，"上穷碧落下黄泉"，这是人的理性与生俱来、不可消除的追求。对此，康德说道："人的理性有一种特殊的命运，就是在它的某种知识里为一些问题所苦恼，而这些问题既然是理性的本性所规定的，它就不能置之不理。"②

然而，"本能"并不等于"合法"，"欲望"并不等于"合理"。康德指出，"形而上学作为人的自然趋向"所提出的是一个超过理性的能力范

---

① ［德］康德：《纯粹理性批判》，韦卓民译，华中师范大学出版社2000年版，第320—321页。
② ［德］康德：《纯粹理性批判》，韦卓民译，华中师范大学出版社2000年版，第3页。

围因而无法解答的问题和任务。不加反思和批判地发挥"形而上学"的"自然趋向",其结果将导致无法克服的"先验幻象"。康德在《先验辩证论》中,对"灵魂"、"宇宙整体"和"上帝"这三个形而上学的先验理念进行了哲学史上极为著名的分析和讨论,通过对"先验心理学"的"灵魂"实体所包含的"谬误推理"的批判,对"先验宇宙论"的"宇宙整体"理念所导致的"二律背反"的批判,对"先验神学"的上帝存在的"本体论"、"宇宙论"和"自然神学"证明的批判,系统地阐发了"形而上学的自然趋向"所包含的思想矛盾和困境。这些思想矛盾和困境的根源就在于:"我们理性(主观上视为人类知识的一种能力)的使用,有一些基本的规则与准则,而这些规则与准则具有客观原则的外形,因而我们就把那本来有利于我们知性的那种概念联系的主观必然性,当作了确定物之在其本身的客观必然性"①,"形而上学的自然趋向"作为人的"主观的必然性",是人的不可消除的"本能欲求",然而形而上学却把这种"主观的必然性"当成了"客观的必然性",把主观的幻象冒称为客观的原则来欺骗我们,其结果必然导致无法解决的先验幻象和内在困境:"自认为能解决一切问题且能解答一切疑问,这是不知羞愧的自夸,说明他将由于过度自高自大而立刻失去一切信赖"②,在此意义上,"形而上学的自然趋向"蕴含着一种必须时时予以提防的僭妄。"先验辩证论"所承担的正是这一使命:"先验辩证论将满足于揭露超验判断的幻象,而同时留心使我们不为它所欺骗"③,从而提升理性的自我意识,警惕形而上学的自然趋向所禀赋的欺骗性。

康德上述对于形而上学的批判构成了现当代西方哲学"形而上学终结"思潮的重要源头。施太格缪勒在《当代哲学的主流》中说道:"把现今的哲学和以往的哲学联系起来的许多历史线索当中,对康德哲学的关系具有特别重要的意义。康德对于有关实在的知识的说明和他对于理性形而上学的批判,形成了认识论和形而上学历史上的转折点。今天只有少数哲

---

① [德]康德:《纯粹理性批判》,韦卓民译,华中师范大学出版社2000年版,第317页。
② [德]康德:《纯粹理性批判》,韦卓民译,华中师范大学出版社2000年版,第457页。
③ [德]康德:《纯粹理性批判》,韦卓民译,华中师范大学出版社2000年版,第318页。

学观点不是也以它们探讨康德观点的方式为特征的"①。可以说，对"形而上学的自然趋向"进行"治疗"，证明这一"自然趋向"的虚妄性和僭越，构成了现当代西方哲学的共同主题。在它们看来，"形而上学"作为人的"自然趋向"，所体现的是思想和语言的迷乱以及生活的病症，因而正是哲学应予反省、批判与解构的对象。就此而言，现当代哲学受到了康德形而上学批判的强烈影响，即使那些对"康德哲学持论战态度的学说，也采用了康德的某些对问题的提法，并且是建立在康德思想之上的"②。

通过上述讨论，我们可以清楚地看到，当人们用"形而上学是人的自然趋向"来为形而上学的思维方式与理论原则提供辩护时，实际上完全建立在对康德的误读之上。

二、"形而上学终结"之后的哲学问题：形而上学批判

在上面，我们通过对康德关于"形而上学是人的自然趋向"的重新解读，回应了人们关于"形而上学终结"的第一种反应。现在我们将针对第二种反应，即认为"形而上学终结"同时意味着"哲学问题的消失"与"哲学的终结"，进行专门的探讨。

"形而上学的终结"是否意味着"哲学问题的终结"与"哲学的终结"？我们的回答是否定的。随着"形而上学的终结"，那些以形而上学思维方式和解释原则为根据和基础的哲学问题确实丧失了存在的理由，但是，这并不意味着所有哲学问题的消失。"形而上学终结"之后，"形而上学"本身就成为了哲学最重要的反思对象。可以说，"形而上学批判"本身即成为了"形而上学终结"之后哲学最为重大的问题。

---

① ［联邦德国］施太格缪勒：《当代哲学主流》（上），王炳文等译，商务印书馆1986年版，第16页。
② ［联邦德国］施太格缪勒：《当代哲学主流》（上），王炳文等译，商务印书馆1986年版，第17页。

"形而上学批判"何以成为"形而上学终结"之后最重要的哲学问题?这是因为,正如康德所指出的,"形而上学作为人的自然趋向"乃是人的无法消除的本能欲求,"这种幻象的不能防止,正如我们不能防止海面在地平线上比海岸显得更高一样,因为我们看海面是通过更高的光线的;或者举一个更好的例子来说,天文学家也不能防止月亮初升时看来好像大一些似的,虽然他并不为这种幻象所欺骗"①,辩证幻象"并不是如手艺不够纯熟的人由于知识不足而陷入的,也不是某个诡辩家有意编造出来以淆乱有思想的人的,它是和人类的理性分不开的,即令在它的欺骗性已经暴露了之后,它仍然要捉弄理性,继续使理性断断续续地陷入一时的错乱,而常常需要矫正"②。形而上学既然是人的"自然趋向",这就表明它是人的理性乃至人的生活不可消除的维度,它所招致的幻象是人的理性和人的生活不可消除的部分。对这种幻象保持充分的自觉,避免这一"自然趋向"的放纵,防止人的思想和生活陷入不可解决的迷误,捍卫人的思想和生活的具体性和丰富性,于是成为哲学必须承担的重大任务。

如果说康德主要是在认识论的意义上揭示了形而上学这一"自然趋向"所导致的"幻象",那么,现当代哲学则进一步揭示了这一"自然趋向"所导致的幻象不仅发生在人的思维和认识领域,同时也发生在个人的生存以及社会历史、人类生活之中。发生在人的认识领域的幻象,将导致人的思想陷入抽象化,发生在人的生活和社会历史中的幻象,将导致人的生活和历史陷入抽象化。

认识领域的幻象及其所导致的人的思想的抽象化,是"形而上学"的"自然趋向"不加限制的放纵所带来的必然后果。如前所述,"形而上学"的"自然趋向"所追求的是超验的"无条件的总体",它要超越所有具体的、异质性的知识,达到"最高统一性"的"终极原理"。这一"终极原理"是一切具体的、异质性知识的无条件的、具有"客观规范性"的"大前提"和出发点。很显然,以此为根据,它必然形成一种从抽象原则出发来规范异质性的具体知识的思维方式,这即是康德所称的"独断论",

---

① [德]康德:《纯粹理性批判》,韦卓民译,华中师范大学出版社2000年版,第317—318页。
② [德]康德:《纯粹理性批判》,韦卓民译,华中师范大学出版社2000年版,第318页。

或马克思哲学所说的"教条主义"。贯彻独断论或教条主义的思维方式，不可避免地将使人的思想和认识陷入僵化。首先，它必然使得具体的、异质性的知识失去了其"自律"的、"本己"的性质并导致人类知识秩序的失调。哈贝马斯曾指出，无论是自然科学知识还是人文社会科学知识，都有着特殊的旨趣和功能，它们无法还原为某个同质性、终极的"先验理念"，把"形而上学"知识视为最高的真理性知识，强制地要求把具体的、异质性的知识"统一"起来，意味着以一种外在的权威干涉具体学科及其知识，这种试图为具体学科"立法"的野心，就如同康德所揭示的那样，在本性上是"专横"的，"带有古代野蛮的残余"[①]。其次，它将助长一种无约束的理性狂妄，以无限、终极知识的幻觉掩盖和遗忘人的理性的历史性和有限性，为"绝对真理"、"无条件的原理"的专横提供根据和理由。人的认识是一个在有限中不断超越自身从而实现自我扩展和丰富的过程，但它永远不可能达到一劳永逸的"终极真理"，然而，"形而上学"的"自然趋向"却以把握"绝对真理"和"无条件原理"为唯一的目标，并且竭力把"绝对真理"与"无条件原理"视为客观化的"先验理念"或"永恒法则"，很显然，这是与人的认识的真实本性相违背的，必然导致对人的认识的严重扭曲。最后，与上述两点内在相关，在上述独断主义和教条主义的统治下，怀疑主义与虚无主义必然应运而生。"绝对主义"与"怀疑主义"、"终极实在"与"虚无主义"在表面上相互对立，实际上是内在相通的孪生兄弟，由于"形而上学"的"自然趋向"所具有的专横性及其虚幻性，必然导致怀疑主义与虚无主义的强烈反弹，来对这种专横与虚幻进行"解毒"，康德就曾指出："在独断论者的统治下……她的帝国就因内战的频仍，而逐渐变为完全无政府的状态；而怀疑主义者们，这些游牧民族，由于蔑视一切生活的安定，就不时把所有的文明社会破坏掉"[②]，在此意义上，可以说，"形而上学自然趋向"的放纵，是怀疑主义和虚无主义最为重大的催化剂。

不仅如此，如果不对"形而上学"的"自然趋向"予以必要的约束和

---

① [德]康德：《纯粹理性批判》，韦卓民译，华中师范大学出版社2000年版，第4页。
② [德]康德：《纯粹理性批判》，韦卓民译，华中师范大学出版社2000年版，第4页。

规训，它还将成为扭曲人的生存、现实生活和社会历史发展的抽象力量。对此进行深入的批判性反省，是现当代哲学的重要成果，它把康德对"形而上学自然趋向"的认识论批判扩展到了更为广阔的人的生存、社会生活和社会历史领域，揭示了其无约束的泛滥所可能导致的严重后果。

首先，"形而上学的自然趋向"对"无条件总体"的追求，与现实生活的丰富性和异质性、与社会历史发展的多向性和选择性之间存在着不可调和的冲突和矛盾。现实生活拥有无法被还原为"先验理念"与"无条件原理"的异质性和丰富性，社会历史的发展无法由"终极原则"和"普遍真理"来规定，如果对"形而上学的自然趋向"不加控制，任其成为理解和指导现实生活和历史发展的主导趋向，那么，现实生活和社会历史发展就必然被抽象为单向性的僵化存在并失去其鲜活具体的本性。

其次，"形而上学的自然趋向"对"无条件总体"的迷恋，同人与社会生活的历史性、开放性和创造性之间存在着重大的冲突和矛盾。人与社会生活的存在总是在历史中、在自我创造中不断向未来敞开，它不能归结为某个终极的、绝对的先验理念，试图以某个总体性的形而上学理念来统摄人的存在和社会生活，实际上意味着为人的存在和社会生活设置了一个封闭和超历史的框架，它将使人的存在和社会生活失去开放和创造的本性而面临陷入机械宿命论的危险。

最后，"形而上学的自然趋向"对"无条件的总体"的追求，包含着一种对人的生存、现实生活与社会历史发展的统治意志和控制欲望，"形而上学的总体性"包含着一种以一驭万的野心，意味着操控一切现象的话语权力，如果任这种"形而上学的自然趋向"不加限制和反省地运用到人的生存、现实生活和社会历史之中，将可能导致对人和社会生活的强制性操纵，从而带来灾难性的严重后果。对"形而上学自然趋向"的上述弊端的反省，是现当代哲学中许多哲学家的重大思想主题之一，波普尔、哈耶克、伯林、霍克海姆、阿多诺、列维纳斯、德里达、福柯、柯拉柯夫斯基等人从不同层次和角度对此所进行的十分深入的探讨，构成了康德"形而上学批判"在更广阔的领域的扩展和深化。

可以看出，如果不对"形而上学的自然趋向"加以自觉的反省与批判，它无论在人的认识领域,还是人的生存、现实生活和社会历史的发展等领域都不可避免地导致重大的幻觉,导致人的认识、人的现实生活陷入抽象化和僵化。通过自觉的批判性反省,避免它在僭妄中对人的认识和现实生活产生严重的后果,成为"形而上学终结"之后哲学必须承担起来的重大使命。

三、形而上学批判与哲学的新自觉

"形而上学批判"作为当代哲学的重大主题,表明哲学的自我理解达到了一个新的高度。它意味着,哲学自觉地放弃了它所不应也不能承担的任务,义无反顾地肩负起只有自身才能承担的使命,并因此使其存在方式、思想功能和基本内容等都发生了重大的转变。

首先,它意味着,与传统哲学相比,哲学的存在更多地带有"防御"性质。如前所述,传统形而上学把对"无条件总体"的把握作为自己的根本目标,哲学因此而成为至尊无上的"科学女王"。这决定了哲学的存在方式必然是"外向征服"型的,它要征服一切边界,成为一切知识和存在的最高出发点和最终归宿。然而,以"形而上学批判"作为哲学的重大主题,意味着哲学的根本目的在于防止"形而上学自然趋向"的滥用和僭妄,在于揭示哲学唯我独尊的"外在征服"所具有的独断性和虚幻性,在于提醒人们警惕"形而上学的自然趋向"所导致的幻象对于人的认识和人的生活所具有的欺骗性,它不仅不把占有"无条件的总体"作为哲学的目的,相反,它要通过一切对捕获和占有"无条件总体"的形而上学野心和欲望的批判,限制其无边界的僭越,防备理性、思想和生活在其自我膨胀中陷入迷狂。因此,以"形而上学批判"为主题的哲学是"防御"型的哲学,它的存在方式是以"治疗"为特征的:对理性、思想和人的生活进行"治疗"。在它看来,"形而上学的自然趋向"是人的理性、思想和生活的一种难以根除的"病症",它根植于人的本性,无法消除但却可以通过哲学批判来提醒人们达成自觉,从而避免这种"病症"所引发的思想误区和生活误区。在此意义上,"消解"、"批判"和"划界"构成了哲学的主要存在方式。

哲学的"防御"性质并不意味着哲学的"消极无为",而是说明哲学真正领悟到了以往哲学"外向征服"的"积极姿态"并非哲学的"本份",而是对人的理性、思想和生活秩序的粗暴干涉,哲学的"霸权"并不是"哲学的骄傲",而是哲学"无知无畏"的"僭越"。把自己的工作领域限定为"形而上学批判",表明哲学意识到了自身的有限性,达到了一种更为"积极"的自我意识:人的思想和生活优先于哲学,哲学的价值在于为人的思想和生活服务,而不是相反,这就在根本上颠倒了长期占据主导地位的哲学与生活实践之间的关系,使得哲学真正成为了捍卫自由思想和创造性生活的"仆人"。哲学的这种自我定位,"并不降低它的价值,相反,恰恰是给了它尊严和权威,这是由于通过它的检查,就能保证科学共同制度的一般秩序、和谐,乃至它的安宁,以免那些为科学共同制度勇敢而有效地劳作的人忽视了那最高的目的,即全人类的幸福"①。在此意义上,哲学的防御性质,并不意味着哲学的"退缩",相反,它以一种更为恰切和有效的方式介入现实生活并真实地发挥着哲学应有的功能。

"形而上学批判"作为哲学的主题,主要包括两方面的内容:其一是对以观念形态存在的形而上学进行"意识形态批判";其二是对现实生活中存在的形而上学的"现实运作"的反省和批判。

对以观念形态存在的形而上学进行"意识形态批判",就是对以思想、观念和理论形态出现的形而上学进行"诊断"和"治疗",从而彻底消除由于"虚假意识"的统治而导致的思想和认识的抽象化。当形而上学成为一种普遍性、绝对性的理解人与世界的思维方式时,它实质上就具有了"意识形态"的性质。在此意义上,"形而上学批判"的根本目的就是通过这种批判,祛除抽象观念对人的思想和现实生活的遮蔽,捍卫人的思想的自由和创造性。对形而上学"现实运作"进行反省批判,即是要通过对现实生活的批判性反省,揭露其中所存在的与人的存在发展相敌对的抽象力量,破除形而上学得以产生的现实根源,从而促进人们对社会生活的自

---

① [德]康德:《纯粹理性批判》,韦卓民译,华中师范大学出版社2000年版,第698—699页。

觉理解和自我意识。形而上学不仅以思想理论的形式出现,而且更展现为一种统治人的现实生活的抽象力量。当现实生活中某一种力量试图成为全部现实生活的主宰者和统治者时,这就意味着"形而上学"在现实生活中正在运作,它作为绝对、终极和独断的权威,使现实生活陷入僵化与抽象。在此意义上,"形而上学批判"的根本旨趣就是要防备和祛除形而上学的独断力量对现实生活的宰制,捍卫人的现实生活的具体性和丰富性。①

以"形而上学批判"作为哲学的主题,哲学将成为体现彻底的"批判"精神的超越性"思想"。"批判性"是哲学最重要的性质,历史上的哲学家虽然具体主张各异,但在其哲学思想中都透露出批判性的意向和精神。但是,传统形而上学对"无条件总体"的迷恋,使哲学的批判性意向和精神陷入了自相矛盾和自我否定,这是因为在根本上"无条件的总体"作为绝对和终极的存在是拒斥质疑和批判的。与此相反,"形而上学批判"却要把一切对"无条件总体"的迷恋以及任何捕获和占有"无条件总体"的宣称作为批判的对象和目标,它拒斥所有"总体性话语"的"收编"和"同化",对一切"同一性"的抽象原则和终极实在毫不妥协地说"不"。而且,"形而上学批判"是一种真正历史性的批判,无论是以观念形态存在的形而上学,还是现实生活中存在的形而上学的现实运作,都在不同历史条件下呈现出不同的表现形态和特质。它要求"形而上学批判"必须在特定的历史语境中获得其具体的内容与主题,这就决定了"形而上学批判"是一项必须在人的思想、认识和人的现实生活的发展进程中不断重新开始的历史性任务。很显然,这与为自身确立超历史的终极任务的传统形而上学有着根本不同,后者以超越历史,因而也以超越批判为使命,而"形而上学批判"却恰恰只有在这种历史性品格中才能体现和确证自己的生命力和价值。与此内在相关,"形而上学批判"是一种永远不会终结的、与人思想和生活相伴始终的哲学活动,如前所述,"形而上学的自然趋向"植根于人性的、人的思想和生活中无法根除的欲望和冲动,它所招致的幻象永远需要予以警醒和防备,这决定了形而上学批判是哲学必须不

---

① 对此的具体论述,可参见贺来:《论马克思哲学与形而上学的深层关系——"形而上学的终结"与"形而上维度的拯救"》,载《哲学研究》2009 年第 10 期。

断承担起来的天命,"形而上学"终结了,"哲学"却将长存,这是"形而上学批判"为哲学存在合法性所提供的最为有力的证明。

以"形而上学批判"作为哲学的主题,哲学所追求的首要价值将不再是"最高的真理",而是"真实的自由"。祛除以观念形态存在的形而上学对人的思想的宰制,消解形而上学的现实运作对人的生活的统治,其根本目的是为了让人的思想和生活摆脱抽象教条和独断原则的支配,使自由的、个性化的思想创造,自由的、和而不同的生活方式能够自由地生成和壮大。自由是健康的精神生活和社会生活的基本条件。所谓"基本",并不是说它是最高的或唯一的价值,而是说它构成了其他一切价值的必要条件。"形而上学的自然趋向"对"无条件总体"的追求,在深层所体现的是哲学试图超越一切界限的对"绝对自由"的追求,但这种"形而上学的自由"是以压制和牺牲具体的思想和生活的自由为代价的。在此意义上,"形而上学批判"的根本旨趣在于通过限制"形而上学的自由"而拯救和维护具体的思想和生活的自由,而拯救和维护这种自由,实际上也就是在捍卫和维护思想和生活健康存在和发展的基本条件。

通过如上简要讨论不难看出,以"形而上学批判"作为"后形而上学"时代哲学的基本主题,使得哲学的存在方式、主要内容与思想功能等各方面发生了重大的变化。它向我们表明:"形而上学终结"之后,哲学仍将生机勃勃地存在并发挥其不可替代的作用,哲学放弃了"唯我独尊"的"女王"的荣耀,却成为了一种推动人的思想创造和生活幸福的朴素而真实的力量。这是哲学所达到的十分重要的新的思想自觉。

论马克思哲学与形而上学的深层关系

——"形而上学的终结"与"形而上维度的拯救"①

马克思哲学与形而上学究竟是什么关系：它是否终结了形而上学？围绕这一重大问题，国内外哲学界形成了两种代表性观点。第一种观点可以称为"颠覆说"，其认为：马克思宣告了"形而上学的终结"。"马克思在存在论基础上所发动的哲学革命，不仅特殊地超越了黑格尔哲学和费尔巴哈哲学，而且一般地颠覆了整个柏拉图主义，换言之，终结了全部形而上学"。② 第二种观点可称为"延续说"，其认为：马克思并没有终结形而上学，相反，作为"人的解放"的哲学，马克思哲学必然内在包含着形而上学的超越维度，因而是形而上学的延续和革新者。那么，究竟应该如何理解马克思哲学与形而上学的关系？本文试图在这方面作一探讨，以推动相关研究的深入。

一、马克思哲学对待形而上学的两个基本维度

要全面和切实地理解马克思哲学与形而上学的关系，必须区分"形而上学"与"形而上维度"这两个基本概念。在"哲学形态"、"思维方式"和"解释原则"的意义上，形而上学由于其无根性、抽象性和独断性，应

---

① 原载《哲学研究》2009年第10期。
② 吴晓明：《试论马克思哲学的存在论基础》，载《学术月刊》2001年第9期。

该走向终结；然而，终结形而上学的目的则是为了拯救这一传统中所蕴含的"形而上维度"。因此，"形而上学的终结"与"形而上维度的拯救"，这二者构成了马克思哲学与形而上学关系中相辅相成的两个基本维度。

马克思认为，形而上学不仅是一种"哲学学说"，而且在其长期发展中已经积淀成为一种特定的哲学解释原则，其特质在于它"在任何地方都把观念当作主体，而把本来意义上的现实的主体……变成谓语"①，"形而上学者认为进行抽象就是进行分析，越远离物体就是日益接近物体和深入事物。这些形而上学者说，我们世界上的事物只不过是逻辑范畴这种底布上的花彩；在他们自己看来，这种说法是正确的。哲学家和基督教徒不同之处正是在于：基督徒只知道逻各斯的化身，不管什么逻辑不逻辑；而哲学家那里则有无数这种化身。既然如此，那么一切存在物，一切生活在地上和水中的东西经过抽象都可以归结为逻辑范畴，因而整个现实世界都淹没在抽象世界之中，即淹没在逻辑范畴的世界之中"②。马克思这样概括形而上学作为一种"哲学方法"的实质："这种绝对方法到底是什么呢？是运动的抽象。运动的抽象是什么呢？是抽象形态的运动。抽象形态的运动是什么呢？是运动的纯粹逻辑公式或者纯理性的运动。"③ 这意味着，形而上学是一种把超感性的逻辑概念世界实体化，并从它出发来理解和规定现实世界的思维方式，一种迷恋于最终主宰和"第一原理"的思维范式。它以逻辑概念世界作为最终根据和统一性原理，形成了一整套理解和解释人与世界的基本原则：（1）"绝对主义"原则——超感性的逻辑概念世界作为终极实在、最高本体和"最后本质"，被视为理解人与世界的绝对根据；（2）"终极性"原则——超感性的抽象的逻辑概念世界代表着终极真理，是支配人们全部思想和生活的最高权威；（3）"非历史性"原则——非时间、非语境的逻辑概念世界作为"永恒在场"的"本真存在"，构成在历史中变动的人与世界的最终根据。

在马克思看来，上述形而上学解释原则包含着一个不可克服的内在矛

---

① 《马克思恩格斯全集》第3卷，人民出版社2002年版，第14页。
② 《马克思恩格斯全集》第4卷，人民出版社1956年版，第141页。
③ 《马克思恩格斯全集》第4卷，人民出版社1956年版，第142页。

盾，即形而上学的解释原则与哲学的"形而上维度"之间的矛盾。所谓哲学的"形而上维度"，指的是形而上学所蕴含的"自由意向"、"批判意识"和"超越精神"：它们深刻地反映和体现了哲学最为重要的性质，是形而上学传统中具有重大价值的精神财富。然而，在形而上学以上解释原则的支配下，这种"形而上维度"最终遭到了遮蔽乃至窒息。

形而上学包含着一种超越现存世界既有限制的"自由意向"。形而上学否定有形现实，去追求一种不同于现存世界的超越境界，因为在它看来，有形的现存世界是"有限"的，这种"有限性"是对人的自由的束缚和限制。因此，只有否定和超越现存世界，才能体现和实现理性和精神的自由创造本性。例如在黑格尔那里，"绝对精神"作为形而上学实体，具有"自在自为"的自由本性："精神也是纯粹自在的精神，亦即自由的精神，因为自由正是在他物中即是在自己本身中、自己依赖自己、自己是自己的决定者"；以绝对精神为对象和内容，形而上学于是成为"最高尚的、最自由的和最独立的东西"①。

"批判意识"是包括形而上学在内的一切哲学的本质性特征。形而上学源于对超感性的本质世界的追寻，其基本信念是："现存的不可能是真实的"，"直接经验的世界——我们发现自己生活于其中的世界——必须被理解、改变甚至颠覆，以便显露出它的实际面目"。②因此，形而上学要求否定和超越"现存"世界，去追求和寻找一种属于哲学的"真实"，只有这种"真实"才是哲学家所认可的"合乎理性"的生存世界。可见，形而上学对超感性的本质世界的追求，内在地包含着一种对现存世界的批判意识。

形而上学的"自由意向"和"批判意识"与"超越精神"是不可分割地联系在一起的。超越"在场"的东西，去追求"不在场"的东西；超越当下的东西，去追求"非当下"的超验存在，这种"超越意识"构成了形而上学的根本性动机。只有否定和超越感性世界，通达超感性的理性世界，"自由"和"至善"才能真正达到，这是形而上学最深层的信念

---

① 《马克思恩格斯全集》第 4 卷，人民出版社 1956 年版，第 64 页。
② ［美］马尔库塞：《单向度的人》，刘继译，上海译文出版社 1989 年版，第 111 页。

之一。

然而，形而上学所蕴含的上述"自由意向"、"批判意识"与"超越精神"的维度，却与形而上学所遵循的"终极性"、"绝对主义"与"非历史性"的解释原则在根本上是相冲突的。

首先，遵循着形而上学的"终极性"原则，形而上学内蕴的"批判意识"必然沦为"非批判的实证主义"。这一解释原则把逻辑概念化世界视为人与世界的终极根据，因此它对现实世界的批判只能是一种以终极原则为出发点的外在要求，它"在现实中没有触动自己的对象，却以为实际上克服了自己的对象"①。正是在此意义上，马克思指出，虽然黑格尔哲学"潜在地包含着批判的一切要素，而且这些要素往往已经以远远超过黑格尔观点的方式准备好和加过工了"②，但是，这种批判仅"有一个完全否定的和批判的外表"，是"一种隐蔽的、自身还不清楚的、神秘化的批判"③。其根源就在于黑格尔把"抽象精神"、把"纯粹的思辨的思想"当成了形而上学的"终极存在"："因为有自我意识的人认为精神世界——或人的世界在精神上的普遍存在——是自我外化并加以扬弃，所以他仍然重新通过这个外化的形态确证精神世界，把这个世界冒充为自己的真正的存在，恢复这个世界，假称在自己的异在本身中就是在自身……黑格尔的虚假的实证主义或他那只是虚有其表的批判主义的根源就在于此。"④

其次，形而上学本来内蕴的"自由意向"必然成为"绝对主义"原则的牺牲品。形而上学所迷恋的"自由"是通过把哲学绝对化和至上化而获得的。它把哲学的思辨理性视为现实生活的规定者，具有自因自足、神圣绝对的性质，因此除了沉溺于"精神自由"并颁布一些在所有时候和所有地方都适用的永恒真理和普遍原则外，它是不可能对不自由的现实生活予以真切的关注的。在此意义上，马克思批评黑格尔：由于哲学家把自身视为"异化世界的尺度"，结果"他只看到劳动的积极的方面，没有看到它

---

① 《马克思恩格斯全集》第3卷，人民出版社2002年版，第330页。
② 《马克思恩格斯全集》第3卷，人民出版社2002年版，第319页。
③ 《马克思恩格斯全集》第3卷，人民出版社2002年版，第319页。
④ 《马克思恩格斯全集》第3卷，人民出版社2002年版，第328页。

的消极方面……黑格尔唯一知道并承认的劳动是抽象的精神的劳动"①，因而对异化世界的克服只是逻辑思辨的克服，不自由的现实依然如故。在形而上学的阴影下，哲学的"自由意向"最终沦为空幻。

第三，形而上学本来内蕴的"超越精神"将因"非历史性"原则而被窒息。如前所述，形而上学的"超越精神"主要体现为逻辑概念世界对于感性世界的否定和超越，但形而上学把逻辑概念世界视为永恒的、超历史的实体化的王国，这就注定了它的超越性最终必然屈服于"非历史性"原则而无法真正贯彻到底。黑格尔强调精神的自我否定和自我超越本性并在哲学史上以"巨大的历史感"闻名，但是在他那里，形而上学的先验概念王国代表着"无时间"、"无历史"的"永恒现时性"，以此为基础所建立的形而上学体系屈从于"人类精神的永恒的需要，即克服一切矛盾的需要"②，而"假定一切矛盾都一下子永远消除了，那么我们就达到了所谓绝对真理，世界历史就完结了"。因此，"历史性"最终被要求服从于永恒和普遍的"逻辑"规定性，形而上学所内蕴的"超越精神"最终走向了自我否定和消解。

上述分析表明，在形而上学的解释原则与其"形而上维度"之间，存在着内在的、不可调和的深刻矛盾，前者犹如一个巨大的黑洞把后者消解和吞噬了。马克思哲学深刻地自觉到这一矛盾，从而，终结形而上学及其解释原则，同时解放其中的"形而上维度"，拯救极为宝贵的"批判意识"、"自由意向"和"超越精神"，就成为马克思哲学所要解决的双重课题。

二、形而上学解释原则的解构与形而上学的社会历史批判

要对上述双重课题作出有说服力的解决，一个前提性工作就是对形而

---

① 《马克思恩格斯全集》第3卷，人民出版社2002年版，第320页。
② 《马克思恩格斯选集》第2卷，人民出版社1995年版，第219页。

上学及其解释原则进行深刻的反思与批判。与海德格尔通过"存在论历史的解构"来消解形而上学、维特根斯坦通过语言分析和语言批判来消解形而上学等理论策略有着重大不同,马克思试图发掘和揭示形而上学在现实生活中得以产生的社会历史根源,通过对这种社会历史根源的批判性反思,来实现对形而上学及其解释原则的解构。

马克思认为,就其根本性质而言,形而上学是一种"颠倒的思维方式":它颠倒了观念与现实、理论与实践、逻辑与生活的基本关系,使哲学成为一种无根的、抽象的存在,这是传统形而上学最为深层的缺陷。而形而上学作为"颠倒的思维方式",其深层原因就在于现实世界是一个"颠倒的世界"。马克思说:"无论思想或语言都不能独自组成特殊的王国,它们只是现实生活的表现"①,"意识在任何时候都只能是被意识到了的存在,而人们的存在就是他们的现实生活过程"②;"个人现在受抽象统治,而他们以前是互相依赖的。但是,抽象或观念,无非是那些统治个人的物质关系的理论表现"③。形而上学作为"抽象观念",在实质上是现实社会生活中使人的存在陷入抽象化的现实力量和社会关系的理论表现。在不同历史阶段,这种现实力量与社会关系有着不同的表现,因而形而上学作为"颠倒的思维方式"与"颠倒的世界"之间的关系,在不同历史阶段也呈现出不同的内容。在现代资本主义社会,"资本"成为占据统治地位的抽象的现实力量与社会关系,因此,形而上学作为以理论形态所表现出来的"抽象的观念",其深层根源必须到"资本逻辑"这一"形而上学的现实运作"中去寻找。

首先,形而上学的"绝对主义"解释原则根植于资本的绝对主义本性。"资本"是资本主义社会中统治人们全部生活的"绝对存在",它支配着人与世界、人与人以及人与自身的关系,构成了全部社会生活的轴心原则。在此意义上,"资本"构成了资本主义社会中一切存在物的内在根据和尺度,一切存在物都必须在资本面前证明其存在的"目的"和"意

---

① 《马克思恩格斯全集》第3卷,人民出版社1956年版,第525页。
② 《马克思恩格斯选集》第1卷,人民出版社1995年版,第72页。
③ 《马克思恩格斯全集》第30卷,人民出版社1995年版,第114页。

义"。其次，形而上学的"终极性"解释原则根植于资本试图吞噬一切的控制和统治本性。在资本主义社会，资本的关系成为统治现实生活的唯一的、绝对的关系，它把人的生命和社会生活中的一切丰富内容都还原和蒸馏为抽象的"交换价值"："它把人的尊严变成了交换价值，用一种没有良心的贸易自由代替了无数特许的和自力挣得的自由"①；它具有操控一切、使一切发生扭曲和颠倒的魔力，"它是一切事物的普遍的混淆和替换，从而是颠倒的世界，是一切自然的品质和人的品质的混淆和替换"②。最后，形而上学的"非历史性"解释原则根植于资本及其人格化代表资本家的保守本性。马克思指出："资本不是物，而是一定的、社会的、属于一定历史社会形态的生产关系，它体现在一个物上，并赋予这个物以特有的社会性质。"③因此，资本的逻辑在根本上是一种社会关系的逻辑，在这种社会关系中，作为资本人格化代表的资本家必然把由资本逻辑所控制的社会状态宣告为完美的"千年王国"。对此，马克思这样总结道："你们的利己观念使你们把自己的生产关系和所有制关系从历史的、在生产过程中是暂时的关系变成永恒的自然规律和理性规律。"④

可见，资本运作的逻辑与形而上学的解释原则之间存在着一种内在的同构性，后者所表现的那些特性都有着深层的现实生活根源。因此，要消解形而上学及其解释原则，最根本的途径在于改变其从中产生的世俗生活基础，铲除其赖以存在的现实生活土壤，仅仅局限于单纯的理论批判将是无效的。正是在此意义上，马克思强调："社会生活在本质上是实践的。凡是把理论导致神秘主义的神秘东西，都能在人的实践中以及对这个实践的理解中得到合理的解决。"⑤ 这即是说，克服形而上学及其解释原则不仅是理论的使命，更是实践活动的任务；它内在地要求人们的生存状态与生存方式实行自我改造与自我更新。只有通过对"颠倒的世界"的批判，才能消解"颠倒的思维方式"即形而上学，这是克服形而上学及其解释原则

---

① 《马克思恩格斯选集》第 1 卷，人民出版社 1995 年版，第 275 页。
② 《马克思恩格斯全集》第 3 卷，人民出版社 2002 年版，第 3 页。
③ 《马克思恩格斯选集》第 2 卷，人民出版社 1995 年版，第 577 页。
④ 《马克思恩格斯选集》第 1 卷，人民出版社 1995 年版，第 289 页。
⑤ 《马克思恩格斯选集》第 1 卷，人民出版社 1995 年版，第 60 页。

的最为根本的方式。

在笔者看来,马克思所开创的上述对形而上学的批判方式是他最为重大的哲学贡献之一。这种批判既不同于哲学史上曾有过的在理论哲学的层面对形而上学所进行的批判,也不同于现当代西方哲学"语言学转向"以来占据主导地位的做法,即把形而上学视为"语言的迷误"而对之进行"语言批判",而是把形而上学视为现实生活的"症候",并因此把形而上学批判视为社会历史批判的内在组成部分。其根本旨趣是通过把形而上学下降到现实社会生活的地基上,来破除思想和语言作为"独立的特殊王国"的幻觉和虚假外观,揭示形而上学的语言实质上"是被歪曲的现实世界的语言",并阐明"无论思想或语言都不能独自组成特殊的王国,它们只是现实生活的表现"。这就从根源处发现了全部形而上学的秘密,彻底抽掉了形而上学思维方式和解释原则的存在根基。与现当代西方哲学对形而上学的种种批判与解构策略相比,马克思的批判体现出更为深沉的社会生活关怀、更为自觉的实践意识和更为开阔的历史视野。

三、"形而上维度"的拯救与哲学的存在合法性

通过对形而上学的社会历史批判来终结形而上学及其解释原则,就此而言,马克思与许多现当代哲学家一样同属于哈贝马斯所说的"后形而上学"时代的思想家。[①] 但是,在马克思那里,"形而上学的终结"并不意味着哲学的"形而上维度"一同走向"终结"。超越"形而上学终结"与"形而上学迷恋"二者的抽象对立,在新的思想视域中拯救和重建哲学的"形而上维度",是马克思哲学的一个自觉的理论目标。

拯救哲学的"形而上维度",关键在于重新确立哲学"形而上维度"的现实根基。与传统形而上学有着根本不同,在马克思这里,哲学的"形

---

① [德]哈贝马斯:《后形而上学思想》,曹卫东、付德根译,译林出版社2001年版,第27页。

而上维度"不再体现为对超感性的概念世界的迷恋，而是体现为对现实生活中统治着人的抽象力量的否定与变革。在著名的《关于费尔巴哈的提纲》第 11 条中，马克思说道："哲学家们只是用不同的方式解释世界，而问题在于改变世界。"① 在《德意志意识形态》中，马克思在几乎同样的意义上说道："对实践的唯物主义者即共产主义者来说，全部问题都在于使现存世界革命化，实际地反对并改变现存的事物。"② 哲学的任务不再是以一种思辨的方式追求超感性的逻辑概念世界，而是参与变革现存世界的实践活动，使哲学成为内在于现实生活并推动现实生活跃迁的力量。哲学的"形而上维度"正是在哲学任务的这一重新定位中得到显现和确立。

那么，哲学要予以变革的"现存世界"和"事物现状"的根本性质是什么？在《德意志意识形态》中，马克思指出："在现代，物的关系对个人的统治、偶然性对个性的压抑，已具有最尖锐最普遍的形式"③；在《共产党宣言》中，马克思再次表达同样的思想："在资产阶级社会里，资本具有独立性和个性，而活动着的个人却没有独立性和个性"④；在《1857—1858 年经济学手稿》中，马克思更进一步指出："个人现在受抽象统治，而他们以前是互相依赖的"⑤。以上论述从不同角度表明：抽象对个人的统治乃是"现存世界"的根本性质。

首先，在形而上学与资本逻辑的"终极性"原则支配之下，人的生命将被单极化而丧失其全面和丰富的特性。消解异质性与矛盾性以达到终极的同一性本质，这是形而上学的深层思维逻辑。根据这种思维逻辑，人的生命中那些与此"同一性本质"不相一致的因素和成分将或者被清除，或者被改造，或者被漠视和抹杀。在哲学史上，这种"同一性本质"或者被归结为"理性"，或者被归结为"神性"或"物性"，但其核心要求是共同的：那就是要从人的生命内涵中抽取出某种绝对的、单一的原则，以之来统率和支配其他的生命内涵。这种"终极性"原则在现代资本主义社会中具体体

---

① 《马克思恩格斯选集》第 1 卷，人民出版社 1995 年版，第 61 页。
② 《马克思恩格斯选集》第 1 卷，人民出版社 1995 年版，第 75 页。
③ 《马克思恩格斯全集》第 3 卷，人民出版社 1956 年版，第 515 页。
④ 《马克思恩格斯选集》第 1 卷，人民出版社 1995 年版，第 287 页。
⑤ 《马克思恩格斯全集》第 46 卷上册，人民出版社 1979 年版，第 111 页。

现为"资本逻辑"的抽象统治:在其控制之下,人的生命的全部内涵被归结为资本这一单一的、同质性的因素,而其后果便是人"变得如此愚蠢而片面,以致一个对象,只有当它为我们拥有的时候,就是说,当它对我们来说作为资本而存在,或者它被我们直接占有,被我们吃、喝、穿、住等等的时候,简言之,在它被我们使用的时候,才是我们的"①。如同吞噬一切的黑洞,"终极性"原则把人的丰富、全面的需要化约为单一的动物机能。

其次,遵循形而上学与资本逻辑的"非历史性"原则,人的生命将屈从于外在于他的、绝对的终极力量而丧失其自由与超越本性。形而上学思维方式把超感性的概念王国视之为人与世界的最高的主宰性原则,人生命存在的根据和奥秘被置于这一先验的本质领域之中,它构成了人的生命及其活动的终极根据和最高权威;在现代资本主义社会,这种绝对的主宰和权威体现为资本的原则,资本被视为绝对的统治力量,表达了把现存社会关系永恒化和终极化的诉求。在二者的合谋下,人的生命必然被抽象化:"人(工人)只有在运用自己的动物机能——吃、喝、生殖,至多还有居住、修饰等等的时候,才觉得自己在自由活动,而在运用人的机能时,觉得自己只不过是动物。"② 人们的活动不再是一种自我主宰的活动,人的生命失去了自我创造和自我超越的特性。

最后,在形而上学与资本逻辑的"绝对主义"原则的支配之下,人的生命将被还原为孤立的、封闭的存在而丧失其与世界的能动的、全面的关系。追求终极实体,以之作为理解一切的最后基础和根据,这是形而上学思维方式的根本旨趣,而"'实体'的存在特征描画出来就是:无所需求。完全不需要其他存在者而存在的东西就在本真的意义上满足了实体观念",也就是说,"实体"乃是超越和摆脱了一切关系的自因、自足的绝对存在。与此相一致,在"资本逻辑"的绝对统治下,人与自然之间变成与"异己的、统治着他的对象的关系"③,而把人与人之间"连接起来的唯一纽带是自然的必要性,是需要和私人利益,是对他们的财产和他们的

---

① 《马克思恩格斯全集》第3卷,人民出版社2002年版,第303页。
② 《马克思恩格斯全集》第3卷,人民出版社2002年版,第271页。
③ 《马克思恩格斯全集》第3卷,人民出版社2002年版,第271页。

利己的人身的保护"①，人与人之间由此必然成为一种相互分隔和对立的异化关系。很显然，在此情况下，人与世界能动的、自由的关系便被彻底扭曲和掩蔽了。

在形而上学及其现实运作的支配之下，人的生命的丰富性与全面性、人的自由创造与自我超越性、人与世界的能动的创造性关系等都被抽象掉了，人的生命失去了具体性而沦为贫乏、被动与孤立的存在。因此，通过对形而上学及其现实运作的解剖和反思，消解抽象对人的统治，为人的生命的具体性、为人的全面丰富的发展开辟道路和创造空间，就成为旨在"积极的反对和变革事物现状"的哲学的根本课题。正是在这里，哲学的"形而上维度"摆脱了形而上学诸解释原则的桎梏，得到了真正的崭露和体现。

首先，在对统治人的抽象力量的解剖和反思中，哲学"形而上维度"的重要方面即"批判意识"得到了解放，成为立足于现实生活的、"在批判旧世界中发现新世界"的彻底的批判精神。马克思明确说道："新思潮的优点就恰恰在于我们不想教条式地预料未来，而只是希望在批判旧世界中发现新世界"②。这表明，哲学批判的出发点不再是先验的形而上学原则，而是处于一定历史条件下具体的人的生存状态。这一点决定了哲学的批判必然是一种"历史性"的活动：随着历史发展，在一定条件下使"新"的东西变成"旧"的，因而没有任何东西是"永恒"的，可以免于批判。解构统治人的抽象力量，不断把人从奴役中解放出来，推翻现实生活中存在的"那些使人成为被侮辱、被奴役、被遗弃和被蔑视的东西的一切关系"③，从而，人的现实的自我解放成为一项开放性的、不会终结的事业；正是在此意义上，它"不崇拜任何东西，按其本质来说，它是批判的和革命的"④。可见，在这里，哲学与一切"非批判的实证主义"彻底划清了界限，真正成为一种内在于现实生活并推动现实生活跃迁的彻底的批

---

① 《马克思恩格斯全集》第3卷，人民出版社2002年版，第185页。
② 《马克思恩格斯全集》第1卷，人民出版社1956年版，第416页。
③ 《马克思恩格斯全集》第1卷，人民出版社1956年版，第10页。
④ 《马克思恩格斯全集》第44卷，人民出版社2001年版，第22页。

判性力量。

其次，与此内在相关，在"批判旧世界中发现新世界"的批判活动中，哲学摆脱了形而上学阴影，真正体现为一种"超越精神"。"批判"旧世界并在此过程中"发现"新世界，必然要求哲学超越现实生活，与现实生活之间保持必要的距离。在此意义上，哲学总是体现出一种"超越"的维度，但是，这种超越性不是脱离现实生活的外在强制性，而是建立在对现实生活中统治人的抽象力量的深入解剖的基础上，就此而言，哲学又要求自身采取一种"内在"于现实生活的立场。在这一点上，马克思哲学既区别于传统形而上学"外在超越"的立场，又区别于现当代哲学某些思潮完全否弃"超越性"的一种"内在"、"超越"的立场；它自觉地处身于内在和超越的张力之间，"但同时又能够把二者和谐有序地融合成一种存在方式与行动"①。

最后，在对统治人的抽象力量的反思和批判中，哲学的"自由意向"彻底摆脱了形而上学的束缚，真正成为了一种不断推动人从现实的抽象力量解放出来的自由精神。在马克思这里，哲学的"自由意向"不是体现于对先定的、永恒的理性世界的憧憬，而是体现于"使现存世界革命化，实际地反对并改变现存的事物"的实践意向。从具体历史情境出发，通过对使人的生命陷入抽象化的抽象力量的批判与揭露，推动人们变革现存状态，消解统治人的抽象力量，使人不断从抽象力量的束缚中解放出来，这就是哲学的"自由意向"的切实体现，因此，哲学的"自由意向"不是形而上学的纯粹理论理性的意向，而是具有强烈的实践旨趣。同时，哲学的"自由意向"也不体现于试图一劳永逸地达到某种超历史的终极状态和上帝般永恒的、超历史的立场，而是具有鲜明的"历史性"：由于人们的实践活动总是历史性的，在不同历史情形中人们所要克服的统治人的抽象的力量将会呈现出不同的具体内涵与形式，因此，哲学总是在对每一历史条件下人们的生存状态的领悟和诠释中获得自己的主题和内容。在哲学作为批判和反思性活动这一点上，哲学是"定性"的，但在具体内容和形式

---

① ［德］蒙克：《绝望与信心》，李永平译，中国社会科学出版社1992年版。

上,哲学又是"不定性"的。这种"定性"与"不定性"的内在统一,使哲学从"绝对真理"和"终极知识"这一形而上学的"先定本质"的束缚中解放出来,在对统治人的抽象力量的历史性的批判和消解、不断捍卫人的生命的具体性的过程中,体现为一种真正的自由思想。

上述讨论表明:以对现实生活中统治着人的抽象力量的批判和否定作为哲学的出发点和根据,"形而上学的终结"与"形而上维度的拯救"这一双重课题得到了同时的解决;消解形而上学解释原则与凸显哲学的"形而上维度",在这里成为不可分割、内在统一的两个向度。这二者的统一,集中体现了马克思既克服传统形而上学又在新的基础上拯救其合理内核并予以创造性转换的哲学立场。这一立场向我们表明,"形而上学的终结"所意味的是一种特定的哲学思维方式和解释原则的终结,而非哲学本身的终结,更不意味着哲学中最为宝贵的"批判意识"、"自由意向"与"超越精神"的终结。在此意义上,马克思哲学重新确立起了"后形而上学"时代中"生活的希望"和"哲学的希望",在"形而上学终结"与"形而上学迷恋"之间开辟了"第三条道路",为"后形而上学"时代哲学存在的合法性提供了有力的辩护。这一切对于我们今天深入理解哲学的性质、功能与存在方式等一系列重大问题,应当具有重要的启发意义。

论马克思实践哲学的政治意蕴[①]

一、探讨实践哲学的政治意蕴：深化实践哲学研究的重要方向

近年来，国内一些具有敏锐洞察力的学者深入思想史，论证和阐发了马克思哲学在本性上属于区别于"理论哲学"或"意识哲学"的"实践哲学"理路，或者说属于区别于"理论哲学范式"的"实践哲学范式"[②]。可以说，这是中国马克思主义哲学研究所获得的最为重要的认识之一。那么，何谓"实践哲学范式"？马克思哲学作为"实践哲学"，其区别于"理论哲学范式"的特质究竟是什么？从国内哲学界的状态来看，人们主要是从"理论"与"实践"、"理论哲学"与"实践哲学"、"理论思维方式"与"实践思维方式"的比较中来揭示"实践哲学"区别于"理论哲学"的特质，这是从"外部"对"实践哲学"所作的一种规定，通过这种规定，明确"实践哲学"所归属的思想传统，显示其区别于理论哲学的思想品格与思想旨趣，这无疑是一个十分重要的、不可缺少的视角。但是，要进一步深化"实践哲学"的研究，除了从"外部"对其进行考察和规定之外，还需从"内部"即从"内涵"方面出发，来阐发"实践哲学"的内涵、意蕴和旨趣。所谓从"内涵"方面出发，就是要回答：究竟

[①] 原载《哲学研究》2007年第1期。
[②] 参见王南湜：《后主体性哲学的视域》，中国人民大学出版社2004年版，第38页。

何谓"实践"?"实践哲学"所关注的对象和领域、所要处理和回答的根本问题究竟是什么?如果说"理论哲学"或"意识哲学"所追求的是获取"终极存在"和"终极知识",那么,"实践哲学"的根本旨趣又是什么?

对于这些十分重要的问题,人们的回答是尚不充分的。典型表现之一是实践概念的空洞化和抽象化,另一典型表现是以一种流俗化的方式来规定实践范畴,例如把马克思的实践概念等同为"工艺性"的"劳动",或者规定为区别于理论活动的"做事",这种理解方式存在着把"实践"、"工具理性"和"技术理性"化的危险,有可能使实践范畴失去其固有的规范性、价值性内涵,成为某种与实践的内在精神正相违背的东西。

为了避免这种倾向,我们有必要使马克思的实践哲学研究走向具体化和深化,而探讨和阐发马克思实践哲学所蕴含的政治意蕴,应该成为其中一个十分重要的方向。这属于马克思实践哲学的"内涵性"方面,从此出发,我们可以看到,马克思的实践哲学是亚里士多德实践哲学这一古老传统的继承者及现代重建者。

众所周知,亚里士多德被公认为实践哲学的奠基人,在其《尼可马可伦理学》中,他把人的活动划分为理论的、实践的与技术的三大类型,认为"实践活动"区别于以永恒不变事物为对象的理论活动,也区别于以达到和实现某种外在目的的技术活动,它是一种以自身为目的的正确行为,这种"正确的行为,即实践,与他人和社会的福祉有关,主要是指与生产劳动相区别的人的伦理道德行为和政治行为"[①],这就是说,伦理与政治构成了其实践哲学的核心内容,而在他那里,由于伦理学与政治学一样,都以探讨城邦生活为对象,因此伦理与政治乃是一体的,它们所聚焦的中心问题是:对于人而言,"究竟什么是善的生活"和"如何通达善的生活"?亚里士多德把人理解为"政治动物",认为城邦乃是人的生活的中心,人作为"政治动物",最根本的使命是实现个人与城邦的内在统一,这构成了"善的生活"的核心内涵,实践哲学的任务就是探讨如何以一种明智的

---

① 张汝伦:《历史与实践》,上海人民出版社1995年版,第97页。

方式处理与他人、与社会的关系,从而创造一种自由的城邦生活,使所有的人在城邦中实现真实的自由。可见,在亚里士多德那里,实践哲学具有鲜明的政治意蕴。在这一点上,马克思的实践哲学无论是所要处理和回答的问题还是基本的思想旨趣方面,都与亚里士多德具有"家族相似"的特征,那就是马克思的"实践"在根本上是一种具有鲜明的政治内涵的概念,它所要回答的核心问题同样是:如何创造一种自由的社会生活共同体,使所有的人在其中实现真正的自由?通过实践活动,改造与人的本性不相符合的社会政治关系,并建立一个"自由人的联合体",这构成了马克思"实践"概念的核心内容和根本旨趣。另一方面,马克思的实践哲学无论是所面临的具体背景,还是所要处理的具体课题,无论是对"实践"在全部哲学中的地位的理解,还是对"善的生活"的阐释,等等,与以往的实践哲学都有着根本的区别,这又使得马克思实践哲学的政治意蕴呈现出全新的内涵。

二、现代性语境中"个人主体性"与"社会共同体"的分裂与和解:马克思实践哲学的重大背景和主题

马克思实践哲学与亚里士多德等的传统实践哲学的重大不同在于,它是在现代性语境中,为了解决现代性所暴露出的矛盾和冲突而产生的,这其中最为根本的就是"个人主体性"与"社会共同体"的矛盾和冲突。

众所周知,"个人主体性"原则是现代性的基本原则,"现代世界是以主观性的自由为其原则的"[1],这是现代世界与前现代世界的根本差异,在前现代世界人们的意识深处,"包含着'世界'作为一个'宇宙秩序'的重要的宗教构想,要求这个宇宙必须是一个在某种程度上安排得'有意义的'整体,它的各种现象要用这个要求来衡量和评价"[2]。这种"主体观

---

[1] [德] 黑格尔:《法哲学原理》,范扬、张企泰译,商务印书馆1961年版,第291页。
[2] [德] 韦伯:《经济与社会》,林荣远译,商务印书馆1997年版,第508页。

念"是从笛卡尔开始才真正予以确立,并通过黑格尔第一次明确地把"主体性"概括为"现代的原则"。

"个人主体性"作为现代性的基本原则,其核心内容就是把主观意识的"自我"实体化为"主体",强调自我意识的同一性是保证其他一切存在者存在的最终根据,认为只要确立"作为突出的基底的我思自我,绝对基础就被达到了,那么这就是说:主体乃是被转移到意识中的根据,即真实的在场者,就是在传统语言中十分含糊地被叫做'实体'的那个东西"①。自笛卡尔以来,"'我'成了别具一格的主体,其它的物都根据'我'这个主体才作为其本身而得到规定"②。正是这种"主体性"原则,支撑着宗教改革、启蒙运动和法国大革命,确立了现代文化形态:"在现代,宗教生活、国家和社会,以及科学、道德和艺术等都体现了主体性原则。"③

在哲学史上,黑格尔是第一个深入反思并揭示了上述"自我意识"的"主体性"原则所具有的片面性的哲学家。在他看来,"个人主体性"无疑是有其重要的积极价值的,但是,它在根本上是一种"知性"原则,它片面地把知性置于理性的位置上,把有限设定为绝对,这必然使得"主体性"原则表现为一种"对象性的逻辑"并因此表现为一种控制性、征服性的"暴力",这种"暴力"必然把他人"作为客体加以压迫",从而导致人的社会生活共同体的分裂和"伦理总体性"的瓦解。对此,黑格尔说道:"在现代世界,解放必然会变成不自由,因为,失去控制的反思力量已经获得独立,只有通过主体性的征服暴力,才能实现一体化。现代世界受到了错误的同一性的折磨,因为在日常生活和哲学当中,现代世界把一种有限设定为绝对"④。通过"市民社会"的分析,黑格尔具体地展示了这一点。在黑格尔看来,"市民社会"是展现个人自主性的土壤和基础领域,"在市民社会里,每个人都以自身为目的,其他一切在他看来都是虚无。但是,如果他不同别人发生关系,他就不能达到他的全部目的,因

---

① [德] 海德格尔:《面向思的事情》,陈小文、孙周兴译,商务印书馆1999年版,第75页。
② [德] 海德格尔:《海德格尔选集》下卷,孙周兴编,上海三联书店1996年版,第882页。
③ [德] 哈贝马斯:《现代性的哲学话语》,曹卫东译,译林出版社2004年版,第22页。
④ [德] 哈贝马斯:《现代性的哲学话语》,曹卫东译,译林出版社2004年版,第38—39页。

此，其他人便成为特殊的人达到目的的手段。但是特殊目的通过同他人的关系就取得了普遍性的形式，并且在满足他人福利的同时，满足自己。"① "市民社会是个人私利的战场，是一切人反对一切人的战场，同样，市民社会也是私人利益跟特殊公共事务冲突的舞台，并且是它们二者共同跟国家的最高观点和制度冲突的舞台"②，"在市民社会中，每个人都以他自身为目的，其他一切在他看来都是虚无"③。

基于这种分析，黑格尔为自己自觉设定的理论使命就是"调和四分五裂的时代"，扬弃"认识主体和他的世界之间、自然和自由之间、个体和社会之间、有限精神和无限精神之间、自由人和他的命运之间的对立……在这里'扬弃'并不意味着简单的'抛弃'；不存在返回到主体和自然分离之前的原始意识的问题。相反，其渴望在于保存分离的成果，自由的理性意识，与此同时恢复统一，即恢复与自然、社会、上帝和命运的统一"④。为此黑格尔所采取的策略是用"理性"代替"知性"，"理性"的任务就是"扬弃分裂"与"实现和解"，就像马尔库塞所概括的：在黑格尔那里，"理性的使命就是使对立实现和谐，并在一个真正的统一体中扬弃对立。理性使命的实现，同时就意味着重建人的社会关系中所丧失的统一体"⑤，从而既保留"主体性"原则所带来的个人解放的积极成果，同时又克服由此所带来的社会生活共同体的分裂和"伦理总体性"的瓦解，从而实现这相互对立又相互矛盾的"两个强有力的渴望"的内在统一。在黑格尔看来，作为这种理性力量的最现实的表现就是"国家"："国家是绝对自在自为的理性东西，因为它是实体性意志的现实，它在被提升到普遍性的特殊自我意识中具有这种现实性。这个实体性的统一是绝对的不受推动的自身目的，在这个自身目的中自由达到它的最高权利，正如这个最终目的对单个人具有最高权利一样，成为国家成员是单个人的最高义务"⑥，国家作

---

① ［德］黑格尔：《法哲学原理》，范扬、张企泰译，商务印书馆1961年版，第197页。
② ［德］黑格尔：《法哲学原理》，范扬、张企泰译，商务印书馆1961年版，第309页。
③ ［德］黑格尔：《法哲学原理》，范扬、张企泰译，商务印书馆1961年版，第197页。
④ ［加拿大］泰勒：《黑格尔》，张国清等译，上海译林出版社2002年版，第121页。
⑤ ［德］马尔库塞：《理性和革命》，程志民等译，重庆出版社1993年版，第41页。
⑥ ［德］黑格尔：《法哲学原理》，范扬、张企泰译，商务印书馆1961年版，第253页。

为"伦理理念的现实",它构成了个人的"内在目的":"国家的力量在于它的普遍的最终目的和个人的特殊利益的统一"①,国家的职能在于个人的意志和利益"回复到普遍物",以消除源于利益冲突的动乱的危险,使"危险的震荡得以缓和,使冲突由于无意识的必然性而自动平复的间隔期间得以缩短"②。

哈贝马斯曾指出,"黑格尔不是第一位现代性哲学家,但他是第一位意识到现代性问题的哲学家"③。从黑格尔以后,寻求如何在保留"个人主体性"的积极成果的同时,克服"个人主体性"与"社会共同体"分裂的途径,成为现当代哲学发展的重大脉络之一。而在这一脉络中,马克思占有十分重要的地位,他清醒地看到了现代性语境中个人主体性与社会共同体分裂的事实,以一种批判的眼光来理解这一事实,以一种现实的方式来实现这一分裂的和解,这,正构成了马克思实践哲学的核心主题。

三、市民社会批判与马克思实践哲学的基本旨趣

马克思的实践哲学是与其市民社会批判不可分割地联系在一起的。通过市民社会批判,揭示"个人主体性"与"社会共同体"之分裂的现实的社会政治根源,改变这种分裂得以产生的世俗的社会政治基础,并寻求一种能够和解与统一这一矛盾的社会政治制度的理想图景,构成了马克思实践哲学的基本旨趣。

对黑格尔法哲学进行深入批判,是马克思展开其实践哲学的重要出发点。在马克思看来,黑格尔把市民社会与政治社会的分离看作一种矛盾,这是黑格尔的深刻之处,几乎在与黑格尔同样的意义上,马克思指出:"在'市民社会'中,社会联系的各种形式,对个人说来,才表现为只是

---

① [德] 黑格尔:《法哲学原理》,范扬、张企泰译,商务印书馆1961年版,第261页。
② [德] 黑格尔:《法哲学原理》,范扬、张企泰译,商务印书馆1961年版,第240页。
③ [德] 哈贝马斯:《现代性的哲学话语》,曹卫东译,译林出版社2004年版,第51页。

达到他私人目的的手段，才表现为外在的必然性"。① 但是，在马克思看来，黑格尔在市民社会与国家之间所作的调和并没有真正超越"利己主义的个人"与"社会共同生活"之间的对立："黑格尔觉得市民社会和政治社会的分离是一种矛盾，这是他著作中比较深刻的地方。但是，错误在于：他满足于这种解决办法的表面现象"②，"黑格尔应该受到责难的地方，不在于他按现代国家本质现存的样子描述了它，而在于他用现存的东西冒充国家本质"③。而黑格尔之所以如此，除了其保守主义的政治立场之外，还有着其深刻的理论根源，那就是黑格尔在深层所遵循的形而上学的"理论哲学"的思维方式。马克思指出，黑格尔把国家视为"伦理理念的现实"，这种观念在根本上不过是其"逻辑学"的补充和应用而已："哲学的因素不是事物本身的逻辑，而是逻辑本身的事物。不是用逻辑来论证国家，而是用国家来论证逻辑"④，"黑格尔在任何地方都把观念当作主体，而把本来意义上的现实的主体，例如'政治信念'变成谓语"⑤，在此意义上，黑格尔的国家观是形而上学的"理论哲学"思维方式的思辨结果。在马克思看来，这种思维方式是以脱离"事物本来的逻辑"为前提的，因而它不可能真正超越个人主体性与社会共同体的分裂，实现二者的现实和解。

马克思认为，现代性语境中个人主体性与共同体的分裂，只有通过对人的实践活动的理解并通过实践活动才能获得切实的克服："社会生活在本质上是实践的。凡是把理论引向神秘主义的神秘东西，都能在人的实践中以及对这个实践的理解中得到合理的解决。"⑥ 这包括两个方面的具体含义：其一，现代性所导致的个人主体性与社会共同体的分裂，必须通过对实践活动的阐释才能揭示其本质和根源；其二，现代性所导致的这种分裂，也必须通过人的实践活动予以克服和超越。

---

① 《马克思恩格斯选集》第2卷，人民出版社1995年版，第2页。
② 《马克思恩格斯全集》第3卷，人民出版社2002年版，第94页。
③ 《马克思恩格斯全集》第3卷，人民出版社2002年版，第80页。
④ 《马克思恩格斯全集》第3卷，人民出版社2002年版，第22页。
⑤ 《马克思恩格斯全集》第3卷，人民出版社2002年版，第14页。
⑥ 《马克思恩格斯选集》第1卷，人民出版社1995年版，第56页。

就第一方面而言，马克思认为，个人主体性与社会共同体的分裂的根源必须从"受到阻碍并发生分裂的实践"，即人的被异化的劳动中寻求理解。人的实践活动本来是人的"自由自觉的类活动"，是人本源性的自我生成、自我创造和自我实现的生存活动，但是，社会生产财富的私人所有制扭曲了人的实践活动。在私有制条件下，工人与资本家之间的关系成为了一种雇佣关系，这种雇佣劳动关系使得自由自觉的劳动变成了一种"抽象劳动"。这种"抽象劳动"表明，"劳动"脱离了真实的劳动主体而成为了一种为劳动主体之外的神秘力量服务的工具，这种神秘力量就是"资本"和作为资本人格化身的"资本家"。因此，在私有制条件下，劳动成为了一种被"资本"所掌控并为"资本"服务的异在的活动，在这种活动中，"对象化本质力量的外化和占有之间的循环被打断了。生产者再也不能从他的产品中得到享受，并同他自身发生了异化，而他本可以在他的产品中重新找到自我"①。因此，在私有制条件下，异化劳动使得劳动者与劳动活动对抗，使劳动与劳动产品对抗，他的劳动"不是他自己的，而是别人的；劳动不属于他；他在劳动中也不属于他自己，而是属于别人"②。

"劳动"的上述性质表明，市民社会并不是像黑格尔所说的那样是"理念"自我运动的某个阶段，它在本质上是一种物质经济关系，它是"私人利益的体系"或私人利益关系的总和，"市民社会这一名称始终标志着直接从生产和交往中发展起来的社会组织"。在此情形下，所谓人的自由和解放不过是"市民"即资产者的自由和解放："Droits de l'homme［人权］，它本身不同于 droits du citoyen［公民权］。与 citoyen［公民］不同的这个 homme［人］究竟是什么人呢？不是别人，就是市民社会的成员。为什么市民社会的成员称作'人'，只称作'人'，为什么他的权利称作人权呢？我们用什么来解释这个事实呢？只有用政治国家对市民社会的关系，用政治解放的本质来解释。"③ 在这种关系中，"人绝不是类存在物，相反，类生活本身，即社会，显现为诸个体的外部框架，显现为他们原有

---

① ［德］哈贝马斯：《现代性的哲学话语》，曹卫东译，译林出版社2004年版，第74页。
② 《马克思恩格斯全集》第3卷，人民出版社2002年版，第271页。
③ 《马克思恩格斯全集》第3卷，人民出版社2002年版，第182页。

的独立性的限制。把他们连接起来的惟一纽带是……需要和私人利益"①。因此，在所谓"个人主体性"和"人的自由"之中，包含着一种十分深刻的片面性，"个人主体性"原则在实质上不过是"资产者"的原则，它所代表的解放只是一种狭隘的解放，即"政治的解放"，这种解放是一种把大多数"无产者"排除在外的、剥夺大多数人自由的解放："自由这一人权不是建立在人与人相结合的基础上，而是相反，建立在人与人相分隔的基础上。这一权利就是这种分隔的权利，是狭隘的、局限于自身的个人的权利。"②"私有财产这一人权是任意地、同他人无关地、不受社会影响地享用和处理自己的财产的权利；这一权利是自私自利的权利。这种个人自由和对这种自由的应用构成了市民社会的基础。这种自由使每个人不是把他人看作自己自由的实现，而是看作自己自由的限制"③，很显然，建立在"人与人相分隔"、"自私自利的权力"基础上，个人主体性与共同体必然处于尖锐分裂和冲突状态。

如果说个人主体性与共同体的分裂根本在于实践活动的本性，那么，对这种分裂的超越和克服的现实途径也必须通过现实的实践活动而非通过"国家"这一"虚幻的共同体"。在马克思看来，国家不仅不能克服个人与共同体之间的分裂，相反，它自身正是这一分裂的现实的表现，一方面，国家是市民社会中特殊利益与共同利益之间矛盾斗争的产物，这种矛盾在市民社会中难以解决，因此"共同利益才采取国家这种与实际的单个利益和全体利益相脱离的独立形式"来予以"克服"。但是，另一方面，这种与单个利益脱离的、凌驾于社会之上并统治社会的国家只是在表面上具有"普遍性"，它在实质上是"一种虚幻共同体"，在根本上所代表的是市民社会中"私人"即资产者的特殊利益。在此意义上，马克思说道：就现代国家即资产阶级国家而言，它"不外是资产者为了在国内外相互保障各自的财产和利益所必然要采取的一种组织形式"，所以，"现代国家是与这种现代私有制相适应的"。

---

① 《马克思恩格斯全集》第3卷，人民出版社2002年版，第185页。
② 《马克思恩格斯全集》第3卷，人民出版社2002年版，第183页。
③ 《马克思恩格斯全集》第3卷，人民出版社2002年版，第184页。

因此，事实并不是如黑格尔根据思辨辩证法的推演所认为的那样，国家是市民社会的真理，而是相反，市民社会构成了国家的真理，不是国家决定市民社会，而是市民社会决定国家。因此，要克服个人与共同体的分裂，如果求助于"国家"，无异于"缘木求鱼"、"与虎谋皮"。要真正超越个人与共同体的抽象对立，实现人的真正自由，就必须同时消除使人陷入抽象的市民社会以及建立在市民社会基础上的抽象的虚幻共同体即国家，从而实现人的全面的解放。而这，正是实践的任务。

四、"解放政治"与"社会政治制度的规范模式"：实践哲学政治意蕴的基本维度

实践的任务首先是一项"解放政治的任务"，或者说实践活动是一种"批判与革命的活动"，亦即具有自我意识的政治性的活动。通过这种活动，联合起来的劳动者克服和超越把具体劳动抽象化，改造使人的自由个性陷入抽象化的资本主义体系，重新占有被异化的本质力量，实现自身的自我解放。正是在此意义上，马克思才说道："对实践的唯物主义者即共产主义者来说，全部问题都在于使现存世界革命化，实际地反对并改变现存的事物。"[①] 使"现存世界革命化、实际地反对和改变事物的现状"，这是一种"自我解放"的活动，在这种自我解放活动中，"物质武器"与"精神武器"必须相互结合："哲学把无产阶级当作自己的物质武器，同样，无产阶级也把哲学当作自己的精神武器"[②]，这里的"哲学"所指的不是以"永恒存在"为对象的理论形态的思辨形而上学，而是以人的现实解放为诉求的"实践哲学"，它要通过无产阶级把自身付诸"实际地反对和改变事物现实"的实践活动之中。与此相辅成，"无产阶级"是把"实践哲学"付诸实现的现实承载者，它没有自己的"特殊利益"因而代表着"普遍的利益"，它超越了市民社会中作为特殊"私人"的资产者与普遍

---

① 《马克思恩格斯选集》第 1 卷，人民出版社 1995 年版，第 75 页。
② 《马克思恩格斯全集》第 3 卷，人民出版社 2002 年版，第 214 页。

利益的内在冲突，因而，它"宣告迄今为止的世界制度的解体……因为它就是这个世界制度的实际解体。无产阶级要求否定私有财产，只不过是把社会已经提升为无产阶级的原则的东西，把未经无产阶级的协助就已作为社会的否定结果而体现在它身上的东西提升为社会的原则"①。

这清楚地表明，马克思的实践观点里所蕴含和表达的是一种"解放政治"的旨趣和向度。所谓"解放政治"，按照吉登斯的概括，就是"一种力图将个体和群体从对其生活机遇有不良影响的束缚中解放出来的一种观点"。它包括两个主要的因素："一个是力图打破过去的枷锁，因而也是一种面向未来的改造态度，另一个是力图克服某些个人或群体支配另一些个人或群体的非合法性统治"②，它的根本关切是"要克服剥削、不平等和压迫的社会关系"。它包括三重基本关切：第一，"把社会生活从传统和习俗的僵化生活中解脱出来"；第二，"减轻或消灭剥削、不平等或压迫。所关心的是权力与资源的差异性分配原则"；第三，"服从于由正义、平等与参与的伦理所具有的独断"③。马克思的实践哲学所体现的正是这样一种"解放政治"的诉求，它集中体现在三个最为基本的环节：其一，它是对不平等和奴役状态的反抗；其二，它是对不合法的政治与社会制度的消除；其三，它是对一种真正能够实现个人自由及个人与共同体内在统一的社会政治制度的追求。对于这种"解放政治"的旨趣和向度，马克思自己曾有过明确的表述："社会从私有财产等等解放出来、从奴役制解放出来，是通过工人解放这种政治形式来表现的。"④

实践不仅是一种实现"解放政治"的政治行为，更重要的是，在实践中，还内在地蕴含着一种对于克服个人与社会共同体的分裂、实现个人真实自由的政治和社会制度规范模式的设定。这即是说，在实践中包含着一种社会政治制度的价值悬设，这种设定构成了"人的自由得以可能"，或

---

① 《马克思恩格斯选集》第1卷，人民出版社1995年版，第15页。
② ［英］吉登斯：《现代性与自我认同》，赵旭东等译，生活·读书·新知三联书店1998年版，第248页。
③ ［英］吉登斯：《现代性与自我认同》，赵旭东等译，生活·读书·新知三联书店1998年版，第252页。
④ 《马克思恩格斯全集》第3卷，人民出版社2002年版，第278页。

者套用康德的表述,"为了人的自由,我们能够希望什么"的价值根据和规范源泉。在此意义上,实践(praxis)是"一个规范概念,它指的是一种人类特有的理想活动,这种活动就是目的本身,并有其基本的价值过程,同时又是其它一切活动形式的批判标准"①。

实践所包含着的政治和社会政治制度规范模式的这一意蕴,集中体现在马克思关于"自由人的联合体"和关于"人类社会"及"社会化的人类"的思想之中。马克思说道:"社会生活在本质上是实践的,凡是把理论导致神秘主义方面的东西,都必须在实践中并在对实践的理解中获得解决",这一论述表明,马克思是把"社会"与"实践"置于同一层次和水平上来予以阐释的,"实践"与"社会"乃是一而二、二而一的关系。一方面,马克思认为,"生产生活就是类生活。这是产生生命的生活。一个种的整体特性、种的类特性就在于生命活动的性质,而自由的有意识的活动恰恰就是人的类特性"②,"通过实践创造对象世界,改造无机界,人证明自己是有意识的类存在物"③,就此而言,实践活动作为一种"自由自觉的活动",表现的是人的"类本质"。另一方面,马克思又强调:"人的本质并不是单个人所固有的抽象物。在其现实性上,它是一切社会关系的总和"。④ 在马克思这里,从"实践活动"的角度来规定人的本质与从"社会关系"的角度来规定人的本质,二者乃是相互贯通和相互诠释的,这种相互贯通的共同基础就在于:它们都是从一种社会政治制度规范的层面上来对"人所应是"所作的规定。

马克思这里所说的"社会",并非"市民社会",相反,它是指超越"市民社会"的"人类社会"或"社会化的人类",马克思明确说道:"旧唯物主义的立脚点是市民社会;新唯物主义的立脚点则是人类社会或社会的人类"⑤。"人类社会"或"社会化了的人类",这是马克思对于超越个

---

① [南斯拉夫]马尔科维奇、彼德洛维奇:《南斯拉夫"实践派"的历史和理论》,郑一明、曲跃厚译,重庆出版社1994年版,第23页。
② 《马克思恩格斯全集》第3卷,人民出版社2002年版,第273页。
③ 《马克思恩格斯全集》第3卷,人民出版社2002年版,第273页。
④ 《马克思恩格斯选集》第1卷,人民出版社1995年版,第56页。
⑤ 《马克思恩格斯选集》第1卷,人民出版社1995年版,第57页。

人与社会共同体的分裂、超越市民社会与作为虚幻共同体的国家的理想社会政治制度模式的表述。因此，马克思的"社会"并非一社会学或政治学的价值中立的概念，而是一个对"自由何以可能"与"我们究竟能希望什么"作出明确回答的规范性和价值性概念，它所指向的是"合乎人性"的、人的自由得到真正实现的社会政治制度。马克思说道："共产主义是私有财产即人的自我异化的积极的扬弃，因而是通过人并且为了人而对人的本质的真正占有；因此，它是人向自身、向社会的即合乎人性的人的复归，这种复归是完全的，自觉的和在以往发展的全部财富的范围内生成的。"① 在这里，马克思把"社会的人"与"合乎人性的人"并提，鲜明地表现出马克思"社会"概念中所蕴含的价值规范向度，它的核心乃是"自由人的联合体"："代替那存在着阶级和阶级对立的资产阶级旧社会的，将是这样一个联合体，在那里，每个人的自由发展是一切人的自由发展的条件。"② 在此意义上，马克思的"社会"概念是对黑格尔试图解决却悬而未决的现代性的中心问题，即个人主体性与社会共同体的分裂所提供的一种解决方案：在"社会"这一"自由人的联合体"中，个人主体性与社会共同体的分裂将实现真正的和解和超越，在其中，我们不再"把'社会'当作抽象的东西同个体对立起来。个体是社会存在物。因此，他的生命表现，即使不采取共同的、同他人一起完成的生命表现这种直接形式，也是社会生活的表现和确证。人的个体生活与类生活不是各不相同的，尽管个体生活的存在方式是——必然是——类生活的较为特殊的或者较为普遍的方式，而类生活是较为特殊的或者较为普遍的个体生活"③。

可以清楚地看出，当马克思把"社会生活的本质"理解为"实践"时，"实践"概念中所凸显的是一种鲜明的关于理想社会政治模式的规范性立场，这使得马克思在一个更高的层面上回归和复兴了亚里士多德所奠定的实践哲学传统。如前所述，亚里士多德实践哲学所关心的中心问题是人如何创造一种社会共同体，在其中实现个人与城邦实现内在的统一。马

---

① 《马克思恩格斯全集》第3卷，人民出版社2002年版，第297页。
② 《马克思恩格斯选集》第1卷，人民出版社1995年版，第294页。
③ 《马克思恩格斯全集》第3卷，人民出版社2002年版，第302页。

克思的实践哲学所面临的背景与亚里士多德有着重大不同，它是在现代社会的背景下对个人与社会共同体关系的重新思考与探索，在个人主体性已经充分发展的现代条件下，无法像古希腊一样以"城邦"为基础恢复人与共同体的源始统一。通过其市民社会批判及以此为基础的对黑格尔法哲学的批判，马克思用"自由人的联合体"、"人类社会"或"社会化的人类"取代黑格尔的"普遍性的国家"，即是要求在承认、保存和容纳个人主体性这一重大成果的前提下，寻求一种新的社会政治模式，从而既保证每一生命个体的自由，同时又能实现一种真正的团结和真实的共同体。就此而言，马克思的实践哲学一方面继承了亚里士多德所奠定的实践哲学传统，体现出鲜明的政治伦理向度，同时又赋予实践哲学新的时代内涵，为其发展开拓了新的思想空间。

"解放政治"与"社会政治制度的规范模式"是内在联系在一起的，构成了马克思实践哲学政治意蕴的两个基本维度："解放政治"所体现的是实践哲学的鲜明的政治意向与追求；而"社会政治制度的规范模式"所体现的是实践哲学对一种实现个人自由与社会团结、私人生活与公共生活内在统一的理想的社会政治制度的憧憬和价值目标，它是"解放政治"的价值支撑和根据。

"现代性"的反省与马克思哲学研究纵深推进的生长点[①]

"现代性"是真正与马克思哲学的理论本性相适应的本源性的理论视域,但长期以来,这一点没有得到应有的重视。进入新世纪以来,马克思哲学研究领域的学者们最为关心同时也颇感困惑的问题是:在新的条件下,马克思哲学研究进一步发展的生长点究竟在哪里?马克思哲学研究究竟如何才能实现进一步的纵深推进?在寻求这一问题答案的时候,人们觉得最困难同时也最要害的问题是:在今天,马克思哲学与当代世界和当代人类生活的现实结合点究竟在哪里?究竟从何处入手,才能真正发挥马克思哲学应有的批判力量?在我们看来,面对这些问题,现代性的反省将是一个十分重要的切入点和突破口,或者说,对现代性的反省,将为马克思哲学的纵深发展,提供一个切实可靠的途径。

"现代性"乃是我们这个时代占据霸权地位的意识形态和主导话语,是现代人生存命运和现代社会基本构架最为重大的塑造力量。众所周知,所谓"现代性方案"肇始于欧洲,是随着欧洲中世纪以后"上帝的祛魅"及与此相伴的世俗化进程而确立的,在中世纪,人们从上帝那里获得生存的理由和意义,而"现代性方案"逐渐越过欧洲人的疆界,以不可阻挡的巨大力量日益把整个世界都卷入其中,成为全球性的、统治我们时代的压倒一切的、最具霸权的意识形态,直接决定和塑造了当代世界的基本面貌。今天看来,现代性既给人类带来了巨大的进步,但与此同时,它所蕴

[①] 原载《求是学刊》2005年第1期。

含的种种中心主义的历史叙事，所隐藏的独断主义的权力话语，导致了诸多现代人生存的深层困境和危机。在此意义上，对现代性的反省实质上就是对现代人生存命运的反省，它对于深入理解现代人的生存品质、揭示现代人和现代社会的内在困境和危机，破除种种阻碍人生存发展的抽象原则和过时教条，具有积极意义。自尼采以来，对现代性及其命运的反省，构成了整个现代哲学的中心课题，尼采、海德格尔、哈贝马斯、福柯、罗尔斯、德里达等重要的现代哲学家们从各个不同的角度出发对现代性所作的深刻的批判性思考，已构成整个现代哲学最重大的哲学成果。

马克思身逢现代性的兴盛时期，对现代性的理解、反省和批判构成了马克思毕生的理论主题。马克思在其著作中经常交替使用"现代资产阶级社会"、"资产阶级时代"、"资产阶级文明"、"现代文明"等来表述他要反省和批判的对象，当马克思使用这些概念的时候，他所意指的正是西方"现代性"社会。在他看来，现代社会及现代世界乃是资产阶级按照其性格创造出来的，在"现代性的命运"与"资本的命运"二者之间，存在着一种不可分割的本质联系。因此，从"资本的角度"来透视"现代社会"，从"资本的命运"出发来探讨"现代性的命运"，被马克思自觉地确定为解剖现代世界最恰切、最有效的途径。马克思耗尽毕生心血，通过对"资本"的解剖，确立了关于"现代性"的"发生学"、"病理学"和"未来学"，从而完成了他对"现代性命运"的系统的、全方位的考察。在"现代性"的"发生学"方面，马克思通过对近代欧洲历史运动的细密分析，证明了"现代资产阶级本身是一个长期发展过程的产物，是生产方式和交换方式的一系列变革的产物"①；在现代性的"病理学"方面，马克思反思和诊断了现代性的内在矛盾和困境，透视繁荣辉煌的现代社会表象后面所蕴含的"另一面"，他关于资本的升值与人的贬值之间内在悖论的揭示，关于资本的命运与人的生存命运之间不可调和的冲突的洞察，使他被公认为现代社会最杰出的"病理学家"之一；在现代性的"未来学"方面，马克思论证了处于资本全面宰制之中的现代性必然被一种更富

---

① 《马克思恩格斯选集》第1卷，人民出版社1972年版，第273页。

人性的生活景象所代替，预言在一个全新的社会中，人的生命将从非人的资本力量的绝对掌握之中解放出来，实现其总体性、整全性的生成，这即是马克思著名的关于"共产主义社会"的理论，马克思由此而被喻为人类历史上最有影响的"预言家"之一。

从"发生学"，再到"病理学"与"未来学"，这充分说明现代性课题在马克思哲学中所占有的枢纽地位以及马克思对现代性的反省所表现出的系统、全面和深刻性。更重要的是，通过这种反省，马克思形成了"反现代性的现代性"这一充满辩证张力的分析方法和独特立场。

马克思是"反现代性"的，这意味着他对现代性采取的是一种反思性的批判态度，他在思想史上最早清醒地洞察到，现代性的宏大叙事并不像它所声称那样具有"普遍性"，"理性王国"的价值理想承诺也不像它所宣称的那样纯净和透明，相反，工人阶级不公正的生存状态所表明的是整个社会的悖论和错乱，充分证明了现代性方案及其解放承诺的虚幻性，在现代性宏大叙事的普遍主义承诺背后，深深蕴含着一种特殊主义的、非理性的权力关系，它体现着是特殊者的特殊利益，贯彻着的是特殊者的特殊意志。因此，现代性的宏大叙事在实质上是一种充满压制性、排他性和垄断性的专制话语，以之作为现代人的价值基础和价值尺度，等于树立了一个虚假的偶像，现代人自以为获得了绝对可靠的价值的阿基米德点时，实质上这一价值基点的底部已裂开了一个巨大的深渊，海德格尔曾指出，马克思"在基本而重要的意义上"，揭示了现代人"无家可归的命运"，在这一点上，"马克思比其余的历史学优越"①。这是对马克思作为"反现代性"的思想家在思想史上所占有的重要地位的一个相当中肯的评价；另一方面，马克思的反现代性并不意味着他彻底否弃现代性，相反，他依然坚持现代性关于人和社会的价值理想，认为"现代性的危机"并不意味着现代性所承诺的关于人和社会的价值理想已经失效，更不意味着现代性已全然失去进一步发展的潜力，而只是表明人们赖以实现这一价值理想的方式和途径出了问题，通过终结资产阶级所有制的霸权地位，摧

---

① ［德］海德格尔：《海德格尔选集》上卷，孙周兴选编，上海三联出版社1996年版，第383页。

毁资本主义的整体社会架构，推翻资产阶级的生产关系，现代性所蕴含的潜能将以一种在资产阶级社会体系所不可能提供的方式得以充分的发挥，现代性所承诺的关于人和社会的价值理想才能得以真正的实现。不难看出，这种"反现代性的现代性"的独特立场，表明了马克思既是现代性的继承者，又是现代性的叛逆者，还是现代性的重建者，这三者有机而内在地结合在一起，构成了马克思哲学在现代性课题上充满张力的思想空间。

可见，"现代性的反省"，既是事关整个当代人类生存状态和生存命运的最为重要的现实课题又是全部现代哲学所关注的中心的理论课题，同时也是马克思哲学耗尽心血、毕生关注的根本课题。这充分说明，"现代性的反省"是马克思哲学和当代人类生存实践、与整个现代哲学实现深层结合的一个关节点。从此出发，马克思哲学既可以与整个现代哲学实现创造性的深层对话，同时又可以使马克思哲学对现代社会特有的批判和解释力量得到最大限度的释放。

具体而言，把现代性的反省确立为马克思哲学研究的重大课题，马克思哲学研究的视野将得到重大的拓展，一系列以前常被人忽视的研究方向和研究领域将从遮蔽中向我们敞开，成为推动马克思哲学走向纵深发展的重要生长点。其中，最具生命力和代表性的是如下三个方面。

（1）对现代性所蕴含的价值原则进行深层反省，对价值基础的重建、价值虚无主义的克服等与当代人类生存价值内在相关的重大课题作出创造性回答，使马克思哲学变革所内在固有的价值向度充分地彰显出来。

对现代性的反省，首先是对其文化精神和价值观的反省，即对现代性所蕴含的价值尺度、价值秩序和价值基础的反省：现代性究竟包含着何种价值内涵？其合理性和内在的弊端是什么？当代人类的价值选择究竟如何承受、应对和超越现代性价值及其后果？而在所有这些问题中，最为重大的无疑是价值虚无主义的挑战。现代性所带来的世俗化进程一方面带来了科学技术等的高度发展和社会理性化程度的空前提升，但如同海德格尔所指出的，它同时导致了"诸神的消失"，使得"无家可归状态变成了世界的命运"①。如何确立与现代人的生活相适应的价值秩序，克服价值虚无主义对现代人生命的侵袭，已成为整个现代哲学和现代人生活所面临的根本性课题。面对这一问题，马克思哲学如果不能作出强有力的回应，就等于失去了一个在现代哲学赖以立足的富有感召力的生长点。

以现代性反省作为切入点，这一课题立即被凸显出来，成为马克思哲学研究的题中应有之义。在哲学史上，马克思是洞烛先机、最早系统而深刻地揭示现代人遭遇的价值虚无，并对此作了透辟分析的思想家之一。他与尼采等现代哲学家一样，洞察到了传统理性主义的虚幻性和无根性并致力于寻求克服价值虚无主义的途径，但又区别于他们，他没有仅仅到传统形而上学的思想谱系中去寻找价值虚无主义的根源，而是深入到资本主义经济秩序的内在机制中，具体地剖析资本所蕴含的颠倒、混淆和毁灭价值的本性，对资本主义社会经济机制和对资本的本性进行深入的解剖，透析使价值虚无主义成为可能的现实力量。就此而言，批判性地审查传统抽象理性主义哲学所承诺的价值基础和价值秩序，克服其价值虚无主义本性，并在一个崭新的地基上，重建人类的价值尺度和价值理想，这一点构成了马克思哲学变革的基本方面，破除陈旧的价值信念，为现代人和人类未来奠定一种崭新的价值秩序，构成了马克思哲学变革的基本旨趣和思想内核。很显然，从此出发，马克思哲学研究将获得一个崭新的思想空间。

（2）对全球资本主义主义条件下资本与权力之间的复杂关系进行深入的分析，使马克思哲学成为全球资本主义条件下一种强有力的批判思想。

现代性不仅代表着一种文化精神和价值观，而且必然落实为一种社会组织方式和社会制度安排，因此，对现代性的反省必然包括对其所代表的社会组织方式和社会制度安排的反省。现代性方案中所设计的社会组织方式和社会制度安排的本质特征是什么？它对人的现实生命所带来的解放和所造成的束缚是什么？在今天它是否仍适应人类生存发展的需要？而在所

---

① [德]海德格尔：《海德格尔选集》上卷，孙周兴选编，上海三联出版社1996年版，第383页。

有这些问题中,最为迫切和突出的无疑是:在当代条件下,究竟如何克服现存制度设计的缺陷,建立一种真正符合人性的、让每个人自由发展的、公正的社会组织形式和制度安排?综观当代哲学,这已成为众所关注的中心问题之一,从罗尔斯、哈贝马斯等人所做工作中,我们可以清楚地看到这一点。

以现代性反省为突破口,这一课题将成为马克思哲学的一个重要生长点。马克思哲学对现代性反省的一个核心部分是对资本主义制度合法性的检讨和批判,它一方面高度肯定这一制度在历史上的进步作用,同时对它所包含的内在矛盾、所表现的违背人性、与人的生命相敌对的、不公正的方面有着深刻的理解和揭示。其中,马克思对资本与权力之间相互渗透的复杂关系的探讨,对国家、意识形态与社会之间关系的政治经济学批判以及对一种克服资本主义制度模式的新的制度安排的设想等,已经汇入了现代社会思想并成为了理解现代社会的一种重要分析范式。对此,吉登斯曾说道:"我仍然敬仰马克思,因为资本主义对较大的现代性框架具有核心的重要性……我认为马克思是关于资本主义经济的一位富有洞察力的思想家。"[①]无疑,与马克思所处时代相比,今天资本全球化的趋势已经更加突出,但马克思所提供的分析范式对于理解和诊断全球资本主义时代的性质和问题,仍是一个富有启示力的思想灵感源泉。萨特曾言,马克思是我们时代不可超越的哲学,人们对此有着各种不同的诠释,我们宁愿这样理解:我们仍然处于一个资本主义市场占据统治地位并且资本的力量正在把越来越多的地区和民族席卷进去的世界上,而马克思哲学正是以批判性理解和反思现代资本主义市场制度作为其原初动机和理论旨趣的,它仍然可以成为我们时代一种强有力的批判思想。

(3)对马克思哲学在中国的演变和发展历程进行深入的自我理解,以现代性课题为切入口,建立一门"马克思哲学诠释史"。

马克思主义哲学来自西方,但传入中国的近一个世纪以来,它在中国思想文化领域发挥着一种无可替代的特殊作用。不仅如此,它还远远超出

---

① [英]吉登斯、[英]克里斯多弗·皮尔森:《现代性:吉登斯访谈录》,尹宏毅译,新华出版社2001年版,第70—71页。

了学术理论的范围，与整个中国现代以来的历史和中国人的生存命运有了一种十分深刻的关联，可以说，马克思哲学的理解和诠释史，以一种思想的方式表征了现代中国的社会演变史。就此而言，建立一门"马克思哲学诠释史"，无论对于促进马克思哲学的自我理解，还是对推进中国现代社会历史命运的自我认识，都具有十分重要的意义。

综观中华人民共和国成立以来马克思哲学的演化历程，马克思哲学与现代性的这种内在关联经历了如下几个大的阶段：第一，在中华人民共和国成立以后至改革开放之前的近30年时间里，马克思哲学被视为一种反"资本主义现代性"的现代性理论，也就是说，人们把马克思哲学理解为一种指导中国社会克服"资本主义现代性"的弊端并推动中国实现"社会主义现代化"的意识形态，它相信，马克思哲学创造了一种既能更好地实现现代性价值目标同时又完全克服了资本主义现代性弊端的崭新的现代性方案，它可以引导中国社会建设走上一条消灭剥削和压迫、克服不平等和不公正现象的民族富强之路；第二，马克思哲学被视为一种以人道价值为核心的现代性理论，这集中地体现在改革开放初期的"思想解放"运动中，人的异化和异化之克服、人的自由和解放等价值被理解为马克思哲学中最根本的东西，马克思哲学中的人道价值作为奴役、蒙昧、野蛮的否定力量，表达了现代性最深层的精神，因而对中国现代化进程将发挥巨大的启蒙作用；第三，马克思哲学被视为改革开放、建设社会主义市场经济的指导思想，历史唯物主义中关于生产力的学说被理解为马克思哲学中最根本的东西，以之为引导，中国将摆脱贫困和落后，成为生产力高度发达的现代社会。尽管在不同历史阶段人们以不同的方式来理解和阐发马克思哲学，但其理论功能、思想旨趣、表述方式等都是围绕着中国现代性的追求和建构而展开的，马克思哲学始终作为一种现代性的意识形态而获得其存在的合法性和发展的动力，并在中国社会发展的不同历史阶段产生了深远的影响。这一点构成马克思哲学中国命运最值得关注的事实和最根本的特质。因此，要对马克思哲学在中国的演化历史进行切实的自我理解，就必须充分考虑到马克思哲学与中国现代性的追求和建构之间复杂而深刻的关系，深入反省马克思哲学作为现代性意识形态这一特殊角色所蕴含的丰富的历史和现实内涵。长期以来,我们对此一直缺乏足够的自觉,这直接导致了我们对马克思哲学中国命运的特殊性质和功能难以实现深层的自我理解,并因而使马克思哲学研究的进一步发展失去了一个坚实的基点。

中篇

马克思的现代哲学变革与哲学观念的范式转换

马克思哲学与"存在论"范式的转换[①]

一、知性化的实体本体论：马克思
所面对的强大理论传统

任何理论变革都是在对既有传统的超越和克服中产生的。马克思哲学也不例外。要领会马克思哲学的存在论思想及其所实现的深刻理论变革，一个必要前提就是理解它置身于其中的理论语境以及它所面对的理论传统。

马克思所面对的理论传统是什么呢？这就是贯穿传统哲学的整个历史并构成传统哲学理论核心的"知性化的实体本体论"的理论传统。

所谓知性化的实体本体论，是"存在论"问题上的这样一种观念：我们感官观察到的现象并非存在本身，隐藏在它后面作为其基础的那个超感性"实体"，才是真正的"存在"，构成了"存在者"之所以"存在"的最终根据。因此，所谓"存在"，就是人以一种知性的概念的方式所把握到的超时空、超感性的自因"实体"，这种"实体"存在于事物现象"后面"并支配着万事万物，构成了整个世界的最高统一性，是万事万物，是各种具体存在者之所以存在的根据和理由。"存在论"的任务就是运用逻

[①] 原载《中国社会科学》2002年第5期。

辑理性，深入到"事物后面"，进行"纵向的超越"，去把握这超感性的、本真的"实体"。

具体而言，这种"实体"化的"存在"具有如下最为重要的特质。

首先，它是"超感性"的或者"超验的"，即超越了感性世界，并在背后支配着感性世界的"本质"世界，存在论也因此而成为一个关于超感性实体世界的先验原理系统。正如海德格尔指出的："自柏拉图以来，更确切地说，自晚近希腊和基督教对柏拉图哲学的解释以来，这一超感性领域就被当作真实的和真实现实的世界了。与之相区别，感性世界只不过是尘世的、易变的、因而是完全表现的、非现实的世界。尘世的世界是红尘苦海，不同于彼岸世界的永恒极乐的天国。如果我们把感性世界称为宽泛意义上的物理世界，那么，超感性世界就是形而上学的世界了。"①

其次，它是绝对的、自在自因的、超时空和永恒在场的。感性现象变幻无常，但超感性的"实体"永恒常在，"'实体'的存在特征描画出来就是：无所需求。完全不需要其它存在者而存在的东西就在本真的意义上满足了实体观念"②；同时，它也超越了感性现象界的杂多和差异，统摄一切"差异"于"同一"中，统摄将来与过去于现在的永恒中。

再次，它是绝对真实和无限完善的。超感性的实体是在现象背后并规定着现象的纯粹的超验本质领域，是避免了任何虚假、错谬玷污的"本真存在"，现象虚幻不实，"实体"才是本真、至善和原始的所在，它是这样一个领域："在这里人们可以脚踏根基……从而可以发现其生命的意义"③，它将提供永恒的真理，提供与历史无关的价值原则与价值框架，为正义、美德和善行等奠定一劳永逸的最后基础。

最后，与超感性的理性实体相适应的便是知性逻辑和概念化思维，超感性的理性实体需要一种相对应的理论逻辑来予以把握，这种理论逻辑就

---

① [德]海德格尔：《海德格尔选集》下卷，孙周兴选编，上海三联书店1996年版，第770—771页。
② [德]海德格尔：《存在与时间》，陈嘉映、王庆节合译，上海三联书店1987年版，第114页。
③ [美]罗蒂：《哲学和自然之镜》，李幼蒸译，生活·读书·新知三联书店1987年版，导论，第2页。

是知性逻辑。在传统形而上学那里,知性逻辑和概念式思维被视为通达这一超感性本体世界的唯一通道,知性逻辑和概念式思维是建构存在论或本体论的唯一方法和思维逻辑,就如同海德格尔所概括的,在传统哲学那里,判断和命题构成了存在之真理的处所,因而表现出一种鲜明的"断言的天真"和"反思的天真"。在此意义上,传统形而上学的实体实质上就是概念化、知性化的实体,传统形而上学实质就是"理性形而上学"或"概念形而上学"。这一点就像国内有的学者所指出的那样,在传统形而上学里,"本体论是关于'是'的哲学,'是'经过哲学家改造以后而成为的一个具有最高、最普遍的逻辑规定性的概念,它包含其余种种作为'所是'的逻辑规定性"①。海德格尔也敏锐地指出了这一特点:"存在论和神学之所以是'学',乃是就它们探究存在者之为存在者和论证存在者整体而言的。它们对作为存在者之根据的存在作出论证。它们面对逻各斯作出答辩,并且在一种本质意义上是遵循逻各斯的,也即是逻各斯的逻辑学。因此,更准确地,它们被叫做存在—逻辑学和神—逻辑学。更合乎实情、更明确地来思,形而上学是存在—神—逻辑学。"②

这就是传统哲学所理解的"本体"的特质。在漫长的历史发展之中,传统哲学一直这样来阐释"本体",并逐渐定型为一种根深蒂固的、用以解释世界、人以及人与世界关系的基本解释原则和理论范式。从上述分析我们可以清楚地看出这种基本原则和理论范式所具有的根本特征:

(1)静观高于行动、逻辑高于生存实践的"唯理主义"原则。唯理主义是实体本体论的题中之意,超感性的实体需要与之相应的把握方式,这种把握方式只能是唯理主义的知性逻辑,实体本体论与知性逻辑乃是一体两面,互为表里。为了解决"存在"问题,传统形而上学以逻辑概念的唯理主义方式,去捕获超感性的实体作为自身的最高目标,这必然使得对象化的静观和思辨成为其根本的工作方式。正是在此意义上,海德格尔指出静观与行动的分离是传统形而上学的重大特征,哈贝马斯认为"强大的理论概念"是形而上学思想的标志之一。

---

① 俞宣孟:《本体论研究》,上海人民出版社1999年版,第27页。
② [德]海德格尔:《海德格尔选集》下卷,孙周兴选编,上海三联书店1996年版,第832页。

(2) 追求终极实在的绝对主义和还原主义原则。在它看来,"存在"与"存在者"的一个根本区别在于前者具有终极性和绝对性,而后者是飘浮不定、虚幻不实的,实体化"存在"构成了存在者整体背后支配着整个世界的最高权威,"实体"具有逻辑上"先在"的本源性和基础性,它是"第一"的和"最高"的,一旦达到了对这种最高的、先天的第一性的实体的把握,其余的具体存在者都可从中抽演出来。很显然,这是一种线性的、有浓厚还原论色彩的思想原则。朱阿蕾罗曾把传统形而上学的这一特点概括为"根的神话",认为它保留了神话思维"起源崇拜"的遗迹,应当说是十分恰切的。①

(3) 在两极对立中寻求单极统一性的"一元化原则"。这是前一原则的逻辑延伸。传统本体论哲学的全部合法性都奠基在这种二元对立的等级模式之上:超感性的"实体"一极所代表的是本质、真理、理性、独立、必然、至善等,感性"现象"一极所代表的是偶然、无常、被动、不真、卑污等。这两极之中,前者是主宰性、支配性和决定性的,后者是从属性、依附性和次要性的,因此前者有充分的合法性来统治后者,后者必须无条件地服从前者并以前者为最高目标。可见,它是一种在两极对立关系中寻求一元统一性、在二元等级关系中寻求单极绝对权威的理论范式。

(4) 非时间、非语境的"非历史"原则。超感性的实体是在"时间"之外的"非历史性"存在,它"杀死"了"时间","消灭"了"历史",具有永恒"在场"②的性质。

以上所描述的,便是马克思所面对的、在哲学史上长期占据着统治地位的实体本体论及其基本的解释原则。究竟是延续这一传统,还是在根本上超越这一传统呢?这就是摆在马克思面前的不可回避的历史性课题。

---

① [法] 雅克·施兰格:《哲学家和他的假面具》,徐友渔选编,社会科学文献出版社1999年版,第55页。
② 根据海德格尔的考证,在希腊语中,"Ousia"(实体)的含义就相当于德语的"在场",用"Ousia"来思存在,实质上就是把"存在"思为永恒的"在场"。

二、摧毁超感性的"知性实体"的统治：
在理论硬核处解构传统

马克思的回答无疑是后者。如果说对"绝对"的、"一元化"的、"唯理主义"的、"非历史"的超感性的实体的迷恋构成了传统实体本体论的思想硬核，那么从这一硬核处摧毁这一超感性的"知性实体"的抽象统治，把存在论从"知性实体"置换到"感性实践"的基础上，就成为了马克思鲜明的理论立场。

在《1844年经济学哲学手稿》中，马克思专辟一节，标题为"黑格尔辩证法和整个哲学的批判"。在此，颇为意味深长的是，马克思不仅指出这是对"黑格尔辩证法"的批判，而且还专门强调这同时也是对"整个哲学的批判"。

马克思为什么要把对"黑格尔辩证法"的批判和对"整个哲学"的批判联系在一起？批判"黑格尔的辩证法"，与批判"整个哲学"或"哲学一般"有什么内在的关系？

这是因为，在马克思看来，黑格尔的概念辩证法虽然表现出超越传统形而上学知性化的实体本体论独断性和僵化性的意向和冲动，但是，它依然与传统形而上学一样，执着于对绝对同一性的、永恒在场的超感性世界的追寻，结果，意在克服知性化的实体本体论的黑格尔，反而成了"整个西方哲学传统的代言人而已……他把那些从希腊人开始就一直是西方哲学隐含着的先决条件张扬了出来"[1]。

因此，马克思对"黑格尔辩证法和整个哲学"的批判，就具有了十分深刻的意义，它意味着：要真正彻底地批判黑格尔，就必须从根源处废黜黑格尔和一切形而上学所共同顶礼膜拜的那一个永恒在场的、绝对的、超感性的本体论基础，就是要摧毁"黑格尔辩证法"和"整个哲学"根深

---

[1] [美]威廉·巴雷特：《非理性的人》，段德智译，上海译文出版社2007年版，第169页。

蒂固的"断言的天真"、"反思的天真"与"概念的天真",一言以蔽之,就是要否定"抽象的超感性实体"的统治。离开这一点,就不可能真正有效地克服黑格尔哲学。在此意义上,对黑格尔哲学的批判,在实质上就是从原则的高度对整个传统哲学本体论的批判,是马克思与整个传统本体论哲学的解释原则和思维方式的清算和决裂。

马克思明确地指出:黑格尔犯有双重的错误。第一个错误在于他把抽象的"哲学思维"确立为整个世界的本质和尺度,预先用抽象思维的尺度裁割了感性现实及其历史,导致了抽象精神与人的现实生命和现实世界之间关系的颠倒,使"现实的历史"蒸馏成"抽象思维的历史","这些对象从中异化出来的并以现实性自居而与之对立的,恰恰是抽象的思维。哲学家——他本身是异化的人的抽象形象——把自己变成异化的世界的尺度。因此,全部外化历史和外化的全部消除,不过是抽象的、绝对的思维的生产史,即逻辑的思辨的思维的生产史"[①],抽象的思维本来应该奠基于现实的生活世界和感性活动之上,是属于"第二性"的存在,但在黑格尔这里,这种抽象思维却被用来衡量和规定具体的现实生活、感性活动和现实历史而被"升值"为"第一性"的。与此内在相关,他的第二个错误在于,由于他把现实的历史理解为抽象思维的异化,因此,他对"人的本质力量"、对感性现实重新加以占有和恢复时,也同样只能采用一种抽象的方式,"对于人的已成为对象而且是异己对象的本质力量的占有,首先不过是那种在意识中、在纯思维中即在抽象中发生的占有,是对这些作为思想和思想运动的对象的占有"[②]。

马克思把这两个方面的错误称之为"汇集了思辨的一切幻想"[③]。一方面,"意识——作为知识的知识——作为思维的思维——直接地冒称为异于自身的他物,冒称为感性、现实、生命";另一方面,它"又重新通过这个外化的形态确证精神世界,把这个世界冒充为自己的真正的存在,恢

---

① 《马克思恩格斯全集》第 3 卷,人民出版社 2002 年版,第 318 页。
② 《马克思恩格斯全集》第 3 卷,人民出版社 2002 年版,第 318 页。
③ 《马克思恩格斯全集》第 3 卷,人民出版社 2002 年版,第 328 页。

复这个世界，假称在自己的异在本身中就是在自身"①，使得辩证法的批判性和革命性精神遭到了传统形而上学理论范式的严重束缚而沦为"非批判的实证主义"的牺牲品，"黑格尔的虚假的实证主义或他那只是徒有其表的批判主义的根源就在于此"②。

这两个方面，实质上可以归结为一点：黑格尔的根本错误就在于把抽象的超感性的思维作为其哲学的本体论基础，这一点，使他的整个哲学具有"极端的抽象性"。

因此，要克服黑格尔哲学，就必须对这种"极端的抽象性"进行深刻的揭露。这正是马克思在一系列著述中所着力从事的重大主题。

例如在《哲学的贫困》中，马克思以尖锐的方式论述道："那末，这种绝对的方法（即黑格尔的辩证法——引者注）到底是什么呢？是运动的抽象。运动的抽象是什么呢？是抽象形态的运动。抽象形态的运动是什么呢？是运动的纯粹逻辑公式或者纯理性的运动。纯理性的运动又是怎么回事呢？就是它安置自己，把自己跟自己对置，自相结合，就是它把自己规定为正题、反题、合题，或者就是它自我肯定、自我否定和否定自我否定。"③

再如，在《神圣家族》中，马克思专辟一节，讨论"思辨结构的秘密"。他认为，黑格尔实际上是把从具体事物（如苹果和梨）中抽象出来的一般观念（如水果）当成了脱离具体感性事物而自足独立存在的本质和实体，而后又试图通过抽象实体的"自身进展"，在观念中重建"具体性"，这是黑格尔辩证方法的基本特征。然而，由于在他那里，真正的"本体"是一般性的概念，因此，"他事实上也只是在表面上越出了抽象的圈子而已"，不过是"把现实事物的名称加在只有抽象的理智才能创造出来的东西上，即加在抽象理智的公式上"④，因而黑格尔的辩证法在实质上仍然是抽象的（尽管他想建构"具体"）。马克思进一步分析黑格尔的《精神现象学》，指出："在黑格尔的'现象学'中，人类自我意识的各种

---

① 《马克思恩格斯全集》第 3 卷，人民出版社 2002 年版，第 328 页。
② 《马克思恩格斯全集》第 3 卷，人民出版社 2002 年版，第 328 页。
③ 《马克思恩格斯全集》第 4 卷，人民出版社 1958 年版，第 142 页。
④ 《马克思恩格斯全集》第 2 卷，人民出版社 1957 版，第 71—75 页。

异化形式所具有的物质的、感觉的、实物的基础被置之不理，而全部破坏性工作的结果就是最保守的哲学，因为这样的观点以为：既然它已经把实物的、感性现实的世界变成'思维的东西'，变成自我意识的纯粹规定性，而且它现在又能够把那变成了以太般的东西的敌人溶解于'纯粹思维的以太'中，所以它就把这个世界征服了……黑格尔把人变成自我意识的人，而不是把自我意识变成人的自我意识，变成现实的人即生活在现实的实物世界中并受这一世界制约的人的自我意识。黑格尔把世界头足倒置起来。因此，他也就能够在头脑中消灭一切界限……全部'现象学'的目的就是要证明自我意识是唯一的、无所不包的实在。"①

所有这些批判，都指向一个共同的焦点，那就是：黑格尔的整个辩证法体系与整个传统形而上学一样，都奠基于一个抽象的、超感性的精神活动性的基础上。这一点，使得黑格尔的辩证法"尽管已有一个完全否定的和批判的外表"，但"非批判的实证主义和同样非批判的唯心主义"最终占据了上风，使其革命性和批判性遭受窒息。

"摧毁"和"解构"是为了"显现"和"重建"，全面清洗"黑格尔辩证法"和全部传统形而上学的本体论基础，是为了与旧传统决裂，是为了彻底消解传统本体论的解释原则，并从一个新的解释原则来重新理解"世界"、"人"以及"人与世界"的关系。那么，这种新的解释原则是什么呢？马克思的回答是：它只能是人本源性的生存实践活动和生存方式，由此确立的本体论将不再是"知性化的实体本体论"，而已成为"生存论"性质的现代本体论。

三、从"超感性实体"到"感性实践活动"：基本解释原则的跃迁

马克思认为，"存在者"之"存在"的根据不在于超感性的实体，而

---

① 《马克思恩格斯全集》第 2 卷，人民出版社 1957 版，第 244—245 页。

在于感性实践活动历史性的展开之中,"存在"的意义不在于人的生存活动之外的、无人身的、抽象的超感性实体,而在于人的面向未来的生存筹划活动之中。① 因此,必须在根本上改变理解"存在"问题的解释原则和思维方式,对颠倒的关系进行"倒置",确立感性实践活动优先于逻辑和知性并构成逻辑和知性基础的本体论地位。

在马克思那里,"感性实践活动"的确切所指乃是人"本源性"的生命存在和活动方式(在此,"本源性"不是指时间的始末,也非逻辑的先后,而是指存在论层面的基础性)②。正是这种本源性的生存方式,构成了"世界"、"人"以及"人与世界关系"的"奥秘"和深层根据,它使得"世界"在遮蔽中得以"解蔽"和"敞开",使得"人"、"世界"和"人与世界"共同"在"起来,因而构成了"存在者"之"存在"的最本源的"原理"和"原因"。

(1)"世界"之为"世界"的根据不在于世界之外的超感性实体,而在于它与人的生存实践活动的内在关联:"世界"是人的生存实践活动的内在环节,是在人的生存实践活动中"缘发构成"的"现实生活世界",借用海德格尔的话讲,"'世界'本身就是此在的一个建构要素"③。

传统知性化的实体本体论所设计的"世界"是一个"实体统一性世界",即是由某种孤立的超感性实体所统治的世界。在此世界中,超感性实体是现象背后并支配着一切现象的绝对存在,它超越时间、超越人类而存在并构成世界最终的决定者和最后的解释原则,整个世界即是以这一实体为中心、按照这一实体的原则而存在、组织和运转的。它犹如一个吞噬一切的巨大黑洞,把人的现实生活世界简化为一元性的实体,要求所有的现象、所有的活动,包括人的全部生活、一切需要都服从唯一的实体的安排。在马克思看来,这样的世界必然是一个"敌视人的世界"④。

与此根本不同,由实践活动所构建的"现实生活世界"寻求的不再是

---

① 参见《马克思恩格斯选集》第 1 卷,人民出版社 1995 年版,第 58 页。
② 参见《马克思恩格斯全集》第 3 卷,人民出版社 2002 年版,第 273 页。
③ [德]海德格尔:《存在与时间》,陈嘉映、王庆节译,上海三联书店 1987 年版,第 65 页。
④ 参见《马克思恩格斯全集》第 2 卷,人民出版社 1957 年版,第 159—165 页。

终极实体的统一性,而是人的生存活动的统一性,在实践活动中,精神的因素或物质的因素,主观的因素或客观的因素,经验的因素或超验的因素等等,都不能作为孤立的实体来加以确定,相对于现实生存实践活动本身,它们都各自只具有潜在的意义。首先,"自然界"只有在与人的生存实践活动中才能获得并实现其现实的意义,"被抽象地理解的,自为的,被确定为与人分割开来的自然界,对人来说也是无"①;同样,处于生存实践活动之外的"我思"、自我等主观精神性的存在由于尚未在感性的对象性活动中表现自己的本质力量,因而其存在也不具备真正的现实性,"非对象性的存在物,是一种非现实性、非感性的、只是思想上的即只是想像出来的存在物"②,它们只有进入现实的实践活动,才能扬弃其潜在性而获得现实性的品格。正是在此意义上,马克思在《费尔巴哈提纲》的第一条才这样批判把世界实体化的"旧唯物主义"(这种唯物主义乃是颠倒的柏拉图主义,而颠倒的柏拉图主义仍然是一种柏拉图主义)和"唯心主义":"从前的一切唯物主义——包括费尔巴哈的唯物主义——的主要缺点是:对对象、现实、感性,只是从客体的或者直观的形式去理解,而不是把它们当作人的感性活动,当作实践去理解……因此,结果竟是这样,和唯物主义相反,唯心主义却发展了能动的方面,但只是抽象地发展了,因为唯心主义当然是不知道现实的、感性的活动本身的。"③

把"事物"、"现实"当作"实践"去理解,所意味着的是:人现实的生活世界完全是由人的实践活动所"构造"或"组建"而成的,因而决不能还原为某种抽象的知性实体,既不能还原为抽象的"自然物质实体",也不能还原为抽象的"精神实体"。生存实践活动通过把人的生命力量对象化,把自然界转化为自己的"无机身体",把自然关系变换为"属人关系",从而使整个世界"活化"起来而拥有了生命的光辉,它是一个超越主客抽象的对立的、把人与对象融为一体,并不断地把人与世界推向更高层次与境界的能动的过程。正是在此意义上,马克思才说:"这

---

① 《马克思恩格斯全集》第3卷,人民出版社2002年版,第335页。
② 《马克思恩格斯全集》第3卷,人民出版社2002年版,第325页。
③ 《马克思恩格斯选集》第1卷,人民出版社1995年版,第58页。

种活动、这种连续不断的感性劳动和创造、这种生产，正是整个现存的感性世界的基础。"① "整个所谓世界历史不外是人通过人的劳动而诞生的过程，是自然界对人来说的生成过程。"②

可见，在马克思看来，正是这种"现实生活世界"，才构成了人最为本源的生存世界，因而也才构成了哲学的本体论视界。在此本体论视界内，哲学所要解决的不是客体世界或主体世界"是什么"这样实体性、知识性的问题，而是自然与人、主体与客体等矛盾关系如何更好地实现统一等与人的生存发展内在相关的"生存性"问题，实体性、知识性问题只是关于"存在者"的问题而非"存在"的问题，它们只有奠基于"生存性"问题的基础上，才能获得自身坚实的根基。

（2）从人与世界的关系角度看，生存实践活动作为人对象性的感性活动，体现和构成了人与世界本体性的原初关系，拥有着优先于人与世界的抽象逻辑认知关系的基础性地位。

在马克思看来，人与世界之间并非如传统哲学设想的那样，是一种主客二元分立然后再通过认知的途径来寻求实体性统一的关系，而是一种在生存实践中本源性的否定性统一关系，绝没有一个叫作"人"的现成存在者同另一个叫作"世界"的现成存在者"比肩并列"，然后再通过概念和知性逻辑来把两个现成存在者"粘连"起来那样一回事。在生存实践活动中，人并非如传统形而上学所假定的那样是一个面向整个世界的理性的静观者和凝视者，而是通过感性实践活动，以整个世界为对象的存在者，无论就其始源关系，还是发展关系说，人都是一种"世界性的存在"，因而他绝非脱离世界、与世界"绝缘"的现成存在者；与此同时，"世界"也不是如传统形而上学所认为的那样是"现成存在于世界之内的存在者的总体"，而是一种在人的生存实践活动所生成的"因缘整体性"，也就是说，它是一个人直接生活于其中的世界，即处于对人关系中的世界，是经过人的活动所参与、创造的"属人世界"，在此意义上"世界是属于人"的，它是从事着生存实践活动的人的基本规定。人具有"属世界性"，世界具

---

① 《马克思恩格斯选集》第 1 卷，人民出版社 1995 年版，第 77 页。
② 《马克思恩格斯全集》第 3 卷，人民出版社 2002 年版，第 310 页。

有"属人性",二者的这种关系清楚地表明,人与世界是一种通过生存实践活动所结成的相互构成、相互生发的一体性关系。

人与世界的这种本源性关系,首先体现在人与自然的关系方面。马克思指出:一方面,"人是自然存在物","人作为对象性的、感性的存在物,是一个受动的存在物;因为它感到自己是受动的,所以是一个有激情的存在物。激情、热情是人强烈地追求自己的对象的本质力量"①;另一方面,"人不仅仅是自然存在物,而且是人的自然存在物,就是说,是自为地存在着的存在物,因而是类存在物。他必须既在自己的存在中也在自己的知识中确证并表现自身"②。前"一方面"表明了:人是感性的"自然存在物",人属于自然,依赖于自然,后"一方面"则表明,人作为感性的存在物,不是如费尔巴哈似的"静态的直观"意义上的感性,不是一种被动的、消极的自然感性存在物,而是能动的对象化的活动,就此而言,自然又属于人。人属于自然,同时自然也属于人,人既依赖着自然,又否定着自然,人既是自然存在物,又具有超越自然的本性,而使人与自然的这种矛盾关系实现内在统一的便是人能动的感性实践活动,感性实践活动是一种人与自然、主体与客体相互规定、相互作用、相互转化的活动,它既是造成主观性与客观性相互对立、发展其间矛盾性的一种分化世界的活动,又是消除主观性和客观性各自的片面性、使二者达到更高统一性的活动,它既体现着自然的本原作用又体现着人的能动作用的活动,它既使自然从属于人,又使人从属于自然,既使人向自然生成,又使自然向人生成,人与世界就在这种感性实践活动中最为本源地关联在一起,并在这种活动中结为一种动态的否定性统一关系。

同时,与人和自然的这种一体性关系不可分割的是人与人之间本源性的社会关系,人与自然的否定性统一关系只有通过与他人的"共在"才能得以实现。对此,马克思说道:人的"社会的活动和社会的享受……自然界的人的本质只有对社会的人来说才是存在;因为只有在社会中,自然界对人来说才是人与人联系的纽带,才是他为别人的存在和别人为他的存

---

① 《马克思恩格斯全集》第3卷,人民出版社2002年版,第326页。
② 《马克思恩格斯全集》第3卷,人民出版社2002年版,第326页。

在，只有在社会中，自然界才是人自己的人的存在的基础，才是人的现实的生活要素。只有在社会中，人的自然的存在对他来说才是自己的人的存在，并且自然界对他来说才成为人。因此，社会是人同自然界的完成了的本质的统一，是自然界的真正复活，是人的实现了的自然主义和自然界的实现了的人道主义"①。

可见，人的感性实践活动是一种把人、自然、他人三者否定性地联为一体的活动，它使人既处于与自然的一体性的统一关系之中，又处于与他人一体性的统一关系之中，三者"三位一体"，共同组建成人"在世"的生存论结构。很显然，与传统形而上学先把人和世界知性地分裂开来，然后再通过抽象理智和知性逻辑来沟通二者的关系相比，这种人与世界的本源性关系拥有着在存在论上的首要的优先地位，理智认识只有植根于感性实践活动才能获得其合理性而不是相反。

（3）从"人的存在"角度看，实践作为人"本源性"的生命存在和活动方式，还意指它是人所"特有"的生存方式，人之存在就在于他的历史性的"生存"与"生活"，人是感性地和实践性地确证和展现自身存在过程的特殊存在者，这是人的生命存在区别于动物最本源性的分界点，因而也构成了人之为人的"奥秘"和深层根据。

人与动物的分别，按照马克斯·舍勒的观点，是关系到人在宇宙中的地位的重大问题。在此问题上，传统本体论哲学所暗含的假设是：人是纯理性的动物，人是动物这一"属"加上"理性"这一"种"的结合物，运用"理性"去把握现象背后的超感性实体，是人高于动物的本质属性。按照海德格尔的观点，这种对人的理解实质上是把人当作"现成存在和摆在那里这种意义上加以领会的"②，因而与理解物的方式并无本质差别。舍勒说得更清楚，这种理解方式实际上是把"人的本质及其价值视为一种自然事实的自然延伸"③，它在表面上把人看得很高，其实是人的贬值和人的

---

① 《马克思恩格斯全集》第3卷，人民出版社2002年版，第301页。
② [德]海德格尔：《存在与时间》，陈嘉映、王庆节译，上海三联书店1987年版，第60页。
③ [德]马克斯·舍勒：《人在宇宙中的地位》，李伯杰译，贵州人民出版社1989年版，中译者序，第6—7页。

价值的颠覆。

在马克思看来,确定人与动物区别的关键不在于找到某种动物不具备的如"理性"这样的现成的特殊性质,而在于领会到人是一种具有"生存实践"本性的特殊存在者,马克思的如下论述集中地表明了这种观点:"他们是什么样的,这同他们的生产是一致的——既和他们生产什么一致,又和他们怎样生产一致"①,"生产生活就是类生活。这是产生生命的生活。一个种的整体特性、种的类特性就在于生命活动的性质,而自由的有意识的活动恰恰就是人的类特性"②。他还说道:"可以根据意识、宗教或随便别的什么来区别人和动物。一当人们开始生产自己的生活资料的时候,这一步是由他们的肉体组织所决定的,人本身就开始把自己和动物区别开来。"③ 所有这些论述,都表达着一个共同的旨趣,那就是只有人的特殊的"生存"本性和"生命活动的性质",才是区别人与动物的根本尺度,因而也就最深刻地构成了"人猿相揖别"的本源分界,而"生存"所意味着的是:人是一种通过实践活动不断自我筹划和自我创生的特殊存在者,没有任何先验的原则和理性的教条来规定人的存在,面向未来在历史中不断地生成自身,创造自身,超出自身,构成了人特有的存在方式,就此而言,人的"可能性"总是高于其"现实性"。

因此,知性化的实体本体论把人悬设为一种"现成"的"逻辑"性的存在者,这在根本上是把知性与生存、逻辑与生活颠倒所致,只有把这种颠倒的关系重新颠倒过来,把人的知性和逻辑性奠定于生存实践和生命活动的基础上而不是相反,才能达至本源性的"人的存在"。

通过以上分析,可以清楚地看出,生存实践活动使世界、人以及人与世界共同"在"起来,构成了"世界"、"人与世界关系"以及"人的存在"的本源性基础。传统哲学的"超感性实体"在此转变为"感性的实践活动",不再是知性化的超感性实体,而是人的生存实践活动构成了"存在之迷"的答案。这就是马克思在最基本的解释原则和思维方式上对

---

① 《马克思恩格斯选集》第1卷,人民出版社1995年版,第68页。
② 《马克思恩格斯全集》第3卷,人民出版社2002年版,第273页。
③ 《马克思恩格斯选集》第1卷,人民出版社1995年版,第67页。

传统哲学本体论所实现的重大变革，从此开始，哲学对本体论问题的解决获得了一种新的眼光，即生存论的眼光，知性化的实体本体论的理论范式被一种全新的理论范式，即生存论本体论范式所取代。

四、新范式的奠基者和开创者：马克思的重大贡献

解释原则和思维方式的变革是最深层次的变革。从"超感性的实体"转变为"感性的实践活动"，这是本体论思想史上一次具有重大意义的范式转换。它在根本扭转了解决"本体"问题的眼光，即从"名词"的眼光转向了"动词"的眼光，从"知性化的实体本体论"的眼光转向了"生存论本体论"的眼光①。人们将不再以知识论的方式去寻求超感性的终极的实体化的存在，而是转向人现实的生存实践活动，从生存实践活动中去领悟和揭示"存在"的意义。在此意义上，它宣告了一种旧的理论传统（即知性化的实体本体论传统）的终结，标志着一种新的理论传统（即"生存论本体论传统"）的诞生。这，就是马克思哲学在本体论问题上所作出的重大贡献。

海德格尔曾说：当（以往）哲学家谈到存在时，他们喜欢名词更甚于动词，喜欢动名词更甚于动词的不定式。知性化的实体本体论传统所代表着（的）正是一种名词（"知识论"的、"理论哲学"的、"视觉中心主义"的）的眼光，它认为思想的任务在于"看"出那变动不居的事物后面永恒在场的超感性本体，运用知性逻辑，把一切差异性、特殊性内容抽象掉，达到对一个现成的、普遍性、同一性的概念化实体的掌握，就获得了存在之为存在的最后根据。

---

① "知识论"的眼光在实质上是一"名词性"的眼光，它以追问超验实体、最高知识与终极解释为旨趣，"生存论"的眼光是一种"动词性"的眼光，它以对人本源性的生存活动的诠释为根本目标。因此，本文把"名词性"的眼光和"知识论"的眼光、"动词性"的眼光和"生存论"的眼光并提。

与此不同,"动词"的眼光所代表的是生存论的眼光。当马克思明确意识到"哲学家们只是用不同的方式解释世界,而问题在于改变世界"①,"理论的对立本身的解决,只有通过实践方式,只有借助于人的实践力量,才是可能的;因此,这种对立的解决绝对不只是认识的任务,而是现实生活的任务,而哲学未能解决这个任务,正是因为哲学把这仅仅看作理论的任务"②之时,所标明的正是这样一种眼光。

转换成一种"动词性"的、"生存论"眼光,意味着人们对"存在"问题的解决获得了一种全新的思想视域:"存在"根本不是一种静观的、知识性的对象(这种对象只是"存在者"而非"存在"),从来就没有什么现成的、等待着人们去一劳永逸加以捕获的先定的"存在","存在"总是在人的生存实践活动中才得以"涌现"和"出场"③,或者说是在人的生存实践活动中才得以揭示和开放出来,存在的意义并不在超感性的超验实体中,而就在于人的生存实践活动的展开和显现过程之中。因此,要领会"存在"的意义,不能采用理性形而上学的方式,而必须返回到实践活动这一人本源性的生存活动之中。

很显然,与传统形而上学以一种静观的、知识论的态度来揭示"存在"的意义相比,马克思所开启的是一个全新的思想境域。他启示人们:人不是一种面向整个世界,去"看"出无常现象世界后面那"终极存在"的"主观"的、"凝视着"的、"静观"的存在者,不是独立于生存实践活动的抽象的、逻辑性的、现成的"认识者",而是"通过实践创造对象世界,改造无机界,人证明自己是有意识的类存在物,就是说是这样一种存在物,它把类看作自己的本质,或者说把自身看作类存在物"④,先于逻

---

① 《马克思恩格斯全集》第3卷,人民出版社1960年版,第8页。
② 《马克思恩格斯全集》第3卷,人民出版社2002年版,第306页。
③ 颇具意味的是,海德格尔在《形而上学导论》中,通过对"存在"的词源学和语法学探讨,得出了这样的结论:"存在"在源头上所具有的是动词性的"活"的意义,但在后来的语言发展中,经过不定式、动名词等形式,"存在"逐渐被名词化,"存在"变成了"存在者",于是"存在"的源始意义越来越被遮蔽,从而造成"存在之被遗忘"这一后果的产生。海德格尔的具体理路与马克思有着众多差别,但在恢复"存在"的"动词性"上,似乎有某种相通的眼光。
④ 《马克思恩格斯全集》第3卷,人民出版社2002年版,第273页。

辑和理智的生存实践是比逻辑、理智更为本源的存在境域，实践理性是比理论理性更为基本的理性，因而关于"存在"的意义，不能到远离现实世界的超感性的"另一个世界"去寻求，而应坚持实践理性高于理论理性的立场，到人的生存实践活动中去予以领会。毫无疑问，这完全改变了追问"存在"问题的思路，由此所奠定的本体论将不再是"知性化的实体本体论"，而已成为"生存论本体论"。

"生存论本体论"宣告了"知性化的实体本体论"传统的终结，一种解决本体问题的新理路从此开启出来，一种超越于传统本体论的理解"存在"问题的全新的解释原则由此得以确立，这是一种真正现代哲学的理路和原则。

（1）以"生存实践"原则取代传统本体论的"唯理主义"原则。它强调：在逻辑与生存、知性与生命、理论与实践、静思与行动的关系中，后者具有本源性或本体性的优先地位，前者只有奠基于后者之上，才能获得其根基和合法性，因此要从人之为人的生存活动出发，去寻求"存在者"之为"存在"的本源根据，在人的生存实践活动中，蕴含着"存在之迷"的答案；传统知性化的实体本体论把"静思"和"逻各斯"置于优先地位，实质是把"最后"的东西颠倒为"最近最先"的东西，它所悬设的抽象的超感性实体只不过是以"存在者"代替了"存在"，因而是真实的存在之遗忘。

（2）以"现实生活世界"的原则取代传统本体论的"绝对主义"和"还原主义"原则。它强调：人、世界以及人与世界关系的本源根据在于生存实践活动，而不在于知性化的逻辑活动之中，由生存实践活动所组建而成的"现实生活世界"构成了哲学最切近的"本体性"世界，传统知性化的实体本体论所承诺的知性化的"实体统一性"世界，实质上是对"现实生活世界"的抽象和瓦解，生存论本体论要颠覆这一"实体统一性世界"的统治，使哲学回归"现实生活世界"的家园。

（3）以"历史性"、"时间性"原则取代传统本体论的"非历史"性原则。它强调："存在"的意义是在生存实践活动面向未来的"历史性"展开中显示出来的，"历史性"是人的生存实践活动的本性，因而也构成了对"存在"意义的领悟得以可能的境域;传统知性化的实体本体论执着于对"超历史"、"非时间"的实体的追求,遗忘了人的生存实践的"历史性",生存论本体论要从抽象的知性实体的统治下拯救"历史性",使"存在"的意义与人的生存活动的"历史性"内在地联系在一起。

这一切,意味着一种理解和解决"存在"问题的新的理论范式的诞生。这种新的理论范式,是与现代"哲学家共同体"内在联系在一起的,其成员包括马克思、叔本华、尼采、海德格尔、雅斯贝尔斯等现代哲人们。应该说,这一"哲学家共同体"的成员们,其各自的思想主张存在着相当大的差异,但他们在"存在论"问题上,表现出了一种"家族相似"的特征,即都一致地否弃传统哲学知性化的实体本体论,要求从人的现实生存活动和生存方式出发,来领会和揭示"存在"的意义。这便是解决"存在论"问题的现代哲学范式。马克思无疑是属于这一理论范式的,并且是这一范式的重要开创者和奠基者。唯有从此角度出发,马克思哲学所确立的生存实践观点及其在本体论上所达到的理论水准才能在原则的高度上得以肯定和巩固起来,任何企图用"知性化的实体本体论",甚至"素朴实在论"的方式来解释马克思哲学"本体论"思想的人,都是对马克思重大理论变革及其理论贡献的抹杀。

新"理论范式"的开创,意味着既有理论传统的终结和新的理论传统的开端,从此开始,"存在论"在现代哲学的视域中获得了全新的表现形式和理论生命力。深入探讨马克思哲学和现代哲学在"存在论"上不同于传统哲学的思想内涵,已成为事关如何理解和评价整个现代哲学变革的核心性课题。

"终极实在"观的创造性转换与马克思的社会概念[①]

"社会"是马克思哲学中一个重要范畴,我们应在哲学发展史中,分析和考察它在回应哲学演进时所面临的根本性重大问题时所彰显的学术价值和思想内涵。马克思与当代哲学一道,开辟并展开了一种重新理解"实在"的全新视野,有力地推动了"终极实在"观的创造性转换,改变了解决这一重大问题的基本方向。

一、"实在之惑"与哲学之惑

马克思的"社会"概念所体现的是马克思对"何为形而上学实在"这一哲学史上最为根本和重大问题的独创回应,可以说,马克思的"社会"概念为回应这一哲学发展中的重大挑战提供了全新的思路。这一点,需要我们深入哲学发展史的深层脉络,反思哲学发展中所凸显出来的深层困境,并在此背景下,透视马克思的"社会"概念所蕴含的深刻内涵。

哲学开始于对感性事物的超越和对"真正实在"的寻求。获得关于超越时空的永恒不变的、超感性的终极存在的知识,是支撑哲学的形而上学梦想。亚里士多德把探究"存在之为存在"及"万物之所以存在"的最终理由和最终原因视为哲学的最高主题,并把以这一主题为探讨对象的

[①] 原载《社会科学战线》2016 年第 8 期。

"理论学术"称为第一哲学,即形而上学。他相信,在所有"存在者"中,必有一"最终实在",使得所有"存在者"获得最终根据。哲学的特殊任务就是通过对"终极实在"的探究,获得关于整个世界的终极原理和终极解释。对"终极实在"的形而上学追求,构成哲学自诞生起最为持久和深层的冲动,同时也成为哲学不断自我反省和检讨的重大主题。在哲学史上,围绕着这种自我反省和检讨,发生了两次十分重大的哲学转向,并因此使得传统形而上学所欲探求的"终极实在"陷入了空前困境。

第一次反省和检讨以"认识论转向"为代表。近代哲学自觉认识到,当我们探究"终极实在"时,总是绕不开处于人的主观认识关系之中的"实在","实在"总是进入人的意识领域并为人所认识到的"存在",因此,"实在"是否可能,无法由外部世界去证明,而必须有赖于对人的认识的先行反省。基于这种信念,"思维"与"存在"的关系成为"近代哲学的基本问题"。即"存在者"要成为"存在",就必须进入与人的思维的关系之中,就必须"给予人的意识"并向人的意识"显现"和"公开"出来,唯此,"存在者"才能从遮蔽中敞开,向人们显现其"存在"并获得其"实在性"。

"认识论"转向在其演变和深化中,使传统形而上学实在论遭遇到了第一次重大危机。在笛卡尔那里,"存在者之存在是从作为设定之确定性的'我在'那里得到规定的"[①],它以"我思"为反省"存在"的逻辑出发点,但其初衷并非否定"终极实在"的存在,而是要通过对"思维"的自觉反省,为"终极实在"的实在性奠定更为坚实的根基。康德进一步把"认识论反省"上升为"理性批判",他明确说道:"纯粹理性本身所提出的不可避免的问题就是神、自由与灵魂不死。以解决这些问题为其最后目的的学问就是形而上学;在其初期,它所进行的方法是独断的,就是说,它并没有预先考查过理性是否能胜任这么巨大的工作,就贸然从事于这种事业。"[②] 然而,康德通过理性批判所形成的结论是:人的理论理性无法超越经验而获得关于"存在本身"的知识,因而"终极实在"并非传

---

① [德]海德格尔:《海德格尔选集》下卷,孙周兴选编,上海三联书店1996年版,第877页。
② [德]康德:《纯粹理性批判》,韦卓民译,华中师范大学出版社2000年版,第40页。

统形而上学的认识对象和主题而只能是实践理性的信仰对象。在此意义上，传统形而上学"终极实在"的知识论探究等于给自己提出了一个不可能完成的任务，它对"终极实在"的追寻实质上是在追求一个无法企及的幻象。笛卡尔、康德所奠定的认识论转向在胡塞尔那里达到了逻辑上的终局，在他看来，第一哲学的基础并非人的意识之外的终极实在，而是内在于意识领域的"先验主体性"，真正具有知识论意义的"实在"不是在意识之外的客观世界，而是主体意识活动的先验构造。因此，相信在"存在者"后面支撑着其得以"存在"的"终极实在"，这是"自然思维"而非彻底反思的现象学态度的结果，"终极实在"的"客观性"不在世界之中，而是属于人的意识的问题。

很显然，按照上述"认识论转向"的内在逻辑，"终极实在"问题最终变成了人的意识问题。然而，这种"思想的移居"带来了两个难以回避的重大思想困难。第一，人的认识和意识领域是否具有充分的自足性和本源性，并因此能承担起"最终实在"的使命？"思"是否足够成为"在"的依据和根源？这即是以海德格尔为代表的"生存论"哲学所提出的根本性质疑。第二，以"我思主体性"作为"实在"的最终根据，将难以避免地导致"他人"维度的虚无化，在"我思主体性"获得终极实在性的同时，"他人"成为"我思主体"的意识活动对象。"我思主体"不可避免地具有自我中心主义的倾向，从"我思主体"出发，将无法从意识活动中合理地论证出"他人"的真实存在，从而使"我"与"他人"之间交互的"共在"与"交往"关系成为虚幻。这正是困扰着晚年胡塞尔的中心问题，同时也是当代哲学试图通过开辟新的哲学视阈所欲解决和回答的重大理论问题。

如果说"认识论"转向暴露了传统形而上学"终极实在"追求的内在危机，那么，当代哲学的"语言转向"更进一步深化了这种危机。按照普特南的概括，在哲学史上，有两种存在重大差异的哲学观点。一种即上述的"形而上学实在论"的观点："根据这种观点，世界是由不依赖于心灵之对象的某种确定的总和构成的，对'世界的存在方式'，只有一个真实的、全面的描述。真理不外乎在语词或思想符号与外部事物和事物集之间的某种符合关系"①，普特南把这种观点称为"外在论"观点，它所推崇的是一种"上帝的眼光"。与之相对的是"内在论"观点，其特征在于："在它看来，构成世界的对象是什么这个问题，只有在某个理论或某种描述之内提出，才有意义……在内在论者看来，'真理'是某种（理想化的）合理的可接受性——是我们的诸信念之间、我们的信念同我们的经验之间的某种理想的融贯——而不是我们的信念同不依赖于心灵或不依赖于话语的'事态'之间的符合。并不存在我们能知道或能有效地想象的上帝的眼光；存在着的只是现实的人的各种看法，这些现实的人思考着他们的理论或描述为之服务的各种利益和目的"②。普特南认为，只有第二种观点，才是应该坚持的观点。而坚持这一观点，就意味着所谓实在，并不具有超越语言系统的"客观性"，而只是相对于语言系统并在概念框架之内呈现出来的"客观性"。

普特南的上述观点是语言哲学转向的必然结果。如果说在罗素等语言哲学的奠基者那里，还坚持"语词的意义在于其指称"，认为语词的意义与语言之外的实在之间有着某种神秘的联系，那么，语言哲学内部的辩证运动，使得这种"指称的魔力"逐渐被祛魅。这种辩证运动有两种最有代表性的基本倾向。第一是语言哲学内部发生的"语用学"转向，把语言意义的根据从"指称"转向了"语境"和"语用"，这种转向的结果使形而上学的实在被理解为语言行为、语言交往的产物，而非脱离语言实践和语言交往的"客观实在"。例如，斯特劳逊批判罗素把语词和指称等同起来的"素朴观点"，指出他混淆了"语词"与"语词的使用"，认为只有在一定的语境并在语言的使用中，才能确定具体的"指称"，语言自身并无指称，离开一定语境和语言的使用，指称将不复存在；而且由于语境的变化与语言使用的复杂性和丰富性，导致了语言的指称具有不确定性和灵活性。第二是语言哲学的实用主义转向。奎因的"本体论承诺"把"本体"

---

① ［美］普特南：《理性、真理与历史》，童世骏、李光程译，上海译文出版社 2005 年版，第 55 页。
② ［美］普特南：《理性、真理与历史》，童世骏、李光程译，上海译文出版社 2005 年版，第 56 页。

视为语言学意义上的"变元的值","存在"从"何物存在"转换为"说何物存在",即某种特定语言所蕴含的"本体论承诺",这意味着,所谓"实在",并非如传统形而上学所说的"何物存在",而是在一种语言内部"认为存在什么",这就决定了绝对的、终极的"形而上学实在"完全失去了存在的根据,人们可以根据自己的需要,发挥"实验精神"和"宽容精神",选择和决定属于自己的语言并形成自身的"本体论承诺":本体论问题"不是关于事实的问题,而是关于为科学选择一种方便的语言形式,一个方便的概念体系和结构的问题"①。明确以实用主义后裔自称的罗蒂更是把消解柏拉图主义的超历史的"形而上学实在"作为其重要理论任务,人的语言不是关于非语言的"实在"的"自然之镜"和表象,而是实现人的社会需要的实践工具,因此,"我们绝不可能走出语言之外,绝不可能把握不以一个语言学描述为中介的实在,所以,我们应该怀疑在表象与实在之间的古希腊区分。我们应该设法用诸如'关于世界之不太有效的描述'和'关于世界之比较有效的描述'之间的区分取而代之"②,因此,所谓"指称"、"形而上学实在"等均是毫无意义的空洞概念。普特南虽然在如何理解和对待"实在"问题上与罗蒂有着诸多分歧和争论,但无论其所坚持的"内在实在论"还是后期所主张的"自然实在论",对于传统形而上学实在论所坚持的"实在观"均表现为坚决的拒斥态度,并对"实在"问题采取了更加彻底的实用主义态度。

从以上的简要论述可以清楚地看出,经过"认识论转向"与"语言学转向"愈来愈深入的批判和反省,传统形而上学所追求的"终极实在"面临着重大危机。在这种危机和困境中,有两个问题突出地摆在人们面前:第一,哲学是否还需要追问和探寻"终极实在"?第二,如果"终极实在"问题对于哲学仍然具有思想意义,那么,在面临种种挑战、质疑和困境之后,今天的哲学究竟应在何种意义、以何种方式重思"终极实在"这一具有根本性的形而上学问题?

---

① [美] 奎因:《从逻辑的观点看》,江天骥等译,上海人民出版社1987年版,第16页。
② [美] 罗蒂:《后形而上学希望》,张国清译,上海译文出版社2003年,第27页。

二、追问对人而言的"终极实在"

要回答前述两个突出问题并迎接这个重大挑战,首先须反思的是:所谓"终极实在"的"终极",所指何义?在何种意义上,"终极"仍是一个具有生命力的"有用"概念?

采取一种诚实的态度,充分吸取哲学发展的积极成果可得见,从"知识论"意义上理解"终极",是把"终极实在"理解为人运用理性所抵达的可以解释整个世界的"阿基米德点"或者与此相关的规范和解释整个世界的"思想宪法"与"元叙事"。这种对"终极"的理解所遭遇到的深层困境是无法克服的。无论是认识论转向还是语言学转向的成果都向我们表明:第一,这种对"终极"的理解是以假设人的理性认识能力具有无限性为前提的,也就是说,它相信人具有神的"全知"能力,人可以达到只有神才能获得的终极原理。哲学的反思成果充分表明:这种信念既无法获得经验的支持,也无法从人的理性能力中得到确证,更无法从人的语言活动中寻得根据。只要承认人还是人,他就无法越过人固有的局限寻得只有神才可能拥有的知识。如此对"终极"的理解实质上代表着一种"成神似的幻觉",如杜威描述的,它仍保留着原始宗教的思维遗迹或神学的后遗症,犹如站在地上拔着自己的头发离开地球一样,在追寻一个根本无法企及的目标。第二,认为万物有着最终的根据,它支撑万物并使万物成为其所是,这种思维方式的初衷是为了理解世界,然后其结果却分裂了世界。它把世界分裂为实在与表象、本质与现象等二元等级结构。然而,哲学发展的反省成果已经表明:我们所生活于其中的其实只有"一个世界",即对人的生活而言的现实世界,企图绕到现实世界背后进行"纵向的超越",其结果必然导致人的现实世界的虚无化和抽象化。

可见,按照传统形而上学的提问和追问方式去探寻"终极实在",等于让人去回答只有造物主才能提出并回答的问题。那么,"终极实在"之"终极"应该如何理解才能使之获得其真实的意义呢?

认识论转向和语言学转向的成果向我们表明：离开人的认识，语言的所谓"终极"性追求是无根和无效的，真正有意义的"终极"，总是不离人的"终极"。因此，正确的追问方向是：我们究竟应该如何理解"不离人"的"终极"？所谓"不离人"的"终极"，是指它对于人的存在而言，具有最根本、最始源的意义，换言之，"终极"之为"终极"，不在于它拥有"最高"的、"发号施令"的特殊权威，而在于其指向对于人的存在具有最"基底"、最"基础"性的层面，就此而言，"终极"与其说是"最终"的和"最高"的，不如说它是"最低"和"最始端"的。

按照上述思路重新界定和理解"终极实在"之"终极"，哲学所追问的"终极实在"的内涵就随之发生了方向性的转变，对"终极实在"的追寻于是转换为这样的问题：对于人的存在而言，何者具有最基础、最本源的实在性？

近代哲学的认识论转向企图寻求的正是这种最基础和最本源的实在性。它找到了作为认识主体的"我思"，认为人的意识才是哲学所欲把握的终极实在。笛卡尔试图证明意识是人把握世界的唯一可靠的、最根本的出发点，康德试图证明人的意识具有赋予人的知识以普遍必然性的先验能力，胡塞尔把人的意识视为具有构造意识对象能力的自为性存在，等等，可谓越来越深入地体现把人的意识活动凸显到人的存在的本源性、基础性地位。

语言哲学的转向则要把对人而言的终极实在锚定在人的语言活动层面。它相信，与人的意识活动相比，语言具有更为基础、更为本源的地位。只有在语言中，才能避免私人性的意识"幽灵"，使意识获得客观性和公共性，与"人是能思维的动物"相比，"人是会说话的动物"更切近人的真实存在，人使用语言描述和表达世界体现了人与世界之间最基础、最本源的关系。因此，语言应成为哲学理解和把握"终极实在"的基本平台和视阈。

可见，无论是认识论还是语言学转向，都体现了追求"不离人"的"终极实在"的深层动机。前者把人的意识视为最本源、最基础的实在，后者则把人的语言视为最本源、最基础的实在。以这种理解为根据，形而上学实在之惑就转换为"意识之惑"或"语言之惑",哲学关于"终极实在"问题的谜底必须从对"意识之惑"或"语言之惑"的解答中获得。

然而,意识和语言真的足以成为对人而言的最为本源、最基底的"终极实在"吗?它们是否如所期许的那样,具有"基础性"和"端始性"的地位?这正是哲学的进一步发展须反省和回答的重大课题。在我看来,当代哲学的进一步反省所取得的最为重大的成果就在于确立这样一种基本的立场和观点:意识和语言虽然是人的存在的重要维度,但它们并不是自足完备的独立王国,对人而言最本源、最基础的"终极实在"是人创造和构成自己生活和生命存在的实践活动。

这一观点和立场基于两个最重要的自觉。第一,无论从源头还是归宿,生活实践活动都是人的存在最基底的样式和构成力量,人是什么,意味着他能成为什么,他不是一个"现成的"存在者,而是在生活实践中选择和生成自身的可能性和超越者,人的生活实践生成世界,并在此过程中也生成人自身,正是在此意义上,人才成为世界和人自身的"创造者"和"守护者"。赵汀阳说:"人的创世问题就是第一哲学的第一问题。存在(to be)与有为(to do)是同一的,做事和创造是同一的,所以,存在论(ontology)与创世论(creatology)是同一的。作为创世论的存在论蕴含着人的存在的全部秘密。"① 这里所谓"创世",所指的正是人在生存实践过程中创造世界和人自身的超越性活动,没有这种"创世"的活动,也就无所谓人的存在,正是它,构成了哲学所追寻的"终极实在"。第二,人创造和构成自己生活和生命存在的实践活动是贯穿于思想和语言并构成后者基础和根据的"实在"。离开生活实践,思想和语言将无所附丽,思想和语言奠基于生活实践基础之上,而不是相反。

纵观当代哲学发展,把"终极实在"的追求定位于先于"意识"、先于"语言"的人的生活实践领域,已成为一些重要哲学家和哲学思潮的自觉走向,我认为其中一些尤其值得重视。

第一,在欧洲大陆哲学中以海德格尔为代表的"生存论"哲学。海德

---

① 赵汀阳:《第一哲学的支点》,生活·读书·新知三联书店2013年版,第224页。

格尔运用现象学方法，把人的生存视为抵达存在之谜的最基本视阈，并以此视阈为地基，扩展为对"人"、"世界"、"他人"以及人的"在世"的完整的生存论理解。在海德格尔看来，"生存"是此在的"本质"，也就是说其是本源的、基底的存在性："此在的'本质'在于它的生存"，此在"这种存在者的'本质'在于它去存在。如果竟谈得上这种存在者是什么，那么它'是什么'也必须从它怎样去是、从它的存在来理解。"① 海德格尔所凸显的"人的生存"所试图显现的正是人的存在的"终极视阈"或"基本建构"，在这种"终极视阈"或"基本建构"中，认识被降格为此在在世的一种存在方式，它在"此在在世的这种存在建构中有其存在者层次上的根苗"②。在此意义上，与人的意识和认识领域相比，人的生存活动具有更为根本的奠基性意义。

第二，在英美语言分析哲学的内在发展过程中，一些哲学家通过不断地自我反省，越来越呈现出超越分析哲学早期的逻辑主义和科学主义倾向并向生活实践回归的趋向。这一点在语言分析哲学的晚近发展，尤其是普特南、麦克道威尔、布兰顿等人的思想发展中表现得尤为突出。以普特南为例，他一生观点多变，不断在自我反思中实现自我超越，他在早期坚持"科学实在论"立场，中期坚持"内在实在论"立场，然而在其晚期，他通过对心灵与世界关系的重新审视，意识到传统形而上学实在论的根本谬误在于把人的"心灵"与"世界"、"概念"与"实在"抽象地对立起来，事实上，"实在"与"概念"、"世界"与"心灵"是相互融合、相互依赖的、不可分割的整体，而构成这种相互融合、相互依赖和不可分割关系之基础的，正是人们的生活实践。在生活实践的基础上，"概念"与"实在"失去了其抽象的独立存在性质并因此也超越了僵硬的二元对立，使二者实现了内在的融合。陈亚军教授把普特南晚期所形成的这种实在论称为

---

① [德]海德格尔：《存在与时间》，陈嘉映译，生活·读书·新知三联书店2006年版，第46页。
② [德]海德格尔：《存在与时间》，陈嘉映译，生活·读书·新知三联书店2006年版，第71页。

"回归生活实践的实在论"①，可谓颇为恰切地表达了语言分析哲学在如何理解"实在"问题上的新思路和新方向。

第三，马克思哲学把"实在"当成"实践"去理解，形成了以"社会"为中心概念的对"终极实在"的理解。可以说，在哲学史上，马克思是最早从生活实践观点出发，转换"终极实在"问题的解决方式，开辟了对"终极实在"新的理解思路和视阈的哲学家之一。这是马克思在哲学史上所作出的最为重大，也最有思想启示性的理论贡献之一。

三、社会生活是人的最基本生存境域：马克思理解的"终极实在"

马克思在批判和超越传统形而上学的同时，对传统形而上学的"实在论"并不是简单地抛弃，而是通过思维方式和理论原则的根本转换，在一个新的视野中对"终极实在"作出了自己的回答。

在《关于费尔巴哈的提纲》第一条中，马克思这样说道："从前的一切唯物主义——包括费尔巴哈的唯物主义——的主要缺点是：对对象、现实、感性，只是从客体的或者直观的形式去理解，而不是把它们当作人的感性活动，当作实践去理解。因此，结果竟是这样，和唯物主义相反，唯心主义却发展了能动的方面，但只是抽象地发展了，"② 在第八条中，马克思又说道："社会生活在本质上是实践的，凡是把理论导致神秘主义的东西，都能在人的实践中以及对这种实践的理解中得到合理的解决。"③ 这是理解马克思"实在观"的两段十分重要而关键的论述。这两段话是相互支撑和互为解释的。第一段强调对于"实在"，必须"当作实践"去理解；第二段则进一步把"社会生活"的本质理解为"实践"或者说把"实践"

---

① 参见陈亚军：《论普特南后期从内在实在论向自然实在论的转变》，载《哲学研究》2001年第2期。
② 《马克思恩格斯选集》第1卷，人民出版社1995年版，第58页。
③ 《马克思恩格斯选集》第1卷，人民出版社1995年版，第60页。

理解为"社会生活"。把这两段话完整地联系起来，可以得出这样的观点：把"实在"当成"实践"去理解，同时也意味着把"终极实在"当成"社会生活"去理解。这一点，由《关于费尔巴哈的提纲》的另外两段论述可获得充分印证。这两段论述分别是："人的本质不是单个人固有的抽象物，在其现实性上，它是一切社会关系的总和"①，"旧唯物主义的立脚点是市民社会。新唯物主义的立脚点则是人类社会或社会的人类。"② 前者与马克思视"社会生活"为"终极实在"是完全一致的：由于社会生活构成人的最为基础和本源性的生存境遇，那么，人之为人，其"本质"就必然应合乎逻辑地把握为"社会关系的总和"。后者则十分清晰地表达了马克思对于哲学基本视野的自觉：那就是"人类社会"或"社会的人类"构成其哲学的"终极视阈"。

在马克思看来，与意识和语言相比较，生活实践是人的更为基底的生存样式。"意识在任何时候都只能是被意识到了的存在，而人们的存在就是他们的现实生活过程"③，"不是意识决定生活，而是生活决定意识"④，在此意义上，把意识置于理解人、世界以及人与世界关系的最为本源的基础地位，这种"观念统治世界"的观点在根本上颠倒了本源与派生的关系，是对"人生在世"最基本的生存结构的遮蔽和扭曲。同样，语言也不具有本源性和基础性："语言是一种实践的、既为别人存在因而也为我自身而存在的、现实的意识。语言也和意识一样，只是由于需要，由于和他人交往的迫切需要才产生的"⑤，"语言是思想的直接现实。正像哲学家把思维变成一种独立的力量那样，他们也一定要把语言变成某种独立的特殊的王国。这就是哲学语言的秘密，在哲学语言里，思想通过词的形式具有自己本身的内容，从思想世界降到现实世界的问题，变成了从语言降到生活中的问题。"⑥ 在这个意义上，马克思成为哲学史上把哲学从认识论转向

---

① 《马克思恩格斯选集》第1卷，人民出版社1995年版，第56页。
② 《马克思恩格斯选集》第1卷，人民出版社1995年版，第57页。
③ 《马克思恩格斯选集》第1卷，人民出版社1995年版，第72页。
④ 《马克思恩格斯选集》第1卷，人民出版社1995年版，第73页。
⑤ 《马克思恩格斯选集》第1卷，人民出版社1995年版，第81页。
⑥ 《马克思恩格斯选集》第3卷，人民出版社1960年版，第525页。

和语言学转向推进到更具有根本性和基础性的生活实践转向的重要先驱者。

按照马克思的观点，生活实践作为人本源性的活动，开启着人的最为"实在"的"在世结构"，而社会生活正构成这一"在世结构"的基本内容。在实践活动中所展开的人与自然的关系和人与人的关系，都是以社会生活作为条件和前提。实践活动首先指向人与自然的关系，但人与自然关系只有在社会生活中才具有现实性，马克思论述道："只有在社会中，自然界对人说来才成为人与人联系的纽带，才是他为别人的存在和别人为他的存在，才是人的现实生活的要素；只有在社会中，自然界才是人的存在的基础。"① 这即是说，人与自然之间从来不是单一个人与自然界的"结缘"，而是必须以人与人的相互结合形成的社会生活为中介，在实践活动中把自然转化为人的"无机身体"。同时，实践活动必然指向人与人的关系，生活实践在根本上是一种个人与他人"共在"并不断向他人开放"结缘"形成社会关系的过程。在马克思看来，"现实的个人"既不能被蒸馏和虚化为普遍性的、规定所有不同生命个体存在的"人的本质"，同时也并非遗世独立的孤立存在，而是处于"社会关系"之中的"社会化"的"个体"。马克思说："人是最名副其实的政治动物，不仅是合群的动物，而且是只有在社会中才能独立的动物。孤立的一个人在社会之外进行生产——这是罕见的事。"② 个人存在的首要属性和个人的首要活动都涉及与其他个人的关系，由此，马克思说："成为奴隶或成为公民，这是社会的规定。是人和人或 A 和 B 的关系。A 作为人并不是奴隶。他在社会里并通过社会才成为奴隶。"③ 这两重内涵结合在一起表明，所谓"人"就是"社会关系中的个人"，离开社会生活的施蒂纳式的"唯一者"是缺乏现实性的抽象幽灵，"个人是社会存在物……个人生活的存在方式必然是类生活的较为特殊的或者较为普遍的方式，而类生活必然是较为特殊的或者

---

① 《马克思恩格斯全集》第 3 卷，人民出版社 2002 年版，第 301 页。
② 《马克思恩格斯全集》第 46 卷上册，人民出版社 1979 年版，第 21 页。
③ 《马克思恩格斯全集》第 46 卷上册，人民出版社 1979 年版，第 220 页。

较为普遍的个人生活"①。

人的社会生活构成了人的"在世结构"的最基本内容，这同时意味着社会生活是规定人的现实生活品质的最为根本的力量。每一个人的生活状态和生存命运都受到所处的社会关系的深刻影响，不同性质的社会关系规定了其在社会生活中的地位与生活前景，因此，一个人的自由与解放程度与其社会关系的合乎人性的程度内在地关联在一起。要推动和实现人的自由和解放，就必须改变与人的生存发展不相适应的社会关系，追求和创造使人的自由和解放成为可能的、合乎人性的社会生活。在以"权力"为本位的前现代社会，现实的社会关系和社会生活被扭曲为抽象权力的附属物；在以"物"为本位的资本社会，现实的社会关系和社会生活沦为抽象的物的附属物。马克思期待人们在历史性的实践中创造这样一种社会生活："代替那存在着阶级和阶级对立的资产阶级旧社会的，将是这样一个联合体，在那里，每个人的自由发展是一切人的自由发展的条件。"② 在这种社会生活中，个人与共同体实现了内在的统一。在马克思看来，这正是社会生活的"本真状态"。哲学的重大使命就在于通过对社会生活的自觉反省与批判，提升人们对于社会生活生存品质的自我理解和自觉意识，从而推动人们不断追求和创造既使个性得到充分发展同时又保证"社会团结"的社会生活。

马克思关于"社会生活"的观点具有丰富的思想内涵，本文仅围绕"何谓终极实在"这一重大问题，简要论证了马克思在此问题上的独特立场和观点。我们认为，马克思把"社会生活"理解为对人而言的"终极实在"，在根本上改变了追问"终极实在"问题的方向，转换了理解和解决这一问题的视阈，这一点，与前述当代哲学在此问题上所呈现的基本倾向有着深层的亲合性和一致性。对此进行专门探讨，将为马克思哲学与当代哲学的深层对话与汇通提供十分重要的结合点和生长点。

---

① 《马克思恩格斯选集》第42卷上册，人民出版社1979年版，第123页。
② 《马克思恩格斯选集》第1卷，人民出版社1995年版，第119页。

论历史唯物主义的辩证本性[①]

"历史唯物主义"与"辩证唯物主义"是马克思主义哲学中并列的两个组成部分,对于这一长期以来不予反思的传统观念,近年来国内学术界不断有学者提出批判性的反思和质疑。这的确是事关马克思主义哲学理论性质的根本性问题。在我们看来,要重新理解这一问题,必须澄清一个长期以来没有得到充分重视的基本事实:即"历史唯物主义"本身即禀赋"辩证"的本性,或者说,"历史唯物主义"本身即是马克思哲学的"辩证法"。这一事实充分说明,历史唯物主义同时也就是"辩证"的唯物主义,它并非"辩证"唯物主义在历史领域的推广和运用,更不是与之平行或归属于它的一种历史学说,二者乃是同一个东西的不同表述。本文试图抓住其中三个至关重要的环节,对此进行探讨,以期推动对这一问题的深入研究。

一、辩证法理论基础的转换:历史唯物主义的思想前提

历史唯物主义与辩证法的深层一致性首先体现在:辩证法理论所实现的重大变革,构成了历史唯物主义的理论前提。马克思通过对黑格尔辩证法的批判,使辩证法的理论基础发生了根本的转换,在变革辩证法理论的

[①] 原载《中国社会科学》2012 年第 3 期。

同时，也为历史唯物主义提供了坚实的理论根据。

马克思和恩格斯在他们的著作中，"特别坚持的是**历史**唯物主义，而不是历史**唯物主义**"①，这是列宁关于历史唯物主义的一个经典论述，马克思同样强调："我们仅仅知道一门唯一的科学，即历史科学。"② 这清楚地告诉我们："历史"是历史唯物主义最为重大的思想原则，也是旧唯物主义者无法理解的思想原则："当费尔巴哈是一个唯物主义者的时候，历史在他的视野之外；当他去探讨历史的时候，他决不是一个唯物主义者。"③ 以一种符合历史本性的方式理解和把握历史，是历史唯物主义的重大理论前提。而要达到这一点，只有对黑格尔辩证法的理论基础进行根本转换才有可能。

在哲学史上，黑格尔"是第一个想证明历史有一种发展，有一种内在联系的人"，他"不同于所有其他哲学家的地方，就是他的思维方式有巨大的历史感作基础"④。恩格斯指出，黑格尔这种"划时代的历史观是新的唯物主义观点的直接的理论前提"⑤，而黑格尔之所以能做到这一点，最为根本的就在于他贯彻了辩证法的思维方式。在黑格尔看来，"哲学的最高目的就在于确认思想与经验的一致，并到达自觉的理性与存在于事物中的理性的和解，亦即达到理性与现实的和解"⑥，理性与现实的和解，意味着要使理性成为世界的主宰。但理性原则的实现不是"象同手枪发射那样突如其来"⑦的直接性，而是必须经过"否定物的严肃、痛苦、容忍和劳作"⑧，"全体的自由性，与各个环节的必然性，只有通过对各环节加以区别和规定才有可能"⑨，只有在自我矛盾和自我否定中，通过历史的运动，理性才能实现自身。在此意义上，"历史"被黑格尔视为精神运动的基本

---

① 《列宁选集》第2卷，人民出版社1995年版，第225页。
② 《马克思恩格斯全集》第3卷，人民出版社1960年版，第20页。
③ 《马克思恩格斯全集》第3卷，人民出版社1960年版，第51页。
④ 《马克思恩格斯选集》第2卷，人民出版社1995年版，第42页。
⑤ 《马克思恩格斯选集》第2卷，人民出版社1995年版，第42页。
⑥ [德] 黑格尔：《小逻辑》，贺麟译，商务印书馆1980年版，第43页。
⑦ [德] 黑格尔：《精神现象学》上卷，贺麟译，商务印书馆1979年版，第17页。
⑧ [德] 黑格尔：《精神现象学》上卷，贺麟译，商务印书馆1979年版，第11页。
⑨ [德] 黑格尔：《小逻辑》，贺麟译，商务印书馆1980年版，第56页。

原则，因而也即辩证法的基本原则。

对于黑格尔的上述思想，马克思一方面高度肯定黑格尔辩证法"第一个全面地有意识地叙述了辩证法的一般运动形式"①，但同时指出，"他只是为历史的运动找到抽象的、逻辑的、思辨的表达，这种历史还不是作为一个当作前提的主体的人的现实历史"②。而之所以如此，其根源就在于黑格尔的辩证法及其历史原则是以"绝对精神"或"客观思想"作为其理论基础的。

这里所谓辩证法的理论基础，指的是辩证法的"真理内容"或"本体论根据"。与仅关注思维形式及其规律的形式逻辑不同，辩证法是与"真理的内容"密不可分的"内涵逻辑"③。黑格尔说道："真理就是逻辑学的对象"④。针对人们习惯于从"外在形式"角度去理解"逻辑"的倾向，列宁在《黑格尔〈逻辑学〉一书摘要》中强调，"黑格尔则要求这样的逻辑：其中形式是富有内容的形式，是活生生的实在的内容的形式，是和内容不可分离地联系着的形式"⑤。这表明，黑格尔的辩证法是区别于"形式逻辑"的"内涵逻辑"，作为"内涵逻辑"，实质上也就是"真理逻辑"。失去了其"真理内容"，辩证法就将沦为纯粹形式化的"外延逻辑"。就此而言，辩证法与本体论是不可分的，合理的本体观念必然是"辩证"的，辩证法就是合理的本体观念的展开，二者乃是一同出场的内在统一的整体。正是在此意义上，在黑格尔那里，"辩证法"、"逻辑学"与"本体论"乃是三位一体的不可分离的整体。

在黑格尔看来，辩证法的这种"真理内容"就是"客观思想"，"客

---

① 《马克思恩格斯全集》第44卷，人民出版社2001年版，第22页。
② 《马克思恩格斯全集》第3卷，人民出版社2002年版，第316页。
③ 辩证法在实质上属于"内涵逻辑"，这一点国内学者早有专门系统的探讨，例如邹化政教授的《黑格尔哲学统观》（吉林人民出版社1991年版），孙正聿教授的《辩证法：黑格尔、马克思与后形而上学》（载《中国社会科学》2008年第3期）。刘小枫教授曾把辩证法称为"质料逻辑"，他说：辩证法是"与特定的思想质料融贯在一起的思想语法，不妨称为质料逻辑，以有别于与思想质料分离的形式逻辑"［见其为吉尔比《经院辩证法》（上海三联书店2000年版）所写的中文导言，第2页］。在此，"质料逻辑"与"内涵逻辑"具有相同的意义。
④ ［德］黑格尔：《小逻辑》，贺麟译，商务印书馆1980年版，第64页。
⑤ 《列宁全集》第55卷，人民出版社1990版，第77页。

观思想"是内在于事物、规定事物存在和发展的形而上学的理性"本体"。因此，辩证法作为"真理逻辑"，亦即是关于"客观思想"及其辩证运动的逻辑。对此，马克思概括道：黑格尔辩证法的"承担者"或"理论基础"是"绝对自我意识的主体，就是神，绝对精神，就是知道自己并且实现自己的观念。现实的人和现实的自然界不过是成为这个隐蔽的非现实的人和这个非现实的自然界的谓语、象征。因此，主语和谓语之间的关系被绝对地相互颠倒了：这就是神秘的主体—客体，或笼罩在客体上的主体性，作为过程的绝对主体"①。以此为基础，"思辨的观念、抽象的观点变成了历史的动力……历史便成为单纯的先入之见的历史，成为关于精神和怪影的神话，而构成这些神话的基础的真实的经验的历史，却仅仅被利用来赋予这些怪影以形体，从中借用一些必要的名称来把这些怪影装点得仿佛真有实在性似的"②。很显然，这样的历史只能是"抽象的、绝对的思维的生产史，即逻辑的思辨的思维的生产史"③，而不是现实的人及其现实发展的历史。

因此，要拯救辩证法及其历史性原则，至关重要之处就在于转换辩证法的理论基础，以人的现实的感性实践活动代替无人身的"客观精神"的自我运动，使之成为辩证法的真实基础，从而克服对历史的"抽象的、逻辑和思辨的表达"，只有这样，历史才能真正成为人的"现实的历史"。

正是基于这一自觉认识，马克思立足"现实的人及其历史发展"，对黑格尔的辩证法作了这样的解读："黑格尔的《现象学》及其最后成果——辩证法，作为推动原则和创造原则的否定性——的伟大之处首先在于，黑格尔把人的自我产生看作一个过程，把对象化看作非对象化，看作外化和这种外化的扬弃；可见，他抓住了劳动的本质，把对象性的人、现实的因而是真正的人理解为他自己的劳动的结果。"④这清楚地表明，在马克思看来，通过劳动所实现的人自我产生和自我创造，构成了辩证法实质

---

① 《马克思恩格斯全集》第3卷，人民出版社2002年版，第332—333页。
② 《马克思恩格斯全集》第3卷，人民出版社1960年版，第131—132页。
③ 《马克思恩格斯全集》第3卷，人民出版社2002年版，第318页。
④ 《马克思恩格斯全集》第3卷，人民出版社2002年版，第319—320页。

性的内容，但由于黑格尔"惟一知道的并承认的劳动是抽象的精神的劳动"，他把"构成哲学的本质的那个东西，即知道自身的人的外化或者思考自身的、外化的科学，看成劳动的本质"①，结果使得辩证法只是形成了对于历史的抽象的、思辨的、逻辑的表达。如果把"抽象的精神劳动"转换为现实的人的感性实践活动，那么，历史就将转变为现实的人及其发展的历史，辩证法就将真正成为"现实的人及其历史发展"的学说。

以人现实的感性实践活动作为辩证法的真实基础，历史的主体不再是"无人身的理性"，而是从事实践活动的人："'历史'并不是把人当做达到自己目的的工具来利用的某种特殊的人格。历史不过是追求着自己目的的人的活动而已"②。历史的基础不再是抽象的形而上学的"客观精神"，而是人的现实的感性实践活动："从直接生活的物质生产出发阐述现实的生产过程，把同这种生产方式相联系的、它所产生的交往形式即各个不同阶段上的市民社会理解为整个历史的基础"③。历史发展也不再是普遍的客观理性的自我实现过程，而是通过人的实践活动的自我创造过程："整个所谓世界历史不外是人通过人的劳动而诞生的过程，是自然界对人来说的生成过程。"④

所有这一切，都充分表明，随着辩证法理论基础的根本转换，辩证法从对历史"抽象的、逻辑的、思辨的表达"变成为对"作为一个当作前提的主体的人的现实的历史"的自觉理解，辩证法真正成为了关于"现实的人及其历史发展"的学说，而这样理解的辩证法，实质上就是历史唯物主义，恩格斯把历史唯物主义规定为"现实的人及其历史发展的科学"⑤。马克思在同样的意义上指出历史唯物主义的真正出发点是"从事实际活动的人"⑥，"整个历史也无非是人类本性的不断改变而已"⑦。在此意义上，

---

① 《马克思恩格斯全集》第3卷，人民出版社2002年版，第320页。
② 《马克思恩格斯全集》第2卷，人民出版社1956年版，第118—119页。
③ 《马克思恩格斯选集》第1卷，人民出版社1995年版，第92页。
④ 马克思：《1844年经济学哲学手稿》，人民出版社2000年版，第92页。
⑤ 《马克思恩格斯选集》第4卷，人民出版社1995年版，第241页。
⑥ 《马克思恩格斯全集》第3卷，人民出版社1960年版，第30页。
⑦ 《马克思恩格斯选集》第1卷，人民出版社1995年版，第172页。

辩证法和历史唯物主义实际上有着共同的主题和内涵，二者并不是两种不同的东西，而是一同显现和产生的相辅相成的内在统一体。

二、"两极对立"的超越与"社会历史"的辩证内涵

历史唯物主义的辩证本性进一步表现在：在历史唯物主义的"社会历史"概念中，汇聚了以往哲学，尤其是近代哲学所遗留下来的最为重大的矛盾，它以一种创造性的方式，为超越人与自然、主体与客体、自由与必然、形式与内容等一系列"两极对立"的矛盾关系提供了深层的基础，这使得"社会历史"成为禀赋丰富辩证内涵和具有辩证本性的存在。这是历史唯物主义在哲学史上的重大贡献。

在《关于费尔巴哈的提纲》第一条中，马克思说道："从前的一切唯物主义——包括费尔巴哈的唯物主义——的主要缺点是：对对象、现实、感性，只是从客体的或者直观的形式去理解，而不是把它们当作人的感性活动，当作实践去理解，不是从主体方面去理解。因此，结果竟是这样，和唯物主义相反，唯心主义却发展了能动的方面，但只是抽象地发展了，因为唯心主义当然是不知道现实的、感性的活动本身的。"[①] 这一论述深刻地展现了以往哲学发展中最为尖锐而重大的矛盾和冲突。旧唯物主义试图从脱离人的自然出发去理解世界的统一性，否定了超自然的形而上学实体，它肯定了自然物质的本源性，坚持只存在唯一真实的世界，即自然物质世界，并以之为根据来理解一切存在及其变化的基础。与之相反，唯心主义则试图从脱离自然的人出发去理解世界的统一性，它强调人的理性和自我意识所具有的能动性和创造性，并把具有这种能动性和创造性的人视为自足自因的实体，强调客体只有在主体的理性规律的作用下，才能为人所认识，因而唯一真实的世界只有一个，即以人的自我意识为核心的主体

---

① 《马克思恩格斯选集》第 1 卷，人民出版社 1995 年版，第 58 页。

世界。前者论证了自然物质世界的本源性，后者论证了主体意识的能动性。一方面是自然物质的本原性，另一方面是抽象发展的主体意识的能动性，从自然物质无法说明主体的能动性与创造性，主体的能动性和创造性又以自然物质世界的虚无化为前提。

旧唯物主义与唯心主义的上述对立，汇聚了以往哲学发展的矛盾焦点。在这一对立中，内在地蕴含和凸显着哲学中的一系列重大的两极对立的矛盾关系，如人与自然、本质与现象、自由与必然、主观与客观、形式与内容、合目的性与合规律性等等。如何超越这一系列两极对立，寻求它们的辩证统一，是哲学的进一步发展所面临的根本性课题。

要回答这一课题，关键在于确立使它们克服分裂、实现统一的现实基础。这一点，构成了近代哲学史上不少哲学家，例如斯宾诺莎、莱布尼茨、费希特、谢林等人的重大理论目标。而黑格尔无疑是其中的代表人物。他把克服对立面的分裂实现它们的统一视为理性的使命，试图通过精神的辩证运动来消解和统一上述矛盾关系，他把上述两极对立的矛盾关系的每一个方面都视为精神活动的内在环节，认为精神的本性即是矛盾："认识到思维自身的本性即是辩证法，认识到思维作为理智必陷于矛盾、必自己否定其自身这一根本见解，构成逻辑学上一个主要的课题。"① 在精神的辩证运动中，理性与现实、人与自然、本质与现象、必然与自由等克服它们的相互背离和由此产生的僵硬对立，"在思维自身中以完成解决它自身矛盾的工作"②。然而，正如前面已经分析过的，黑格尔辩证法是以客观精神作为其载体和基础的，它对上述矛盾的理解和克服也是在客观精神的基础上进行的，这决定了它对这些两极对立的解决必然是半途而废的。对此，卢卡奇的评价十分中肯："古典哲学把它的生存基础的所有的二律背反都推到了它在思想中能够达到的最后的极点，它尽可能地在思想上表达了这些二律背反，但对这种哲学来说，它们仍是没有解决的和不能解决

---

① ［德］黑格尔：《小逻辑》，贺麟译，商务印书馆1980年版，第51页。
② ［德］黑格尔：《小逻辑》，贺麟译，商务印书馆1980年版，第51页。

二律背反。"①

吸取黑格尔辩证法的合理内核,同时克服其抽象性和独断性,确立统一上述两极对立的矛盾关系的现实基础,正是历史唯物主义的重大使命。

与哲学史上的哲学家不同,马克思超越了他们在理解人、自然以及二者关系上的旧唯物主义和唯心主义的抽象的观点和方法。他认为:"任何人类历史的第一个前提无疑是有生命的个人的存在。因此,第一个需要确定的具体事实就是这些个人的肉体组织,以及受肉体组织制约的他们与自然界的关系"②,这意味着:"人直接地是自然存在物"③,但另一方面,"人不仅仅是自然存在物,而且是人的自然存在物,就是说,是自为地存在着的存在物"④。因此,与自然物不同,人通过生产劳动生产自己的生活资料,这构成了人与动物的根本区别:"可以根据意识、宗教或随便别的什么来区别人和动物。一当人们自己开始生产他们所必需的生活资料的时候(这一步是由他们的肉体组织所决定的),他们就开始把自己和动物区别开来。人们生产他们所必需的生活资料,同时也就间接地生产着他们的物质生活本身。"⑤ 这即是说,人的生活如何,不是由其自然物质的肉体组织所决定的,而是由其本源性的生存方式,即生产实践活动所决定的,在生产实践中,人们创造自己的生活条件并形成人们的社会关系。正是这种生产实践活动,构成了社会历史的现实根据。

上述历史唯物主义的基本观点为克服哲学史上所遗留的两极对立、实现其辩证的统一提供了坚实的基础。实践活动既是一种感性的活动,同时又是改造自然的自由自觉的活动,它是自然与人、合规律性和合目的性、必然与自由等矛盾的结合点,人与自然、主体与客体、自由与必然、形式与内容等两极对立的矛盾关系在实践活动中内在地结合一起,它们既产生于实践活动,同时又通过实践活动实现其统一,在实践活动中它们通过相

---

① [匈牙利] 卢卡奇:《历史与阶级意识》,杜章智、任立、燕宏远译,商务印书馆2009年版,第235页。
② 《马克思恩格斯全集》第3卷,人民出版社1960年版,第23页。
③ 《马克思恩格斯全集》第3卷,人民出版社2002年版,第324页。
④ 《马克思恩格斯全集》第3卷,人民出版社2002年版,第326页。
⑤ 《马克思恩格斯全集》第3卷,人民出版社1960年版,第24页。

互作用和相互转化结为既对立又统一的辩证关系。因此，实践活动克服了旧唯物主义及其所代表的矛盾关系中抽象一极的片面性，也克服了唯心主义及其所代表的矛盾关系中的抽象一极的片面性，同时又把它们内在地统一起来。基于实践活动所具有的这一辩证性质，由实践活动所创造的社会历史也必然禀赋这样的辩证本性：无疑，社会历史的存在和运动离不开自然物质前提，但只有在社会历史中，自然界才真正成为人的存在的基础，通过实践活动，单纯的"自然事实"失去了其自在的、独立的性质而消融在流动的历史之河中，它不是在人之外的、与人处于对峙状态的"自在之物"，而是内在于历史之中，成为社会历史发展过程的内在环节，成为了历史性的"人化自然"。对此，马克思明确说道："在人类历史中即在人类社会的形成过程中生成的自然界，是人的现实的自然界；因此，通过工业——尽管以异化的形式——形成的自然界，是真正的、人本学的自然界。"① 在此意义上，社会历史并不是与自然并列的某一特殊领域，自然也不是与社会历史无关的"自在之物"，而是人与自然在历史性的实践活动中的内在统一，正由于这一原因，马克思才这样强调："只有在社会中，人的自然的存在对他来说才是自己的人的存在，并且自然界对他来说才成为人。因此，社会是人同自然界的完成了的本质的统一，是自然界的真正复活，是人的实现了的自然主义和自然界的实现了的人道主义。"②

通过如上讨论，我们可以得出这样两个重要的结论。

第一，历史唯物主义的"社会历史"概念凝结着把"对象、现实、感性"当作"人的感性活动，当作实践去理解"的全新哲学世界观的精髓，它为回应和解答以往哲学发展所提出的根本性问题提供了新的出发点和立足点，为克服先前哲学所遗留下来的却无力统一的两极对立提供了现实的基础和新的存在论根据。因而它不是作为与自然界、人类思维等相并列的领域性、部门性概念，而是作为解决和克服哲学发展中所提出的重大问题的"总体性"概念而获得其理论内涵和理论意义的，它的重要性不仅体现在与自然界、人类思维等相并列的狭义的历史领域所实现的理论变革，而

---

① 《马克思恩格斯全集》第3卷，人民出版社2002年版，第307页。
② 《马克思恩格斯全集》第3卷，人民出版社2002年版，第301页。

是体现为全部哲学的重大变革。

第二，历史唯物主义的"社会历史"是禀赋辩证本性的存在，它为克服人与自然、主体与客体、自由与必然、形式与内容等两极对立提供了现实基础和存在论根据，黑格尔的"纯思想的辩证法"由此被改造成为马克思的"社会历史的辩证法"。"社会历史"的这种辩证本性充分表明，历史唯物主义并不是"辩证唯物主义"在社会历史领域的运用，更不是以脱离社会历史的抽象的自然界为对象的自然辩证法的扩展与推广，而本身就是马克思哲学的辩证法。在此意义上，"辩证唯物主义"与"历史唯物主义"并不是两个不同的东西，二者是完全一致的，差别仅在于前者更强调历史唯物主义的"辩证"本性，后者更强调历史唯物主义的"历史"性质，而"历史性"与"辩证性"乃是内在不可分割的，它们构成历史唯物主义视野中的"社会历史存在"相辅相成的两个维度。

从这两点，我们可以清楚地看出，历史唯物主义与马克思哲学的辩证法乃是不可分割的内在统一整体，而且只有在这种统一中，历史唯物主义的哲学内涵及其在哲学史上的重大贡献才得以充分凸显出来。

三、历史唯物主义与辩证法的批判本性

前面分别从历史唯物主义的理论前提、历史唯物主义的核心概念，即"社会历史"的辩证内涵这两个重要方面讨论了历史唯物主义所具有的辩证本性。要深入阐明历史唯物主义的辩证本性，另一个极为重要的方面就是澄清历史唯物主义所具有的批判与革命本性。批判性和革命性是辩证法的理论本质，马克思在《资本论》第二版跋中对此有明确的论述："辩证法在对现存事物的肯定的理解中同时包含对现存事物的否定的理解，即对现存事物的必然灭亡的理解；辩证法对每一种既成的形式都是从不断的运动中，因而也是从它的暂时性方面去理解；辩证法不崇拜任何东西，按其本质来说，它是批判的和革命的"[①]，这一点得到了人们的广泛认同和接

---

① 《马克思恩格斯全集》第44卷，人民出版社2001年版，第22页。

受。然而，在阐释历史唯物主义时，人们却很少把它与批判性和革命性联系起来，更少把批判性和革命性同样视为历史唯物主义的理论品质。产生这种现象的根源就在于把历史唯物主义与辩证法外在地割裂开来，遗忘了历史唯物主义的辩证本性，由此所导致的后果是历史唯物主义失去了极为重要的精神气质，并因此面临着沦为庸俗的"实证社会学"和"实证科学"的危险。因此，揭示历史唯物主义的批判本性，对于彰显历史唯物主义的哲学品格，体现其当代价值，具有十分重大的意义。

历史唯物主义所具有的辩证批判本性首先表现为它对一切以"绝对真理"自居的抽象观念和形而上学教条的自觉否定和拒斥。

把自身所确立的哲学原则绝对化，认为自己发现了超越历史的终极实在，奠定了关于真理、善行、正义等的最终基础，这是传统哲学的理论理想和基本信念。以此为出发点，它形成了一种观念主义的思维方式，即把哲学观念和原则视为一种独立的、决定性的力量，认为它具有自因自足、神圣绝对的性质，拥有对于现实世界的终极解释权与统治力，就像马克思所说的："哲学家们把一切谜底都放在自己的书桌里，愚昧的凡俗世界只需张开嘴等着绝对科学这只烤乳鸽掉进来就得了"①，"思辨的观念、抽象的观点变成了历史的动力，因此历史也就变成了单纯的哲学史"②。很清楚，构成这种观念主义核心的即是当代哲学所激烈批判和解构的传统形而上学理论传统，对它进行批判和否定已成为现当代哲学的重大主题。在此方面，历史唯物主义作出了独特的贡献，显现出其他许多哲学思潮难以企及的深刻性。

历史唯物主义从其关于社会存在与社会意识关系的独特理解出发，宣告了一切绝对真理的观念和形而上学教条的无根性，取消了其成为一种独立的特殊王国的可能空间，体现出彻底的批判精神。马克思说道："德国哲学从天上降到地上；和它完全相反，这里我们是从地上升到天上……我们的出发点是从事实际活动的人，而且从他们的现实生活过程中我们还可以揭示出这一生活过程在意识形态上的反射和回声的发展……因此，道

---

① 《马克思恩格斯全集》第 47 卷，人民出版社 2004 年版，第 64 页。
② 《马克思恩格斯全集》第 3 卷，人民出版社 1960 年版，第 131 页。

德、宗教、形而上学和其他意识形态,以及与它们相适应的意识形式便失去独立性的外观。它们没有历史,没有发展,那些发展着自己的物质生产和物质交往的人们,在改变自己的这个现实的同时也改变着自己的思维和思维的产物。不是意识决定生活,而是生活决定意识。"① 按照这种观点,一切思想和观念归根到底都是现实生活的表现,试图从某种哲学原则和哲学观念出发来规定现实生活,这在根本上颠倒了意识和生活的关系,因此是无根的幻觉。不仅如此,马克思还通过"意识形态批判",揭露了一切"绝对真理"的虚幻性和欺骗性。在马克思看来,把自己的思想和观念绝对化并宣称其具有对于现实生活的统治地位,这实质是一种意识形态的幻象。在《德意志意识形态》中,马克思把"意识形态"归结为两个特征:第一,把特殊利益说成普遍利益;第二,把"普遍"的东西说成是统治的东西②,因此,在"绝对真理"的宣称背后,隐藏着把某种特殊利益普遍化和永恒化并因此获得统治合法性的权力意志。马克思说道:"把统治思想同进行统治的个人分割开来,主要是同生产方式的一定阶段所产生的各种关系分割开来,并由此做出结论说,历史上始终是思想占统治地位,这样一来,就很容易从这些不同的思想中抽象出'一般思想'、观念等等,而把它们当作历史上占统治地位的东西。"③ 因此,把"思想、观念、概念"等变成"某种独立的东西",其实质上是用形而上学的思辨掩盖了生活中实实在在存在的奴役和统治关系,"抽象或观念,无非是那些统治个人的物质关系的理论表现"④。在此意义上,批判和否定绝对真理的幻觉,实质上是要在更深入的层面上反思这种幻觉得以产生的现实生活根源,揭露和批判抽象的思想和观念赖以成立的抽象的社会现实与人的生存状态。思想观念的病症根源于生存方式的病症,通过对人的生存方式的批判,实现对绝对真理和抽象观念的彻底消解和否定,这是马克思所开辟的独特的批判样式。

---

① 《马克思恩格斯全集》第3卷,人民出版社1960年版,第30页。
② 《马克思恩格斯全集》第3卷,人民出版社1960年版,第54—55页。
③ 《马克思恩格斯全集》第3卷,人民出版社1960年版,第55页。
④ 《马克思恩格斯全集》第30卷,人民出版社1995年,第114页。

可以清楚地看出，历史唯物主义对绝对真理观念与形而上学教条的批判是一种根基处的、釜底抽薪的批判，鲜明地体现了历史唯物主义辩证的批判精神。

历史唯物主义辩证的批判本性更进一步表现为它结束了一切关于存在最终的人类历史完美状态的幻觉，自觉地拒斥和否定了把某种社会秩序永恒化和完美化的观点和做法，真正把社会历史的发展理解为一个不断自我否定和自我超越的过程。

真理仅存在于否定性的整体中，这是黑格尔辩证法的重要思想。对此，恩格斯给予了高度的评价："黑格尔哲学的真实意义和革命性质，正是在于它彻底否定了关于人的思维和行动的一切结果具有最终性质的看法……历史同认识一样，永远不会在人类的一种完美的理想状态中最终结束；完美的社会、完美的'国家'是只有在幻想中才能存在的东西；相反，一切依次更替的历史状态都只是人类社会由低级到高级的无穷发展进程中的暂时阶段。"① 这即是说，黑格尔辩证法对社会历史的这种理解已经包含着"批判的一切要素"。但是，黑格尔所理解的"否定性的整体"是一个以"绝对精神"为基础的理性整体，社会历史的发展终将服从普遍理性的规定，随着普遍理性的实现，历史也就走向了终结，这是黑格尔辩证法的深层悖论。正是在此意义上，马克思认为黑格尔最终必然不可避免地陷入"非批判的实证主义和同样非批判的唯心主义"②。

因此，要拯救黑格尔哲学中已经蕴含但没能彻底贯彻的辩证法的革命与批判精神，就必须以一种彻底的方式，终结"永恒的、终极的社会状态"的观念，真正对"每一种既成的形式都是从不断的运动中，因而也是从它的暂时性方面去理解"。历史唯物主义所体现的正是这样一种精神。根据历史唯物主义的基本观点，现实的社会存在所包含的内在矛盾，决定了任何社会秩序都不可能是永恒和静止不变的，而是必然会被更高的阶段所取代和消灭的。在任何社会阶段里，都包含着自我否定和自我超越的倾向和内在因子，因而它都不是最终和最完美的状态。一切历史状态都只是

---

① 《马克思恩格斯选集》第 4 卷，人民出版社 1995 年版，第 216—217 页。
② 《马克思恩格斯全集》第 3 卷，人民出版社 2002 年版，第 318 页。

人类社会从低向高的无穷发展过程中的暂时阶段。对此，卢卡奇的概括十分精辟，他说道："只有历史的辩证法才造成了一种全新的情况。这不仅是由于在历史的辩证法中，界限本身是相对的，或者说得更确切些，是在变动之中的；这不仅是由于所有那些存在的形式（它们的抽象的对应物是各种形式的绝对）都变成了过程，和被把握为具体的历史的现象，以至于绝对不是被抽象地否定，而是被把握为具有具体的历史的形态，被把握为过程本身的环节。"① 正是基于这种观点，当同时代的人们为资本主义的成就欢欣鼓舞时，马克思则指出，资本主义社会无产阶级所遭受的"普遍的痛苦"和"普遍的不公正"，生动地证明了这样一个事实：真理并没有实现，因而黑格尔所断言的普遍理性与现实的"和解"不过是一个谎言，由于不可克服的内在矛盾，决定了资本主义并不具有其自我宣称的永恒性和终极性。同样，社会主义和共产主义也不是以某种先验原则和绝对价值为根据的抽象理想，"共产主义对我们来说不是应当确立的状况，不是现实应当与之相适应的理想。我们所称为共产主义的是那种消灭现存状况的现实的运动。"② 因此，共产主义并不代表"历史终结"的终极状态，而是意味着人类通过自我超越、面向未来不断敞开空间的社会希望和理想。

自觉地否定人的认识以及历史发展具有最终性质，否定绝对真理的幻觉和终极完美的历史状态的幻想，历史唯物主义所具有的这种品格，所体现的正是辩证法的革命和批判精神。马克思曾说道："新思潮的优点又恰恰在于我们不想教条式地预期未来，而只是想通过批判旧世界发现新世界……如果我们的任务不是构想未来并使它适合于任何时候，我们便会更明确地知道，我们现在应该做些什么，我指的就是要对现存的一切进行无情的批判"③，"在批判旧世界中发现新世界"、"对现存一切进行无情的批判"就是要永不停止地反思现存社会秩序的内在矛盾和缺陷，揭露一切绝

---

① ［匈牙利］卢卡奇：《历史与阶级意识》，杜章智、任立、燕宏远译，商务印书馆2009年版，第287页。
② 《马克思恩格斯选集》第1卷，人民出版社1995年版，第87页。
③ 《马克思恩格斯全集》第47卷，人民出版社2004年版，第64页。

对真理和抽象观念的虚幻性，推动社会历史不断地否定自身，向未来敞开自我超越的空间，这是辩证法的批判精神，同时也是历史唯物主义的哲学精神，二者在这一点上是完全一致的。只有以这种理解为出发点，那种试图把历史唯物主义当成"实证社会学"和"实证科学"的流俗观念才完全失去了存在的空间。

辩证法与人的存在

——对辩证法理论基础的再思考[①]

作为马克思主义哲学的重要组成部分,辩证法是一个始终得到高度重视的领域。但近年来,其研究呈现出相对沉闷的局面,正如《人文社会科学研究现状与发展报告:高校"十五"科研规划咨询报告》中的"哲学编"所说的:马克思主义哲学的基础理论研究取得了不少进展,但"在辩证法……等方面的研究不如前一时期活跃"[②]。

我们认为,导致这种状态的一个重要原因在于辩证法的一些基本的、前提性的问题始终未能得到切实的澄清。在这些问题中,"辩证法的理论基础"无疑属于最重要者之一。"理论基础"所关涉的是一种学说的根基、载体和存在根据,它直接决定一种理论的根本性质、本质内涵和理论旨趣,从最深层影响着理论的存在合法性。但长期以来,辩证法的理论基础一直未能得到有力的澄清,这一点严重束缚着对它的研究取得有重大意义的突破。本文试图对此问题作一探索,以期推动辩证法研究的深入。

一、人的存在与辩证法的理论基础

所谓辩证法的"理论基础",就是指辩证法的"本体论根基"或"本

[①] 原载《哲学研究》2002年第6期。
[②] 教育部社政司科研处组编:《人文社会科学研究现状与发展报告:高校"十五"科研规划咨询报告》,湖南大学出版社2001年版,第3页。

体论载体"。众所周知，辩证法代表着一种与传统形式逻辑有着重大不同的新型逻辑。传统形式逻辑的核心是演绎推理，它舍弃掉了概念所表达的真理内容，仅满足于外在于思想内容的形式推理，按照黑格尔的说法，它是一种"外延性"的逻辑，而辩证逻辑则是一种不脱离真理内容，以"真理"为对象的新的逻辑学，它不仅不舍弃概念所表达的真理内容，而且以表达"真理"的辩证运动为使命，是"对象内容本身的逻辑"，因而是一种区别于"外延逻辑"的"内涵逻辑"。这里所谓"真理"和"对象内容"，所指的就是辩证法的"本体论根基"，它意味着：辩证法在理论本性上是一种"本体性"的理论，离开其相应的本体论基础，辩证法就将失去其"真理内容"，沦为纯粹形式化的"外延逻辑"，就将失去赖以安身立命的依托，成为飘浮无据的任意化的形式化公式甚至概念游戏。

那么，与辩证法理论本性相适应的这种本体性的理论基础究竟应该是什么呢？

在马克思哲学之前，黑格尔的概念辩证法代表辩证法的最高成就。在黑格尔看来，辩证法是以绝对精神的辩证运动为"本体"和"真理内容"的"内涵逻辑"，因此，辩证法的理论基础就是超感性的精神活动性。他说道：辩证法"是在纯概念中运动的辩证法，——是逻辑理念的运动"①，而"概念才是真正在先的。事物之所以是事物，全凭内在于事物并显示其自身于事物内的概念活动"，"概念世界"作为绝对的"逻辑在先性"，构成了世界存在的理由："逻辑思想是一切事物的自在自为地存在着的根据"②，纯粹的概念王国作为一种自在自为的、独立自因的力量，构成了世界的终极存在、终极解释和终极价值，因而也构成了辩证法本体性的理论基础。

在《1844年经济学哲学手稿》中，马克思专辟一节，标题为"黑格尔辩证法和整个哲学的批判"。在此，马克思特别指出：这不仅是对"黑格尔辩证法"的批判，而且还同时是对"整个哲学的批判"。在马克思看来，黑格尔的概念辩证法虽然表现出超越传统形而上学独断性和僵化性的

---

① ［德］黑格尔：《哲学史讲演录》第2卷，贺麟等译，商务印书馆1960年版，第199页。
② ［德］黑格尔：《小逻辑》，贺麟译，商务印书馆1980年版，第85页。

强烈意向，但它仍受制于传统形而上学的理论范式，仍执着于对绝对同一性的、永恒在场的超感性世界的追寻，传统形而上学的理论前提在它那里依然如故，结果本来意在克服传统形而上学的黑格尔，反而成为了形而上学的集大成者和最高代表，人现实的生命存在被他逻辑概念的"水晶宫"所虚化，本来是衍生的、"第二性"的存在反而成为了基础性、本体性的存在，用马克思的话来讲，就是"头足倒置"了。

因此，对"黑格尔辩证法和整个哲学"的批判，就包含了两重的动机：第一重动机是要从根源处废黜概念辩证法和传统形而上学所共同膜拜的那一个永恒在场的、绝对的、超感性的本体论基础，以拯救概念辩证法的合理内核；第二重更重要的动机是要为辩证法寻求并确立一个新的、坚实的本体论根基，并从此根基处出发来阐发辩证法的理论精神和思想内涵。如果说第一重动机着眼于"摧毁"和"解构"，那么第二重动机便是着眼于"显现"和"重建"。

具体而言，所谓"摧毁"和"解构"，最根本的就是要揭露黑格尔"唯一知道并承认的劳动是抽象的精神的劳动"[1]，就是要摧毁"黑格尔辩证法"和"整个哲学"根深蒂固的"断言的天真"、"反思的天真"与"概念的天真"[2]，就是要摧毁概念辩证法所奠基其上的绝对同一性的、永恒在场的超感性概念王国；所谓"显现"和"重建"，就是要表明，辩证法的真实基础既不是直观、朴素辩证法所悬设的自在物质世界，也不是概念辩证法所坚执的精神活动性，而是以实践活动为本源性生存方式的"人的存在"。

马克思的这种双重动机在如下著名论述中得到了最为集中的体现，他说道："黑格尔的《现象学》及其最后成果——辩证法，作为推动原则和创造原则的否定性——的伟大之处首先在于，黑格尔把人的自我产生看作一个过程，把对象化看作非对象化，看作外化和这种外化的扬弃；可见，他抓住了劳动的本质，把对象性的人、现实的因而是真正的人理解为他自

---

[1]《马克思恩格斯全集》第3卷，人民出版社2002年版，第320页。
[2] [德] 伽达默尔：《哲学解释学》，夏镇平等译，上海译文出版社1994年版，第119页。

己的劳动的结果。"①

在此论述里，包含如下几个至关重要的关节点：

第一，"推动原则"和"创造原则"是辩证法最为基本的理论原则；

第二，辩证法是"否定性"的辩证法，"否定性"构成了辩证法的理论本性；

第三，辩证法的理论贡献在于"把人的自我产生看作一个过程，把对象化看作非对象化，看作外化和这种外化的扬弃"②，也就是说，辩证法的功绩在于提供了一种理解人的"自我产生过程"的基本观点；

第四，辩证法的这一贡献之所以可能，关键在于"抓住了劳动的本质，把对象性的人、现实的因而是真正的人理解为他自己的劳动的结果"③，抓住"劳动"的本质，把人理解为自己劳动实践活动的结果，是辩证法赖以成立的根本前提。

以上四个方面，环环相扣，内在连贯，前三个方面主要是对辩证法理论性质和理论贡献的概括，结合在一起表达一个核心思想：辩证法的理论特质和杰出之处在于它为"人的自我产生过程"提供了独特的理论方法和思维方式，因而它在根本上就是关于"人的存在"的全面观点；最后一个方面则是指出，由于实践观点的确立，现实的人被理解为"自己劳动的结果"，这使得辩证法作为关于"人的存在"的自我理解学说真正成为可能。

通过对黑格尔的批判性改造，以感性实践活动取代了抽象的精神劳动，把现实的"人的存在"确立为辩证法的真实根基，从而实现了辩证法的现代变革，这就是马克思在辩证法史上所作出的最为根本的贡献。然而，十分可惜的是，在以往的辩证法研究中，由于缺乏对此的充分自觉，人们常常在传统的、近代哲学的视野里来理解辩证法的理论基础，或者把辩证法的理论基础归结为与人无关的"自然物质"，或者把辩证法的理论基础归结为思存关系之中的"思维"及其活动性，马克思辩证法的现代哲

---

① 《马克思恩格斯全集》第3卷，人民出版社2002年版，第319—320页。
② 《马克思恩格斯全集》第3卷，人民出版社2002年版，第320页。
③ 《马克思恩格斯全集》第3卷，人民出版社2002年版，第320页。

学意义被深深地掩蔽起来。

二、实践作为人本源性的生存方式与"人的存在"的辩证特性

实践观点是马克思哲学首要的、基本的观点,对此哲学界已达成基本共识,然而对之不少似是而非的流俗理解,使得本来充满现代哲学精神的实践观点面临退化成为经验常识化概念的危险。我们认为,"实践"所意指的乃是人"本源性"的生命存在和活动方式("本源性"既非时间上的始末亦非逻辑上的先后,而是指本体论层面的基础性),"实践"是一个与"人的存在"内在相关的生存论本体论概念:实践活动作为人本源性的生存方式,以一种现实的方式展开着"人的存在",使"人的存在"所具有的辩证本性得以充分地揭示,因而在其中蕴含着关于"人的存在"的奥秘。我们认为,只有这样理解,实践观点深刻的理论内涵才能得到充分地显示,辩证法深层的理论基础也才能切实地被确立并彰显出来。

自古以来,理解"人的存在",一直是哲学探究的最高主题,但这并不意味着它必然能找到通向"真实"和"具体"的人的存在道路,相反,以理解"人的存在"为开端,却以"人的存在"的失落为结局,乃是哲学史上屡见不鲜的现象。

之所以如此,根源就在于人特殊的生存方式。按照马克思的观点,人是一种以实践活动作为自身本源性生存方式的存在者,这一点使人具有了独特的存在特性:在实践活动中,"人的存在"绝不是摆在那里的"现成存在者",而是显示为一种"生存"过程,显示为一个矛盾的否定性统一体,显示为一个不断生成的开放流动过程,也就是说,在实践活动中,"人的存在"具有了"辩证"的本性。这种"辩证"本性,决定了对它的把握,内在地要求一种与之相应的"辩证"的理论思维方式。

以实践活动作为人本源性的生存方式,"人的存在"的这种辩证本性典型地表现为:

（1）"人的存在"具有"自相矛盾"、"二律背反"的悖论性质，这一点既体现在人与世界关系上，又体现在人内在的生命结构上。就人与世界关系而言，"人的存在"是一个由多重矛盾关系构成的开放网络，其中交织着人与自然、人与人之间既有确定区别同时又否定性统一的复杂关系，人、自然与他人，三者三位一体，密不可分，同时又相互对立和矛盾，形成了人既以自身为中心，同时又向自然、向他人开放的新型关系。就人内部生命结构而言，人的生命是一个由多重矛盾关系相互渗透、相互交错的复杂系统，自然性与超自然性、肉体与灵魂、感性与理性、有限性与无限性、自在与自为、本能与智慧、生与死……这些相互对立的两极性矛盾关系在人身上同在共存，共同构成人生命的有机环节，人的生命不存在于任何一极，而存在于这些矛盾性环节的否定性统一之中。

（2）"人的存在"拥有无限的包容性与开放性。人来自于自然，直接的就是"自然存在物"，但它生成于自然演化的巅峰，集中了存在的最高精华，人不但要与各种事物及一切对象打交道，而且通过对象化的活动还能够把它们变成自身结构的组成部分，成为"为我的存在"和"人的无机身体"。在此意义上，人实际上是一种具有"世界意义的存在"，要真正认识人，就必须认识整个世界。很显然，人的这种巨大的包容性和开放性是任何其他存在者都不具备的：人是一切，包含了一切，却又不是一切，不能把它归结为一切中的任何一种，即使认识了一切，也不等于把握了"人的存在"。

（3）"人的存在"是一种处于普遍联系之中的存在，它既处于与自然的普遍联系之中，又处于与他人的普遍的社会关系之中。就前者而言，自然是人的"无机身体"，是"人必须不断与之交往的人的身体"；就后者而言，人在对象化的活动中，总是超越个体的特殊性，成为一个普遍的、具有社会共同性的人，社会是人与自然进行交往的中介环节。因此无论从源始意义还是发展的意义上来说，人都是与整个世界融为一体的，人与世界具有一种否定性的统一关系。

（4）"人的存在"是一个不断自我否定、自我超越的历史发展过程，"否定性"与"超越性"以及由此而生的"历史性"是人生存方式的又一重大特性。人从来不是一个"现成"的、被某种前定本质所规定的存在者,它在生存论上就是"它在其能在中尚不是的东西",通过生存实践活动,不断实现自我否定和自我超越,以"是其所不是,不是其所是",并在此历史过程中"成其所是",正是人最基本的生存本性。

通过与动物存在的比较,"人的存在"所具有的上述辩证本性,将得到更加清楚地体现:

(1)动物的存在是封闭和被动的,而人的存在是开放、能动和自由的:"动物和自己的生命活动是直接同一的。动物不把自己同自己的生命活动区别开来。它就是自己的生命活动。人则使自己的生命活动本身变成自己意志的和自己意识的对象。他具有意识的生命活动。这不是人与之直接融为一体的那种规定性。有意识的生命活动把人同动物的生命活动直接区别开来。正是由于这一点,人才是类存在物……就是说,他自己的生活对他来说是对象。仅仅由于这一点,他的活动才是自由的活动"①。

(2)动物的生命活动是狭隘、片面和单一的,而人的生命活动则是全面和丰富的:"动物只生产它自己或它的幼仔所直接需要的东西"②,"只是在直接的肉体需要的支配下生产"③,而人"甚至不受肉体需要的支配也进行生产,并且只有不受这种需要的支配时才进行生产";动物"只生产自身",其产品"直接同它的肉体相联系","只是按照它所属的那个种的尺度和需要来构造"④;而人"再生产整个自然界",能够"自由地对待自己的产品",并"懂得按照任何一个种的尺度来进行生产,并且懂得处处都把内在的尺度运用到对象;因此,人也按照美的规律来构造"⑤。

(3)动物的生命活动是依赖性的,而人的生命活动则是自我超越和自我创造性的。动物自身的自然物种规定使之只能屈从生命的本能、依赖外界环境而生存,这意味着动物的行为完全由它的生命本能所支配,与此不同,人则通过实践活动把生命变成了"自我规定"的自由存在,使生命摆

---

① 《马克思恩格斯全集》第3卷,人民出版社2002年版,第273页。
② 《马克思恩格斯全集》第3卷,人民出版社2002年版,第273页。
③ 《马克思恩格斯全集》第3卷,人民出版社2002年版,第273页。
④ 《马克思恩格斯全集》第3卷,人民出版社2002年版,第274页。
⑤ 《马克思恩格斯全集》第3卷,人民出版社2002年版,第274页。

脱了自然的绝对控制和主宰而具有了自主性和自为性。

所有这一切，都充分表明，由于实践活动被理解为人本源性的生存方式，人的存在不再是一种单向的、现成的存在者，而已成为一种自我创生性的、禀赋"辩证本性"的特殊存在者，甚至可以说，人已经具有了一种与众不同的禀赋辩证本性的"存在逻辑"。

"存在方式"决定"思维方式"，"存在逻辑"决定"理论逻辑"。人独特的"存在逻辑"，内在地要求"人必须以人的方式来把握"。正是在这里，传统形而上学的知性思维方式暴露出了其根本的理论局限，而辩证法则在此确证了深层的理论合法性并确立了自身坚实的根基。

三、追求"实体统一性"的知性思维方式与"人的存在"之失落：传统形而上学的根本局限

人特殊的"存在逻辑"内在地呼唤一种与之相应的特殊的"理论逻辑"来予以把握。然而，在传统形而上学中，占据统治地位的却是一种知性思维方式或知性逻辑。这是一种遮蔽人的生存实践本性因而与人特殊的"存在逻辑"相冲突的思维方式，以它来把握"人的存在"，必然导致人的存在的抽象化。这就是传统形而上学的根本理论局限。

在哲学史上，传统形而上学所代表的是一种寻求世界的"实体统一性"的理论样式，它要追寻感性世界背后最终的超感性实体，并从这一实体出发来解释整个世界的存在。而为了通达这一终极性的实体，它所遵循的基本方法是知性逻辑，就如恩格斯所说的，"旧形而上学意义上的同一律是旧的观点的基本原理"[1]，依此逻辑所形成的哲学形态便是黑格尔所称的"知性形而上学"，它断言"思维的规定即是事物的基本规定……认为抽象的孤立的思想概念即本身自足，可以用来表达真理而有效准。这种形而上学大都以为只需用一些名词概念（谓词），便可得到关于绝

---

[1] 《马克思恩格斯选集》第4卷，人民出版社1995年版，第321页。

对的知识，它既没有考察知性概念的真正内容和价值，也没有考察纯用名言（谓词），去说明绝对的形式是否妥当"①，由此所造成的后果便是："这种形而上学便成为独断论……独断论则坚持各分离的规定，当作固定的真理"②。

不难看出，遵循这种思维逻辑，传统形而上学是根本不可能容纳矛盾性、否定性和发展性等辩证内涵的。正是由于这种原因，人们才在与辩证法相对立的意义上，把它所遵循的思维方式称为"形而上学"思维方式。

很显然，传统形而上学的思维逻辑是与人独特的存在逻辑格格不入的，以它来把握禀赋辩证本性的"人的存在"，"人的存在"必然被知性化，其辩证本性必将遭到完全抹杀：

（1）它所热衷追求的必然是"人的存在"的"实体统一性"，即寻求人存在诸现象后面某一终极、超时空、永恒在场的实体性本质，并把整个人的存在归结成这一实体性本质。

（2）为了达到对这一终极、绝对的实体性本质的掌握，它必然把人的整全存在分解开来，硬性地区分为现象与本质、暂时与永恒、变与不变等两个等级，并把前者视为多余的"假象"，而把后者视为人的最终"实在"，以实现对"人的存在"、"去伪存真"的过滤。

（3）为了实现"去伪存真"的过滤，它通常采取的方法是寻求人与物的"本质"区别，在它看来，通过人与他物的比较，抽取出与其他一切物具有根本区别而专为人所有的特征和属性，就可以把握到人的"本质属性"。

（4）为了把人与物相区别的这一"本质属性"抽取出来，它所运用的基本逻辑工具便是以"同一律"为核心的传统知性逻辑，从人区别于他物的各种属性中抽取出最"根本"的一种，把它规定为"人之为人"的最本质的规定，就等于完成了人的自我认识最为关键的环节。

（5）为了突出这一人最为本质的规定，运用传统逻辑"属加种差"的方式，给人作出一个本质性的定义和规定，就意味着达到了人的"本

---

① ［德］黑格尔：《小逻辑》，贺麟译，商务印书馆1980年版，第95页。
② ［德］黑格尔：《小逻辑》，贺麟译，商务印书馆1980年版，第101页。

真"存在,完成了对人的自我认识。

这就是传统形而上学思维方式在把握"人的存在"时所采取的一般思维"程序"。从中可以清楚看到,它所要找的是人的"原型",是人的某种"隐秘本质",这种人的"原型"和"隐秘本质",就等于"人的存在"本身。

运用这种知性逻辑,"人的存在"也必然相应地被知性化:

(1) 人成为一种"现成的存在者"而完全失去了原本具有的活生生的生命性质,人被当成一个与现成之物无区别的"客观对象",人也是一现成的"物",差别仅在于人这种"物"在某些方面具有一些特殊性,需要运用知性思维来对这一"特殊性"予以揭示。

(2) 人拥有一先天、前定、不变、永恒、同一的本质,这一本质决定着人的全部存在,"人的存在"就在于它的"本质"。因此,人的"定义"比活生生的"人的存在"更重要,人的"本质"比人的现实生存更重要。

(3) 人是一种"定性化"的、被一劳永逸地规定好的、失去了历史性、超越性和发展性的存在。既然人的生存根据在其前定"本质"中,而"本质"总是具有永恒、超感性、超时空和超历史的性质,对于无论过去、现在还是未来的人都拥有普遍有效性,那么人必然成为一种已"定性"的、被先验地"完成"了的存在,成为一种禀赋"永恒"的超历史本性的存在。

(4) 人是一种超越矛盾关系的、被清除了差异性、丰富性的单极性、单向性存在。既然在"人的存在"的诸多性质之中,有着现象与本质、变与不变、表层与深层之别,而为了获得人的"原型"和"隐秘本质",又必须在二元关系中寻求一极,来作为人之存在的根据,那么在两极之中牺牲其中一极,在二元之中虚化其中一元,就成为建构人的形象的必然选择,由此人的存在必然被蒸馏成单向、单极的抽象化幽灵。

很显然,"人的存在"所呈现出的上述形象,必然是一幅封闭、僵死和抽象的形象。知性逻辑犹如一个吞噬一切的巨大黑洞,把丰富多彩的"人的存在"简化还原为一元性的存在,要求人生命的全部内容都统统服从唯一的实体化本体的安排,人所具有的矛盾性、否定性、发展性以及所具有的与世界的普遍关联性等辩证本性都完全消失了。

至此，我们已可以清楚地看到，传统形而上学的知性思维方式是一种否定人的超越性、使人失去自由的让人"驯服"的思维方式，是一种瓦解人的生命的多重矛盾本性的单向度的思维方式，是一种无视人的"历史性"的思维方式，运用这种思维方式，不仅不能达到人的自我理解，反而失落了人的真实存在，人变成了一种与"物"没有根本区别的"现成存在者"，成为了一种失去了鲜活生命的抽象幽灵。

这充分表明，在对"人的存在"的把握上，传统形而上学存在着巨大的缺陷。要实现对"人的存在"的本体性把握，就必须突破传统形而上学的理论范式，寻求一种与"人的存在"相适应的理论逻辑，而这，就是辩证法。

四、辩证法是关于"人的存在"的自我理解学说

知性思维终结之处，正是辩证思维发挥作用的起点。马克思通过对传统形而上学的批判性改造，使辩证法真正成为了关于"人的存在"的自我理解学说。

按照知性思维方式，辩证法无疑是一种颇为"怪异"的理论逻辑。它所具有的那些"超常规"的理论特性，都是极为费解，甚至"不可理喻"的。然而，正是这种"超常规"性，体现出了辩证法在把握"人的存在"上相比于传统形而上学思维方式的巨大优越性。

辩证法的这种"超常规性"，比较突出的表现如下：

（1）按照知性思维方式，"确定性"、"清晰性"与"逻辑一致性"是一切正确认识的首要条件，就像恩格斯曾指出的，它的思维公式是："是就是，不是就不是；除此以外，都是鬼话"[①]。然而，辩证法却要求把

---

① 《马克思恩格斯选集》第3卷，人民出版社1995年版，第360页。

"矛盾"置于思维的核心，要求人们学会在"矛盾"中思考"矛盾"，认为"自相矛盾"正是辩证思维的一个根本特质。

（2）按照知性思维方式，认识对象都有其"本质"，只要掌握了本质就可以把握其存在，因此，它追求的是原生形态的存在，或者说追求的是对事物的"肯定性"理解；与此不同，辩证法从不认为有一成不变的规定，相反，它"在对现存事物的肯定理解中同时包含对现存事物的否定的理解，即对现存事物的必然灭亡的理解；辩证法对每一种既成的形式都是从不断的运动中，因而也是从它的暂时性方面去理解；辩证法不崇拜任何东西，按其本质来说，它是批判的和革命的"①，"否定性"而非"肯定性"构成了辩证法的灵魂。

（3）知性思维方式建立在主客二元对立的基础上，认识的目的在于实现对客体的操纵和控制，就如海德格尔所说的，"计算性思维"和"控制论思维"是其根本特点，与此不同，辩证法则要破解主客二元的抽象对立，超越与人相敌对的异己存在，不断推动人与世界的内在跃迁，因此，它代表着一种把人从异化中超越出来的"人文解放旨趣"，表征着一种超越狭隘功利的思想智慧。

在我们看来，辩证法的这些理论特性，所表达的正是"人的存在"的辩证本性，它是与人特殊的"存在逻辑"完全相一致的。只要把辩证法这些理论特性与上文分析的"人的存在"的辩证本性作一比较，就不难发现，二者之间具有一种内在的"同构性"：辩证法的"矛盾观"所表达的是人的生命存在的"自相矛盾"和"二律背反"本性；辩证法的否定本性所表达的是人的生命存在的"否定"本性，辩证法的人文解放旨趣所表达的是人的发展和超越本性……在辩证法的理论逻辑与人特殊的"存在逻辑"之间，有着一种内在的呼应关系。

众所周知，"对立统一"规律是辩证法的实质和核心，"可以把辩证法简要地概括为关于对立统一的学说，这样便抓住了辩证法的实质"②，而这一规律的深层根据就是人独特的生命存在。

---

① 马克思：《资本论》（节选本），人民出版社1998年版，第49页。
② 《列宁选集》第2卷，人民出版社1995年版，第412页。

在马克思看来，人的生命存在在本性上就是"对立统一"或"矛盾"的，"悖论性"或"二律背反"性是"人的存在"的固有本性，这一点既体现在人生命存在中的"自然性"与"超自然性"的矛盾关系上，也体现在人的生命存在中个性与类性的矛盾关系上。

人是自然物中的一员，这一点决定了"自然性"构成了人的重要性质，正像马克思指出的："人直接地是自然存在物，人作为自然存在物，而且作为有生命的自然存在物，一方面具有自然力、生命力，是能动的自然存在物；这些力量作为天赋和才能、作为欲望存在于人身上"①，但另一方面，人总要求超越自然的限制，通过自己创造性的实践活动去生产自己的生活资料，扩展自己的属人世界。在此意义上，"超自然性"同样是人的生命的本质要素。"自然性"与"超自然性"，这似乎正相反对的两极同时存在于人的生命存在之中，而且这种"同时存在"，绝不是一种外在的结合，而是一种内在的、否定性的统一。人对自然的"依赖"和人对自然的"超越"二者属于同一个过程，"自然的人化"与"人的自然化"二者属于同一个过程，二者之间真正是一种既"对立"又"统一"的辩证关系。

人首先是以个体的形式存在着，正如马克思指出的："人类历史的第一个前提无疑是有生命的个人的存在"②，生命的个性不能还原成"社会"性，倘若社会变成凌驾于个体之上的抽象实体，那只能意味着人失去了现实性。同时，人又是一"类性"的即"社会性"的存在，倘若完全脱离社会，个人就将成为自我封闭的"孤家寡人"而同样失去生命的现实性。这是个性与类性相对立的一面。但另一方面，二者之间又存在着深层的统一性：社会对于生命个体来说并不完全是外在的，它是每一个体的内在需要，生命的个性必需在生命的社会性之中才能实现；同时，社会性也总是个体生命的社会性，无论其存在的最终基础还是归宿，都离不开个体生命。在此意义上，个体生命与社会之间，是既"对立"又"统一"的矛盾关系。

---

① 《马克思恩格斯全集》第 3 卷，人民出版社 2002 年版，第 324 页。
② 《马克思恩格斯选集》第 1 卷，人民出版社 1995 年版，第 67 页。

人的存在的上述对立统一本性内在地要求一种与之相应的理论原则来予以把握，辩证法的对立统一规律正是与之相适应的。同样，"推动原则"和"创造原则"作为辩证法最基本的原则也只有植根于"人的存在"，才能获得充分的根据。

在马克思看来，"自我推动"和"自我创造"乃是人的存在所具有的本性，自我生成、自我敞开、自我"推动"和自我"创造"乃是实践活动，即人本源性的生命活动的题中应有之义，或者说，"自我推动"和"自我创造"正是人的生命活动的内在原则。实践活动使人得以超越其物种给予他的自然限制，使人的生命拥有了与动物进化完全不同的发展方式："整个所谓世界历史不外是人通过人的劳动而诞生的过程，是自然界对人来说的生成过程，所以关于他通过自身而诞生、关于他的形成过程，他有直观的、无可辩驳的证明。"①

人的这种"自我推动"和"自我创造"的存在本性内在地要求与之相应的理论原则来予以把握，辩证法的"推动原则"和"创造原则"正满足了这种理论需要，它以一种反思意识的形式自觉地揭示了人"自我推动"和"自我创造"的存在本性，因而与人的存在的辩证本性是完全相一致的。

最后，"否定性"作为辩证法的理论本性也只有植根于"人的存在"之中，才能得到合理的理解。

在马克思看来，实践活动作为人本源性的生命活动，在本性上就是人的生命的自我否定和自我超越性活动。人来源于自然，"自然性"是人的生命得以存在的必要前提，但实践活动以人的自然肉体生命为前提，同时又要否定和超越人的自然肉体生命，并在这种不断的否定中实现自我生成。因此，甚至可以把人的生命存在本性规定为"否定性"。在此，"否定性"意味着人的生命的自我生成和自我实现，意味着人不断地摆脱束缚，不懈地追求自由，不断地否定自身、向未来敞开自我超越的新天地。这是人区别于物的、唯有人才具有的本性，物是不具有"否定性"的，它

---

① 《马克思恩格斯全集》第3卷，人民出版社2002年版，第310页。

不能也无需"否定"自身,而人却恰恰只有在"自我否定"中才能超越自我,生成自身。

可见,在人本源性的生命存在和活动方式中,"否定性"作为辩证法的理论本性确立了自身坚实的根基。

通过以上分析,我们可以清楚看到,无论辩证法的实质和核心,还是辩证法的理论原则和理论本性等,都植根于以实践活动为本源性生存方式的"人的存在"之中。它们从各个角度充分表明:辩证法就是关于"人的存在"的自我理解学说,"人的存在"构成了辩证法最深层的理论基础,奠基于以实践活动作为本源性生存方式的"人的存在",辩证法的理论合法性获得了一种内在的巩固性和坚实性。

"思维"与"存在"的异质性与辩证法的批判本质[1]

关于辩证法的批判本质，最经典的表达无疑是马克思在《资本论》第二版"跋"中的这一段论述："因为辩证法在对现存事物的肯定的理解中同时包含着对现存事物的否定的理解，即对现存事物的必然灭亡的理解；辩证法对每一种既成的形式都是从不断的运动中，因而也是从它的暂时性方面去理解；辩证法不崇拜任何东西，按其本质来说，它是批判的和革命的"[2]。这一论述为我们理解辩证法的批判本质提供了最具根本性的思想指引。其中最引人深思之处在于：辩证法的批判本质要得到彻底的体现，有赖于从"思维"与"存在"的"统一性"优先向"思维"与"存在"的"异质性"优先[3]这一重要观念的转换。这是把握辩证法批判本质关键性的思想枢纽，值得人们深入思考。

一、理解辩证法批判本质的两种不同出发点

"思维"与"存在"的异质性，是与"思维"与"存在"的统一性相

---

[1] 原载《天津社会科学》2015年第3期。
[2] 《马克思恩格斯选集》第2卷，人民出版社2012年版，第94页。
[3] 主张思维与存在异质性的优先地位，并非否认人的认识能力，更非否定世界的可知性，人无疑能够在一定条件下获得关于"存在者"的知识。但是，与思维相对的"存在"是一个总体性概念，人的思维永远无法获得对于"存在"总体的知识。在此意义上，思维与存在的异质性构成思维与存在关系的一个根本特性。

对而言的，二者究竟何者优先，代表着理解辩证法批判本质的有着根本区别的两种出发点。

对"思维"与"存在"统一性的追求，基于恩格斯的两个基本论断。一个是恩格斯关于哲学基本问题的论断，"全部哲学，特别是近代哲学的重大的基本问题，是思维与存在的关系问题"；另一个是恩格斯关于思维与存在关系的论断："我们的主观思维和客观的世界服从于同样的规律，因而二者在自己的结果中不能相互矛盾，而必然彼此一致，这个事实绝对地统治着我们的整个理论思维。它是我们的理论思维的不自觉的和无条件的前提。"[1] 第一个论断把"思维"与"存在"关系置于哲学的"拱顶石"地位，赋予了其特殊的重要意义，第二个论断又进一步把"思维"与"存在"二者的"服从于同样的规律"和"彼此一致"视为理解"思维"与"存在"关系的核心内容和主导原则，这即是说，"思维"与"存在"的统一性是理解思维与存在关系，解决二者矛盾的基本条件，因而也是一切真正的理论思维必须遵循和服从的"无条件的前提"。

很显然，在这种理解中，思维与存在的统一性被置于一个优先的地位，辩证法要解决的根本问题于是被设定为：如何克服"思维"与"存在"的异质性，超越由这种"异质性"所造成的"矛盾"，以实现"思维"与"存在"的统一？按照这种理解，"主观"的思维与"客观"的存在在"表现形式"上是"异质性"的，而在"内容"和"逻辑"上是"同一的"，由此形成了"主观"与"客观"两个系列之间的矛盾。"客观"存在是运动、变动的，遵循着"自在辩证法"，而人的思维用来把握和表达"客观世界"的"概念"则具有"凝固性"和"僵化性"，"主观"的思维要把握"客观"的存在，就必须克服概念的凝固性和割裂性，使"概念"流动起来，以使之与运动变化的客观世界相一致。

很显然，以这种理解为根据，辩证法所要探讨的即思维如何发挥自己的能动性，以实现与存在的统一；辩证法的使命不是解决自在的客观世界如何存在（这是实证科学的任务），而是解决认识论的基本问题即思维与

---

[1] 《马克思恩格斯全集》第20卷，人民出版社1971年版，第610页。

存在的统一,"只有在对思维和存在的关系的肯定理解中同时包含否定的理解,把思维和存在的统一理解为'不断的运动'过程,才能构成辩证法的理论思维方式"①。而在思维与存在的矛盾关系中,思维是具有能动性和超越性的一方,发挥思维的这种辩证能力,以一种自为的方式超越思存的对立,去把握客观的、自在的存在,从而实现思维与存在这一基本矛盾的否定性统一,构成了思维辩证活动的基本原则。

从这种理解出发,辩证法的批判性究竟体现在什么地方呢?比较有代表性的观点是:"以思维与存在的关系问题为基本问题的哲学,本质是对理论思维前提的自觉反思,也就是把思维与存在的统一性作为反思的对象来考察;关于世界观矛盾的辩证法理论,就是研究理论思维前提的内在矛盾,而辩证法理论之所以在本质上是批判的,就在于它是对理论思维的前提批判","辩证法理论之所以在本质上是'批判的',也同样是因为它所指向的是理论思维的'不自觉的和无条件的前提'。没有对思维与存在关系问题的批判反思,不把这种批判反思指向理论思维的'前提',就无法揭示出蕴含在人类全部活动之中的'不自觉的和无条件的'前提,也就没有作为世界观理论的辩证法的理论思维方式,因而也就没有辩证法"②。这即是说,辩证法的批判本质正体现在对思维与存在的统一性这一理论思维前提的追问与反思中,并因此形成了自身独特的问题域:"思维与存在统一的根据何在?思维所表达的存在是不是自在的存在?思维怎样实现与存在的统一?思维与存在统一的现实基础是什么?存在的规律怎样用思维的概念运动来表达?人类的知、情、意在思维与存在的关系中如何统一?"③通过对这些问题的"前提性追问",哲学的批判本性得以充分的显现和落实。

从上述讨论可以清楚地看出,这种对辩证法批判本性的理解完全是围绕着"思维与存在的统一性"这一"无条件的前提"而展开的,换言之,这一"无条件的前提"构成了辩证法的批判功能得以发挥的支点、出发点

---

① 孙正聿:《哲学通论》,辽宁人民出版社1998年版,第339页。
② 孙正聿:《理论思维的前提批判》,辽宁人民出版社1997年版,第13、17页。
③ 孙正聿:《理论思维的前提批判》,辽宁人民出版社1997年版,第11页。

和归宿。与上述阐述不同，还存在另一种理解方式，即不把思维与存在的统一性视为辩证法批判本性的出发点。相反，它把思维与存在的"异质性"的优先性作为理解和阐发辩证法批判本性的基点。

按照这种理解方式，把思维与存在的统一性作为辩证法批判本性的出发点，实质上恰恰建立在对这一出发点本身非批判的基础上，思维与存在的统一性不仅不能当成"无条件的前提"，相反，它本身恰恰是需要反思和解构的教条；不是二者的统一性，而是对这种统一性的否定以及由此对思维与存在异质性的捍卫，构成了辩证法批判本性的深层根据。

以思维与存在的异质性而非统一性为辩证法批判本性的出发点和深层根据，所要彰显的思想旨趣是：辩证法在根本上是一种"非同一性"思维，任何试图追求并宣称达到了思维与存在统一性的理论思维和意识形式都是独断和僭妄，消解和解构一切总体化和统一性的意识形态的幻觉，捍卫生活和思想的多样性与丰富性，是辩证法批判精神最为根本的体现。

按照这种理解方式，在思维与存在的关系中，二者的"异质性"拥有比"同一性"和"统一性"更为优先、首要和根本的地位。它的基本理论是："思维"永远无法达到对"存在"的总体性与整全性把握，无论是形式还是内容，二者都具有无法"统一"起来并实现"同一化"，思维与存在这两个系统服从于"不同的规律"，而且在结果中不可避免地发生"矛盾"。自觉到这种异质性，揭示并捍卫思维与存在之间的这种矛盾性和非同一性，并因此对一切试图抹杀和遮蔽这种异质性、矛盾性和非同一性的抽象的同一性观念和同一性力量保持警醒、反省和质疑，这是辩证法的批判性成为可能的深层根据。

与前一种理解不同，这种理解方式对于异质性、非同一性、矛盾性等的态度发生了一个根本性的转变。如果说前者把统一性和同一性视为思维与存在关系的出发点和归宿[①]，那么，后者则把异质性和非同一性视为思

---

① 虽然它也承认在实现这种统一性和同一性的过程中，会经历"曲折"和"磨难"，会存在"矛盾"和"冲突"，但是，"矛盾"和"冲突"代表着思维与存在的非理想状态，它们的价值在于其都是通向"统一"和"同一"的中介和桥梁，克服"矛盾"和"冲突"，实现思维与存在的统一，获得二者"遵循同一规律"的自觉，是在思维与存在关系问题上最高的追求目标。

维与存在关系的出发点和归宿，它承认追求思维与存在的统一性是人的思维难以避免的自然倾向，但是，这种自然倾向并不等于思维具有充分的能力可以达到这一目标，相反，思维与存在之间永远存在着不可克服的异质性和非同一性，任凭思维追求与存在统一的自然趋向的指引而不加批判，将使人的理性陷入自欺欺人的幻觉和独断。因此，对思维与存在的异质性和非同一性的自觉澄清和捍卫，正是哲学的重大使命，也是辩证法批判性的最根本表现。

在现当代哲学中，对辩证法的这种批判本性表达得最为充分的无疑是阿多诺及其"否定辩证法"。阿多诺明确指出："传统思维的错误在于把同一当作目标……把同一性定义为自在之物与其概念的符合，这是罪孽"[1]，同对思维与存在的统一性的追求相反，"对真正的哲学来说，和异质东西的联系实际上是它的主旋律"。哲学的这种"主旋律"集中地体现在辩证法上。他认为，在思维与存在、概念与对象、主观与客观的关系中，前者永远不可能达到对后者的总体性把握："概念不能穷尽被表达的事物"[2]，因此，思维与存在之间存在着无法终结的"矛盾"，而"矛盾"在根本上就是"非同一性"，"矛盾"与"非同一性"服从同样的规律，消解"非同一性"，意味着矛盾的消解，同时也意味着辩证法的死亡。如果说以往以柏拉图、黑格尔为代表的辩证法向往某种"超矛盾的东西"并试图"通过否定来达到某种肯定的东西"，那么，"否定的辩证法"不是"倾向于每一客体和其概念之间的差异中的同一性，而是怀疑一切同一性；它的逻辑是一种瓦解的逻辑"[3]，对思维与存在这两个系列之间的异质性始终如一的自觉，是辩证法的批判性精神得以彻底贯彻和落实的基本前提。

通过以上分析，我们可以看出，以思维与存在的统一性还是以二者的异质性为出发点，代表着对于辩证法批判本质的两种不同理解路径。在这两种不同的出发点中，究竟何者更能彰显辩证法的批判本质，是值得我们深思的重大课题。

---

[1] [德]阿多诺：《否定的辩证法》，张峰译，重庆出版社1993年版，第146—147页。
[2] [德]阿多诺：《否定的辩证法》，张峰译，重庆出版社1993年版，第2页。
[3] [德]阿多诺：《否定的辩证法》，张峰译，重庆出版社1993年版，第142页。

二、思维与存在的统一性观念与辩证法的"反辩证法倾向"

如前所述,思维与存在的统一性追求有一个最为基本的假设,那就是思维与存在这两个系列在根本上服从和遵循着同样的规律,二者在"内容"上是"同质"的,仅在"形式"上存在矛盾和差异,这种矛盾和差异是实现思维与存在统一的障碍,因此,重要的问题是破除这一障碍,以实现思维与存在的统一。对于辩证法来说,这一前提是"无条件的"、"不容置疑"的,辩证法的反思和批判就是要在承认这一前提无须反思的条件下,对各种具体理论思维形式中这一前提统一的方式、路径、基础等进行批判性反思,辩证法的批判本质正彰显于这种批判性反思活动之中。

但从思维与存在的异质性优先的立场出发,对它所提出的一个最为根本的问题是:这一"无须反思"的、"无条件"的前提果真具有不容置疑的合法性与合理性吗?思维与存在的统一性果真具有"天经地义"的必然性和客观性?首先需问及的是,思维与存在二者服从"同样的规律",这"同样的规律"究竟意指什么?二者是如何在此"同样规律"的基础上实现这种"统一"的呢?对此问题,把思维与存在的统一性视为"无条件前提"的立场始终缺乏有说服力的澄清与阐释。思维与存在所服从的同样的规律,究竟是"客观的物质规律",抑或"主观的精神规律",或者是超越主观和客观之外的,同时兼具二者属性并能把二者统一在一起的超人"实体"?

对于法国一些唯物主义者来说,思维与存在所服从的"共同规律"是"自然物质"的因果规律,他们把机械力学的规律放大为整个世界的普遍规律,无论是物理、化学、生物还是精神的存在,无论主观的思维还是客观的存在,都服从于"同样的规律",它们在结果中"不能相互矛盾",客观世界是一部巨大的机器,人不过是一部更为复杂的机器,以机械因果必然性为基础,以"自然的齐一性"为根据,思维与存在实现了统一。

对于彻底的经验主义和彻底的唯理主义来说，思维和存在二者所服从的"共同规律"是认识规律。区别仅在于彻底的经验主义者把认识过程的"经验"环节既视为知识的来源，也视为存在的确证，贝克莱的"存在即是被感知"把经验的感知与存在等同起来，所表达的正是彻底的经验主义者对于思维与存在服从于"同样的规律"的特殊理解，而唯理主义则把认识过程的"理性"环节视为知识的来源和存在的确证，认为二者服从"同样的理性规律"且在"结果中不能相互矛盾"。

对于以黑格尔为代表的"绝对唯心主义"而言，思维与存在所服从的"共同规律"是作为"绝对"的客观精神的运动规律，"绝对精神"既作为"实体"，同时又作为"主体"，是思维与存在的共同本质和灵魂，也是二者内在统一的基础。只有"绝对精神"才超越了思维与存在的异质性与矛盾，克服了二者的两极对立和二元论，实现了思维与存在的"辩证的统一"。

当今天人们强调思维与存在服从"同样的规律"的时候，我们所说的"同样的规律"与上述三种立场究竟有什么不同和区别？很显然，上述三种答案中，经验主义与唯理主义的观点在马克思主义哲学的谱系中是难以接受的，因为它们代表着"唯心主义"观点。法国唯物主义由于其机械的、非辩证的形而上学缺陷，因而也不能为人所接受。黑格尔哲学对"思维与存在的统一采取了唯心主义的头足倒置的形式"①，这一点自然也无法为马克思主义哲学所认同。那么，我们所说的"同样的规律"是何种规律？

恩格斯在《自然辩证法》中提供了对此问题的经典答案。在表述"我们的主观思维和客观的世界服从于同样的规律，因而二者在自己的结果中不能相互矛盾，而必然彼此一致，这个事实绝对地统治着我们的整个理论思维。它是我们的理论思维的不自觉的和无条件的前提"这一观点之后，恩格斯对上述问题给出了自己的回答，他认为，这一"同样的规律"就是辩证法的普遍规律："辩证法的规律无论对自然界和人类历史的运动，或者对思维的运动，都一定是同样适用的。这样的规律可以在这三个领域的

---

① 《马克思恩格斯选集》第4卷，人民出版社1995年版，第364页。

两个中，甚至在所有三个领域中被认识出来，只有形而上学的懒汉才不明白他所看到的是同一个规律。"① 接着，恩格斯从几何学、物理学、化学等自然科学中列举了大量实例，证明辩证法规律，即质量互变规律、对立统一规律与否定之否定规律乃是思维与存在必须服从的共同的客观规律。

不难看出这一回答的基本逻辑：整个世界都遵循着辩证法的基本规律，思维与存在虽然在表现形式上有所不同，但二者都是"世界"的组成部分，因而必然服从"同样"的客观的辩证规律。辩证法的规律作为放之四海而皆准的普遍规律无论对于主观的思维还是客观的存在，都具有不可违背的约束力，因而在其"结果中不能相互矛盾"。

很显然，这种对"同样规律"的理解，所代表的正是我们自20世纪80年代以来学者们深入进行批判性反省的本体化的哲学思维方式。近30年来，学者们已经十分透辟地指出，这种思维方式所造成的重要后果是"哲学失去了主体意识，失去了固有的理想性质，失去了理论思维方法的特点，变成了与实证科学没有本质区别的单纯追求客观知识的理论。它的基本特征是完全脱离开人和人对客体世界的关系去研究存在和存在运动的规律。它研究人的认识活动、实践活动，也只是把它当作与自然对象同样的客体，从它的自然过程去研究它的本性和规律"②。这种本体论思维方式构成了传统教科书体系的核心和基石。深入揭示这种思维方式的理论独断性和教条主义弊病，已成为推动当代中国马克思主义哲学观念变革和思想解放的极为重要的问题意识。

上述后果是坚持以思维与存在的统一性作为理解辩证法批判本质出发点的人们始料不及的。对此，人们将会反驳：我们强调的是在思维与存在的矛盾关系中，通过发挥思维的能动性，克服概念思维的僵化性与凝固性，使主观的思维在其辩证运动中与客观存在的"自在辩证法"实现统一，在此意义上，强调思维与存在的统一，并非要以普遍的、客观的辩证规律"统一"整个世界，而是要把辩证法理解为认识如何把握存在的认识论。然而，这一回答仍然面临以下两个理论困难：

---

① 《马克思恩格斯选集》第4卷，人民出版社1995年版，第365页。
② 《高清海哲学文存》第3卷，吉林人民出版社1996年版，第41—42页。

第一，如何证明"自在辩证法"的理论合法性？"自在辩证法"是上述辩证法理解模式的一个基本设定。然而，在这种设定中，未曾反思的是：断言"自在辩证法"存在的根据究竟何在？在我们意识之外的客观世界遵循着辩证规律这一设定是如何可能的？人们在这一点上已经达成基本共识：经过近代"认识论转向"之后，任何未经认识论反思的"直接断言世界"都将难以摆脱独断的指控。"自在辩证法"的设定如何能够逃离这一指控？如果承认认识论转向的重大成果，那么，它必然又必须面对海德格尔曾概括的"主体中心困境问题"："这个进行认识的主体怎么从他的内在'范围'出来并进入'一个不同的外在的'范围？认识究竟怎么能有一个对象？必须怎样设想这个对象才能使主体最终认识这个对象而不必冒跃入另一个范围之险？"①"自在辩证法"设定完全回避和取消了这一问题，只是"理所当然"地"相信"和"断言"客观世界遵循着"自在辩证法"，其初衷无疑是为了维护素朴唯物主义的直觉信念，却在根本上落入了缺乏哲学反省深度的独断。

第二，思维与存在的统一性如何获得证明和确认？既坚持"自在辩证法"的存在，同时又强调发挥思维的能动性，主张通过概念的创造性与自为运动克服主观与客观的矛盾，实现思维与存在的统一，这种观点中始终没有自觉澄清的是：主观的思维与客观的存在究竟是如何统一的？如何能够证明这种统一性？这一问题，实际上是哲学史上的一切"符合论"真理观都面临的共同挑战。海德格尔曾指出，如果不先行澄清认识本身的存在方式，主观与客观两个异质性的东西之间的"符合"关系是不可能得到证明的："如果符合的意义是一个存在者（主体）对另一个存在者（客体）的肖似，那么，真理就根本没有认识和对象之间相符合那样一种结构"②。马克思在《关于费尔巴哈的提纲》中，也指出："人的思维是否具有客观真理性，这不是一个理论的问题，而是一个实践的问题。人应该在实践中

---

① ［德］海德格尔：《存在与时间》，陈嘉映、王庆节译，生活·读书·新知三联书店2006年版，第69页。
② ［德］海德格尔：《存在与时间》，陈嘉映、王庆节译，生活·读书·新知三联书店1987年版，第263页。

证明自己思维的真理性,即自己思维的现实性和力量,自己思维的此岸性。关于离开实践的思维的现实性或非现实性的争论,是一个纯粹经验哲学的问题"①。海德格尔和马克思的观点都深刻地说明:以抽象的主客二元框架为前提,是无法确证思维与存在的"统一"的。在哲学史上,为了证明这种统一性,或者表现为以"思维"统一"存在"的观念主义,或者表现为以"存在"统一"思维"的旧唯物主义,或者用"无人身的理性"统一思维与存在的绝对唯心主义,等等,实际上都已充分显现在此问题上的困境。人们对哲学史上的这些立场持拒斥态度,一方面要承认客观存在所遵循的"自在辩证法",另一方面又要承认主观思维的"自为辩证法"。然而,由于它无法证明和确证二者的统一性,其结果必然陷入难以克服的二元论。

对于把思维与存在的统一作为辩证法批判本质的出发点的观点来说,上述理论困难很显然是其没有充分自觉并切实面对的。然而,一旦这些理论困难被揭示,它的非批判的独断性就凸显在人们面前。以这种非批判的独断性为根据,去阐发辩证法的批判本质,其结果必然是与辩证法的批判本质背道而驰的。

三、思维与存在的异质性与辩证法的批判本质

以思维与存在的统一作为"无条件的前提",阐发辩证法的批判本质,其结果恰恰导致辩证法的批判本质被窒息。要克服这一困境,必须放弃思维与存在统一性教条,自觉到二者的异质性。

关于思维与存在的异质性,黑格尔作为辩证法的重要代表曾有过深刻的讨论。他对知性形而上学的批判,实质就是对思维与存在异质性的阐明。他说道:"康德以前的形而上学认为思维的规定即是事物的基本规定,根据这个前提,坚持思想可以认识一切存在,因而凡是思维所想的,本身就是被认识了的"②,把"思维的规定"视为"事物的基本规定",即认为

---

① 《马克思恩格斯选集》第1卷,人民出版社2012年版,第137—138页。
② [德]黑格尔:《小逻辑》,贺麟译,商务印书馆1987年版,第95页。

思维与存在遵循着"同样的规律",二者具有"统一"的关系。黑格尔认为这种形而上学必然陷入"独断论",因为在黑格尔看来,"存在"是"大全",是"绝对",试图以有限的思维规定把握无限的"存在",其结果必然把片面的知性规定视为固定的真理,从而导致"非此即彼"的独断。黑格尔深刻地指出了传统形而上学坚执"思维与存在"同一性教条所存在的深层缺陷,在这一点上,他与康德有着共同的旨趣。但是,黑格尔并没有真正摆脱传统形而上学的思维方式,传统形而上学的理论内核,即"同一性思维"仍然构成其哲学的底色,差别仅在于,他理解的"同一性"是包含"多样性"的"同一性","普遍性"是包含着"特殊性"的"普遍性"。哈贝马斯十分中肯地指出:"他(指黑格尔——引者注)最终革新了形而上学的同一性思想……把普遍同一性概念真正付诸实现。"① 就此而言,以"革新"的方式把"普遍同一性概念"付诸实现,并没有放弃"同一性概念",恰恰是"同一性概念"的完成和彻底化。这里的"同一性概念",最为根本和核心的就是思维与存在的同质性或同一性观念。黑格尔曾这样论述道:"就存在作为直接的存在而论,它便被看成一个具有无限多的特性的存在,一个无所不包的世界。这个世界还可进一步认为是一个无限多的偶然事实的聚集体(这是宇宙论的证明的看法),或者可以认为是无限多的有目的的相互关系的聚集体。如果把这个无所不包的存在叫做思维,那就必须排除其个别性和偶然性,而把它认作一普遍的、本身必然的、按照普遍的目的而自身规定的、能动的存在。这个存在有异于前面那种的存在,就是上帝。"② 在此,黑格尔区分了两种存在,一种是作为"无限多的特性的存在",另一种则是作为"思维"的存在,在他看来,只有后者才是真正的存在,它构成一切存在的灵魂和生命。黑格尔的辩证法以批评思维与存在的"抽象同一性"为开端,却最终仍然落入了二者同质性的形而上学窠臼。

黑格尔辩证法的这一深层缺陷使他难以逃脱马克思所说的"非批判的实证主义和非批判的唯心主义"这一理论后果。破解思维与存在的同质性

---

① [德]哈贝马斯:《后形而上学思想》,曹卫东译,上海译文出版社2001年版,第151页。
② [德]黑格尔:《小逻辑》,贺麟译,商务印书馆1987年版,第135页。

教条，肯定二者无法被"统一"起来的异质性，是辩证法的批判本质得以充分实现的重大前提。

以思维与存在的异质性为前提，辩证法的批判性集中体现在对一切试图成为终极话语霸权和最高真理的"同一性"话语的警惕、解构和消解上。如前所述，思维与存在的统一性教条所代表的是思维企图把握"无条件的总体"的野心。辩证法自觉到这种野心所包含的僭妄以及因此造成的严重后果，揭穿一切以"绝对真理体系"面目出现的思想独断，暴露其有限性，从而解除其对于人的思想和生活的强制性束缚和压迫，构成辩证法批判本质的根本旨趣。

马克思哲学的辩证法对思维与存在异质性的自觉，根植于生活实践的观点。马克思明确说道："思想本身根本不能实现什么东西。思想要得到实现，就要有使用实践力量的人"①，"意识在任何时候都只能是被意识到了的存在，而人们的存在就是他们的现实生活过程"②，"不是意识决定生活，而是生活决定意识"③。这一基本观点意味着，与思维和意识相比，实践活动与现实生活具有更为本源和优先的地位，任何思想体系和理论都无法把现实生活与生活实践囊括其中，达到对现实生活和生活实践的总体性把握。与生活实践与现实生活的无限性与丰富性相比，任何思想体系与理论构想都是"片面"的；与生活实践和现实生活的"异质性"相比，任何思想体系和理论构想都是"单一"和"同一性"的；与生活实践和现实生活的"历史性"相比，任何思想体系和理论构想都是"非历史性"的；与生活实践和现实生活的开放性与生成性相比，任何思想体系和理论构想都是"封闭"和"凝固"的。"片面"的、"同一性"的、"非历史性"的、"封闭"和"凝固"的思想体系和理论构想永远无法与丰富、异质、历史性和不断生成的生活实践和现实生活实现"同一"。不仅如此，生活实践和现实生活的优先性表明：必须彻底放弃以思想体系和理论构想统一"人们的存在"，即"实际生活过程"的野心和幻觉。

---

① 《马克思恩格斯文集》第 1 卷，人民出版社 2009 年版，第 320 页。
② 《马克思恩格斯选集》第 1 卷，人民出版社 1995 年版，第 72 页。
③ 《马克思恩格斯选集》第 1 卷，人民出版社 1995 年版，第 73 页。

然而，马克思哲学同时又充分地意识到，在不同历史阶段，试图从某种思想体系和理论原则出发强制性地"统一"并控制人们现实生活，将是难以避免和根除的历史现象。马克思把这种现象称为"意识形态的假象"，其特点在于把"特殊利益说成是普遍利益，或者把'普遍的东西'说成是统治的东西"①。消解这种把"思维"与"存在"强制性地统一起来的"意识形态假象"，防止和抵御现实生活被抽象观念所侵蚀和控制，成为辩证法彰显其批判本性的重大旨趣。

在马克思的著作中，这种对辩证法的理解和运用体现在方方面面。我们可以用马克思对"国民经济学"的批判作为范例具体说明马克思对辩证法批判本质的这种理解。在"政治经济学的方法"这一节中，马克思这样批判黑格尔："黑格尔陷入幻觉，把实在理解为自我综合、自我深化和自我运动的思维的结果，其实，从抽象上升到具体的方法，只是思维用来掌握具体并把它当作一个精神上的具体再现出来的方式。但决不是具体本身的产生过程。"②在这里，马克思明确把用来掌握具体的"思维"与"具体本身的产生过程"即"存在"区别开来，认为黑格尔的"幻觉"就在于认为"实在"与"思维"遵循着"同样的规律"并因此具有同质性和统一性。在马克思看来，这同样是"资产阶级政治经济学"的幻觉，即"它把私有财产在现实中所经历的物质过程，放进一般的、抽象的公式，然后把这些公式当作规律"③，把自身"发现"的"理论规律"视为"客观存在"的规律，认为二者具有"同一性"。以此为根据，它必然会把这一规律视为不可超越的"科学真理"而使之永恒化和终极化。"国民经济学"的"意识形态幻觉"使之无法在"对现存事物的肯定的理解中同时包含对现存事物的否定的理解，即对现存在事物的必然灭亡的理解"，因而它在实质上站在"私有财产的立场"上，表述着"异化劳动的规律"。在此意义上，马克思对"国民经济学"的批判就是要揭穿"思维"与"存在"之间具有同一性这一意识形态的幻觉，为无法被"思维"所容纳

---

① 《马克思恩格斯选集》第1卷，人民出版社1995年版，第101页。
② 《马克思恩格斯全集》第46卷上册，人民出版社1979年版，第38页。
③ 《马克思恩格斯全集》第3卷，人民出版社2002年版，第266页。

和主宰的现实生活开辟自由空间。

以生活实践为根据，破解思维与存在的同一性观念，彰显辩证法的批判本质，蕴含着这样一种深层信念：任何试图建立一个自足完备的永恒、终极的系统，并把系统的"他者"消解并同化为一体并由此消除系统的矛盾的形而上学努力都是对人的理性能力的僭越。通过对这种僭越的自觉反思与批判，消解一切总体化和绝对化的理性幻觉，捍卫人类思想的创造性、自由性与丰富性，正是辩证法批判本质的集中的体现。

这种信念包含相辅相成的两个方面的意蕴。一方面，它自觉意识到，由于生活实践和现实生活的无限丰富性、历史性和开放性，决定了人的思维永远不可能达到对"存在"的总体性认识，二者永远不可能遵循着"同样的规律"，因此，思维与存在的"统一"既无必要，也无可能；另一方面，它又自觉意识到，人的理性又总是难以避免地试图超越理性的界限，去追求对"无条件总体性存在"的终极把握，以实现"思维与存在"的统一。正如康德所深刻地指出的，这是人的理性的"自然倾向"，其旨趣在于把"理性看作在原理之下获得知性的规则的统一性之一种能力。据此，理性就绝不直接致力于经验或任何对象，而是致力于知性，为的是通过概念而给知性的杂多知识以一种验前的统一性，这种统一性可以称为'理性的统一性'"①，这即是说，试图获得对绝对的"无条件存在"的把握，是理性的"自然本能"。这两个方面，正构成人的理性悖论性的双重属性。这一悖论性的双重属性，要求人们对人的思维的"自然趋向"保持充分的警醒，从而避免人的思维陷入自我欺骗的幻觉。康德曾深刻地指出，试图通过理论理性去获得关于存在本身的普遍性原理，实质上是把"有限"当成了"无限"，其结果必然导致"先验幻象"和自相矛盾，认为要避免这种"幻象的逻辑"，必须通过对纯粹理论理性的批判，自觉意识到其限度与范围，防止其僭越。马克思比康德更为深刻的地方在于，他把生活实践确立为理性的界限，宣布了一切试图以思维"统一"人们的"现实生活过程"的形而上学欲望的无效。

---

① ［德］康德：《纯粹理性批判》，邓晓芒译，华中师范大学出版社2000年版，第321页。

在此意义上，辩证法彻底的批判精神就是一种对人的思维的悖论与界限保持充分的警醒并对一切遮蔽和僭越这一悖论和界限的倾向进行自觉抵御的精神。当马克思强调辩证法"对每一种既成的形式都是从不断的运动中，因而也是从它的暂时性方面去理解"、"辩证法不崇拜任何东西"时，所鲜明体现的正是这种精神。

以思维与存在的异质性为前提，辩证法真正克服了一切独断论和教条主义的束缚，真正成为一种推动思想解放与人的解放的力量。在此，辩证法的理论姿态是否定性的，然而，在这种否定性的姿态背后，所蕴含的正是抛弃一切话语霸权和思想独断，"对思想说是"、"对生活说是"、"对未来说是"的深层动机，即要把捍卫的自由本性、现实生活的丰富和创造本性并因此为人面向未来的自我超越开辟空间，视为辩证法最为重大的思想关怀。

辩证法与实践理性[①]

辩证法是马克思哲学的重要组成部分。从当代社会生活所面临的深层矛盾出发，寻求辩证法纵深推进的生长点，拓展辩证法的思想视野，是深化辩证法研究的关键。在此方面，我们所面临的一个重大课题是超越理论理性层面的辩证法理解模式，把辩证法把握为奠基于社会生活的"实践理性"。只有这样，辩证法才能够寻找到与现时代社会生活的结合点，并成为内在于生活实践并推动生活实践的思想力量。

一、理论理性层面的辩证法及其内在困境

这里所谓"理论理性"，又可称"思辨理性"，是指区别于实践理性的、以认识世界总体和终极存在等形而上学对象为目标的理性，按照康德的说法，就是试图"不依靠任何经验而独立去求得一切知识"[②]的理性。它具有两个基本特点：第一，它是一种以理论认识和思维能力为中心的理性；第二，它认为理论认识具有把握世界总体和终极存在的无限力量。在此意义上，康德又把理论理性称为"原理的能力"[③]，即能够获得最具普遍性和最高解释力的知识的能力。

在哲学史上，辩证法长期以来一直在上述理论理性层次上获得自身的

[①] 原载《天津社会科学》2009年第5期。
[②] ［德］康德：《纯粹理性批判》，韦卓民译，华中师范大学出版社2000年版，第6页。
[③] ［德］康德：《纯粹理性批判》，韦卓民译，华中师范大学出版社2000年版，第319页。

主题和内涵。柏拉图被认为是辩证法的真正创立者,黑格尔说道:"在古代,柏拉图被称为辩证法的发明者。就其指在柏拉图哲学中,辩证法第一次以自由的科学的形式,亦即以客观的形式出现而言,这话的确是对的。"① 柏拉图的辩证法有两个突出特点:第一,在他那里,辩证法与存在论,即其"理念论"是内在地结合在一起的,辩证法所要做的乃是"不用眼睛和其它的感官,跟随着真理达到纯实在本身"②,这就是说,辩证法在实质上就是关于"存在本身"的科学。第二,辩证法是与人的理性认识能力相对应的领域。柏拉图把人的认识能力从低向高区分为"想象"、"信念"、"理智"与"理性"四个层次,四者之中只有理性才完全以"存在本身"为目标,这是"逻各斯本身凭着辩证的力量而达到的那种知识"③。因此,"理性"的领域就是辩证法所特有的领域,它完全超越了感性世界而以超感性的理念世界为皈依,正如黑格尔所指出的那样:"柏拉图的研究完全集中在纯粹思想里,对纯粹思想本身的考察他就叫辩证法"④。黑格尔被公认为是传统辩证法的集大成者,他这样规定辩证法:"思维自身的本性即是辩证法"⑤,"辩证法是现实世界中一切运动、一切生命,一切事业的推动原则"⑥。这清楚地告诉我们:他的概念辩证法所要解决的在根本上是"存在论"或"本体论"的问题⑦。在他这里,所谓"思想"不是康德意义上的主观思想,而是"思维与存在相统一"的"客观思想",是作为一切感官对象内在本质的"客观理性","思想的真正客观性应该是:思想不仅是我们的思想,同时又是事物的自身,或对象性的东西的本质"⑧。黑格尔把"本体"即"客观精神"、"主体化",赋予了其能动发展的本质,因此,世界本体是一个"客观理性"和"客观思想"不断分

---

① [德] 黑格尔:《小逻辑》,贺麟译,商务印书馆1980年版,第178页。
② [古希腊] 柏拉图:《理想国》,郭斌和等译,商务印书馆1986年版,第306页。
③ [古希腊] 柏拉图:《理想国》,郭斌和等译,商务印书馆1986年版,第270页。
④ [德] 黑格尔:《哲学史讲演录》第2卷,贺麟等译,商务印书馆1960年版,第204页。
⑤ [德] 黑格尔:《小逻辑》,贺麟译,商务印书馆1980年版,第51页。
⑥ [德] 黑格尔:《小逻辑》,贺麟译,商务印书馆1980年版,第177页。
⑦ 对此的详细讨论,参见贺来:《辩证法的生存论基础》第二部分,中国人民大学出版社2004年版。
⑧ [德] 黑格尔:《小逻辑》,贺麟译,商务印书馆1980年版,第120页。

化和综合、不断自我矛盾和自我否定的"精神活动性",因此,合理的"本体"观念只能是"辩证"的,辩证法就是合理的本体观念的展开,"本体"构成了辩证法的"体",辩证法构成本体的"用",二者须臾不可分离。可以清楚地看到,无论柏拉图还是黑格尔,都把辩证法视为运用哲学的理论思维把握世界的"最终实在"的学说,都体现着把理论理性绝对化和无限化的立场。

辩证法把理论理性绝对化与神圣化,是为了以一种理论的方式解决"有限的知性思维"规定与"无限的终极实在"之间这一哲学的重大矛盾。黑格尔明确指出,辩证法的对象是"自由、精神和上帝"①,是"大全",如"灵魂、世界、上帝,本身都是属于理性的理念,属于具体共相的思维范围的对象"②,对于这一无限的终极实在,传统知性形而上学试图用有限的、孤立的思维规定去认识和把握,其特点"在于以抽象的有限的知性规定去把握理性的对象,并将抽象的同一性认作最高原则"③,其结果必然陷入两极对立、非此即彼的独断论。因此,"有限"的知性思想规定与"无限"的形而上学实体之间存在着一种深层的矛盾。为了解决这一矛盾,黑格尔试图通过赋予"理性"以无条件的能动性与自由性,来超越和否定"有限知性规定",以通达"无限"的"绝对"和"大全"。理性既包含知性,同时又超越知性,既包括有限,同时又超越有限,因而它是"有限"与"无限"的内在统一,各个环节的必然性与全体的自由性、有限的知性规定与无限的实体的矛盾,在其中实现了辩证的和解。辩证法作为理性的自我意识,由此成为"关于理念或绝对的科学"④。

这种对辩证法的理解所遇到的根本挑战就在于,它赖以成立的基本前提,即对理论理性的无限性信念是否具有充分的根据?在马克思之前,康德就曾通过"理性批判",获得了这样的洞见:试图通过理论理性去获得关于存在本身的普遍性原理,实质上是把"有限"当成了"无限",其结

---

① [德] 黑格尔:《小逻辑》,贺麟译,商务印书馆1980年版,第47页。
② [德] 黑格尔:《小逻辑》,贺麟译,商务印书馆1980年版,第99页。
③ [德] 黑格尔:《小逻辑》,贺麟译,商务印书馆1980年版,第109页。
④ [德] 黑格尔:《小逻辑》,贺麟译,商务印书馆1980年版,第56页。

果必然导致"先验幻象"和自相矛盾。在此意义上,康德把理论理性意义上的辩证法称为"幻象的逻辑",认为要避免这种"幻象的逻辑",就必须通过对纯粹理论理性的批判,自觉意识到其限度与范围,防止其僭越,并承认实践理性相对于理论理性的优先地位,自觉意识到"自在之物"不应是理论理性的对象,而应是实践理性的对象。

但康德所说的实践主要局限于"道德实践",因此他虽然强调实践理性优先于理论理性,但并没有真正能够实现从理论哲学向实践哲学的转向。在马克思看来,实践不仅是一种道德活动,它在根本上是人的一种本源性的存在与活动方式:从人与世界的关系角度看,实践活动作为人对象性的感性活动,体现和构成了人与世界本体性的原初关系,拥有着优先于人与世界的抽象认知关系的基础性地位;从"世界"之为"世界"的角度看,实践作为人"本源性"的生命存在和活动方式,构成了人生存于其中的本源性的现实生活世界的"奥秘"和深层根据;从"人的存在"角度看,实践作为人"本源性"的生命存在和活动方式,意指它是人所"特有"的生存方式,它表明人是世间唯一感性的、对象性的存在物,人是感性地和实践性地确证和展现自身的存在过程的,这是人的生命存在区别于动物最本源性的分界点,因而也构成了人之为人的"奥秘"和深层根据。①

这即是说,相对于生活实践,一切理论都是有限和相对的,生活实践具有更为本源和基本的地位。只有生活实践才是无限的和总体性的,它对于理论理性具有奠基性的基础地位,任何有限的理论都不能以这一"无限总体"为对象,达到对它的终极的把握,如果企图从有限的理论出发,以生活实践这一"无限的总体"为认识对象,去实现对它的"总体性"规定,那么,就必然产生康德所批判的"先验幻象"和自相矛盾。在此意义上,传统辩证法理论对理论理性无限性的信念在根本上是无根和虚幻的。

马克思的实践观点充分表明:任何理论,包括辩证法理论在内,都无法凌驾于生活实践之上去获得关于"绝对"和"存在本身"的最高知识。即使像黑格尔辩证法那样通过揭示一切知性概念的内在矛盾、通过概念的

---

① 对此的详细讨论,参见贺来:《辩证法的生存论基础》第二部分。

内在矛盾来推动概念的自我超越，最终达到"绝对"的努力，由于它所采取的终究是一种"理论逻辑"的方式，因而不可避免地仍是一种"有限"的立场。因此，"有限"的辩证法"理论"是无法获得关于"绝对"的终极知识的，"终极实在"或"绝对实体"不是任何一种理论，包括辩证法理论的对象。这是理论理性层面的辩证法不可克服的内在困境。

二、现代社会"理性多元论的事实"与辩证法的重大课题

　　立足于人的生活实践，超越理论理性层面的辩证法，其根本目的是为了使辩证法从抽象的思辨王国回到现实的生活世界，使辩证法成为内在于现实生活的实践理性。如前所述，理论理性层面的辩证法所要解决的是"有限的知性规定"与"无限的终极实体"之间的矛盾，立足于现代社会生活实践，这一矛盾转化为个人"主观性视角的有限性"与社会生活"他人视角无限性"之间的矛盾。对此矛盾的解决，为辩证法克服理论理性层面辩证法的抽象性和虚幻性，实现从理论理性向实践理性的转向提供了重要的生长点和问题意识。

　　个人"主观性视角的有限性"与社会生活"他人视角无限性"之间的矛盾，根源于现代社会生活实践的根本特点。这一根本特点，罗尔斯曾用"理性多元论的事实"来予以概括，他认为，现代社会具有首要意义的"第一个事实"是："在现代民主社会里发现的合乎理性的完备性宗教学说、哲学学说和道德学说的多样性，不是一种可以很快消失的纯历史状态，它是民主社会公共文化的一个永久特征。在得到自由制度的基本权利和自由之保障的政治条件和社会条件下，如果还没有获得这种多样性的话，也将会产生各种相互冲突、互不和谐的——而更多的又是合乎理性的——完备性学说的多样性，并将长期存在。"①

---

① ［美］罗尔斯：《政治自由主义》，万俊人译，译林出版社2000年版，第37页。

"理性多元论"事实表明，区别于同质性和未分化的传统社会，现代社会是一个高度分化和异质性的社会，个人主体性获得了前所未有的独立，每个人不再服从于高高在上的抽象权威，而是都拥有其各自关于道德、宗教、哲学等的认识与信念、拥有不同的关于人性、关于生活意义等的领会与理解，它们代表着个人的"主观性视角"，构成个人主体行为和生活的内在根据，这种多样性是不能还原为某种统一性、普遍性的终极原则与权威的。另一方面，相对于整个由不同的个人组成的社会生活，每一个体所拥有的理解与信念又是"有限"和"相对"的，在每一个人之外，还有无数的他人同样拥有其关于道德、宗教和哲学、关于人性、关于生活意义等的认识和理解。因此，任何一种主观性视角都不应凌驾于其他无限的主观性视角之上，充当统一和规范后者的、只有"神的视角"才可以做到的终极视角。

"理性多元论"事实彰显出现代社会生活中一个十分尖锐和深刻的矛盾：在个人"主观性视角"多样性和异质性成为现实社会一个基本事实的前提下，社会生活的统一性将如何可能？如何处理个人视角与社会生活中他人视角之间的关系、超越个人与他人的矛盾，实现社会生活的统一性？

检点历史与现实，我们可以看到，面对这一矛盾，人们通常求助于两种解决方式。第一，从个人主观性视角出发，来寻求二者的统一。第二，从某种普遍性的形而上学实体和原则出发，以一种"理性一元论"的方式来寻求二者的统一。

从个人主观性视角出发，也就是要把个人主体实体化，以之为绝对根据来寻求个人主观性视角与社会生活他人视角之间的统一。按照这种思路，个人主观性视角具有第一性的、最高的地位，它能容纳和统一其他无限的视角，在此意义上，"个人主观性"不仅具有"个性"，而且具有"普遍性"，它既为"个体"立法，又为"所有的个体"提供普遍立法原理。近代以来的"主体性哲学"或"主体形而上学"正是这种立场的代表。

然而，正如黑格尔和许多现当代哲学家们都已经深刻地指出的那样，个人主观性视角所遵循的是对象化的"知性逻辑"，在其支配之下，它对社会生活中其他视角的"统一"，必然带来一种普遍性的强制。对象化的

"知性逻辑"是一种"主客二元对立"的逻辑,把自我确立为主体,总是与把自我之外的他者规定为"客体"不可分割地关联在一起的。这必然使得他人成为"我"的"他者",人与人之间的关系成为一种互为对象性关系,因此不可能真正建立一种有限的主观性视角与他人视角之间的内在统一性。因此,以个人主观性视角为根据,来寻求上述矛盾的统一,实质上是把"有限"当"无限",把"个体"当"普遍",其结果导致了"主体性的暴政",因而是不可能解决个人"主观性视角的有限性"与社会生活"视角无限性"之间的矛盾的。

以某种普遍性的形而上学原理为根据,来克服个体"主观性视角的有限性"与社会生活"他人视角的无限性"之间的矛盾。这是一种试图从"神的视角"出发的、以"理性一元论"为深层理论信念的思路,它认为,只要发现存在于多样性和异质性后面起着支配作用的终极实体,单一个人的"片面性"将会被超越,充满差异性的个人将克服其"主观性",与他人融为一体,从而实现社会生活的统一性。它相信,在关于社会生活的"终极语汇"中,可以"区分核心的、共有的、义务的部分与边缘的、个性的、随意的部分",前者代表着每个个人共享的"最小公分母——一个对公共目的和私人目的、对自我定义和对人与人的关系都适合的描述"①,它反映了"她和其他人类所共有的东西,是团结的基础"②。柏拉图把社会生活的统一性建立在"至善理念"的基础之上,中世纪经院哲学把社会生活的统一性建立在"永恒神性"的基础之上,黑格尔把社会生活的统一性建立在绝对精神及其运动的基础之上,共同的特点均在于把社会生活的统一性根据归结于非历史的形而上学原理,认为这一形而上学原理将克服个人主观性的离散性,把不同的人们紧紧地"粘连"一起,从而保证社会生活的统一性。

然而,现当代哲学的成果以及人类实践证明,以形而上学的非历史的普遍性的原理来寻求上述矛盾的克服并为社会生活提供统一性基础,这是一种典型的从先验原则来规定现实生活的思维方式和理论逻辑,无论是

---

① [美] 罗蒂:《偶然、反讽与团结》,徐文瑞译,商务印书馆2003年版,第130页。
② [美] 罗蒂:《偶然、反讽与团结》,徐文瑞译,商务印书馆2003年版,第131页。

"至善的理念"、"永恒的神性",还是"绝对的精神",构成其内核的是一种"同一性思维",它追求的是一个绝对同一,能统摄一切"差异"于"同一"中,统摄将来与过去于现在的永恒中的普遍性的"绝对统一体",其结果必然导致对异质性和差异性的忽视,个人主观性的维度因此被抹杀。而且,个人主观性的抹杀,意味着个人独立性与主体性被否定,由此造成的另一后果是独立个人之间的自由交流与交往将成为不可能,现实的社会生活将因此而成为不可能。罗蒂曾指出,以形而上学的普遍原理来为社会生活提供统一性基础,其"中心假设是,我们必须尽可能长久地跨出我们的社会局限,以便根据某种超越它的东西来考察它,这也就是说,这个超越物是我们社会与每一个其他的实在的和可能的人类社会所共同具有的"①,这种观点认为:"哲学思想的全部意旨就是使自身与任何特殊社会脱离,并根据一种更普遍的观点去看轻特殊社会的存在"②,很显然,这在根本上是一种否定社会生活的哲学观念。

不难看出,上述这两种对个人主观性视角与社会生活中他人视角矛盾的解决方式,虽然表面上各执一端,但在深层却遵循着相同的形而上学的知性逻辑,它们都试图寻找某种第一性的、最高的原则,以之为最终的基础来实现上述矛盾的和解,差别仅在于前者把个人主观性视角绝对化,后者把先验的普遍性原理绝对化。很显然,这是一种由"同一性思维"主导的独断性逻辑。在其支配之下,是不可能真正面对并解决现代社会"理性多元论"事实条件下个人"主观性视角的有限性"与社会生活中"他人视角的无限性"这一重大矛盾的。

要解决这一矛盾,需要一种辩证的智慧。在对这一重大矛盾的独特理解和解决中,辩证法凸显出自身作为实践理性的思想品格。

三、辩证法:内在于社会生活的实践理性

个人"主观性视角的有限性"与社会生活中"他人视角的无限性"这

---

① [美]罗蒂:《哲学和自然之镜》,李幼蒸译,生活·读书·新知三联书店1987年版,第408页。
② [美]罗蒂:《哲学和自然之镜》,李幼蒸译,生活·读书·新知三联书店1987年版,第418页。

一重大矛盾，不是抽象的思辨王国的矛盾，而是现实的社会生活尤其是涉及人与人之间关系的矛盾。对于这一矛盾，不能从理论理性出发，以某种形而上学的第一原理为基础寻求强制性的统一，而必须在承认"理性多元论事实"的前提下，通过"对话"、"宽容"与"相互承认"来寻求这一矛盾的克服，实现社会的团结与社会的统一性。这正构成了作为实践理性的辩证法的核心内容。

"对话"、"宽容"与"相互承认"作为辩证法的实践理性内涵在辩证法的本源涵义中实际上已经蕴含。考察词源，"辩证法"来源于形容词"dialektikos"阴性的名词化，而"dialektikos"又来源于动词"dialegomai"或"dialego"，词根"lego"有两层含义：一为"摘取"、"挑选"，二为"谈论"、"言说"，"dia"为介词，常作前缀与不同的词组合，意为"通过"、"来自"、"达到目的"，由"dia"和"lego"组成的"dialego"和"dialegomai"基本意思便是"相互谈论"、"有条理地说话的能力"，稍加转义便变成一般性的"对话"或"讨论"，由此辩证法就成为一种通过对话和辩论而达成论证的方式。[①] 辩证法的这一内涵是与古希腊社会的城邦制度内在关联在一起的。在古希腊城邦中，直接参与和决定城邦的公共事务，是公民生活的重要内容，而参与决定公共事物的最重要的方式就是公民大会，在公民大会上，通过公开的讨论、争论和辩论来说服听众，构成城邦政治最主要的内容与途径，辩证法的源始意义正来源于此。可见，辩证法在其本源处彰显出两个基本特点：第一，它代表着一种在社会公共生活中，通过开放和自由的对话和论辩，来寻求实现社会生活的团结与统一的鲜明意向。第二，它体现着人们之间相互宽容与相互承认的实践品格。自由的"论辩"和"对话"，意味着各种彼此对立、相互矛盾的不同观点之间的充分碰撞和交流，相互宽容与相互承认是辩证法的本源之义。

但正如前面所论述的，在长期发展中，辩证法一直按照理论理性的思路被理解，它在本源处所蕴含着的上述"对话"、"宽容"与"相互承认"的内涵被深深地掩蔽起来。

---

① 参见徐开来：《古希腊辩证法新论》，载《四川大学学报》丛刊第 37 辑。

现代社会"理性多元论"的基本事实为辩证法抛弃理论理性层面辩证法的独断性和抽象性、为其所蕴含的"对话"、"宽容"和"相互承认"向度得以充分的展开提供了现实生活基础。"对话"、"宽容"与"相互承认"既是现代社会在"理性多元论"背景下实现社会团结和社会统一性的根本途径，同时也是作为实践理性的辩证法的核心内涵。

以现代社会生活实践为背景，在当代哲学中，辩证法的上述实践理性内涵得到了充分的阐释与体现。许多现当代哲学家充分利用"语言学转向"的成果，在实践理性的层面上，通过对个人"主观视角的有限性"与社会生活中"他人视角的无限性"矛盾的解决，促成了当代哲学在理解社会生活统一性问题上的一种"集体性"的转向：那就是通过对话、宽容与相互承认，加强人与人之间的自由联合、促进人们之间的团结，通过鼓励对话与倾听、以理性说服而非暴力的方式来解决社会生活中个人视角与他人视角之间的矛盾，以达成人们之间"视角的融合"并实现社会生活的统一性。阿伦特、伽达默尔、哈贝马斯、霍耐特、阿佩尔、罗蒂等人虽然在具体观点上有着重大分歧，但正如伯恩斯坦中肯地指出的：这些人都"关心地向我们说明了什么对人类系统是至关重要的，并说明了对话、交流、询问、联合和共同体的概念"[①]。例如，哈贝马斯认为，在"多元声音"中寻求"理性同一性"这是当代哲学所面临的最为重大的主题之一，对于这一矛盾，既不能采取"同一性绝对凌驾于多元性"的独断方式，也不能采取"多元性绝对凌驾于同一性"的激进策略，而必须通过"主体间"的"相互交往"来实现，在交往和商谈过程中，所有相关者都必须"超越第一人称单数的提问视角"，摆脱"个人主体性"独白意志，采取所有他者的视野，向他人的视角保持开放，同时在此过程中，每一个人的视角和观点都应得到平等的承认和尊重。正是在这种既保持每个成员的个性，同时又与他人的开放性关系中，差异性与同一性，个人的视角与他人的视角内在地统一在一起。通过"对话"、"宽容"和"互为主体性"的"相互承认"，推动交往共同体内的联合，从而增进人们的"团结"，这是现代

---

① [美] 理查德·J. 伯恩斯坦：《超越客观主义与相对主义》，郭小平等译，光明日报出版社1992年版，第257—258页。

社会"理性多元"条件下克服个人视角与他人视角矛盾、实现社会统一性的根本路径。

当代哲学家们的上述重要成果,阐发了辩证法本来就蕴含着的但长期被窒息的"对话"、"宽容"与"相互承认"向度,成为了在现代社会理性多元背景下重建生活世界理性的辩证思想智慧。在此方面,马克思哲学虽然在许多方面与之有着重大差别,但在实践理性的层面上理解和阐释辩证法,他与上述当代哲学家们有着深刻的一致。作为一个对现代社会有着深入反思和批判的思想家,马克思深刻地看到了现代社会人与人之间所存在的分裂。在马克思看来,这种分裂,不能通过理论哲学的方式,而只有通过对人的实践活动的理解并通过实践活动才能获得切实的理解和克服:"社会生活本质上是实践的。凡是把理论导致神秘主义的神秘东西,都能在人的实践中以及对这个实践的理解中得到合理的解决"①,这意味着,这种分裂必须通过对实践活动的阐释才能揭示其本质和根源,同时这种分裂也必须通过人的实践活动来予以克服和超越。因此,以这种实践活动为基础,辩证法必然超越理论理性的立场,而成为内在于现实生活的实践理性。

首先,马克思认为,个人视角与他人视角对立的根源不能从思辨理性王国,而必须从"受到阻碍并发生分裂的实践",即人的被异化的劳动中寻求理解。人的实践活动本来是人的"自由自觉的类活动",是人本源性的自我生成、自我创造和自我实现的生存活动,但是,在私有制条件下,异化劳动使得劳动者与劳动活动对抗,使劳动与劳动产品对抗,他的劳动"不是他自己的,而是别人的;劳动不属于他;他在劳动中也不属于他自己,而是属于别人"②,"如果劳动产品不属于工人,并作为一种异己的力量同工人相对立,那么这只能是由于产品属于工人之外的他人。如果工人的活动对他本身来说是一种痛苦,那么这种活动就必然给他人带来享受和生活乐趣"③。个人视角与他人视角的对立,其深层根源正在于此。

---

① 《马克思恩格斯选集》第1卷,人民出版社1995年版,第60页。
② 《马克思恩格斯全集》第3卷,人民出版社2002年版,第271页。
③ 《马克思恩格斯全集》第3卷,人民出版社2002年版,第276页。

与此内在相关,对这种分裂的超越和克服的现实途径也必须通过现实的实践的途径,对此,马克思明确说道:"理论的对立本身的解决,只有通过实践的方式,只有借助于人的实践力量,才是可能的;因此,这种对立的解决绝对不只是认识的任务,而是现实生活的任务,而哲学未能解决这个任务,正是因为哲学把这仅仅看作理论的任务。"① 要克服个人视角与他人视角的分裂,不能停留于单纯理论理性的思辨之中,而必须在现实生活中克服和超越导致这种分裂的社会关系。使"现存世界革命化、实际地反对并改变现存的事物"的实践活动②,把"未经无产阶级的协助就已作为社会的否定结果而体现在它身上的东西提升为社会的原则"③。

这里的"社会的原则",集中表达了马克思对于克服个人视角与他人视角的矛盾,实现社会统一性的理解。此处的"社会",并非"市民社会",相反,它是指超越"市民社会"的"人类社会"或"社会化的人类"。马克思说道:"旧唯物主义的立脚点是'市民'社会;新唯物主义的立脚点则是人类社会或社会化的人类"④。"人类社会"或"社会化的人类",这是马克思对于超越个人与他人分裂的价值取向的表述:在"社会"状态中,"个人的社会化"与社会的"个别化"乃是同一个过程,一方面它意味着个人的自由与独立:"每个人的自由发展是一切人的自由发展的条件"⑤,另一方面,它意味着个人与他人的统一:"个体是社会存在物。因此,他的生命表现……也是社会生活的表现和确证"⑥。因此,马克思的"社会"并非社会学或政治学的价值中立的概念,而是对克服个人视角与他人视角矛盾、实现社会团结与社会统一性何以可能作出明确回答的实践理性概念。马克思说道:"共产主义是私有财产即人的自我异化的积极的扬弃,因而是通过人并且为了人而对人的本质的真正占有;因此,它是人向自身、向社会的即合乎人性的人的复归,这种复归是完全的、自觉

---

① 《马克思恩格斯全集》第3卷,人民出版社2002年版,第306页。
② 《马克思恩格斯选集》第1卷,人民出版社1995年版,第75页。
③ 《马克思恩格斯选集》第1卷,人民出版社1995年版,第15页。
④ 《马克思恩格斯选集》第1卷,人民出版社1995年版,第61页。
⑤ 《马克思恩格斯选集》第1卷,人民出版社1995年版,第294页。
⑥ 《马克思恩格斯全集》第3卷,人民出版社2002年版,第302页。

的，和在以往发展的全部财富的"①。在这里，马克思把"社会的人"与"合乎人性的人"并提，鲜明地表现出马克思"社会"概念中所蕴含的作为实践理性的规范向度。在此意义上，马克思的"社会"概念是对克服个人与他人分裂这一现代社会中心问题所提供的明确回答：在"社会"这一"自由人的联合体"中，个人"主观性的视角"与社会生活中"他人的视角"实现了内在的统一。

可以清楚地看到，马克思对于现代社会生活中个人视角与他人视角之间矛盾的辩证解决，充分显示出他与上述当代哲学家们颇为一致的旨趣，那就是以社会生活实践为基础，超越对理论理性的迷恋，把辩证法理解为沟通个人主体有限性视角与社会生活无限的他人视角、实现社会团结与社会统一的实践理性。马克思和当代哲学对辩证法的这种阐释，为我们今天超越辩证法的传统理解模式，深化辩证法研究提供了意义深远的思想视野。

---

① 《马克思恩格斯全集》第3卷，人民出版社2002年版，第297页。

马克思哲学与"人"的理解原则的根本变革[①]

人学研究是目前国内哲学界的一个"热点"。然而,哲学的历史告诉我们:哲学以人的自我理解为目标,并不意味着它总是能找到通向活生生的现实的人的道路,在哲学史上,以人的自我理解的雄心为起点,却以人的失落为结局,乃是一个屡见不鲜的事实。之所以如此,就是因为它凭以把握人的基本理解方式是抽象化的,以抽象化的理解方式来把握人,必然导致人的形象的抽象化。因此,要真正实现以符合人的本性的方式来理解人,关键不在于使用"人"这一概念,不在于打出"人学"的标志,而在于切实领会马克思所确立的把握人的理解原则和方法,因为正是这一崭新的理解原则和方法,为通向活生生的人的存在开辟了道路。

一、"现成性"而非"生存性":传统哲学关于人的基本理解方式

马克思在人的问题上的历史变革及其当代性是在对传统哲学关于人的理解方式的否定和超越中凸显出来的。因此,要理解马克思在人的问题上的思想贡献,就首先必须了解传统哲学关于人的基本理解方式。

传统哲学的不同流派和哲学家们对于人和人的本性,有着多种多样的

[①] 原载《长白学刊》2002年第5期。

具体规定和描述，甚至可以说，每一个哲学家和哲学派别对于人和人的本性的具体看法都是不同和充满差异的。但是在这种不同和差异中，却又有着一种深层的一致性和共同性，那就是它们在理解人和人的本性时，表现出一种基本相同的理解方式和解释原则。正是这种深层一致的理解方式和解释原则，构成了整个传统形而上学在人的问题上的重大局限性。

传统哲学这种关于人的观点，体现的是一种把人视为一种"现成"存在者的理解方式，它在把握人时，把人视为一种摆在眼前的、可以用理性的、概念的方式来予以静观的对象，认为认识人，最为重大的使命就是抛开种种关于人的"现象"，去发现人之为人的最终"本质"，只要透过"现象"，用理性的方式把捉到了这种"本质"，就实现了对人的一劳永逸的把握。具体而言，这种理解方式可以分析为如下主要原则：

（1）对象化原则。即把"人"当成一个外在的对象来予以知性的把握，它的基本提问方式是："人是什么"，与这种提问方式相适应，它必然把人当作为一个认识的对象，来进行逻辑的分析，以对"人是什么"的"什么"作出回答；

（2）知性化原则。在把人作为一种外在对象来把握的同时，必然暗含着这种观念，即对人的把握最终可以归结为一种关于人的"知识"，知性是达到人和人的本性的必然通道和途径；

（3）本质主义原则。运用知性方式所获得的关于人的知识，并不是表层的、现象的知识，而是"本质"的知识，运用知性逻辑方法，"去伪存真"，达到"人的本质"，即发现人区别于他物的、只有人才具备的特征，是认识人的最高任务，在此意义上，对"人是什么"的回答便可归结为"人就是它的本质"。

这就是传统哲学在人的问题上所采取的基本解释原则和理解方式。在哲学史上看，无论是唯心论者，还是唯物论者，无论是把人理解为"理性"的存在者，还是"神性"的存在者，抑或"自然"的存在者，在深层所体现的都是上述基本的解释原则和理解方式。

把人当成"现成存在者"，运用知性逻辑的方式去把握人之为人的"本质"，按照海德格尔的观点，这种理解方式实质上是把人当作"现成存在和摆在那里这种意义上加以领会的"①，因而与理解物的方式并无本质差别。舍勒说得更清楚，这种理解方式实际上是把"人的本质及其价值视为一种自然事实的自然延伸"②，它在表面上把人抬得很高，其实是人的贬值和人的价值的颠覆。

这也就是说，传统哲学把人当成"现成存在者"，实质上就是一种把人物化的"物种思维方式"，即它在理解人时，在根本上坚持的就是一种认识物的思维模式，贯彻的就是一种把握物的思想逻辑，采取了一种认识物毫无差异的理解方式和思想逻辑。不管它在口头上是否重视人，不管它把人抬得多高，其结果都是一样的，那就是把人等同于物，人被"物化"，就像人们带什么颜色的眼镜，所看到的对象就呈现什么颜色一样，运用与认识物无异的理解方式和思维逻辑，必然把一切物化，人也当然不能幸免，沦为完全物化的存在。

人们在认识"物"时，总是把物当成一种"现成存在者"，运用知性的方式来予以把握。为了准确把握物，必须把一物同它物区别开来，使用求同法或求异法，寻找出一物区别于它物，且为这一物种所有个体共同具有的本质属性或特征，只要把握到了这一本质属性或特征，就把这一物与其他所有的物区别开来了，也就实现了对此物的真正认识。在此意义上，认识物的方式就是一种寻求与它物相区别的方式，就是一种寻求物种界限的方式，因而在根本上就是一种"形式逻辑"的方式，认识一物，就是寻求其所属物种的规定，然后从此规定出发，采取"属加种差"的方式，就可以给出此物的定义，达到对此物的"科学"把握。这种理解方式，即是我们所说的"物种思维方式"。

"物种思维方式"是与"物种存在方式"相适应的。物必须以适应于物的本性的方式去予以把握，物种思维方式就是在认识物时、适用于物的存在本性的一种思维方式。

具体而言，物的存在方式具有这样一些基本特点：

---

① ［德］海德格尔：《存在与时间》，陈嘉映等译，生活·读书·新知三联书店1987年版，第60页。
② 参见［德］舍勒：《人在宇宙中的地位》，李伯杰译，贵州人民出版社1989年版，"中译者序"，第6—7页。

（1）封闭性。物的存在性质完全是由它的物种所决定的，对于动物而言，它一来到世界上，就是一个"全"，大自然已经为它的全部生活规定好了，它不可能超越自身成为一个"不是其所是"的存在。因此，动物的存在完全是由自然赋予的前定性质所规定的，具有"本质前定"的性质，而且，正是这种本质前定的性质，决定了其存在的封闭性。

（2）无矛盾性。物的存在与其自然物种的规定完全一致，动物个体与它的种完全一致、动物个体生活与其物种生活也具有完全的一体性。因此，动物的生活总是处于一种"圆融"的统一状态，根本不存在自然性与超自然性、肉体与灵魂等内在的冲突和紧张。所以，正如马克思所说："动物和自己的生命活动是直接同一的。动物不把自己同自己的生命活动区别开来。它就是自己的这种生命活动。"① 这种与生命活动的直接同一性，决定了动物的生活必然处于"无矛盾"的混沌状态，它的生活必然是一种单一而又单调的生活。

（3）孤立性。物种的规定性同时也决定了它与环境，与其他物种以及物种内各个体之间的隔绝。就与环境的关系而言，除了使用单一的尺度即物种的尺度与环境进行物质和能量的交换外，它不能越雷池一步与它物和周围环境发生能动的关系；就同一个物种内个体与个体之间的关系而言，物种与个体的直接同一关系既把个体和个体分离开来了，又使它们失去了个体的自主和差别；就与其他物种的关系而言，弱肉强食的自然规律支配着一切，根本不存在真正意义上的社会联系。这种存在状态，表明了动物的生活必然处于一种孤立状态。

物的存在方式内在地要求与之相适应的认识方式。把物当作摆在那里的"现成存在者"，寻求一物区别于另一物的界限和"本质"，认为找到了这种界限和本质，就达到对物的本性的把握，这种认识方式与物所具有的"封闭性"、"孤立性"和"无矛盾性"等存在特性是完全相一致的。

如果我们把这种物种思维方式与前述的传统形而上学对人的理解方式和解释原则作一比较，就不难发现二者的深层一致性：二者都共同地贯彻

---

① 马克思：《1844年经济学哲学手稿》，人民出版社2000年版，第57页。

着"对象化"的原则，前者把物作为一种现成的"对象"，后者把人作为一种现成的"对象"，共同地体现着"知性化的原则"，前者认为知性是把握物最基本的手段，后者同样认为知性逻辑是通达人的存在的通道和途径，二者共同地执着于"本质主义"原则，前者认为物之为物，最根本的就是其区别于他物的"本质"，因此认识物，最重要的是获得关于物的本质性知识，后者同样认为人之为人，最根本的就是人这一物种区别于其他物种的"本质性"特征，因此认识人，最重要的是获得关于人的本质性知识。

具体而言，这种深层一致性，表现在认识"人"时，在思想方法上所遵循的完全相同的程序：

（1）把人与他物区别开来，使用"求同法"和"求异法"，尽力找出能够区别于一切他物而又为所有的人共同具有的属性或特征，只要从特征上把人同他物区别开来，就算把握了人；

（2）人身上存在有同物相区别的许多特征，而人之为人必定要有一个"决定性"的特征，由它构成人的本质特性、本质规定，所以，紧接着的便是要追求人之为人的永恒的本性或本质，以达到对人的终极的、绝对的把握；

（3）人生而为人，按照素朴的想法，只要找出人所从出的本原或"本体"，即人的物种原型，就是把握到了"本真的人"。所以假定人有预成的前定本性，追寻人的本体、原型、隐秘本质，是自古以来人们常用的方法，找到了人的"原型"，就等于实现了对人的完全把握。

可见，这种对于人的解释原则和理解方式与把握物的思维方式在本质上没有什么根本的区别，二者遵循着本质一致的思维程序，在思想方法上具有完全的同一性。

以认识物的方式来理解人，其结果是显然的，那就是人被视为与物一样的"摆在那里的现成存在者"。运用这种观点和方法，必然不能把握具有"生存"本性的人，必然会把人物化，而这，在根本上也就是人的失落和人的抽象化。正是在这里，传统形而上学也表现出了在人的自我认识上最为重大的缺陷。马克思清楚地意识到了这种缺陷。克服这种缺陷，改变对人的"现成性"理解,揭示人的"生存活动"本性,成为马克思的重大理论贡献。

二、"生存性"而非"现成性":马克思对人的"本性"的理解方式的变革

在马克思看来,人之为人,人之区别于其他一切存在者之处,恰恰在于它不是"现成的和摆在那里的"存在者,而在于它是一种不断超越"现成性"的、具有"生存"本性的特殊存在者,对人的自我理解,不在于去把握人之为人的某种现成的"本质性"知识,而在于领会到人所具有的"生存"本性。因此,必须从根本上改变传统哲学关于人的解释原则和理解方式,以一种符合人的本性的方式实现对人的把握。

人特殊的"生存"本性内在地要求一种与之相适应的理解方式,这就是哲学的发展史所提出的一个重大的理论课题。马克思的伟大之处就在于适应理论发展的内在要求,独创性地提供了一种与人特殊的生存本性相适应的解释原则和理解方式。

在《1844年经济学哲学手稿》中,马克思这样论述道:"生产生活就是类生活。这是产生生命的生活。一个种的整体特性、种的类特性就在于生命活动的性质,而自由的有意识的活动恰恰就是人的类特性。"① 在《德意志意识形态》中,马克思更进一步这样说道:"可以根据意识、宗教或随便别的什么来区别人和动物。一当人开始生产自己的生活资料的时候,这一步是由他们的肉体组织所决定的,人本身就开始把自己和动物区别开来。"②"个人怎样表现自己的生活,他们自己也就怎样。因此,他们是什么样的,这同他们的生产是一致的——既和他们生产什么一致,又和他们怎样生产一致。"③

---

① 马克思:《1844年经济学哲学手稿》,人民出版社2000年版,第57页。
② 《马克思恩格斯选集》第1卷,人民出版社1995年版,第67页。
③ 《马克思恩格斯全集》第3卷,人民出版社1960年版,第24页。

从这些关于人的集中论述中，我们可以清楚地看到马克思区别于传统哲学的把握人的解释原则和理解方式。

通过这些论述，我们可以总结出马克思对于人的理解呈现出这样一些基本视域：

（1）马克思把人的类本性归结为"自由自觉的活动"，这意味着马克思完全是从"生存活动"的角度而不是从"现成存在者"的角度来理解人的"本性"的。不仅如此，马克思还用"自由自觉"来规定人的这种"活动性"，更进一步强调了人区别于"现成存在者"的生存特性，"自由自觉性"表明：人是一种通过实践活动不断否定和生成自身的超越性存在，"可能性"而非"现成性"构成了人独特的存在本性。

（2）马克思认为，人区别于物的地方不在于人具有某种人所独具而动物不具备的"本质属性"，而在于人的整个存在方式与之已有了根本的区别，即人是一种以"生产活动"为存在方式的特殊存在者，是这种存在方式，而不是某种现成的先验本质构成了人与物相区分的分界。

（3）马克思认为对于人，不能运用知性逻辑和对象化的知识论态度来予以把握，人是什么样的，完全是与它如何"表现"自己的生活联系在一起，完全是与它的"生产"一致的。因此，人不是一种摆在眼前的作为认知对象的现成存在者，而是在生存活动中显现和展开自身的一种历史性的特殊存在者。

这一切，标志着一种对人的不同于传统哲学的全新解释原则和理解方式，即"生存实践活动"解释原则和理解方式的诞生，它从根本上扭转了人的自我理解的眼光，实现了人的理解方式的根本变革。

概括而言，"生存实践活动"的理解方式在如下几方面表现出与传统哲学理解方式的根本区别：

（1）以"生存活动"取代传统哲学的"知性化"和"对象化"原则。它不再把人当成一个知识性的现成对象，而是把人当成一种自我"表现"和自我"生成"的过程，或者说，在此人不再是一个"什么"，而已成为"怎样"和"如何"。

（2）以"可能性"和"自由性"取代传统哲学的"本质主义"原则。

它不再把人当成一种由先验本质规定的现成存在者，而是把人视为一种不断自我否定的超越性存在者，或者说，在此人不再是一个"名词"，而已成为一个"动词"。

（3）以"历史性"取代传统哲学的"非历史"和"现时性"原则。它不再把人当成一种"永恒现时"的在场者，而是把人视为一种由未来支配的、由"不在场"引导的筹划者，或者说，人不再是一个"现在时"，而已成为一个"将来时"。

按照上述这种崭新的解释原则和理解方式，人的"生存"本性的特殊之处在于，它是一种永远无法予以"对象化"的、永远在超出自身的存在者，是一种永远"是其所不是"、"不是其所是"的可能性存在，它永远在面向未来的历史性中不断地生成自身。不断地"成为其所是"同时又不断地"否定其所是"，构成了人特有的存在方式。因而，它永远不能作为一个静观的"对象"，以知性的方式对它实现一劳永逸予以把握。倘若企图把它"对象化"，以一种知性的方式来对它进行强制地规定，那么就必然抹杀人所特有的生存本性，把人等同于与物无异的"现成存在者"。

具体而言，根据这种新的理解方式，人的"生存性"将与物的"现成性"呈现出如下根本的差异：

（1）人的"生存性"意味着一种自身否定性，而物的"现成性"则是一种抽象的同一性和肯定性。不断否定和超出自身，在生存筹划活动中面向未来敞开自我超越的空间，这是"生存"所具的特性，与此相反，"已完成性"是物的"现成性"的特质，物封闭于自身的固有规定而只能维持抽象的自我同一性。

（2）人的"生存性"意味着一种面向未来的"可能性"，而物的"现成性"则是一种"永恒现时"的"必然性"。对于人的生存来说，可能性总是高于其现实性，在自我否定中不断生成新的可能性，是人的存在的特性。与此相反，物则由必然的因果法则所规定，必然性而非可能性构成了其存在特性。

（3）人的"生存性"意味着一种由未来时间观所引导的"历史性"，而物的"现成性"则意味着一种由"现在时间观"所规定的"非历史性"。对于人而言，未来的时间向度具有决定性的地位，过去和现在都是在由未来的规定中获得其意义，正是在面向未来的生成中，人才获得了其"历史性"。与此相反，物的"现成性"表明"现在"这一时间向度对它具有根本性的支配地位，未来由"现在"所支配和控制，"现在时间"具有永恒的不可超越性，因而它在本性上就是"非历史"的。

（4）人的"生存性"意味着人的存在不能由某种固有的、先验的本质所规定，而物的"现成性"恰恰意味着它的存在即是固有的、先验的本质所规定的。人的存在显现在其面向未来的生存活动的历史性展开之中，人的存在就是其生成和展开，离开这种生成性和展开性活动，就谈不上"人的存在"。与此相反，"物的存在"即是其"本质"，先验的本质构成了其固有的界限和尺度，因而对于它来说是根本谈不上"生成"和"展开"的。

（5）人的"生存性"意味着，对于人的存在，不能从"是什么"的意义，而必须从"如何"的意义上来予以理解，而物的"现成性"恰恰只有从"是什么"的意义上得到规定。"是什么"的提问所表明的是一种形而上学的对象性思维方式和知性逻辑的态度，这种思维方式和态度对于物这种的现成存在者是完全适应的，而"如何"的提问所表明的是一种生存实践论的思维方式，它与在生存实践活动中显现和展开自身的人的生存性存在是相适应的。

可见，从生存实践活动的解释原则出发，"生存性"的人呈现出与"现成性"的物完全不同的形象和面貌。这是一种真正符合人的真实本性的形象和面貌。在此意义上，可以说，正是这种新的解释原则的确立，把人从传统哲学物种思维方式的吞噬中得以拯救出来，使人真正以一种符合自身本性的方式实现自我把握。人终于从物化的符咒中实现了自我解放，获得了真正独立的地位。

从"现成性"的人转换成"生存性"的人，这种基本解释原则的改变表明马克思完全是站在一个与传统哲学根本不同的哲学范式之内来实现对人的自我理解的。这是一种真正意义上的现代哲学范式，从哲学史来看，这种范式的转换是由许多具有变革精神的现代哲学家合力促成的，马克思、基尔凯郭尔、叔本华、尼采、海德格尔、雅斯贝尔斯等人是这一种范式的重要代表人物,而其中,马克思是这一范式的最早的杰出的奠基者和开创者之一。

三、自由:人的"生存"本性的集中体现

马克思根本改变了关于人的基本解释原则和理解方式,人不再是一个如物一样的"现成存在者",而已成为禀赋"生存"本性的特殊存在者。按照马克思的观点,人的这种生存本性最集中地体现在人的"自由"本性上面,或者说,通过人的"自由"本性,人区别于"现成存在者"的生存特性最为集中地凸显出来。

在马克思之前,黑格尔曾指出,"精神的本质在于它的存在就是它的活动",这其实已经以一种抽象的方式包含了这样的意蕴:"自由是精神的唯一真理",马克思把黑格尔以"精神"(绝对精神)为根基和载体的辩证法重置于生存实践活动的基础上,强调"一个种的整体特性、种的类特性就在于生命活动的特性,而自由的有意识的活动恰恰就是人的类特性"[①],从而使对"自由生命"的眷注,获得一个坚实的生存论本体性基础。

"自由"可以说是人们耳熟能详的一个概念。无论是我们的哲学教科书,还是人们的言谈中,"自由"都被视为一个其意自明的概念而被使用。然而仔细反省,我们可以发现,在人们以为天经地义的理解中,其实恰恰存在着惊人的误解。而且更具讽刺意义的是:人们怀着理解"自由"的目的为开端,结果却是这种对"自由"的理解反而使人陷入了"不自由"的境地。

在种种对"自由"概念的流俗理解中,最为流行的一个见解是:自由是对必然的认识。"自由不在于幻想中摆脱自然规律而独立,而在于认识

[①] 马克思:《1844年经济学哲学手稿》,人民出版社2000年版,第57页。

这些规律，从而能够有计划地使自然规律为一定的目的服务。这无论对外部自然界的规律，或对支配人本身的肉体存在和精神存在的规律来说，都是一样的……因此，意志自由只是借助于对事物的认识来作出决定的那种能力。因此，自由在于根据对自然界的必然性的认识来支配我们自己和外部自然界；因此，它必然是历史发展的产物。最初的、从动物界分离出来的人，在一切本质方面是和动物本身一样不自由的；但是文化的每一个进步，都是迈向自由的一步"①。在此，"自由"被理解为一个纯粹的知识论概念，一个与知识相关而非与人的生命活动相关的概念。

对于这种理解，国内已有学者敏锐地指出：这种自由观"在现实生活中必定会受到严峻的挑战。第一，如果自由可以还原为单纯的认识问题，那么拥有丰富专业知识的自然科学家、工程师、社会学家、医生、心理学家等必定是世界上最自由的人。第二，如果作为必然性的自然界发展的规律与社会存在发展的规律之间不存在根本性的差异，那么自然与社会的根本区别又从什么地方表现出来呢；为什么康德要把自然与自由、理论理性与实践理性严格地区分开来呢？第三，如果人类文化越发展越自由的话，那么又如何理解当代人在科学技术高度发展的情况下所陷入的异化困境呢"②？这说明，把"自由"理解为一个纯粹的知识论概念，其结果必然逻辑地使"自由"陷入自我悖论："自由"自己杀死了自己，"自由"恰恰导致"不自由"。

要真正理解自由的真谛，关键在于确立其真实的生存论根基。在马克思看来，这种根基只能存在于人独特的生存实践活动之中，"自由"在本性上应当是一个生存论概念，而不是一个知识论概念。

当马克思用"自由自觉"来规定人的生存活动之时，实际上已从从生存论的高度来对"自由"作出了阐释，立足于"自由自觉的活动"，"自由"将包括如下几重根本意蕴：（1）"自由"意味着人的生命的"自性"，即人的生命不是由人的生命之外的某种原因所决定，而它自己就是自己的原因和理由，通过生存实践活动，摆脱外在的异在之物的束缚，以自己规

---

① 《马克思恩格斯选集》第 3 卷，人民出版社 1995 年版，第 455 页。
② 俞吾金：《自由概念两题议》，载《开放时代》2000 年第 7 期。

定和主宰自己,这一点构成了"自由"的第一重规定;(2)"自由"意味着一种对生命的"自信",即相信通过自身创造性的生存实践活动,可以发挥生命的固有潜能,实现生命的自我价值;(3)"自由"意味着生命的"自足",即通过生存实践活动,在对象化的活动中"自己二元化自己,自己乖离自己",同时又自己"发现自己"、自己"回复自己"、自己"确证自己","离家"的路与"回家"的路是同一条路,在"对象"那里即是在"自己的家"里;(4)"自由"意味着生命价值的"自我确认",即人通过自己的生存实践活动,在为世界创造价值的同时也创造着自我的价值,并知道自己是价值的源泉和创造者,自己是自身价值的安身立命的根基。

人的生命的"自性"、"自信"、"自足"和"自我确认",这是人的生存实践活动的本性,因而也就是"自由"的本性。很显然,这种理解与从知识论的角度作出的理解是有根本区别的。在这里,不是人的知识构成自由的根据,恰恰相反,知识论意义上的"自由"只有奠基于人的生存实践论意义的"自由"之上,才真正成为可能。

从对"自由"的上述理解出发,我们就可以清楚地看到:人的这种"自由"本性,正集中地体现着人的"生存性"与物的"现成性"之间的根本分界:人的生命是"自性"的,而现成之物是"他性"的;人的生命是"自信"的,而现成之物是"他信"的;人的生命是"自足"的,现成之物是"依赖"性的;人的生命是"自我确认"的,而现成之物是需要"被确认"的。如果说对于物而言,物种固有的单一的尺度先天地规定了它的全部存在,在此意义上物是彻底的"必然性"存在的话,那么对于人这个特有的"物种"来说,其特殊性正在于通过实践活动突破先天的"物种"尺度,去不断地生成和创造新的尺度,也就是说,人的尺度不是"现成"性的,而是自我"构成"性的,"自由性"而非"必然性"是人的生命的基本特质。对此,马克思曾凝练地概括道:"人是类存在物,不仅因为人在实践上和理论上都把类——他自身的类以及其他物的类——当作自己的对象;而且因为——这只是同一种事物的另一种说法——人把自身当作现有的、有生命的类来对待,因为人把自身当作普遍的因而也是自由的存在物来对待。"①

通过对自由概念的生存论阐释，来集中地体现人独特的生存本性，这是马克思对以黑格尔为代表的整个传统形而上学的深刻批判之后的一个思想成果。在黑格尔的唯心主义辩证法那里，"绝对精神"最为根本的特性就是"自在自为"的"自由本性"，马尔库塞在《理性与革命》一书的开头曾指出，德国唯心主义作为法国革命的理论，并不是指他们为法国革命提供了理论先导，而是说他们"是对在理性基础上建立国家和社会，以便使社会制度和政治制度能够符合个人的自由和利益的法国大革命所提出的挑战的一种反应"②，他们高度首肯法国革命"完成了德国宗教改革所开始的以自由的个人成为自己命运的主人的使命"，因此以一种理论的方式表达着这样一种对法国革命的共鸣："人在世界中的地位，他的劳动方式和娱乐方式再也不依靠某些外在的权威，而是取决于他自己的自由的理性的活动。人类已经走过了遭受自然和社会力量奴役的漫长的幼年时期，并且已经逐渐地形成了自我发展的独立的主体。从现在起，人与自然和社会组织的斗争由人自己在知识上的进步指导着。世界应该是一个理性支配的世界"③。这其实是说，以黑格尔为代表的德国唯心主义哲学实质上是以一种思辨的方式表达着法国革命的"自由精神"，正是在此意义上，当代有些哲学家认为黑格尔虽然思想极为晦涩抽象，体系极为巍峨森然，但是在骨子里他属于"实践哲学"的范畴，因为在他那里，"自由"、"精神"和"理性"已不是纯粹的不食人间烟火的抽象范畴，而已经深深地印染着人的生命冲动和意向，因而与实践领域已有了一种内在的勾连。但是，在黑格尔那里，这种对"自由精神"的表达仍然过度沉湎于对逻辑的迷恋，这使得它隐含着双重的理论困境：一是它把逻辑理性与人的生命相等同，其结果将导致以逻辑消解生命，以思辨逻辑取消了生命的现实逻辑，完整的人的生命最后被蒸馏成单纯的理性逻辑，从而最终走向了"水晶宫里人不见"的结局；二是它试图把"全体的自由性"与"环节的必然性"统一

---

① 马克思：《1844年经济学哲学手稿》，人民出版社2000年版，第56页。
② ［德］马尔库塞：《理性和革命》，程志民等译，重庆出版社1993年版，第3页。
③ ［德］马尔库塞：《理性与革命》，程志民等译，重庆出版社1993年版，第3—4页。

起来，这必然使"自由精神"陷入自相矛盾和自相抵牾的结局，"自由"的绝对精神的辩证运动却要遵循着绝对的"必然"的则，"理性的狡黠"使得每一个具体的生命个体失去了说"不"的自由权力，为了服从"自由"的绝对理念，生命个体必然将不得不把自己的自由作为祭品，奉献在绝对理念的凯旋途中。

在马克思看来，黑格尔的理论困境所表现的实质是整个传统形而上学的共同困境，即它遮蔽了人的生存本性而仍然把人当成"现成存在者"，其绝对精神不过是"形而上学地改了装"的"现实的人和现实的人类"。为此，马克思以现实的感性实践活动确立为人本源性的生存活动，实现了对黑格尔和整个形而上学的颠倒，从此出发，黑格尔的上述双重困境得到了克服：首先，人之所以自由，其本源的根据不在于她是一个理性的主体，而在于她是一个通过自己的生存实践活动自己创造自己生活的存在者，就像马克思所说的："个人怎样表现自己的生活，他们自己也就怎样"，"人是什么，与他的生产是完全一致的，既和他生产什么相一致，也和他如何生产相一致"，人能够通过实践活动自己创造自己的生活并在此过程中创造自身，这才是自由的真谛。其次，立足于"现实的人和现实的人类"的实践活动，自由将不再依赖于"环节的必然性"，而是体现为一种奠基于历史并面向未来的"或然性"和"可能性"，如果说在黑格尔的唯心主义辩证法那里，理性作为超越于人的先验的、永恒原则预先规定了人的全部生活从而实质上使人的"自由"最终化为乌有的话，那么，在马克思这里，这种从先验的、本质前定的理性原则出发思考问题的思维方式遭到了彻底的否定，人的生命存在之所以不同于现成之物，一个至关重要的分野恰恰就在于后者完全受其物种尺度所支配，而人则不受任何先验尺度的限制反而能处处运用"自己的尺度"，去创造自己的生活，这一思想在马克思论述历史时得到了清楚的表达："历史什么事情也没有做，它'并不拥有任何无穷尽的丰富性'，它并'没有在任何战斗中作战'！创造这一切、拥有这一切并为这一切而斗争的，不是'历史'，而正是人，现实的、活生生的人。'历史'并不是把人当做达到自己目的的工具来利用的某种特殊的人格。历史不过是追求着自己目的的人的活动而已"①，这即是说，没有先验的、前定的抽象原则规定人的未来，人不是历史活动的工具，人是自己历史的"自性"、"自信"、"自足"和"自在自为"的规定者，只有在此意义上，人才是真正意义上的禀赋自由本性的存在物。

通过以上论述，我们可以看出，马克思通过对"自由"的生存论理解，人区别于"现成存在者"的"生存"本性得到了集中的体现："现成"之物只能是"必然的"，"自由"与之无关，而人之为人，恰恰就在于"自由"构成了其旗帜和徽章。

---

① 《马克思恩格斯全集》第2卷，人民出版社1957年版，第118—119页。

"主体性"观念的反思
与意识形态批判[①]

　　"主体性"是国内近20多年最为活跃和重要的哲学概念之一。立足当代哲学已经达到的水准,"主体性"概念与主体性哲学应予以批判性反思。对"主体性"观念进行意识形态批判,是当代哲学的重大成果。当代哲学通过这种批判,暴露了主体性观念的虚幻性、无根性与独断性,揭示了"普遍主体"背后所蕴含的控制欲望与特殊利益。中国哲学界应该重新认识与反思"主体性"观念,并在此过程中推进哲学观念的变革与跃迁。

一、"主体"与"主体性":
一个需要反思的哲学观念

　　"主体"与"主体性"是国内哲学界近20年来最为活跃和最为重要的哲学概念之一。虽然人们对其具体理解和阐发并不完全一样,但在总体上,大多数人对之都采取一种毋需反思的肯定和赞成态度。应该承认,这种现象的产生有其深刻的理论与实践原因,在理论上,它是对以往人们过分地强调"客观性"与"物质性"观念的强烈反弹,在实践上,它表达着对历史上人们忽视人的价值和尊严倾向的校正和纠偏意图。因此,近20年来中国哲学界"主体性"概念与"主体性"哲学的产生和兴起,是有

[①] 原载《马克思主义与现实》2007年第3期。

其重大的合理性的。

但是，如果站在当代哲学所达到的认识来反观"主体性"概念与"主体性哲学"，我们就会看到，它们实质上是一些根基并不牢靠、需要进行深入反思和批判的哲学观念，其中所包含的抽象性、独断性与虚幻性，使得它们在当代哲学中遭受着多方面的质疑并面临着重重危机和困境。在一定意义上，从不同视角对"主体性"与"主体性哲学"的反省、批判和消解，构成了现当代西方哲学十分重大的基本脉络之一。

就笔者所见，国内最早提出对主体与主体性进行反省的文献是俞吾金先生的《从抽象认识论到意识形态批判》一文。在该文中，作者指出："就认识主体而言，他在认识任何对象之前，已有认识前结构和先入之见的参与。这种认识的前结构和先入之见正是意识形态通过教化的方式植入认识主体的。认识主体受教化的过程也就是社会化的过程，他与社会的认同乃是通过意识形态的媒介实现的。在这个意义上，我们可以把人称之为'意识形态中之存在者'，把认识者称之为'在意识形态中之认识者'。"① 作者认为，在意识形态的重重覆盖之下，所谓主体的自主性乃是一个需要通过意识形态批判予以澄清的课题。

这里所谓的"主体性"，指的是自笛卡尔以来近代哲学所奠定的从自我意识的"自我"出发来规定一切存在的哲学观念。黑格尔曾指出，"现代世界的原则就是主体性的自由"，而这种"主体性原则"最早是由笛卡尔奠定的，自笛卡尔开始，"我们踏进了一种独立的哲学。这种哲学明白：它自己是独立地从理性而来的，自我意识是真理的主要环节。哲学在它自己的土地上与哲理神学分了家，按照他自己的原则，把神学撤到完全另外的一边……在这个新的时期，哲学的原则是从自身出发的思维，是内在性，这种内在性一般地表现在基督教里，是新教的原则。现在的一般原则是坚持内在性本身，抛弃僵死的外在性和权威，认为站不住脚。笛卡尔事实上是近代哲学真正的创始人，因为近代哲学是以思维为原则的……思维是一个新的基础。这个人对它的时代以及近代的影响，我们

---

① 俞吾金：《从抽象认识到到意识形态批判》，载《天津社会科学》1995 年第 5 期。

决不能以为已经获得到了充分的发挥。他是一个彻底从头做起、带头重建哲学基础的英雄人物，哲学在奔波了一千年之后，现在才回到这个基础上"①。与古代哲学直接断言世界不同，近代哲学认识到，存在物要被人认识到，必须呈现为人的思维领域中的意识事实，必须以"我的心"、"我的意识"作为先在的逻辑根据，也就是必须以主观意识的"自我"作为一切关于对象知识的基础或"阿基米德点"，在笛卡尔的"我思故我在"那里，"自我"实体是建构全部存在的最不可怀疑的基点，康德虽自称"批判哲学"，但他毫不怀疑"需要一个奠定知识基础的、与历史无关的、永久的模型和范畴系统，而且他比他的许多前辈更为严格地坚持这种需要"②。可以说，近代以来的哲学，就是一部使主观意识的"自我"不断地实现中心化，并以"自我"为中心，为知识与存在确立一劳永逸的基础的过程，海德格尔曾这样概括：自笛卡尔以来，"'我'成了别具一格的主体，其他的物都根据'我'这个主体才作为其本身而得到规定"③，"存在者之存在是从作为设定之确定性的我在那里得到规定的"④。气正是在此意义上，人们把以这种"主体性"观念为核心的哲学形态称为"主体形而上学"。

"主体性"不仅是知识与存在的哲学基础，而且它还是近代以来人们确立人与社会生活价值的规范性源泉，它要代替中世纪上帝的神圣权威，为人生意义、社会理想、道德价值等确立一劳永逸的基础。在中世纪，上帝是社会和人们生活的意义根据和价值源泉，但近代以来，人们要求从神意的统治下摆脱解放出来，寻求新的基础，以此取代以往宗教所发挥的绝对的一体化力量，这一新的基础就是人的"主体性"。哈贝马斯指出："在现代，宗教生活、国家和社会，以及科学、道德和艺术等都体现了主体性原则"⑤。正是"主体性"原则，支撑了宗教改革、启蒙运动和法国

---

① ［德］黑格尔：《哲学史讲演录》第4卷，商务印书馆1978年版，第59—61页。
② ［美］理查德·J. 伯恩斯坦：《超越客观主义和相对主义》，郭小平译，光明日报出版社1992年版，第12页。
③ ［德］海德格尔：《海德格尔选集》下卷，孙周兴选编，上海三联书店1996年版，第882页。
④ ［德］海德格尔：《海德格尔选集》下卷，孙周兴选编，上海三联书店1996年版，第882页。
⑤ ［德］哈贝马斯：《现代性的哲学话语》，曹卫东等译，译林出版社2004年版，第122页。

大革命，确立了现代文化形态。人们相信，通过人的主体性的确立和主体能力的发挥，人们就能够克服愚昧和野蛮，实现自身的彻底解放。康德对"何谓启蒙"的回答集中地表达了这种信念："启蒙运动就是人类脱离自己所加之于自己的不成熟状态，不成熟状态就是不经别人的引导，就对运用自己的理智无能为力。当其原因不在于缺乏理智，而在于不经别人的引导就缺乏勇气与决心去加以运用时，那么这种不成熟状态就是自己所加之于自己的了。Sapereaude！要有勇气运用你自己的理智！这就是启蒙运动的口号。"[①] 这即是说：人的被束缚、被奴役的"不成熟状态"根源于主体性的软弱，通过"理性的启蒙"，主动地发挥和运用自己的理性，破除偏见、迷信和外在权威对人的控制，使自身成为"自我立法"的真正自律、独立的理性主体，乃是人克服一切外在束缚、实现自我救赎和解放的根本途径。

一言以蔽之，"主体性"是"真"、"善"、"美"得以可能的根据。哈贝马斯曾这样评价康德："康德的三大《批判》奠定了这种反思哲学的基础。他把理性作为最高法律机关，在理性面前，一切提出有效性要求的东西都必须为自己辩解……批判理性确立了客观知识、道德认识和审美评价，所以，它不但保证了其自身的主观能力，即它不但使理性建筑术透明化，而且还充当了整个文化领域中的最高法官。"[②] "主体性"代替了中世纪上帝的地位，成为知识、道德与价值的立法者和终审者。

以上对近代以来的"主体性"观念作了简要的概括。我们会发现，长期以来，人们以这种"主体性"观念为基点，把它视为"法官"，从它出发来对一切进行批判，然而却恰恰遗忘了对"主体性"自身的反省和批判。事实上，需要追问的恰恰是：这种"主体性"是否具有充分的合法性？"主体性"是否有资格充当自明性的前提来作为知识、道德和价值的的规定者和立法者？

当代哲学的反思成果表明，上述问题恰恰是经不起追问的。"主体"并不如它设定的那样是一个独立、自因、透明的实体；它并非本源性建构

---

① [德] 康德：《历史理性批判文集》，何兆武译，商务印书馆1991年版，第22页。
② [德] 哈贝马斯：《现代性的哲学话语》，曹卫东等译，译林出版社2004年版，第23页。

者，相反，它由某种更深层的力量所建构；它并非知识的根据，相反，它是知识话权的产物；它并非人与社会的规范性源泉，相反，它是社会规范规训的结果。当代哲学的这种批判是多方面、多层次的，而其中，意识形态批判是一个极为重要的方面。

众所周知，"意识形态"是一个歧义纷纭、莫衷一是的十分复杂的概念，甚至如某些学者所指出的，是一个"人言人殊"的概念。关于这一概念的各种不同的具体含义、用法、类型与历史沿革，学者和思想史家们已经在大量文献中进行了细致的分析和清理。在我们看来，尽管人们赋予了"意识形态"十分庞杂和充分差异的内容，但是，我们仍然可以透过这种分歧，捕捉到这一范畴里最为核心、最为重要的关键之点。正是这些关键之点，才使得"意识形态"概念成为一个具有解释力、有生命力的概念，否则，它就将会在"能指的游戏"中成为一个在任何时间地点都适用然而在任何时间地方都不适用的缺乏解释力的多余概念。这些关键之点是：第一，"意识形态"是一个批判性概念，批判性构成了其本质和灵魂，虽然有些学者把它视为一中性的"描述性"概念，但这主要是社会学和人类学的使用，而非哲学的使用。与中立的描述性意义不同，"批判性概念意味着特点为意识形态或意识形态的这种现象是误导的、幻想的或片面的；把一些现象的特点视为意识形态就带有对它们的含蓄批判和谴责"①，正是这种批判性，才使得意识形态成为一个哲学上有效用的概念。第二，作为一个批判性概念，"意识形态"概念的基本旨趣是要揭示存在于现实生活中的种种统治关系或权力关系，剖析和反思这种统治或权力关系对人的现实生活的扭曲和控制机制，从而使人们对它保持高度的警觉。这里所谓的"统治"，所包含的是这样一层含义："当既定权力关系是'系统地不对称'时，那就是说，当特定代理人或代理人团体被长期赋予其他代理人团体被排除的以及很大程度上得不到的权力（不论这种排除的基础何在）时，我们就谈到'统治'"②。第三，通过意识形态批判、动摇和解构种种貌似合理的统治或权力关系的控制，从而破除抽象对人的统治，为人与社

---

① ［美］汤普森：《意识形态与现代文化》，高銛等译，译林出版社2005年版，第60页。
② ［美］汤普森：《意识形态与现代文化》，高銛等译，译林出版社2005年版，第66页。

会发展的另一种可能性敞开超越的视野和新的空间。在我们看来，上述三者构成了作为哲学概念的"意识形态"的关键环节。

如果按照上述对意识形态的这种基本理解，那么，对主体进行意识形态批判，就是要揭开"主体"和"主体性"身上所笼罩的重重的意识形态覆盖物，解构主体和主体性观念所赖以成立的基本前提，从而暴露出它所包含的独断性与虚幻性。在经过20世纪80年代"主体性"问题的热烈讨论、并经过十多年的"相对冷却"之后，从一个更高的学术层面对"主体性"进行意识形态批判，已成为国内哲学界一个必须面对的一个重要课题。

二、"主体"与"主体性"：一个"意识形态的幻象"

在当代哲学看来，所谓"主体"与"主体性"，并不是如主体形而上学所信奉的那样是一个自主、自足和自因的实体，当它这样来设定自身，并以此为根据试图为知识、道德和价值奠定坚固的基础之时，实质上是在沙滩上画了一个经不起冲刷的人的脸庞，由此所建立的知识、道德和价值大厦，也犹如建立在沙滩上的建筑物，是不牢靠和不坚实的，这是因为，所谓"主体"和"主体性"，在根本上乃是一个"意识形象的幻象"。

在《意识形态与意识形态国家机器》一文中，阿尔都塞明确说道："主体是构成所有意识形态的基本范畴"，而"主体之所以是构成所有意识形态的基本范畴，只是因为所有意识形态的功能（这种功能定义了意识形态本身）就在于把具体的个人'构成'为主体"[①]，他指出："你我作为主体这件显而易见的事情——以及它的无可置疑本身是一种意识形态后果，基本的意识形态的后果"[②]，"所有意识形态都通过主体这个范畴发挥

[①] [法] 阿尔都塞：《哲学与政治》，陈越译，吉林人民出版社2003年版，第361页。
[②] [法] 阿尔都塞：《哲学与政治》，陈越译，吉林人民出版社2003年版，第363页。

的功能，把具体的个人呼唤或传唤为具体的主体。"① 按照"主体哲学"的观念，个人是自足、自为和自因的独立的自主"主体"，但阿尔都塞却告诉我们：这不过是一个缺乏反思的幻觉，事实上，所谓"主体"是意识形态建构的产物，个人从来都被意识形态传唤为"主体"，因此，当每个人自以为是自足自因的"主体"的时候，实质上他不过是意识形态的"臣民"。② 阿尔都塞认为，所有意识形态都包含一个双重反射的镜像结构，在此结构中，有一个"绝对的中心"（这才是真实的主体），围绕着这个中心，意识形态的双重镜像关系把无数个人传唤为"主体"从而使无数个人臣服于这一绝对的中心。具体而言，这种意识形态复制的镜像结构保障着：（1）把"个人"传唤为主体；（2）他们对主体的臣服；（3）主体与社会的相互承认，主体间的相互承认，以及主体最终的自我承认；（4）绝对保证一切都确实是这样，只要主体承认自己的身份并做出相应的行为，一切都会顺利。由此所导致的结果便是："主体落入了被传唤为主体、臣服于主体、普遍承认错误和绝对保证的四重组合体系。"③ 在这种镜像结构中，大写的主体才是真正的起支配和决定作用的权威，而每一个人不过是一个"臣服的人"，在前者的控制之下，他并非"主体性哲学"所设想的自由、自主和自因的"创造者"，更非知识、道德和价值法则的奠基者，而是"一个臣服的人，他服从于一个更高的权威，因而除了可以自由接受这种服从的地位之外，被剥夺了一切自由……个人被传唤为（自由的）主体，为的是能够自由地服从需要主体的诫命，也就是说，为的是能够（自由地）接受这种臣服的地位，也就是说，为的是能够'全靠自己'做出臣服的表示和行为"④。

"主体"的所谓"自由"，实质上不过是"自由地"服从意识形态的训诫，"主体"的所谓"全靠自己"的"自主"，实质上不过是"自主地"去臣服于意识形态的权威。这一悖论性的事实，清楚地反映了"主体性哲

---

① ［法］阿尔都塞：《哲学与政治》，陈越译，吉林人民出版社2003年版，第364页。
② 在法语中，subject 既有"主体"，又有"臣民"的含义。
③ ［法］阿尔都塞：《哲学与政治》，陈越译，吉林人民出版社2003年版，第371页。
④ ［法］阿尔都塞：《哲学与政治》，陈越译，吉林人民出版社2003年版，第372页。

学"所迷恋的"主体"和"主体性"的虚幻性。

阿尔都塞对主体性的意识形态批判是建立在"意识形态"与"科学"两种问题二分法的前提上的,他试图以科学来取代意识形态从而消除意识形态的虚幻性。在此方面他无疑带有结构主义立场和方法所固有的片面性,但是他对"主体"和"主体性"观念所做的意识形态批判无疑是十分深刻的。如果把它置于更大视野中,我们可以进一步看到阿尔都塞的这种思考并非孤立的,而是表达了现当代哲学对究竟应该如何看待人在社会、历史和世界上的地位这一根本问题所进行的新的探索。在现当代哲学中,从不同层面和视角对近代"主体形而上学"或"主体性哲学"中的"主体"和"主体性"观念进行批判性的反省,揭露其作为意识形态幻象的实质,已成为许多哲学家和哲学派别的共同努力,其中我们可以大致辨别出三种有代表性的思路。

第一,通过对"主体"和"主体性"的深层心理学批判,揭示"主体"和"主体性"作为意识形态幻象的实质。深层心理学批判的动机在于"揭示'自律'主体事实上的软弱无能或根本不存在,并且证明自律主体的虚幻理性事实上毫无理性可言"①,"自律"与"自主"是"主体"与"主体性"的标志,但是,深层心理学批判却发现了这种"自律"和"自主"背后真正起支配作用的更为原始和深刻的动力,即无意识的心理力量,这种心理力量或者是"本我"的需求(弗洛伊德),或者是"生存意志"的冲动(叔本华),或者是"权力意志"的欲求(尼采),或者是"魔鬼大他者"和象征文化形式的建构(拉康),它们构成主体和主体性真正的主人和支配者,而后者则不过是服从于前者的臣民,不过是深层心理欲望满足和实现自己的工具,因而其所谓的"自主性"和"自决性"乃是一种意识形态的杜撰和虚构。

第二,通过对"主体"和"主体性"得以建构的话语机制和社会机制的解析,揭示其作为意识形态幻象的实质。"主体"是语言的主人,是社会历史的中心和创造者,这是"主体性哲学"的基本信念之一,但是,现

---

① [法]维尔默:《论现代和后现代的辩证法》,钦文译,商务印书馆2003年版,第77页。

当代哲学中意识形态批判表明,"主体"深受话语权力和总体性知识话语的支配和控制(福柯、哈贝马斯),"主体"是宗教、教育、家庭、法律、政治等意识形态的实践、仪式和机构的产物(阿尔都塞),"主体"是渗透到社会生活和社会存在各个角度的意识形态幻象的建构物(齐泽克),等等。意识形态无论是表现为"观念复合体",还是表现"物质形式存在的意识形态",或者"自在自为的形态存在的意识形态"①,都作为一种无所不在的力量,对人的存在施加着难以抗拒的建构力量。因此,当"主体"自以为是世界的中心,是语言和社会历史的主宰者时,实际上它已经被意识形态的大网所捕获。

第三,通过对形而上学的谱系和形而上学现实运作的深入分析,揭示"主体"与"主体性"作为意识形态幻象的实质。形而上学是西方哲学最为核心的组成部分,它要追问的是存在者之为存在者的最高原因和终极解释,"主体性哲学"即是这种形而上学的近代表现形式。所有的形而上学都奠定在本质与现象、真实与虚假、主体与客体、理性与感性、普遍与特殊、必然与偶然等二元对立的逻辑基础之上,在这二者之中,前者居于绝对中心的地位因而拥有"合法的"权威来"统一"和宰制后者。"主体性哲学"的核心概念"主体"与"主体性"正建立在这种二元对立逻辑的基础上。在这种二元对立的逻辑中,"主体"作为"永恒在场者"保持着对一切"不在场者"的主宰地位,维持着一种不平等的等级格局。德里达指出,这种形而上学的二元对立逻辑正是意识形态产生的根源,在场形而上学和逻各斯中心主义与意识形态的幻象具有相同的意义,就此而言,"主体"与"主体性"在实质上就是一种意识形态的幻象。在德里达看来,所谓"主体"和"主体性",实质上不过是一种"幽灵",它并不具有主体形而上学所声称的那种本体论意义的实体地位,哲学的重大任务之一就是要破除主体和主体性的实体性质并揭示其"幽灵"本性,从而在根本上解构那使得主体性成为意识形象幻象的形而上学逻辑。现当代的许多其他哲学家,虽然没有明确使用"意识形态"这一概念,但通过对于传统

---

① 请参阅[斯洛文尼亚]齐泽克:《意识形态的幽灵》,见《图绘意识形态》,南京大学出版社2002年版,第10—20页。

形而上学的批判，揭示"主体"与"主体性"观念的虚幻性，构成了其共同的取向，尼采、海德格尔、福柯、哈贝马斯等即属于这同一个家族。当福柯宣布"人之死"之时，他并非一般意义上主张"人之终结"，而是指向"人的神化形象"，即以永恒和绝对权威自居的"主体"和"主体性"。

揭示"主体"与"主体性"作为意识形态幻象的实质，其根本目的是为了克服对人的抽象化理解，推动人们重新认识人在世界上的真实地位。为此，需进一步追问的另一个重大问题是：在思想史和人类史上，为什么长期以来人们迷恋于这种意识形态的幻象，有意无意地掩盖和遮蔽"主体"和"主体性"的幻象本性，并把它当作最"真实"的实体来追求呢？这其中深层隐秘的根源究竟是什么？对此问题的回答，对于进一步理解和解剖主体和主体性的意识形态幻象本性具有重要的意义。

三、"普遍主体"背后的控制欲望与特殊利益：意识形态幻象的深层秘密

"主体性"是现代性的标志，它试图为知识的进步、道德的进化与社会的发展提供无可置疑的根据，为人走向自由和解放提供至为可靠和坚实的保证。这种"主体性"构成了整个现代性宏大叙事的核心，为全部现代性方案提供着合法性论证。

具体而言，以"主体性"为基础的、为现代性方案所提供的这种合法性论证具有如下最基本的特征：

第一，是通过诉诸大全式的，普遍性、总体性的"终极语汇"来论证现代性的价值合法性并为"人的解放"奠定规范基础和价值尺度的。所谓"元叙事"之"元"，所表达的就是这种对普遍性、总体性的诉求，无论是启蒙的政治叙事，还是思辨理性的哲学叙事，都鲜明地反映了这一点。启蒙的政治叙事设计了一个通过理性人类走向解放的"普遍历史观念"，这种"普遍历史"超越了个人的愿望、超越了历史的偶然、超越了无限丰

富的细节而统率着整个历史的过程，思辨理性的哲学叙事则企求通过设置一个普遍的、终极的基础，来中介、包罗和综合一切知识领域、社会行动和语言游戏，而构成这一切的核心的，就是"主体性"。

第二，是通过目的论式的方式来为"人的解放"提供论证的。"主体性"是作为宗教意义上的"上帝之死"以后所提供的一种替代性选择，它的使命是填补上帝之死留下的空缺，以其普遍理性作为知识的目的、历史的归宿和人生的皈依，来引导人从"必然王国"通向"自由王国"，实现最终的"自由解放"。

第三，是以"主体性"为中心，通过悬设一种二元对立的等级模式，来为现代性的价值秩序提供论证的。它在理性与非理性、进步与落后、人性与非人性、善与恶等之间建立起一系列二元对立的模式，前者代表着"人间正道"，后者代表着"束缚"和"压迫"，"解放"的要义即在于通过前者战胜后者，并使后者不断消退从而让前者成为最后的主宰，"解放"的历史即在于前者不断普遍化、成为一体化的力量并最终实现对世界的全面统治的过程。

这三个特点清楚地表明，这种论证方式表现出一种强烈的"总体化"的诉求，它试图把一切他者、一切外在的东西纳入自身的结构之中，"主体"拥有着主动地吸收"他者"、捕获"客体"的"权力"，它试图以自己为绝对中心，建构一个属于"主体"的"自由世界"，从而谋求整个世界的"解放"。

这种"总体化"的诉求带来两个深远的后果。

其一，它必然导致对"他者"的控制和征服。这里的"他者"，既包括自然界，也包括"他人"。在"主体性哲学"的视野里，一切存在都是从"主体"那里获得规定的，因而，一切存在都是相对于"主体"而言的"客体"，自然界是征服和控制的对象，这是一个显然的后果。更重要的是，正如莱斯所指出的，对自然的控制归根到底是对人的控制[①]：以"主体性"观念为根据，人与人的关系必然是一种"我"与"他"的互为

---

① 参见［加拿大］莱斯：《控制自然》，岳长玲译，重庆出版社1993年版。

对象性的关系，而不可能是一种对等的"我"与"你"的关系，社会生活中的成员们于是被分为两个等级，一个是代表"生命、道路和真理"的"神圣家族"，另一个是如迷途羔羊般等待救赎的凡夫俗子，一个是为社会生活的现实和未来设定规范和道路的"主体"，另一个是接受和服从规范的"客体"。就像马克思在《路易·波拿巴的雾月十八日》中所分析的："复辟时期……各个小农彼此间只存在地域的联系，他们利益的同一性并不使他们彼此间形成共同关系，形成全国性的联系……因此……他们不能代表自己，一定要别人来代表他们，他们的代表一定要同时是他们的主宰，是高高站在他们上面的权威。"① 前者是"高高站在他们上面的权威"和"主宰"，后者便是"不能代表自己"的"农民"。从这种逻辑出发，"主体"对"客体"、"我"对"他"的控制和挤压是天经地义的。对此，罗蒂的概括是颇为中肯的："认为理性是以主体为中心，也就是相信人们都具有一种能够使他们规避对话的能力，亦即具有一种使他们能够避开意见、直截了当地追求真理的能力。"② 对于"主体性"所具有的这种控制和征服本性，霍克海姆、阿多诺、哈贝马斯、马丁·布伯、列维纳斯、福柯、德里达等现当代哲学从各个不同的视角和层面已经进行了十分深刻的揭示。

其二，它包含着以一种独断的方式来操纵社会历史的野心。在"主体性哲学"中，"主体"是知识、道德的价值的"立法者"，拥有着其他人"不曾拥有的知识，拥有决定和控制知识之分配的权力，拥有能随心所欲地运用其知识，并且分享知识运用之成果的资源"③。因此，它拥有充分的合法性来为社会历史的发展规定目标、描画蓝图、设定路径，从而成为人与社会历史发展的立法者。按照这种逻辑，服从"主体"，即是服从社会历史发展的规律本身，而违背"主体"，也就是违背社会历史发展的大道。很显然，这种逻辑是一种排除特殊性、多样性和偶然性的逻辑。按照"现

---

① 《马克思恩格斯选集》第1卷，人民出版社1995年版，第676—678页。
② [美] 罗蒂：《普遍主义的崇高，浪漫主义的深度，实用主义的狡诈》，载《第欧根尼》2005年第1期。
③ [美] 罗蒂：《普遍主义的崇高，浪漫主义的深度，实用主义的狡诈》，载《第欧根尼》2005年第1期。

代性方案"的原初设想,"主体性"意味着对"个性"的承认,意味着每一生命个体的"理性的解放",但具有讽刺性的是,当"主体性"成为一个绝对的超历史的"实体"时,它所导致的结果恰恰是"个性"的丧失。在此意义上,约翰·格雷的概括是十分中肯的:现代性并非始于对"差异性"的承认,而是始于对一致性的要求,它虽然强调个人的"主体性"及其自由,然而,这种"主体性"及其"自由"在其唯理主义的"元叙事"的统率下,必然将抹平人的生活方式和善的多样性,并就"最佳生活方式"达成最终的"理性共识"。因此,现代性所提供的价值论证,就像启蒙所流传下来的许多希望一样,不过是原教旨主义的"一神教的阴影",它所追求的解放目标,不过是一种"理性共识的理想"。①

可见,"主体性"作为一种意识形态幻象,其深层秘密即在它背后所隐藏的控制和统治欲望。马克思在《德意志意识形态》中曾对"意识形态"规定了这样两个基本特征:第一,把特殊利益说成普遍利益;第二,把"普遍"的东西说成是统治的东西。② 当"主体性"成为一种实体性存在的时候,它正是把本来属于"个体性"与"特殊性"的存在说成了"普遍性"的存在,并把"普遍"的东西说成统治的东西。这种"主体"于是成为了禀赋神性的权力中心,成为拥有控制和统治"合法性"的神圣权威。在《面向未来的过去》一书中,哈贝马斯曾说道:"我们必须小心,不要给社会状况蒙上主体哲学的概念阴影,那样做是不恰当的。无论是社会集体还是作为整体的社会,都不能被想象为一个大主体。正因为如此,今天在个体经验外的运用'解放'这一表达时非常谨慎"。哈贝马斯想告诉我们的是:由于以"主体"和"主体性"为主导的"解放"事业所隐藏着的控制和统治本性,因此,我们必须对之保持高度的警惕。

在上面的论述中,我们探讨了"主体性"观念的意识形态幻象本质及其背后所隐含的控制和统治欲望。对这一点的揭示,并不表明我们完全否定"主体"和"主体性"在一定限度里所具有的意义和价值,我们所要

---

① [英]约翰·格雷:《自由主义的两幅面孔》,顾爱彬、李瑞华译,江苏人民出版社2002年版,第4、23页。
② 《马克思恩格斯全集》第3卷,人民出版社1960年版,第54—55页。

拒绝的是那种近代哲学以来所形成的把"主体"实体化和神圣化的特定的抽象观念。我们认为，马克思是哲学史上最早对此进行自觉反省的思想家之一，对近代以来所形成的"主体形而上学"及其"主体性"观念的批判性反思，构成了他所开创的意识形态批判理论的题中应有之义，这是马克思哲学超越近代形而上学并实现现代哲学革命的重要方面。

深化"主体性"研究的重大课题
——从"认知主体"到"价值主体"①

"主体性"概念是20世纪八九十年代国内哲学界最为炙手可热的核心概念。几乎哲学的各个二级学科都从不同视角参与了对"主体性"问题的探讨。但近年来,关于主体性问题的专门探讨却显得相对冷落。事实上,正如哲学史上所有真正重要的问题一样,"主体性"始终是一个具有生命力的课题,尤其对于马克思哲学来说,"主体性"及其所代表的哲学观念仍然具有十分重要的理论与现实意义,值得人们予以深入的反思与探究。

一、两种"主体性"的区分: "认知主体"与"价值主体"

反思以往对"主体性"的探讨,我们认为所存在的一个重大缺失在于缺乏对"认知主体"与"价值主体"的自觉区分。这种缺失产生了两个严重后果:一是用"认知主体"遮蔽和取代了"价值主体",从而使得"主体性"最为重要的内容被遗忘了;二是在对马克思哲学"主体性"概念的理解上,由于马克思哲学的"主体"概念被把握为"认知主体",结果它所具有的根本性质失落了,它在主体性观念上所实现的重大变革被掩

---

① 原载《学术月刊》2011年第4期。

蔽起来。

众所周知,"主体性"是近代哲学所确立的最为核心的观念之一。黑格尔曾这样说道:"近代哲学的出发点,是古代哲学最后所达到的那个原则,即现实自我意识的立场;总之,它是以呈现在自己面前的精神为原则的。中世纪的观点认为思想中的东西与实存的宇宙有差异,近代哲学则把这个差异发展成为对立,并且以消除这一对立作为自己的任务"①。古代哲学是一种以"直接断言世界"为特征的"形而上学实在论",按照这种"形而上学实在论",所谓知识,就是揭示和发现不依赖于心灵的实在世界,而对这一实在世界的认识,"是直接的、不以任何东西作为中介"②。与此不同,近代哲学自觉地意识到,所谓"实在"或"存在",都是处于与人的主观认识的关系之中的"存在",当我们断言"存在"时,总是不可避免地暗含着一个无条件的前提,那就是这"某物存在"总是进入人的意识领域并为人所认识到的"存在",无论是"感性世界",还是"超感性世界",都不能脱离开与人的思维的关系,因此,在关于世界的理论之前,必须有一种关于认识的理论来为之提供保证和合法性根据。正是在此意义上,笛卡尔的"我思故我在"通过把"我思"确立为知识的出发点和基础,开启了近代哲学的"认识论转向",并因此而成为近代哲学之父。

毫无疑问,通过"认识论转向"所确立的主体是以"我思"或"自我意识"为核心的"认知主体"或"思维主体"。这种"认知主体"或"思维主体"所代表的自我意识的同一性构成一切知识成为可能的逻辑依据。在此意义上,以"思维主体"和"认知主体"为基础的认识论哲学又被称为"主体形而上学",其基本信念就是认为只要确立"作为突出的基底的我思自我,绝对基础就被达到了,那么这就是说:主体乃是被转移到意识中的根据,即真实的在场者,就是在传统语言中十分含糊地被叫做'实体'的那个东西"③,"'我'成了别具一格的主体,其它的物都根据

---

① [德] 黑格尔:《哲学史讲演录》第4卷,贺麟译,商务印书馆1998年版,第5页。
② [美] 洛克摩尔:《在康德的唤醒下——20世纪西方哲学》,徐向东译,北京大学出版社2010年版,第232页。
③ [德] 海德格尔:《面向思的事情》,陈小文、孙周兴译,商务印书馆1996年版,第75页。

'我'这个主体才作为其本身而得到规定"①。

长期以来,上述"认知主体"或"思维主体"所代表的"主体性"被等同于主体性本身,它不仅是知识的创造者,同时还构成价值规范的基础。它相信,通过"认知主体"理性能力的发挥,将实现"对自然的统治"并把人从自然的支配中解放出来。与此同时,它将能够控制社会生活中一直统治着人的客观的异己力量,超越社会生活的冲突和矛盾,社会和历史即可克服一切愚昧、不公和奴役,实现终极的和谐和完善。因此,"主体"的理性与自由,将可以代替中世纪的"上帝",充当人与社会生活的规范标准和价值源泉。

上述观念的最大缺陷在于把"认知主体"与"价值主体"完全等同起来,使"认知主体"涵盖了"主体性"的全部内涵。这种缺陷既体现在西方近代哲学发展中,同时也体现在中国在20世纪八九十年代对"主体性"问题的探讨中。事实上,"认知主体"与"价值主体"是在领域、性质和旨趣上有着重大分界的两种不同"主体"。在哲学史上,康德第一个对此进行了深入的阐发。

阐明"认知主体"和"价值主体"不能相互替代的地位和功能,这是康德"批判哲学"的重要主题之一。康德给予了"认知主体"在"知识领域"充分的自主空间,但同时又规定了它不可逾越的有限性和边界,阐明在此边界之外,"价值主体"拥有不能还原为"认知主体"的自主独立本性和法则,同时论证了在最深层的意义上,"价值主体"具有相对于"认知主体"的优先地位。在《纯粹理性批判》中,康德实现了著名的"哥白尼式的革命",形成了其"建构主义的认识论",实现了认识论的重大变革。康德认为,"统觉的原理是人类知识整个范围里的最高原理"②,而"统觉的统一性,我又称为自我意识的先验统一性"③,通过这种自我意识的先验统一性,在直观中所给出的一切杂多在对象的概念中获得了统一。因此,"自我意识"具有"构成性"或"建构性"的功能,它把知性

---

① [德]海德格尔:《海德格尔选集》下卷,孙周兴选编,上海三联书店1996年版,第882页。
② [德]康德:《纯粹理性批判》,韦卓民译,华中师范大学出版社2000年版,第158页。
③ [德]康德:《纯粹理性批判》,韦卓民译,华中师范大学出版社2000年版,第156页。

的先天法则赋予自然，从而使得客观的、普遍的知识成为可能。因此，"主体"是保证知识客观有效性的条件和根据，它构成知识客观性与普遍性的基础和源泉。

但康德通过"哥白尼式的革命"所彰显的"认知主体"的能动性与创造性仅限于"现象界"，超出这一边界，"认知主体"的"主体性"将成为无效和僭越。因此，"认知主体"是一种有限的"主体"，试图把有限的"认知主体"无限化的种种努力，其结果必然导致不可摆脱的自相矛盾与先验幻象。"认知主体"无力企及与抵达之处，正是"价值主体"得以凸显与挺立的空间。康德的道德哲学以意志的自我立法为依据，把人确立为自由的价值主体。与知识领域不同，人作为道德价值主体恰恰要超越经验和现象界："在现象里面，任何东西都不能由自由概念来解释，而在这里自然的机械作用必须始终构成向导"①，但道德价值恰恰要超越自然的机械作用而成为自由和自律的："德性的唯一原则就在于它对于法则的一切质料（亦即欲求的客体）的独立性，同时还在于通过一个准则必定具有的单纯的普遍立法形式来决定意愿……道德法则无非表达了纯粹实践理性的自律，亦即自由的自律，而这种自律本身就是一切准则的形式条件，唯有在这个条件下，一切准则才能与最高实践法则符合一致"②。因此，人服膺于道德价值法则，就是服从于自己的自由意志，因而也就是确立自身作为价值主体的存在："凭借其自由的自律，他就是道德法则的主体。"③

按照康德的上述思想，"认知主体"和"价值主体"是在领域、内容与旨趣等方面有着重大不同的"主体"，前者所对应的是"我能认识什么"这一问题域，后者所对应的则是"我应该做什么"这一问题域，前者高扬了人作为"先验的认知主体"的能动性与创造性，后者则高扬了人作为"先验的道德价值主体"的自由性和目的性；前者表明了人在知识世界的中心地位，后者则表明了人在道德价值世界的中心地位。二者有着不能

---

① ［德］康德：《实践理性批判》，韩水法译，商务印书馆1999年版，第30页。
② ［德］康德：《实践理性批判》，韩水法译，商务印书馆1999年版，第34—35页。
③ ［德］康德：《实践理性批判》，韩水法译，商务印书馆1999年版，第95页。

彼此还原的独立空间，既不能用"认知主体"来取代"价值主体"，也不能用"价值主体"来取代"认知主体"，二者属于"主体性"不可或缺的两个重要维度。

在康德看来，"认知主体"与"价值主体"一方面各有其独立性，但另一方面在深层关切上，"价值主体"拥有比"认知主体"更为优先的地位。对此，康德论述道："所谓两件或两件以上经由理性联结起来的事物之中的优先地位，我理解的是其中一件事物成为与所有其他事物联结的首要决定根据的优先权。在较窄的实践意义下面，它意指其中一种关切的优先权，亦即其他的关切隶属于它。"① 在"认知主体"与"价值主体"的隶属次序上，前者隶属于后者，后者拥有对于前者的优先权，康德这样说道："在纯粹思辨理性与纯粹实践理性联结成一个认识时，假定这种联结不是偶然的和任意的，而是先天地以理性自身为基础的，从而是必然的，实践理性就占据了优先地位。"② 这是因为，知识最终必须服从于道德价值，知识的繁荣最终服务于道德实践的福祉："因为一切关切归根结底都是实践的，甚至思辨理性的关切也仅仅是有条件的，只有在实践的应用中才是完整的。"③ 在此意义上，"认知主体"归属于"价值主体"，"价值主体"具有"无条件"的优先性。

康德对"认知主体"与"价值主体"的上述区分以及对"价值主体"的优先性的阐述有着十分重大的意义。以往我们对康德"主体性"观念所进行的阐释主要着重于认识论的视角，而对其关于"认知主体"与"价值主体"的划界、关于"价值主体"特殊地位的强调等方面的思想，始终没有得到应有的重视。事实上，正是后者构成了康德哲学思想中极为重要的方面，这一思想理路对于在当代理论与现实语境中来重新理解和评估"主体性"原则的历史遗产，对于今天深入理解马克思哲学中的"主体性"思想，具有十分特殊的意义。

---

① ［德］康德：《实践理性批判》，韩水法译，商务印书馆1999年版，第131页。
② ［德］康德：《实践理性批判》，韩水法译，商务印书馆1999年版，第133页。
③ ［德］康德：《实践理性批判》，韩水法译，商务印书馆1999年版，第133页。

二、"认知主体"批判与"价值主体"的合法性

众所周知,对"主体性"的批判性反思,是现当代哲学的重要主题之一。面对这一声势浩大的"后主体性"思潮,我们究竟应该如何重新估价"主体性"概念?尤其在中国特殊的思想和现实语境中,究竟对"主体性"应该持何种态度和立场?要回应这一课题,一个基本前提是要澄清:当人们试图消解"主体性"时,它们所指向的究竟是何种"主体性"?或者说,它们所要消解的"主体性"的确切含义是什么?

按照维默尔的概括,现当代哲学的"主体批判"主要有三种形式。第一是对主体及其理性的心理学批判(揭露);第二是对"制度化"或"同一性逻辑"理性及其主体的哲学—心理学—社会学批判;第三是对自明理性及其意义构成主体的语言哲学批判①。认真分析现当代哲学"主体性"批判这三种最有代表性的理路,我们可以发现,虽然各自的观点和策略各不相同,但它们所集中批判的主要目标却是基本一致的,那就是由笛卡尔所肇始的近代"认知主体"或"思维实体"及其所代表的思维方式和理论原则。

具体而言,对主体性及其理性的心理学批判意在揭示近代哲学所信奉的"认知主体"的理性自主性所具有的虚幻性。如前所述,把禀赋思维能力的人作为世界的中心,认为人的理性认识能力具有充分的自足性和自主性,这是近代哲学关于"认知主体"的基本信念。但心理学批判揭示了"理性主体"的"他者"对人的理性的控制和制约,这种"他者"或者是"力比多"的欲望,或者是"权力意志"的冲动,它们的存在暴露了理性的无根性和有限性,显示了理性无限性信念所具有的虚幻性。对"制度化"或"同一性逻辑"理性及其主体的哲学—心理学—社会学批判则侧重于揭示理性主义框架所代表的强制性秩序与工具理性对人的统治和专制,

---

① [德] 维尔默:《论现代和后现代的辩证法》,钦文译,商务印书馆2003年版,第77页。

并昭示人们：人运用知识对自然的控制最终必然导致对人自身的控制，理性的启蒙最终带来的是理性的神话。对自明理性及其意义构成的主体的语言哲学批判则要揭穿主体作为知识客观性保证的自我期许："在对主观主义进行语言哲学批判的时候，我们发现的却是一个先于任何意向性和主观性的准事实：各种语言的含义系统、生活形式、某个由语言开拓的世界"①，它意味着"我们在理性和主体（主体的所有可能表现形式）中发现了一个共同的、已经被'开拓'了的世界"②，因此，前理性、前逻辑的意义世界具有比认知主体的思维理性更为优先和本源的地位。

概括起来，现当代西方哲学对"主体性"的批判集中在如下几个方面。第一，批判"思维主体"的理性自主性信念，揭示其虚幻性。第二，批判"思维主体"试图成为世界中心、把整个世界视为自己的表象和对象的形而上学的基础主义和整体主义理论原则，揭示其无根性和独断性。第三，批判"思维主体"所代表的理性主义思维方式所带来的实践后果，揭示其对自然和人的宰制和压迫本性。第四，批判"思维主体"所代表的"意识哲学"和"逻各斯中心主义"理论范式及其思维框架。

可见，现当代西方哲学对"主体性"的批判，主要所针对的是近代哲学通过"认识论转向"所凸显和确立的"认知主体"或"思维主体"。应承认，这种批判产生了十分深刻的思想成果，它使"主体性"观念中所蕴含的独断和教条的倾向被充分地暴露，有力地推动了人的自我认识。

但是，如果按照上述关于"认知主体"与"价值主体"划界以及"价值主体"优先性的思考，我们就可以自觉到："认知主体"或"思维主体"并不等于"主体性"的全部内涵，剥离上述"思维主体"独断和狭隘的内容，"主体性"的另一维度，即"价值主体"仍然有其不可解构的真实内涵。我们完全可以在消解"认知主体"或"思维主体"的独断性和无根性的同时，为"主体性"的重要的方面，即"价值主体"的合法性提供有力的辩护。

这里所说"价值主体"，所强调的并不是人作为形而上学实体的绝对

---

① ［德］维尔默：《论现代和后现代的辩证法》，钦文译，商务印书馆2003年版，第88页。
② ［德］维尔默：《论现代和后现代的辩证法》，钦文译，商务印书馆2003年版，第91页。

的和终极的中心地位,而是强调人不能被还原为抽象权威和外在力量的自由与独立价值。对此,卢卡斯用四个概念或原则概括了这一自由和独立价值的内涵。首先是人的尊严,即个人具有至高无上的和内在的价值和尊严。如果说在中世纪,个人轻易地成为敬献在抽象的共同体之前的祭品和牺牲品,那么,现代社会则要求在任何时候,把人视为目的,而不能把人看作手段。其次是人的自主性,即它相信,个人应该摆脱外在的强制力量的控制,成为自己思想和行动负责的主体。第三是个人私人生活免于强制的自由,如果说在中世纪和前现代社会,公共权力对个人私人生活的随意侵害是不受谴责的"正常行为",那么在现代社会,个人私人生活有着任何外在力量都不能侵害的独立空间,它相信,只有保证个人私人生活免于强制的自由,个人真正的自由和独立才能获得安身立命之地。最后是人的"自我发展"的价值观,它主张个人充分实现自己的潜能,形成自己的独立人格与个性,实现自身的全面发展。① 人的尊严、人的自主性、人的不受强制的私人生活的自由、人的发展,这四者构成价值主体性相辅相成的四个方面。

强调上述"价值主体"的合法性,与对"认知主体"或"思维主体"的独断性和无根性的批判和解构并不矛盾。我们可以放弃思维主体的"自主性"信念、"基础主义"和"整体主义"诉求、"意识哲学"和"逻各斯中心主义"的理论原则以及统治与控制的"权力意志",同时保留对人的尊严、自主性、私人生活的自由以及人的发展等基本价值的尊重。这二者不仅不相互矛盾和冲突,而且,对"认知主体"或"思维主体"独断性和无根性的批判和解构,正有利于解除抽象认知理性和工具理性对于价值理性的遮蔽,消解其"同一性"与绝对主义逻辑对个人自由的压制,为后者释放出独立存在的空间。

对"价值主体"的维护,实际上所捍卫的是每一个人的生命存在不可剥夺的自由和人格及每一个人由此所应该承担的责任。它不谋求把个人膨胀为至终究极的、绝对的世界中心,不是把自己视为任性和傲慢的"占有

---

① 参见[英]卢克斯:《个人主义:分析与批判》(朱红文、孔德龙译,中国广播电视出版社1993年版,第47—76页)的相关论述。

性个体主义",不是把每个人之外的他人视为排它的控制对象,更不否认社会和社群所具有的独立价值,而只是希求凸显这样一个基本事实:个人的自由和人格尊严,乃是人和社会其他一切价值得以存在和发展的基础性、前提性条件。在此意义上,它不是"唯利是图"的"自我中心主义"或狭隘的"个人主义",而是要确立这样一个不可动摇的真理:人具有"超脱了整个自然的机械作用的自由和独立性"①,而不能还原为"由至上匠师制做和上紧发条的一个木偶或一架沃康松式的自动机"②。

通过以上的讨论,我们可以看出,如果在理解"主体性"时,贯彻一种自觉的"边界意识",把"认知主体"和"价值主体"视为"主体性"在性质上有着重大不同的两个维度,那么,面对当现代哲学"主体性的终结"和"主体之死"的呼声,我们可以在扬弃"主体性"之狭隘的认识论内涵的同时,维护其丰富的价值论内涵,可以在拆解以"认知主体"为核心的"主体形而上学"立场的同时,为"价值主体"的存在合法性提供有力的辩护。我们相信,这一辩护无论对于拯救现代性所蕴含的积极文明成果,还是拯救"主体性"原则所蕴含的积极思想成果,都具有十分重要的意义。

三、价值主体的优先性:马克思"主体性"原则的核心内容

在中国特有语境下讨论"主体性"观念,一个不可回避的问题便是如何理解和阐释马克思哲学的"主体性"概念。在我们看来,由于没有自觉地意识并阐明"认知主体"与"价值主体"的边界与区别,而是主要局限于从认识论的视野或角度,即从"认知主体"或"思维主体"的视野或角度出发去理解"主体性"原则,结果导致在我国语境内,马克思哲学主体性原则的核心,即"价值主体"的内涵及其旨趣一直没有得到充分的

---

① [德]康德:《实践理性批判》,韩水法译,商务印书馆1999年版,第94页。
② [德]康德:《实践理性批判》,韩水法译,商务印书馆1999年版,第110页。

显现。这是以往我们在此问题上所存在的根本性缺陷。

从认识论的角度理解马克思哲学的"主体性"原则，主要有两种表现形式。

第一种基于"思维"与"存在"这一哲学的"基本问题"，把"主体性"理解为人的"思维"或"主观"的能动性与创造性。按照这种思路，如何克服思维与存在的分裂和对立，实现二者的统一，这是哲学所面临的首要问题。而在"思维"与"存在"这一矛盾中，"存在"代表着不以人的意志为转移的客观性，要以一种不同于朴素实在论的反思方式解决这一矛盾，就必须发挥人的思维的能动性和创造性，使僵化和凝固的概念克服其"惰性"，以一种思想的方式实现对存在的把握，从而实现思维与存在的内在统一。思维的这种能动性和创造性所证明的正是人的"主体性"。在此意义上，"主体性"与"主观能动性"具有同等的含义。

第二种则试图基于实践观点来阐释"主体性"原则。这又主要表现为两种形式。一是把主体性理解为实践活动在保证认识"客观性"和"真理性"时所体现的根源性和能动性。人们常引用列宁的论述："马克思和恩格斯都说过，人类的实践证明唯物主义认识论的正确性，并且把那些想离开实践来解决认识论的基本问题的尝试称为'经院哲学'和'哲学怪论'"[①]，"生活、实践的观点，应该是认识论的首要的和基本的观点"[②]，实践活动构成了人的认识的来源和动力，构成了真理性认识的标准。实践活动在认识过程中所具有的这种特殊作用，构成"主体性"的深层根据。二是认为实践活动体现了人征服和改造自然的主动性与创造性，即把"主体性"理解为人通过实践活动征服和改造自然所体现的主动性与创造性。与上述从"思维"与"存在"关系角度理解马克思哲学主体性原则不同，它所注重的是在实践活动中人与自然的关系，所强调的是对自然规律的把握，认为通过实践活动改造和征服自然界的过程正是体现人的主动性与创造性的过程，也是人的"主体性"最集中的体现。

上述第一种理解很显然是一种"认识论"立场。它深受肇始于笛卡尔

---

① 《列宁全集》第18卷，人民出版社1988年版，第140页。
② 《列宁全集》第18卷，人民出版社1988年版，第144页。

的以认识论为主导倾向的近代哲学的影响，无批判、无条件地延续了近代哲学认识论中心的理论传统，把人的"认知主体"或"思维主体"视为"主体"的最根本内容和规定，把认识的能动性和创造性视为"主体性"的根本体现。

这种对"主体性"的理解方式最大的缺陷就在于，它没有对"认知主体"的有限性和界限进行自觉的反思和体认，没有对"认知主体"与"价值主体"进行自觉的区分和划界，因而在整体上处于"前康德"的水准。面对现当代西方哲学中对"主体性"概念的否定和解构，它所具有的独断性、抽象性和无根性已被充分地揭露出来。

第二种对"主体性"的理解在表面上与第一种有所不同，但如果仔细分析它的两种表现形式，就可以发现，由于它对实践活动"认识论"化的狭隘理解，使得对马克思哲学的"主体性"原则的阐发依然没有从根本上超越认识论的视野。把实践活动仅仅阐释为认识的源泉、动力和标准，这实际上是把实践活动屈从于认识活动，实践活动所具有的更为深层的价值内涵被遗忘了，因而对主体性这种的理解，其基本理论性质仍然是认识论的。把实践活动阐释为改造和征服自然界的能动性和创造性活动，似乎与认识论模式的实践观不同，它所强调的不是思维与存在的认识论关系，而是人与自然之间体力、智力与能量的交换过程，"实验"与"工业"被视为这种"实践活动"最典型的表现形式，"生产力"的提高被视为"主体性"最直接和最重要的成果，对自然规律的认识和利用被视为"主体性"得以实现的最为根本的途径。按照康德的洞见，这种对实践活动的理解在实质上仍然属于"理论哲学"的范畴，而不属于严格的实践哲学："如果规定这原因性的概念是一个自然概念，那么这些原则就是技术上实践的，但如果它是一个自由概念，那么这些原则就是道德上实践的……前一类原则就属于理论哲学（作为自然学说），后一类则完全独立地构成第二部分，也就是（作为道德学说的）实践哲学"[1]，"一切技术上实践的规则，就其原则是基于概念的而言，也必须只被算作对理论哲学的补充"[2]。根据康德

---

[1] [德] 康德：《判断力批判》，邓晓芒译，人民出版社 2002 年版，第 6 页。
[2] [德] 康德：《判断力批判》，邓晓芒译，人民出版社 2002 年版，第 6 页。

对实践活动的这种分类,上述理解所提示的实践活动只能属于工具理性的"技术性的实践",它建立在"自然"而不是"自由"的基础上。因此,基于这种对实践活动的理解而形成的"主体性"观念也必然是"理论哲学的补充",而不是以自由为核心的价值论意义的实践活动的主体性。

在我们看来,要真正把握马克思哲学中主体性原则最根本和最有当代价值的内涵,必须超越认识论的层面,把马克思哲学视野中的"主体"首先把握为"价值主体"。

把马克思哲学视野中的"主体"首先把握为"价值主体",这是基于对马克思哲学基本理论性质的理解所得出的判断。马克思哲学颠倒了认识与实践、意识与生活的关系,真正把现实生活实践确立为其出发点,在它看来,在理论理性与实践理性、理论与实践的关系中,前者具有有限性与非根源性,后者构成了前者本源性的基础,与前者相比,它是无限的、整体性的、大全性的,对于前者具有奠基性作用。对此,国内外学者都已经作了大量深入的讨论与揭示,国外学者如哈贝马斯这样概括道:"把马克思主义思想推向极端最终颠覆了理论与实践之间的古典关系",当代西方哲学正是充分发挥了马克思哲学的这一精神,"充分证明了我们的认识能力深深地扎根在前科学的实践以及我们与人和物的交往中"[①]。国内学者近年关于马克思哲学的实践哲学转向等的探讨,都从不同角度阐明了马克思哲学区别于认识论哲学形态的理论品格和思想旨趣。如果承认这一点,那么,在马克思的"主体性"原则上,我们就应该自觉地摆脱那种把它归结为"认知主体"的立场和观点。切实贯彻实践观点的思维方式,来理解包括"主体性"问题在内的一切哲学问题,马克思哲学所关注的"主体"首要的并不是"认知主体",而是"价值主体"。

当我们说马克思哲学所关注的"主体"首要的是"价值主体"时,所试图凸显和强调的是"主体性"的如下内涵。

首先,这一主体是"自由主体"。与康德仅从道德价值的角度论证"主体"的"自由"不同,马克思把"自由"视为以实践活动为本源性存

[①] [德]哈贝马斯:《后形而上学思想》,曹卫东、付德根译,译林出版社2001年版,第7页。

在方式的人的本质，对此，马克思明确说道："一个种的整体特性、种的类特性就在于生命活动的性质，而自由的有意识的活动恰恰就是人的类特性"①，"人把自身当作现有的、有生命的类来对待，因为人把自身当作普遍的因而也是自由的存在物来对待"②。在马克思看来，人与其他自然存在物的根本区别就在于她摆脱了自然的因果规律和生物本能的规定，把自己的生命活动变成自己意志和意识的对象，通过实践活动摆脱外在的异在之物的束缚，自己规定和主宰自己创造自我的历史和未来，因此，人的存在和发展所遵循的不是"自然规律"，而是"自由规律"③。"自由"是实践活动的本性因而也理所当然是人作为主体的基本规定。

其次，这一主体是"目的主体"。在马克思看来，不是"物"，而是"人的发展"构成了历史和社会发展的根本目的。在人与历史的关系上，"'历史'并不是把人当做达到自己目的的工具来利用的某种特殊的人格。历史不过是追求着自己目的的人的活动而已"④；"人们的社会历史始终是他们的个体发展的历史"⑤。在人与社会的关系上，"社会"不是个人之上与人相对立的抽象实体，"社会本身，即处于社会关系中的人本身，总是表现为社会生产过程的最终结果"⑥，"社会本质不是一种同单个人相对立的抽象的一般的力量，而是每一个他自己的生活……这些个人是怎样的，这种社会联系本身就是怎样的"⑦。因此，人始终是"社会历史发展"的"主词"，把人的发展作为"目的"，构成社会历史发展的根本价值追求。

最后，这一主体是"责任主体"。所谓"责任主体"，即是对自身和社会历史的发展的风险和后果自觉承担责任的主体。人是自由的存在，这同时也意味着人是为自己的自由创造和自我决定承担责任的存在，自由与责任是相辅相成的两种价值。同时，由于人成为社会历史发展的主体，人

---

① 《马克思恩格斯全集》第 3 卷，人民出版社 2002 年版，第 273 页。
② 《马克思恩格斯全集》第 3 卷，人民出版社 2002 年版，第 272 页。
③ 对此对详细论述，请参见笔者在《马克思哲学与"人"的理解原则的根本变革》（《长白学刊》2002 年第 5 期）的论述。
④ 《马克思恩格斯全集》第 2 卷，人民出版社 1957 年版，第 118 页。
⑤ 《马克思恩格斯全集》第 47 卷，人民出版社 2004 年版，第 444 页。
⑥ 《马克思恩格斯全集》第 46 卷下册，人民出版社 1980 年版，第 226 页。
⑦ 《马克思恩格斯全集》第 42 卷，人民出版社 1979 年版，第 24—25 页。

对自然、对他人和对自身的关系如何，在根本上取决于自己的自觉活动。人的行为与社会历史发展的命运息息相关，这就内在地要求人们树立这样一种责任意识：社会历史发展的命运就掌握在人自己手里，人所面临的最大对手在很大程度就是人自身。因此，人必须充分自觉到自己的行动给社会历史发展所可能带来的风险和代价，切实地为自己活动的后果承担应有的责任。

当人成为"自由主体"、"目的主体"和"责任主体"的时候，很显然，这样的"主体"必然首先是"价值主体"而不是"认知主体"。在我们看来，这是马克思哲学"主体性"原则中最为精髓和最富当代意义的内容。在此意义上，马克思哲学的"主体性"原则在新的基础上深化了康德关于"认知主体"与"价值主体"划界和"价值主体"优先的思想，这样的"价值主体"是不能也不应被解构的。

下篇
马克思的现代哲学变革与现代社会

马克思哲学"社会观"与"发展观"的现代视野

——"以人为本"社会发展观的前提反思[①]

"社会发展"问题,既是现实的、重大的实践课题,同时也是重大的理论课题。党的十六届三中全会明确地把"以人为本"作为社会发展观的核心,我们认为,这是从一个新的思想高度对马克思哲学人与社会发展理论思想精髓的深刻揭示和肯定。"以人为本",这本来属于马克思哲学及其社会发展理论的思想内核,但长期以来,由于受种种错误的传统理论观念或抽象教条的影响,这一重要思想一直没能得到充分的承认、理解和阐发,一些传统的理论观念和思维方式,作为一种具有强大惰性的力量,在深层束缚着人们的思想,使人们难以自觉地确立起"以人为本"的社会发展观。

因此,我们认为,要真正深入理解并在实践中贯彻"以人为本"的社会发展观,一个重要任务就是必须从哲学理论的高度,对这些传统观念和思维方式进行前提性的批判性考察,而其中,"社会观"与"发展观"具有首当其冲的地位:要确立"以人为本"的"社会发展观",一个重要的思想前提是改变传统的"社会观"与"发展观",并确立以人为中心的"社会观"与"发展观",确立以人为中心的"社会观"与"发展观",是确立"以人为本"的"社会发展观"的哲学基础,否则,"以人为本"的社会发展观将难以在人们的思想和行动中生根立足,即使勉强建立起来,

---

① 原载《哲学研究》2005年第1期。

也难免沦为某种形式化的东西并因此可能走样变形。

一、重新反思"社会"与"发展":"以人为本"的"社会发展观"的哲学前提

"社会发展",是由"社会"与"发展"这两个关键词构成的。首先,它表明"社会发展"是"社会"的发展,"社会"构成了"发展"的承载者和主体,在"社会发展"中,逻辑地包含了"为了社会的发展"、"以社会为目标的发展"等含义,离开"社会",也就无从谈论"发展";其次,社会发展是社会的"发展","发展"构成了社会所要实现的首要价值,离开"发展","社会"将失去追求的目标。这表明,"社会发展"的含义与"社会"和"发展"这两个关键词的含义有着一种深层的关联,以一种什么样的方式来理解"社会"和"发展",必然将会对形成何种"社会发展观"产生根本性的影响。

从哲学理论的角度深入反省以往种种社会发展观的深层缺失,我们发现,人们之所以难以形成"以人为本"的"社会发展观",之所以"以物为本"的发展观难以彻底根除,在根子上是与"实体化的社会观"和"物化的发展观"极为紧密地内在关联在一起的。正是因为以往人们在理解"社会"和"发展"时,运用和贯彻的是一种"物化"的解释框架和思维方式,其结果使得"见物不见人"的"社会发展观"难以避免。

所谓"实体化的社会观",是一种把社会视为人之上的独立实体的社会观。在这样的"社会"中,人成为了社会从属性的被动手段和工具,因而找不到自身独立的地位和价值。以这种"社会观"作为思想前提,在理论上必然以"物"为中心,在具体实践中,必然把人视为社会的"物件"和"工具",因而它与"以人为本"的社会发展观是正相对立的。

概括而言,这种"实体化的社会观"存在三种最为突出的表现形式:社会的"自然化"、社会的"集群化"和社会的"有机体化"。

社会的"自然化"主要体现在"社会"与"自然"的关系上,它把

社会与自然完全等同起来，认为自然是理解社会最直接的参照和原型，从自然物质存在的性质和存在方式即可类推出社会的全部特性，其最突出的表现就是人们以经典力学意义上的"物质"概念来理解"社会存在"，并由此用机械决定论和线性因果论去理解社会本性及其规律，它的基本思维方式和表述方式是：既然"自然界"如此，那么"社会"也就理所当然应该如此。

"社会的自然化"强调社会与自然的齐一性，由此造成的后果是社会失去了其特有的"属人"性质。既然社会与自然物质世界无异，那么，社会就是一个与自然界一样受机械因果规律支配的领域，其中没有人的足迹、没有人活动的身影、更没有人的自由和价值。受这种"社会观"支配，所谓"社会发展"就是一个机械因果决定的、与自然物质运动无异的过程。很显然，这种"社会发展观"必然是一种"无人身"的社会发展观，在其中根本找不到现实的人的位置，人能动的创造作用和价值被彻底地失落了，因此，它与"以人为本"的社会发展观是根本对立的。

"社会的集群化"主要体现在社会与人的关系上，它把社会与"集群"完全等同起来，把"社会"视为超越个人之上独立存在的"集群"，而人则被当成从属于这一集群的工具，历史上极端的民族主义和国家主义即属于这种社会观的典型代表。它强调，社会作为"集群"是独立性的实体，而个人则没有独立性和实体性，它完全依附于集群，是一个"偶性"存在。因此，在价值等级和价值次序上，"集群"具有绝对的优先性，为了集群的目的和利益，应当而且必须随时牺牲个人的利益和目的。

"社会的集群化"的根本缺陷是把作为的人的存在方式的"社会"和作为动物存在方式的"集群"二者混淆起来了。动物以"集群"方式而存在，动物个体生来便具有了其物种的本性、规定和特征，它与其所属的物种特性完全是同一的，因此动物只能以集群的形式而存在，其集群生活是其本能的体现。人的社会之所以称之为社会，恰恰就在于它突破了动物的物种特性，它是"建立在人们的现实差别基础上的人与人的统一"[①]，

---

① 《马克思恩格斯全集》第47卷，人民出版社2004年版，第73—74页。

是由有生命的个体通过实践交往活动交互作用的产物。因此,"社会的集群化"抹杀了生物存在方式与人的生存方式的根本区别,使社会成为了一种与人相对立的抽象实体。很显然,由这种"社会观"为指导,所形成的必然是一种物化的社会发展观,而不可能是一种"以人为本"的社会发展观。

社会的"有机体化"是一种把"社会"与"生物有机体"等同起来的思想倾向,它把社会与生物有机体相类比,认为可以像解剖生物有机体一样,分析社会由哪些要素和器官构成,遵照何种系统规律进行活动。与生物有机体相比,社会有机体除了较为高级复杂之外,在性质上并无根本不同,因而完全可以用理解生物有机体的方法来了解社会。

社会的"有机体化"所体现的是社会观上的极端科学主义态度,它使社会变成了一个由"器官"或"物体"构成的体系,在此体系中,人成为了"社会有机体"中执行某种功能的"器官"。很显然,在这种"社会观"支配之下,人在其中找不到其应有的主体地位,由此所形成的"社会发展观"必然是一种"主体缺失"的社会发展观,它与"以人为本"的社会发展观同样是格格不入的。

从对上述"实体化社会观"的三种形式的简要分析可以看出,三者的共同特点是把社会视为人之上的抽象实体,从而使社会与人处于抽象的对立之中。在这样的"社会"中,人找不到自身独立的价值和地位并成为了"社会"从属性的被动手段和工具。以这种"社会观"作为前提,是根本不可能形成"以人为本"的社会发展观的。

与"实体化的社会观"具有相同性质的是"物化的发展观"。所谓"物化的发展观",是一种运用"物化"的思维方式和解释框架来理解发展的发展观。"发展"似乎是人们最常用的概念,然而,从哲学视野出发予以反思,可以发现,不同的人使用"发展"概念时,常常体现和运用的是不同的解释框架和思维方式,"发展"也因此而呈现出完全不同的意义和内涵,如果运用和贯彻"物化"的解释框架和思维方式,"发展"就将在一种"物的方式"中被理解和阐释,由此所形成的社会发展观也将必然是一种"见物不见人"的社会发展观。因此,只有从哲学的角度,破解人们理解"发展"时所形成的传统的解释框架和理解方式，才能真正确立"以人为本"的社会发展观。

这种"物化"的解释框架，主要有两种最为典型的表现形式：一是"自然主义"的解释框架，即把"发展"与"运动"、"进化"等同起来，抹杀了"发展"作为人特殊的存在方式所具有的人性向度；二是"传统理性主义"的解释框架，即用先验理性来解释发展，把"发展"视为一个实现某种先验原则的过程，抹杀了"发展"所特具的自主性和创生性。

把"发展"与"运动"和"进化"混同起来，是人们常有的一种解释模式。所谓"运动"，主要指物质存在在时空之中的位置变化，它是一个含义极为宽泛的、包括整个物质世界在内的变化过程，运动的主体是整个"物质世界"；"进化"不同于一般的物质运动，它意指一个生物物种从简单向多样性、复杂性和更加组织化的方向的演化。生物的变异和进化，主要是依照生物学所揭示的自然选择、优胜劣汰的规律而进行，在整个演化过程中，是"自然"的随机性而不是"人"的创造性和选择性构成了最高的主宰。

无疑，"发展"也是一种"运动"和"进化"，但正如我们在后面所要论述的，"发展"远远超越了一般意义上的运动和进化，它属于人和社会特有的生存方式，它集中体现了人区别于自然物质和生物物种的生存和活动本性。因此，把发展完全等同于"运动"和"进化"，必然会抹杀发展作为人的生存方式和活动方式所特有的人文内涵，混淆了作为人特有存在方式的"发展"与自然物质以及生物的存在方式之间的界线。很显然，在这种"自然主义"的解释框架里，要形成"以人为本"的发展观显然是不可能的。

"传统理性主义"的解释框架在理解发展时，认为社会发展的根据和尺度完全是由一种先验理性所决定的，这种先验理性作为外在于人、在人之上的永恒原则支配着社会发展过程，它犹如一只看不见的手，掌握和控制着社会发展的进程，犹如一个密码器，预先规定了社会发展的全部方向、轨迹和内容。因此，按照这种解释框架，社会发展的过程完全是既定、单一和无可选择的，在其中人的活动所充当的是实现这种先验理性原则的工具，除此之外，它并不起任何真实的作用。

可见，传统理性主义解释框架中的"发展观"是一种独断的、否定人的创造性与自主性的发展观。这种发展观的实质是把人贬低为如同自然物一样的消极被动的存在者，自然物只能接受无情的自然法则的摆弄和支配，它不具有任何自主性和自决性，而在这种发展观中，人除了接受无可选择的命运的支配，对社会发展同样不能产生任何积极的、主动的影响——人完全被"物化"了，社会发展完全被"物化"了。很清楚，按照这种解释框架来理解发展，是根本不可能真正形成"以人为本"的社会发展观的。

通过如上分析，可以清楚地看到，"实体化的社会观"与"物化的发展观"构成了人们自觉形成以人为本的社会发展观的深层障碍。只有从哲学的理论视野出发，破解这种"社会观"与"发展观"，并形成以人为中心的"社会观"与"发展观"，"以人为本"的社会发展观才能获得坚实的思想基础。我们将看到，马克思哲学的"社会观"与"发展观"所提供的，正是这样一种现代理论视野。

二、"社会"就是处于社会关系中的个人本身

与"实体化的社会观"不同，马克思哲学的社会观是一种以人为中心的社会观，正是这种社会观，为以人为本的社会发展观奠定了可靠的理论基础。

在马克思看来，社会的本性是从与自然、与个人的关系中显现出来的，要真正理解社会的本性，关键在于正确理解社会与自然、个人与社会的关系。

在社会与自然的关系上，马克思明确反对那种"社会自然化"的观念和做法。马克思明确论述到："社会毕竟还是不符合自己的原型，不符合自然界"，"在任何时代社会都不是自然界的正确的反映"。[①] 社会是自然

---

① 《马克思恩格斯全集》第3卷，人民出版社1960年版，第562页。

界长期发展的产物,是在自然进化的基础上产生的。但是,社会一旦产生,就具有了异于自然的特殊性质和规定性,形成了自己的运动规律,确立了自己的发展目标。

在马克思看来,社会与自然的关系,在根本上所体现的是人与自然的关系。为了与强大的自然力量抗衡,个人必须结成社会,以社会的方式与自然处理关系,以实现人与自然的物质交换。因而社会的作用就在于把人的活动组织起来,通过社会的方式把人从自然分化出来并使之不断生成为人。这是人特有的、区别于动物的生存方式,就此而言,社会是作为实现人的活动的组织方式即作为人的生存方式而存在的。那种把社会自然化的做法,完全忽视了人区别于动物的特殊的存在方式,它在实质上所体现的是"人的自然化"。

正是在此意义上,马克思对"社会"下了如此经典定义:"社会是人同自然界的完成了的本质的统一,是自然界的真正复活,是人的实现了的自然主义和自然界的实现了的人道主义。"① 所谓"人的实现了的自然主义",是指人来源于自然,但人又必须通过创造性的实践活动,来利用和内化自然的力量来超越自然,所谓"自然界的实现了的人道主义",是指自然界通过人的实践活动而展现出其内在的力量,自然界在实践活动中实现其向人的生成,而这一双向过程都只能在社会中并通过社会才能实现,正是"社会",使"人的自然本质"和"自然的人的本质"二者都得到了充分的体现,因此马克思才说,"社会是人同自然界的完成了的本质的统一"。可见,社会是升华了的人与自然关系,是人与自然进行交往、实现二者本质统一的中介。只有通过这一中介,也就是说,"只有在社会中,自然界对人来说才是人与人联系的纽带,才是他为别人的存在和别人为他的存在。只有在社会中,自然界才是人自己的人的存在的基础,才是人的现实的生活要素。只有在社会中,人的自然的存在对他来说才是自己的人的存在,并且自然界对他来说才成为人"②。

可见,在社会与自然的关系上,社会已在根本上超越了自然关系的性

---

① 《马克思恩格斯全集》第 3 卷,人民出版社 2002 年版,第 301 页。
② 《马克思恩格斯全集》第 3 卷,人民出版社 2002 年版,第 301 页。

质而成为了人特有的存在形式，它有着不同于自然的存在本性、活动形式、运行机制和发展规律，因而已被赋予了"人化"和"属人"的性质。

社会的"属人本性"不仅体现在社会与自然的关系上，而且更深刻地蕴含在社会与个人的关系之中。对此，马克思十分明确和透辟地论述道："社会本身，即处于社会关系中的人本身，总是表现为社会生产过程的最终结果"①，并在相同的含义上，进一步说道："社会是人们交互作用的产物，是表示这些个人彼此发生的那些联系和关系的总和"②，"人的本质是人的真正的社会联系，所以人在积极实现自己本质的过程中创造、生产人的社会联系、社会本质，而社会本质不是一种同单个人相对立的抽象的一般的力量，而是每一单个人的本质，是他自己的活动，他自己的生活……这些个人是怎样的，这种社会联系本身就是怎样的。"③

马克思的这些论述，首先强调的是社会并非一个抽象的实体，而是由人的活动所创造的一种动态关系体系，是个人之间相互作用所形成的交往形式。离开个人之间的相互作用，也就根本不可能有社会。

不仅如此，它们还表明，社会与个人不是相互对立的抽象两极，社会不过是"处于社会关系中的人本身"，因而二者在实质上具有内在的同一性。从静态而言，个人构成了社会最基本的逻辑起点，个人之间的交往关系构成了社会的全部内容，因此，"这些个人是怎样的，这些社会联系本身就是怎样的"。从动态而言，社会发展的发展实质上是"社会关系中的个人"的发展，社会力量来源于个体个性的形成和创造潜力的发挥，因此，"人们的社会历史始终只是他们的个体发展的历史"④。

更重要的是，马克思还强调，人是社会的最终目的和归宿。与动物不同，人之所以为人，完全是由其后天的生存实践活动所创造的，这要求人们结成一定的关系，借助于社会的力量实现自身的生存和发展。因此，社会存在的合法性，就体现在它为人的成长提供必要的社会条件，社会的存

---

① 《马克思恩格斯全集》第46卷下册，人民出版社1980年版，第226页。
② 《马克思恩格斯全集》第46卷上册，人民出版社1980年版，第266页。
③ 《马克思恩格斯全集》第42卷，人民出版社1979年版，第24—25页。
④ 《马克思恩格斯全集》第27卷，人民出版社1972年版，第478页。

在和发展，归根结底是为了促进生命个体的成长，积蓄生命个体的能量，提高生命个体的自觉，从而促进人的全面发展，就像马克思所说的："社会本质不是一种同单个人相对立的抽象的一般的力量，而是每一个单个人的本质，是他自己的活动，他自己的生活，他自己的享受，他自己的财富。"①

可见，在社会与个人的关系上，马克思坚决拒绝把社会理解为独立的人格实体和把人看成实现社会目的的工具的观念，而是强调人是社会的起点、归宿和目的。在马克思看来，社会实体化的观念是一定历史条件下的产物，但随着历史的发展和人的生存状态的变化，这种观念已失去了存在的合法性。马克思指出，社会与个人的关系在历史上必须经历三个发展阶段和三种历史形态②。第一个形态是"人的依赖关系"形态。在此状态下，人类必须以群体为本位，依靠自然的血缘或地缘纽带以结成群体，通过发挥群体的力量去与自然进行对抗，离开集群，个体将无法生存。在此状态下，人们把"集群化"予以神化，并由此把共同体"实体化"，乃是十分自然的事情。然而，随着历史的发展，这种"社会集群化"的状况逐渐被改变。进入现代社会以来，通过商品交换、市场经济、自由贸易等手段，由血缘和地缘结成的狭隘封闭的共同体被打破，人与社会的关系进入了"以物的依赖性为基础的人的独立性"阶段。在此阶段，社会体现的是人们之间超自然的关系，个人获得了自主能力和自主人格，个人之间处于平等的交往关系（以物为中介）之中，在此基础上建立的"社会"，就不是与个人相对立的抽象实体，而成为以普遍个人为依托的适应于个体生命发展的社会化交往形式；面向未来，社会与人的关系，将是以"建立在个人全面发展和他们共同的社会生产能力成为他们的社会财富这一基础上的自由个性"为本质特征的，此时的社会，将成为"自由人格的联合体"，在此"联合体"中，"每个人的自由发展是一切人的自由发展的条件"③。在此阶段，社会与个人之间实现了内在的统一，社会已成为了人的类本质

---

① 《马克思恩格斯全集》第42卷，人民出版社1979年版，第24—25页。
② 参考《马克思恩格斯全集》第46卷上册，人民出版社1979年版，第104页。
③ 《马克思恩格斯选集》第1卷，人民出版社1995年版，第294页。

的实存形式，它必然只能以人为主体，以实现和发展人的本性为目的，并为适应人性内容的日益丰富而不断展开自己的形式。因此，在现代社会，如果再用"前现代"状况中的特定的某种社会形式来理解社会，就会使社会失去其完整的本质。正是在此意义上，马克思才特别告诫："应当避免重新把'社会'当作抽象的东西同个体对立起来。"①

通过如上论述，我们可以清楚地看出，无论从社会与自然的关系，还是从社会与人的关系，马克思哲学所坚持的中心观点是：人是社会的主体，只有从人是主体的观点去认识和理解社会，才能把握社会的真实本质。在此意义上，马克思哲学彻底破除了种种实体化的社会观，这就为以人为本的社会发展观提供了坚实的思想基础。

三、"发展"是人追求和创造自身价值的自觉活动

与"自然主义"和"传统理性主义"解释框架中的发展观有着根本区别，马克思认为，发展属于人特有的追求和创造自己价值的自觉活动，要理解发展，必须从人特殊的生存方式出发。

所谓人特殊的生存方式，就是指人的实践性的生存方式。人是一种以实践为本性的存在，而所谓实践本性，就是人的自我创造、在自我创造中追求和创造自身价值的本性。对此，马克思这样论述到："生产生活就是类生活。这是产生生命的生活。一个种的整体特性、种的类特性就在于生命活动的性质，而自由的有意识的活动恰恰就是人的类特性"②；"可以根据意识、宗教或随便别的什么来区别人和动物。一当人开始生产自己的生活资料的时候，这一步是由他们的肉体组织所决定的，人本身就开始把自己和动物区别开来。"③ 通过人的实践活动而实现"自我创造"和"自我

---

① 《马克思恩格斯全集》第3卷，人民出版社2002年版，第302页。
② 《马克思恩格斯全集》第3卷，人民出版社2002年版，第273页。
③ 《马克思恩格斯选集》第1卷，人民出版社1995年版，第67页。

发展",这是人区别于动物的特殊生存方式。正是在此意义上,"发展"具有鲜明的"属人性","发展"是一个只适用于人的范畴。

具体而言,马克思哲学所强调的"发展"的"属人性",包含了如下三层最为基本的意蕴。

首先,"发展"属于人特有的自我创造和自我生成的活动。动物的存在完全是由自然赋予的前定物种本性所规定的,具有"本质前定"的性质,其最大的特征是"现成性"和"既定性",大自然已经为它的全部生活规定好了一切,它不可能也不需要超越自身成为一个"不是其所是"的存在,就像马克思所说的:"动物和自己的生命活动是直接同一的。动物不把自己同自己的生命活动区别开来。它就是自己的生命活动。"① 在此意义上,动物可以"运动"和"进化",但没有"发展"。但人完全不同,人的本质既非上帝赐予也非自然前定,它不是"现成的和摆在那里的"存在者,而是一种不断超越"现成性"的、面向未来生成自身的特殊存在者,不断否定和超出自身,在生存筹划活动中面向未来敞开自我超越的空间,这是人特殊的本性。正是通过实践活动,人改造了世界,同时也改变了自身,创造出新的自我,从而推动着人的展开和生成,"发展"即是这样一种唯有人才具有的自我否定和自我生成活动。

其次,"发展"是一个"合目的"的、面向未来的、开放的创生过程。自然物的运动是由因果关系所支配的,它表现为已存状态对未来的支配,与之相比,发展则是一个"合目的"的过程,它表现为未来对现在的引导。所谓"合目的性",意指人的活动总是由人的目的支配,人的主观意图、动机和理想渗透在人的行动中,成为引导和规范人的行为的活动目标,然后通过实践活动把这种目的和理想变为现实,由于这种目的性的参与,使得"发展"成为一个由"应然性"所决定的"从理想存在"向"现实存在"的转化过程。对于人的活动的这一特性,马克思论述到:"动物和自己的生命活动是直接同一的。动物不把自己同自己的生命活动区别开来。它就是自己的生命活动。人则使自己的生命活动本身变成自己

---

① 《马克思恩格斯全集》第3卷,人民出版社2002年版,第273页。

意志的和自己意识的对象。他具有有意识的生命活动……有意识的生命活动把人同动物的生命活动直接区别开来。"① 由于这种目的性和理想性对人的活动的参与，使得人对自己的未来，有着一种自觉的选择性和能动的创造性，并由此使得人的发展过程与自然物质的运动过程明确地区别开来。对此，马克思明确说道："'历史'并不是把人当做达到自己目的的工具来利用的某种特殊的人格。历史不过是追求着自己目的的人的活动而已。"②

第三，"发展"属于人追求和创造自身价值的活动，"价值性"是发展的重要本性。动物的生存所追求的是本能生命需要的满足，这种需求的对象由自然提供，满足需求的手段也是由自然赐予，就像马克思所说的："动物只是在直接的肉体需要的支配下生产……动物只生产自身……动物的产品直接属于它的肉体……动物只是按照它所属的那个种的尺度和需要来构造"③，因此对动物而言，是谈不上什么"价值"的。然而，人却具有不局限于纯自然的本能需求、不满足于现在状态的本性，他要把追求和实现人自身的本质作为其最高价值目标，对此马克思说道："人的根本就是人本身"、"人是人的最高本质"④。改变现有状态，充分发挥人的潜能，在改变旧世界中发现和创造一个新世界，使人的本质得以充分展开和实现，从而不断创造和实现自我的本质，这就是人追求的最高价值目标，而追求这种价值目标的过程，正构成了"发展"的核心内容。正是在此意义上，马克思才这样说道："人甚至不受肉体需要的影响也进行生产，并且只有不受这种需要的影响才进行真正的生产……人懂得按照任何一个种的尺度来进行生产，并且懂得处处都把内在的尺度运用于对象；因此，人也按照美的规律来构造。"⑤

这三层含义清楚地表明，在"发展"概念之中，凝聚着的是一种特殊的人文向度和人文意蕴，离开人的自我超越、自我扬弃、自我否定并由此

---

① 《马克思恩格斯全集》第3卷，人民出版社2002年版，第273页。
② 《马克思恩格斯全集》第2卷，人民出版社1979年版，第118—119页。
③ 《马克思恩格斯全集》第3卷，人民出版社2002年版，第273—274页。
④ 《马克思恩格斯全集》第1卷，人民出版社1956年版，第460、467页。
⑤ 《马克思恩格斯全集》第3卷，人民出版社2002年版，第273—274页。

促进人的自我实现和自我生成，也就无所谓"发展"。这充分昭示：马克思的发展观在根本上是一种以人为中心的发展观。

辩证法是关于"发展"的学说，对于"发展"理念这种特有的"属人性"，马克思曾立足于哲学史，从辩证法的理论视野出发作过深刻的说明。马克思看到，传统形而上学的根本缺陷就在于坚执于非此即彼的知性思维，总是从一种绝对的先验本体出发来理解的人的存在，因而它不可能理解"发展"的真实含义，而黑格尔辩证法的重大贡献即在于克服了传统形而上学的这一缺陷："黑格尔的《现象学》及其最后成果——辩证法，作为推动原则和创造原则的否定性——的伟大之处首先在于，黑格尔把人的自我产生看作一个过程，把对象化看作非对象化，看做外化和这种外化的扬弃；可见，他抓住了劳动的本质，把对象性的人、现实的因而是真正的人理解为他自己的劳动的结果。"①黑格尔立足于"精神"的自由本性，赋予了人的存在以"否定"、"超越"和"创生"的本性，从而建立起了辩证的发展观。在他的辩证法里，已经以一种抽象的形式表达了人通过实践活动实现自我推动、自我创造的"发展"思想，这是黑格尔辩证法所作出的最大贡献。剥除黑格尔辩证法思辨的、神秘的外衣，充分吸取其辩证发展观的合理内核，马克思把辩证法置于人本源性的生存实践活动基础之上，使"发展"获得了现实的内容。在马克思看来，人本源性的生存实践活动在本性上就是一种"自我推动"和"自我创造"的活动，实践活动使人得以超越其物种给予他的自然限制，使人的生命拥有了与动物进化完全不同的活动方式。以此为基础，"整个所谓世界历史不外是人通过人的劳动而诞生的过程，是自然界对人来说的生成过程，所以关于他通过自身而诞生、关于他的形成过程，他有直观的、无可辩驳的证明"②。"发展"的"属人性"，"发展"作为人追求和创造自身价值活动的内涵，因此而得到了充分的表达。

---

① 《马克思恩格斯全集》第 3 卷，人民出版社 2002 年版，第 319—320 页。
② 《马克思恩格斯全集》第 3 卷，人民出版社 2002 年版，第 310 页。

四、以人为中心的"社会观"和"发展观"对"以人为本"的"社会发展观"的根本意义

通过上面的论述,我们明确了马克思哲学的"社会观"与"发展观"所具有的鲜明的"以人为中心"的本性。这一点对于确立"以人为本"的"社会发展观"具有十分重大的意义,可以说,随着以人为中心的"社会观"与"发展观"的自觉确立,种种"物化"的社会发展观彻底失去了立足之所,"以人为本"的"社会发展观"真正从哲学原则的高度获得内在的巩固性和坚实性。

以人为中心的"社会观"和"发展观"对于"以人为本"的社会发展观的意义可以概括为如下四个基本方面。

首先,它彻底破除了把社会视为超个人的抽象实体的观念,使人真正成为了社会发展的"目标主体"。正如在前面所指出的,在"社会发展"中,蕴含着"为社会的发展"或"以社会为目的的发展"的含义,因此,"社会"在"社会发展"中承担着"主词"的位置,对这一主词如何理解,直接关系到"社会发展"的取向和性质。如果把"社会"理解为超个人的、与人相对立的抽象实体,那么在由此形成的社会发展观中,人,尤其是个人将必然会失去其应有地位而被抽象的实体所取代,由此形成的必然将只能是一种物化的、抽象的社会发展观。但是,随着以人为中心的社会观的确立,社会被自觉地理解为"人本身",那么,"社会发展"中的"社会"实质上完全可以用"人"来代替,"社会发展"与"人的发展"实际上完全可以等同起来,"社会发展"就是"人的发展",二者具有相同的意义。所以,确立了以人为中心的"社会观",再来理解"社会发展",在逻辑上便必然会把人当成社会发展的主角,视人为社会发展的根本目的和最终尺度。这就从根本上对种种把社会实体化的倾向,如"社会的自然化"、"社会的集群化"、"社会的有机体化"进行了釜底抽薪式的破解,彻底解决了社会发展的"主体"和"目标"这一至关重要的问

题，使"以人为本"成为"社会发展"的题中应有之义。

其次，它彻底破除了把"发展"和自然物质的"运动"、生物的"进化"混同起来的观念，确立了"发展"所特具的人文向度和人文内涵，社会发展真正成为了人的自我生成、自我实现过程，人由此而成为了"社会发展"的"价值主体"。我们在前面曾指出，以何种方式来理解"发展"，赋予"发展"以何种意义，直接决定着"社会发展观"的内容和实质。如果把"发展"与属于自然物质的"运动"和生物的"进化"等同起来，那么，"社会发展"也就变成了与人无关的一个自然物质运动过程或者生物的进化过程，很显然，在这种社会发展观中，是不可能找到人的地位和价值的。然而，如果把发展理解为人追求和创造自身价值的自觉活动，并因此使"发展"的"属人性"、"发展"的人文意蕴和人文向度充分地彰显出来，那么，"社会发展"所意指的必然就是人追求和创造自身价值的活动，社会发展过程必然被理解为一个人的自我超越和自我生成的价值实现过程，因此它与自然物质世界的运动和生物的进化有着根本的区别。这就彻底堵塞了对"社会发展"进行"物化"理解的可能，"以人为本"理所当然地成为了社会发展的实质和核心。

再次，与上述二者内在相关，它彻底破除了把社会发展视为某种先验原则和外在权威产物的机械决定论和还原论观点，人被真正当成了社会发展的决定者，或者说，人成为社会的"动力主体"。按照马克思哲学的"社会观"，人是"社会"的中心，"社会存在"是人化的、属人的存在，它与那种"在意识之外、不依赖于人的意识而存在"的"自然物质"有着重大的不同。因此，社会发展也就不再是一个由自在的因果必然联系所引导的过程，而是一个由人自身的活动所主导的过程，社会发展的规律也就不再是盲目的机械因果规律，而成为了人的自主活动规律。按照马克思哲学的"发展"观，发展属于人追求和创造自身价值的自觉活动，因此，它就不是由某种外在的力量所控制的被动、消极的运动过程，而成为了一种主动性和选择性的"自为性"的过程，成为了一个"通过人的劳动而诞生的过程"[①]，

---

① 《马克思恩格斯全集》第3卷，人民出版社2002年版，第310页。

即人的自我创造的生成发展过程。在此意义上，一种内在超越、不竭进取的人文精神贯穿在社会发展之中，人不再是某种神秘实体实现自身目的的工具，其创造性的活动对社会发展的前途和命运发挥着切实的主动作用。正是在此意义上，马克思把"对那些异己力量的控制和自觉驾驭"视为共产主义革命的重要任务之一。马克思还说道："历史什么事情也没有做，它'并不拥有任何无穷尽的丰富性'，它并'没有在任何战斗中作战'！创造这一切、拥有这一切并为这一切而斗争的，不是'历史'，而正是人，现实的、活生生的人。"①

最后，以人为中心的社会观与发展观，还破除了把社会发展视为一个无可选择过程的命定观念，使得人真正成为了社会发展的"责任主体"。所谓"责任主体"，即是对社会发展的风险和后果承担责任的主体。在"实体化"的社会观的支配之下，社会发展是一个由先定本质和抽象实体支配的过程，在"物化"的发展观的支配之下，社会发展是一个受机械的因果规律支配的过程，在这两种情况下，人都成为了某种外在权威支配的被动客体。既然人是一个被动的、无自由意志的客体，是社会发展这趟列车上可有可无的乘客，那么，他就无需也无能为其后果承担任何责任，由此所导致的后果便是整个社会进程中"责任主体"的缺席。然而，随着以人为中心的社会观与发展观的确立，人成为了社会发展过程中占据着主体地位、起着主导作用的因素，他的行为和决断直接对社会发展的进程产生重大的影响，人对自然、对自身的关系如何，在很大程度上取决于自己的自觉活动，人的行为与社会发展的命运息息相关，人对社会发展过程发挥如此重大的作用，这就决定了他必须相应地对社会进程的后果承担应有的责任，并确立起一种对自身行为的结果负责的精神。它内在地要求人们树立这样一种发展意识：社会发展的命运就掌握在人自己手里，因此人所面临的最大对手在很大程度就是人自身，人必须学会自我协调和自我控制，尽量减少社会发展的风险和代价，从而走稳妥、持续、协调的发展道路。

从上述四个方面可见，以人为中心的"社会观"与"发展观"使人成

---

① 《马克思恩格斯全集》第2卷，人民出版社1957年版，第118页。

为了社会发展的"目标主体"、"价值主体"、"动力主体"和"责任主体"。随着这一系列重大的基本观念的建立，种种与此不相适应的传统的社会发展观念都失去了存在的合法性，"以人为本"自然而然地成为了社会发展的本质属性。在此意义上，以人为中心的"社会观"与"发展观"使得"以人为本"不可逆转地成为社会发展的题中固有之义，它为"以人为本"的社会发展观提供了至为坚实的思想基石。

马克思哲学的"类"概念与"人类命运共同体"①

揭示"人类命运共同体"的深层思想根据,并为促进人们对于"人类命运共同体"的自觉提供思想力量,这是哲学不可回避的一个重大理论与现实课题。对"人类命运共同体"的深刻关注和思考,是马克思哲学的核心议题之一。马克思通过赋予"类"概念以全新的内涵,表达对"人类命运共同体"深切的价值关怀,为理解"人类命运共同体"奠定了重要的思想基础,并为"人类命运共同体"的生成提示了现实的道路。对此进行深入探讨,一方面将深化对"人类命运共同体"的思考,另一方面将为推动马克思哲学与当代现实生活的内在结合提供一个重要的生长点。

随着改革开放进程的不断深入,中国已经不可逆转地成为整个"世界历史"的一部分,"人类命运共同体"的观念日益得到人们的关注和热议。从哲学视野对此进行深入反思,揭示"人类命运共同体"的深层思想根据,并为促进人们对于"人类命运共同体"的自觉提供思想力量,这是哲学不可回避的一个重大理论与现实课题。

对"人类命运共同体"的深刻关注和思考,是马克思哲学的核心议题之一。在一定意义上可以说,"人类命运共同体何以可能"这一问题,构成了马克思哲学的深层的重要问题意识和价值关怀。围绕这一议题进行多方面探讨,将为马克思哲学与当代哲学和当代世界的对话与结合提供重要的理论生长点。本文仅从马克思哲学的"类"这一重要概念出发,阐发其

---

① 原载《哲学研究》2016年第8期。

与"人类命运共同体"之间内在的思想关联，以期从一个特殊的视角推动对此课题的研究。

一、"类"概念与对"人类命运共同体"自觉的价值追求

"类"概念是马克思哲学中的一个重要概念。但长期以来，人们把它视为费尔巴哈哲学抽象的人本主义的残余而没能给予应有的重视。费尔巴哈把人理解为一种具有"类本质"的存在，马克思为此批判其把"人的本质理解为'类'理解为一种内在的、无声的、把许多个人纯粹自然地联系起来的共同性"①，指出其脱离人的现实的社会关系理解人的本质，从而导致了对人的抽象化理解。因为这一缘故，人们常把马克思哲学曾使用的"类"概念与费尔巴哈的"类"概念等同起来，将其视为没有摆脱旧哲学痕迹的"不成熟"的表现。然而，如果深入思想史就会发现，前人的概念通过后来的哲学家的创造性阐释而重获生机，这是哲学史上屡见不鲜的现象。同样是"类"概念，由于马克思赋予了其独特的、崭新的含义，克服了对它的抽象化理解，使其获得了与费尔巴哈以及此前哲学中根本不同的内涵并焕发出重大的理论生命力。

"类"，德文为"Gattung"，英文译文为"species"，按照德英辞典的解释，它具有 kind、sort、type、class、genus、race、family 等意义。美国社会学家魏林曼综合以上含义，把"类"定义为：总集各种具有共同本质属性的存在物的一般概念。② 这即是说"类存在"这一概念所指是具有某种普遍的、共同的根本性特质的存在物。因此，当哲学家用人的"类存在"、"类本质"等理解和规定"人的本质"时，实际上所要追问和回答的是：人区别于动物的而为人所共同具有的、人之为人的本质属性是什么。因此"类"这一概念以及与此相关的人的类本质、类本性、类存在等

---

① 《马克思恩格斯全集》第3卷，人民出版社1960年版，第5页。
② 宋国诚：《马克思的人文主义》，台湾桂冠图书公司1990年版。

并没有什么特别的神秘含义。问题的关键并不在于是否使用"类"这一概念，而在于从何种哲学视野、运用何种哲学思维方式理解人之为人的"本质属性"。如果不能超越旧哲学的理论视野和思维方式，即使不使用人的"类本质"等概念，其结果同样将导致人的抽象化。马克思所否定的只是费尔巴哈对人的类本质的抽象理解以及他对人的本质加以抽象化的观念，但并没有因此否定去追问和寻求人区别于其他存在物的"普遍本质"这一根本问题。

与费尔巴哈不同，马克思不是把人的"类本质"理解为"内在的、无声的、把许多人纯粹自然地联系起来的共同性"。在马克思看来，这种"共同性"是一种"抽象的普遍性"无法说明人的社会关系的差别性、丰富性和具体性。马克思从人的实践活动、从现实的社会存在的人出发理解人的"类本质"，指出："一个种的整体特性、种的类特性就在于生命活动的性质，而自由的有意识的活动恰恰就是人的类特性。"① "通过实践创造对象世界，改造无机界，人证明自己是有意识的类存在物，就是说是这样一种存在物，它把类看作自己的本质，或者说把自身看作类存在物。"② "正是在改造对象世界中，人才真正地证明自己是类存在物。"③ 可见，当马克思使用"类本质"来表述人的"普遍本质"时，他为理解人的存在、人与世界的关系提供了一种与费尔巴哈有着根本区别的理论视野和思维方式。

把自由自觉的实践活动理解为人的"类本质"，使无论是人与自然的关系，还是人与他人的关系，都呈现出一种特殊的一体性关系。正是这种一体性关系，蕴含着对"人类命运共同体"鲜明的价值追求。实践活动首先体现的是人与自然的否定性统一关系。它意味着人超越了动物的封闭的、单一的生存方式，通过人与对象本质的相互交换，向整个世界保持开放态度，从而形成整个世界的一体性的内在关系。对此，马克思说道："动物和自己的生命活动是直接同一的。动物不把自己同自己的生命活动区别开来。它就是自己的生命活动。人则使自己的生命活动本身变成自己

---

① 《马克思恩格斯全集》第3卷，人民出版社1960年版，第273页。
② 《马克思恩格斯全集》第3卷，人民出版社1960年版，第273页。
③ 《马克思恩格斯全集》第3卷，人民出版社1960年版，第274页。

意志的和自己意识的对象。他具有有意识的生命活动。这不是人与之直接融为一体的那种规定性。"① 动物与其生命生活的"直接同一性"意味着它与自然之间是一种没有区分的、天然的统一性关系，与之不同，人不是直接地占有对象，而是以实践的方式，把自身的本质力量对象化，把自然变为"人的无机身体"并因此形成与自然的以实践活动为中介的新型的否定性的统一性关系。

这里所谓"否定性统一"，意味着人与自然的双重关系。一是指人与自然的"否定性"关系，即人通过实践活动占有自然界，否定自然界的"自在"存在状态，把人的本质和力量对象化于外部存在，把自然对象和力量转化成"为我的存在"，使自然成为属人世界的组成部分，在此意义上，人是自然的否定者和超越者。但另一方面，人对自然的这种否定同时又是深入自然、与自然在更高的层面结合为一体的过程。实践活动既是人占有对象，同时也是人为对象所占有，对象化意味着互为对象、相互对象化和相互占有，只有当对象"成为对象性的人"时，人才能真正占有对象。人否定和超越自然的过程，也是自然借助于人的力量展示、发挥其潜能的过程。就此而言，人属于自然，自然也属于人，人与自然体现为相互归属的关系。在此意义上，人对自然的否定实质上是迈向与自然的更高的统一的内在环节。

人与自然的否定性统一需要通过人与人的社会关系才能变成现实。对此，马克思说道："只有在社会中，自然界才是人自己的人的存在的基础，才是人的现实的生活要素。只有在社会中，人的自然的存在对他来说才是自己的人的存在，并且自然界对他来说才成为人。"② 因此，人的类本质不仅体现在他与自然界的一体性关系中，而且也体现在人与他人的一体性关系之中。人与自然的关系只有在人与人的社会生活中才能获得其现实性："只有在社会中，自然界才是人自己的人的存在的基础，才是人的现实的生活要素。"③ 马克思所期待和追求的是，随着社会历史的发展，人与人真

---

① 《马克思恩格斯全集》第 3 卷，人民出版社 1960 年版，第 273 页。
② 《马克思恩格斯全集》第 3 卷，人民出版社 1960 年版，第 301 页。
③ 《马克思恩格斯全集》第 3 卷，人民出版社 1960 年版，第 301 页。

正形成一种突破抽象力量的扭曲和控制的自由的一体性关系,这是人真正走向成熟和解放的根本标志。

在马克思看来,旧哲学的出发点是市民社会,而新哲学的出发点则是人类化的社会或社会化的人类。"人类化的社会"或"社会化的人类"这一概念最集中地体现了马克思对人的社会存在这一类本质的理解。在此"人类社会"和"社会化的人类"所指的正是人与人之间一体化的自由状态,它既超越了抽象的共同体,也超越了抽象的原子化的个人,是"自由人"的内在统一所形成的"联合体"。"市民社会"的人是由"利己精神"统治的个人,在这种状态下"人绝对不是类存在物,相反,类生活本身,即社会,显现为诸个体的外部框架……把他们连接起来的惟一纽带是自然的必然性,是需要和私人利益,是对他们的财产和他们的利己的人身的保护"①。与之不同,人的类本质的真正生成"建立在个人全面发展和他们共同的社会生产能力成为他们的社会财富这一基础上的自由个性"②,它意味着,真正的个人自由不是建立在人与人相分隔的基础上,而恰恰以人与人的结合为前提,它不再把他人看成自身自由的束缚和限制,而是看作自身自由的条件与实现,不再把个人看成独立自在、没有窗户的封闭单子,而是看成"他自己为别人的存在……而且也是这个别人为他的存在"。③以这种对个人自由的全新理解为依据,"个体的感性存在"与普遍的"类存在"之间的矛盾将真正得到克服和超越,个人自由与共同体的自由实现了一种内在的统一:一方面"代替那存在着阶级和阶级对立的资产阶级旧社会的,将是这样一个联合体,在那里,每个人的自由发展是一切人的自由发展的条件";另一方面"只有在共同体中,个人才能获得全面发展其才能的手段,也就是说,只有在共同体中才可能有个人自由"。④ 在此意义上,可以说,真正的个人自由以共同体的自由为条件,同样,共同体的自由也必须以个人自由的保障和实现为条件。正是在这种"个人"与"共同

---

① 《马克思恩格斯全集》第3卷,人民出版社1960年版,第185页。
② 《马克思恩格斯全集》第46卷上册,人民出版社1979年版,第104页。
③ 《马克思恩格斯全集》第3卷,人民出版社1960年版,第298页。
④ 《马克思恩格斯选集》第1卷,人民出版社1995年版,第294、119页。

体"的互为条件和交互关系中，人与自然、小我与大我、自我与他我、个人与社会等在此都实现了本质的统一。这种"本质统一"的状态，就是人的"社会性"的真正实现。

可以看到，马克思所说的人的"社会性"的真正实现状态所体现的正是"人类命运共同体"。在这种社会关系中，每个人与他人、个人与社会在根本利益上实现了内在的统一：既消除了群体对个人的压迫，也消解了个人对他人的支配。自由个性得到充分发展的个人形成的联合体，即是人类命运共同体。在这种共同体中，每一个人命运与共，每个人的自由发展与其他人的自由发展息息相关。在此意义上"类"概念所表达的正是马克思哲学对"人类命运共同体"的价值追求。

二、"类思维"与"人类命运共同体"的思想基础

马克思哲学的"类"概念不仅蕴含着对"人类命运共同体"的价值追求，而且还内在包含着理解"人类命运共同体"的思想基础。它彰显了一种人的自我理解的崭新思想视野和思维方式，我们可称之为"类思维"，"类思维"是对"物种思维"的超越，而后者正是造成人与人的分裂并瓦解"人类命运共同体"的思想根源。"类思维"通过对"物种思维"的克服，为"人类命运共同体"奠定了重要的思想基础。

这里所谓"物种思维"特指一种以认识"物"的方式去理解人的存在的思想观点和方法，运用这种观点和方法进行人的自我理解，必然导致人与人的分裂和瓦解，从而使一切真实的共同体成为不可能。概括而言，人们在认识"物"时，通常运用的是一种对象化的思维方式，即把物当成一种"现成存在者"并运用知性的方式来进行认识。"物种思维"与物所具有的"封闭性"、"孤立性"和"无矛盾性"等存在特性是相一致的。形式逻辑的"同一律"、"矛盾律"与"排中律"所体现的正是物的存在特性。"同一律"与其自我同一性特征是正相适应的、"矛盾律"与其片面

性特征是相适应的,"非中律"与其封闭性与单一性特征是相适应的。一句话"物种思维"所代表的是与物的存在相适应的思维方式。

然而,上述"物种思维"只适用于物的存在,而不能用之来理解和认识人的存在,否则必然会导致人的抽象化。运用"物种思维"理解人的存在,意味着遵循如下基本原则:首先,把人与其他存在物区别开来,寻求人区别于其他物的、唯有人才具有的特征和属性;其次,从人身上的诸多特征中寻找和发现最"本质"、最"根本"的内容,并把它确定为人之为人的本质规定;最终,以这种"人之为人"的本质规定为根据,就可获得关于人的"本真存在"的认识和理解。很显然,这种思维方式本来是与上述封闭的、孤立的、无矛盾性的物的存在相适应的,以这种思维方式来把握人,必然导致人的"物化";无论是人与自然之间开放的一体化关系,还是人与人之间的开放的一体化关系,都将被割裂和瓦解为封闭的、片面的、单一化的和实体化的抽象存在。

正如前面所阐发的,人的生命存在与物有着根本不同。如果说物的存在是自我封闭的,那么,人的存在则是面向整个世界开放的,其存在的特殊性不仅体现在与其他物的区别和界限,更体现在与自然、与他人的开放性的一体性关系之中。它打开了物种生命自我封闭的循环圈,使自己的世界与整个世界融为一体。因此,人之为人的独特性,不仅不在于物种思维所强调的物与其他物的隔离性与疏离性,恰恰相反,而是在于人与万物、与他人的相通性与相融性。在此意义上,要克服对人的抽象化理解,就必须超越人的自我理解上的"物种思维",确立与人的生命存在特性相适应的哲学观点和思维方式。

马克思的"类"概念正是作为这样一种哲学观点和思维方式而产生的。它以"类思维"取代了"物种思维",实现了对人的具体的把握。这一人的自我理解的深刻变革,为"人类命运共同体"奠定了坚实的思想基础。具体而言,在人的自我理解上"类思维"与"物种思维"将具有如下根本区别。

首先,"类思维"不是简单地寻求区别性,而是一种在区别性中同时又试图超越区别性并寻求统一性的思维,而这正是与人的存在特性相一致的。人来源于自然，在此意义上，人与其他物种一样，存在与其他存在者的区别和界限，但是，人的"类本质"在于它能够超越物种的区别和界限，与其他物、与其他人之间建立本质性的一体性关系，它并不否定人与物、人与他人之间的差别性，但是，人之为人，恰恰在于能够通过实践活动，向整个世界、向他人开放，并与之结成内在的否定性统一关系。这种关系，已完全超越了物与物之间封闭的、孤立的和隔离的关系，而成为既有确定区别，同时又本质性内在一体的"类"关系。

其次，"类思维"是一种体现着人的"自由自觉"本性的思维。它意味着，上述人与物、人与人之间的内在一体关系不是"自在""自发"地形成的，而是在实践活动中，通过人们的自由、自觉的创造性活动自为地建立起来的。这是"人生在世"对待和处理与世界关系的特有方式。马克思曾说道："动物和自己的生命活动是直接同一的。动物不把自己同自己的生命活动区别开来。它就是自己的生命活动。人则使自己的生命活动本身变成自己意志的和自己意识的对象。"① 有意识的生命活动表明人与物的根本区别不在于某种唯有人具有的某种具体属性和特点，而在于其"自由"和"自主性"正是这一独特的存在方式，使得其可以突破物种的局限，与万物和他人"结缘"而形成否定性的统一关系。

第三，"类思维"是一种把人的"个性"与"社会性"内在统一起来的思维。人与他人的社会化的一体性关系是以个人的独立性为前提并以其个性的充分发展为条件的，因而这种一体性关系是包含着个性、差异性和多样性的"具体的普遍性"或"丰富的统一性"。对于物而言，是不存在真正意义上的"个性"的，它们完全属于其所隶属的物种，被物种的共同规定性所宰制，因而对它而言只存在抽象的普遍性和单一的同一性。与此不同，人与人的社会化的一体性关系与个性的自由发展是相辅相成的、不可分割的辩证统一关系：一方面个性得到自由发展的个人同时也是其"社会性"得到充分展现的个人，只有在个人发挥其自由个性的条件下"自由人的联合体"才真正成为可能；另一方面，人与他人在实践活动中所生成

---

① 《马克思恩格斯全集》第 3 卷，人民出版社 1960 年版，第 273 页。

的社会关系也构成了个人自由发展的条件。正如马克思所说的："只有在共同体中，个人才能获得全面发展其才能的手段，也就是说，只有在共同体中才可能有个人自由。"①

从以上分析可以清楚地看出，马克思的"类"概念所彰显的"类思维"代表着一种完全不同于"物种思维"的理论原则与思维方式。它超越了物种思维封闭性、片面性和孤立性的理解方式，把人真正理解为在与他人内在统一的社会化的、一体性关系中生存发展的开放性和包容性存在。这种新哲学意识充分彰显了人类相互依存、命运与共的整体性与内在相关性，以之为根据，才能避免那种把人与人的关系割裂、孤立开来的观念和倾向，从而为"人类命运共同体"奠定坚实的思想基础。

三、破除"抽象对人的统治"生成"人类命运共同体"的现实道路

马克思哲学的"类"概念不仅蕴含着对于"人类命运共同体"的价值追求，奠定了"人类命运共同体"的思想基础，而且还为"人类命运共同体"的生成提示了现实的道路，那就是必须消解种种把人与人隔离开来的抽象力量，破除"抽象对人的统治"，不断促进人与人之间的团结，推动人与人的自由联合，从而推动"人类命运共同体"成为现实的可能。

在历史和现实中，存在着种种把人与人隔离开来的、造成人与人相对立和冲突的抽象力量。在前现代社会，这种抽象力量最典型地表现为共同体中"支配一切的抽象权力"，在现代社会则最典型地表现为"支配一切的资本逻辑"。

按照马克思的观点，从人的历史发展的角度看，前现代社会的根本特点是"以人的依赖性为前提的人的独立性"。马克思说道："我们越往前追溯历史，个人，从而也是进行生产的个人，就越表现为不独立，从属于

---

① 《马克思恩格斯选集》第1卷，人民出版社1995年版，第119页。

一个较大的整体。"① 这一更大的"整体"即是个人之上的"共同体"。与个人相比,"共同体"是真正自因自足的实体,而个人则是依附于这一实体的"偶性"和附属品;"共同体"是真正的目的和意义,个人只有在这一整体中通过"分享"整体所分配的角色和地位才能获得存在的价值和意义。可见,在共同体和个人关系中,只有前者是自足、自因和自由的存在,后者无条件地束缚于前者因而是微不足道的部分。马克思认为,这种"虚幻的共同体"对于个人来说,完全是"新的桎梏"②。

支配一切的"共同体的权力"形成了双重后果:一是造成了"抽象共同体对个人的控制"从而导致了共同体与个人的分裂;二是造成了"共同体的实体化",从而导致了不同共同体之间的分裂和对抗。

"共同体与个人的分裂"是共同体"支配一切的权力"的必然后果。相对于个人"共同体"具有绝对的统治地位,与之相比,个人微不足道。马克思把"共同体"与"个人"之间的这种关系概括为"把社会当成抽象的东西同个人对立起来",并把这种意义的共同体称为"虚幻的共同体"。"共同体"与"个人"的分裂实质上是人与人的分裂,这是因为"虚幻的共同体"之"虚幻"体现在"共同体"实质上是由共同体中占据统治地位的"特殊阶级"和"利益集团"所代表的虚假的普遍性:"正是由于特殊利益和共同利益之间的这种矛盾,共同利益才采取国家这种与实际的单个利益和全体利益相脱离的独立形式,同时采取虚幻的共同体的形式。"③ 社会生活中占据统治地位的"特殊阶级"和"利益集团"把自身视为"共同体"的代表"以便把自己的利益说成是普遍的利益",通过这种方式,使得他们对社会生活中其他个人的"实际的干涉和约束成为必要"。在此意义上,"共同体"和"个人"的分裂实质上是共同体中一部分人对另一部分人的控制和支配并因此形成的分裂。

"共同体"与"共同体"之间的分裂和"共同体"与"个人"的分裂是内在关联在一起的。"共同体"的代表者把共同体视为满足自身利益的

---

① 《马克思恩格斯全集》第 46 卷上册,人民出版社 1979 年版,第 21 页。
② 《马克思恩格斯选集》第 1 卷,人民出版社 1995 年版,第 119 页。
③ 《马克思恩格斯选集》第 1 卷,人民出版社 1995 年版,第 84 页。

工具和手段，对于他们而言"共同体"是其特殊等级的扩大和延伸，这使得其产生一种幻觉，即其私人利益与共同体的普遍利益具有一致性。以此为前提，他们必然把共同体视为实现其特殊利益的封闭整体，并把一切异于其所属共同体的其他共同体视为威胁。在对其他"共同体"的占有和征服中不断扩大和膨胀其特殊利益，乃是冲突、纷争和战争的根源。因此"支配一切的共同体权力"引发"共同体"之间的分裂具有内在的必然性。

在马克思看来"支配一切的资本逻辑"是现代社会占据统治地位的抽象力量："个人现在受抽象统治，而他们以前是互相依赖的。但是，抽象或观念，无非是那些统治个人的物质关系的理论表现"。① 这里所谓"个人受抽象统治"所意指的即是个人受"资本逻辑"这一抽象力量的控制。"资本逻辑"使资本的关系成为统治现实生活的"唯一的"、绝对的关系，把人的生命中一切丰富的因素，社会生活中的一切内容，都还原和蒸馏为抽象的"交换价值"。它操控一切、使一切发生扭曲和颠倒，它如同传说中的巫师，把"一切人的和自然的特性变成了它们的对立物"；更重要的是，资本的逻辑在根本上是一种社会关系的逻辑。在这种社会关系中，作为资本人格化代表的资本家为了其支配地位，必然会极力把资本逻辑的抽象统治永恒化。对此，马克思这样概括道："你们的利己观念使你们把自己的生产关系和所有制关系从历史的、在生产过程中是暂时的关系变成永恒的自然规律和理性规律。"②

"支配一切的资本逻辑"同样造成了双重结果：一是造成了个人与个人之间的分裂，二是造成了以民族国家为主体的共同体之间的分裂。"支配一切的资本逻辑"必然导致人与人之间的分裂。马克思指出："在'市民社会'中，社会联系的各种形式，对个人说来，才表现为只是达到他私人目的的手段，才表现为外在的必然性。"③ "资本逻辑"使得人的自由自觉的劳动退化为一种"抽象劳动"，"劳动"脱离了真实的劳动主体而成

---

① 《马克思恩格斯全集》第46卷上册，人民出版社1979年版，第111页。
② 《马克思恩格斯选集》第1卷，人民出版社1995年版，第289页。
③ 《马克思恩格斯选集》第2卷，人民出版社1995年版，第2页。

为了一种为劳动主体之外的神秘力量服务的工具，这种神秘力量就是"资本"和作为资本人格化身的"资本家"，他的"劳动不属于他；他在劳动中也不属于他自己，而是属于别人"①。"自由这一人权不是建立在人与人相结合的基础上，而是相反，建立在人与人相分隔的基础上。这一权利就是这种分隔的权利，是狭隘的、局限于自身的个人的权利。"②"私有财产这一人权是任意地、同他人无关地、不受社会影响地享用和处理自己的财产的权利；这一权利是自私自利的权利。这种个人自由和对这种自由的应用构成了市民社会的基础。这种自由使每个人不是把他人看作自己自由的实现，而是看作自己自由的限制。"③很显然，建立在"人与人相分隔"、"自私自利的权力"基础上，人与人之间的关系必然处于分裂状态。

在现代社会"支配一切的资本逻辑"是与"民族国家"这一共同体的形成内在勾连在一起的。吉登斯曾指出："资产阶级的出现只会通过其所掌握的已经建立起来的以国家机器为基础的统治权来进一步促进其经济目标。"④只有在"国家拥有行政权力，而且合法地垄断着相对完整的内部'秩序'的条件下，资本逻辑运动所需要的基本前提才得以成立。"⑤因此"资本逻辑"与"民族国家"共同体二者乃是现代社会相互支撑的"制度丛结"。"资本逻辑"具有永无止境地扩张和膨胀自己的特点和性质。为了不断为产品和资本赢得新的市场，资本必然要求自己走出民族国家的界线，跨越民族国家的边界为资本寻求海外出路和空间，这即是说"资本的国际扩张"是资本逻辑运动的必然结果。"资本的国际扩张"一方面表现为，把"过剩资本"输出到落后国家，就像列宁指出的那样："只要资本主义还是资本主义，过剩的资本就不会用来提高本国民众的生活水平，而会输出到国外，以提高利润。"⑥这必然导致"先进国家"与"落后国家"

---

① 《马克思恩格斯全集》第3卷，人民出版社1960年版，第271页。
② 《马克思恩格斯全集》第3卷，人民出版社1960年版，第183页。
③ 《马克思恩格斯全集》第3卷，人民出版社1960年版，第184页。
④ ［英］吉登斯、［英］克里斯多弗·皮尔森：《现代性：吉登斯访谈录》，尹宏毅译，新华出版社2010年版，第188页。
⑤ ［英］吉登斯：《民族—国家与暴力》，胡宗泽等译，生活·读书·新知三联书店1998年版，第192页。
⑥ 《列宁选集》第2卷，人民出版社1995年版，第578—579页。

之间的冲突与对立。另一方面，"资本输出国"之间为了争夺世界市场也难以避免地陷入激烈的争夺之中，并因此导致其冲突与对立。因此，"支配一切的资本逻辑"按其本性不可避免地会导致以民族国家为主体的共同体之间的对抗与分裂。

很显然，在共同体"支配一切的权力"和"资本逻辑"等"抽象力量"的统治下，人失去了自由自觉的、开放的、与他人在实践活动中实现内在统一的性质，而成为孤立、封闭和排他性的抽象存在。在此条件下，通向"人类命运共同体"的道路必然被堵塞。这一点，只要反观当代世界和人们的现实生活，就可以深切地认识到。在今天阻碍"人类命运共同体"成为可能的种种因素和力量中，马克思所指出和分析的上述两种抽象力量正扮演着关键的角色。可以说，在此问题上，马克思所给出的上述"病理学诊断"依然具有十分鲜明的当代意义。

因此，要超越上述人与人、共同体与共同体的分裂，推动"人类命运共同体"生成，首先必须超越"物种思维"唤醒和提升人的"类思维"并以此为引导，促进人与人之间、共同体与共同体之间的自觉联合，推动自觉的"类主体"的生成。正如前面已经指出的那种"物种思维"的根本特点就是孤立性、封闭性和排他性，这是与物的存在方式相对应的思维方式。从马克思的"类"概念所彰显的"类思维"来考察问题，上述无论是"支配一切的共同体权力"还是"支配一切的资本逻辑"所造成的个人与个人的分裂和共同体与共同体的分裂，所体现的实质上正是"物种思维"。只有超越这种狭隘的思维方式，以"类思维"重新理解人与人、共同体与共同体之间的关系，"人类命运共同体"才能成为人们自觉追求的价值目标。

更重要的是要在实践活动中，不断祛除阻碍"人类命运共同体"生成的抽象力量，从而为"人类命运共同体"创造现实的条件。马克思指出："建立在个人全面发展和他们共同的社会生产能力成为他们的社会财富这一基础上的自由个性"[①] 克服了"人的依赖关系"阶段和"以物的依赖性

[①] 《马克思恩格斯全集》第46卷上册，人民出版社1979年版，第104页。

为基础的人的独立性"阶段的局限性,代表着可以预见的人类发展的最高阶段。在此阶段,人既不受超越个体生命之上的"抽象共同体"的支配,也不再受"支配一切的资本逻辑"的支配,个人与个人之间、共同体与共同体之间的分裂将因此而被自由人的联合体所取代。只有在此条件下"人类命运共同体"才真正成为现实的可能。为此,人们必须通过自己的创造性活动,切实地否定和消灭统治人的"抽象力量",为"人类命运共同体"开辟现实的道路。

"关系理性"与真实的"共同体"[①]

中哲、西哲、马哲的对话与汇通，关键在于捕捉到我们时代具有实质性意义的重大理论与现实课题。在这个过程中，中哲、西哲、马哲的理论资源都将被激活，并以一种内在而非外在的方式实现对话、交汇与融合。因此，以重大问题为导向，是进一步推进三者对话与融合的重要生长点。"关系理性"与真实的"共同体"即是这样一个具有重要理论与现实意义的课题。本文试图通过这一问题的探讨，展开中哲、西哲、马哲对话与汇通中一个具有生发性的思想视野。

一、"主观理性"与"共同感"的矛盾：现代性深层的"二律背反"

理性是哲学中最为根本的概念之一，虽然人们经常赋予它以不同的内涵，但没有人否认，对理性的反思和自觉是哲学的重大主题。哈贝马斯这样说道："从历史起源以来，意见和行动的合理性就是哲学研讨的一个论题。我们甚至可以说，哲学思维本身，就是从体现在认识、语言和行动中的理性反思中产生的。哲学的基本论题就是理性。"[②] 从词源上考察，理性

[①] 原载《中国社会科学》2015年第6期。
[②] [德]哈贝马斯：《行动的合理性和社会合理化》，见[德]哈贝马斯：《交往行动理论》第1卷，洪佩郁等译，重庆出版社1994年版，第14页。

由逻各斯一词引申而来，逻各斯的通常解释是：理性、判断、概念、定义、根据、关系①，意味着"最真实的存在"、"最根本的真理"，构成人和万事万物都须服从的根本尺度与法则。在哲学的意义上，理性构成人的思想和行为的终极根据和源始出发点，对其进行自觉理解和反思，是哲学最为重大的议题。

哲学以"理性"为重大议题，但在不同历史阶段，"理性"却被赋予了不同内容并表现为不同形态。哲学作为一种以反思意识的方式表达对人自身生存性质、生活价值以生存状态理解的特有意识形式，它对理性的理解和反思，是与人的生成、发展过程相适应着的。理性形态的转换和变革，在深层根植于人的生存方式的变化，体现不同历史发展阶段人具体的生存特性与发展要求。

从历史上看，"理性"最早表现为"客观理性"。这是一种与前现代的传统社会人们的生存活动方式相适应的理性形态，它代表着普遍性的、强制性的外在客观价值尺度，为传统社会的存在合法性提供着价值规范基础。按照马克思的观点，传统社会属于人的发展的"群体本位"阶段，它意味着个人是"一定的狭隘人群的附属物"②，"共同体"的利益拥有压倒一切的优越地位，服从共同体的需要，是个人思想和行为的最高价值原则。在此条件下，共同体所极力维护的必然是支配着个人和社会生活全部领域的普遍的、强制性的价值法则，个人所信奉的也必然是外在于他并支配着他的抽象共同体的普遍的、永恒的价值尺度。经典社会理论家如涂尔干从另一角度同样指出，传统社会的根本特点是"同质性"与"未分化性"，同质的、未分化的社会需要同质性的价值情感和信仰，来维系着整个社会的机械有序性并实现社会整合，涂尔干把它称为"集体意识"。③罗蒂曾从哲学层面这样描述人们所遵循的这种客观理性形态："当柏拉图尝试回答'为什么正义符合个人的利益？'，或当基督教宣称'人可以由

---

① 参见［德］海德格尔：《存在与时间》，陈嘉映等译，生活·读书·新知三联书店1999年版，第38页。
② 《马克思恩格斯全集》第30卷，人民出版社1995年版，第22页。
③ ［法］涂尔干：《社会分工论》，渠东译，生活·读书·新知三联书店2000年版，第42页。

服务他人而获得完美的自我实现'时，他们背后的企图都是希望将公共和私人融为一体。为了以这类形而上学或神学的角度，把完美的追求和社会整体感结合起来，他们要求我们承认人类有一个共通的人性。"① 这种个人之上的、把"公共"与"私人"统一为一体的、共同体的价值准则，所体现的即是"客观理性"形态。

在西方古代哲学中，柏拉图可以说是这种"客观理性"最具代表性的自觉表达者。他认为，理性的源泉在于客观的、超感性的理念世界，在他看来，善的理念是"一切事物中一切正确者和美者的原因，就是可见世界中创造光和光源者，在可理知世界中它本身就是真理和理性的决定性源泉；任何人凡能在私人生活或公共生活中行事合乎理性的，必定是看见了善的理念的。"人所应该做的，是以灵魂之眼，"正面观看实在，观看所有实在中最明亮者。"② 柏拉图的这种"理念论"构成了其理解和设计"理想国"的根据。可以说，其"理想国"在深层表达了人在"主观理性"尚未生成、抽象"共同体"占据主导地位条件下的生存性质。黑格尔曾通过对柏拉图的批评表达过这一观点，他指出，古代共同体奉行的是"共有产权"："柏拉图理想国的理念侵犯人格的权力，它以人格没有能力取得私有财产作为普遍原则。人们虔敬的、友好的甚至强制的结义拥有共有财产以及私有制原则的遭到排斥，这种观念很容易得到某种情绪的青睐。"③

然而，从传统社会向现代社会的转型，却从根本上瓦解了上述客观理性形态。在现代社会，人们不再接受把理性视为个人无条件服从的抽象共同体的普遍的最高准则，而是把它规定为个人"主体"的本质属性，即"主观性"。它要求把理性从个人之上的共同体返回到个人自身，强调个人的"主观理性"而非"客观理性"构成人与社会的价值源泉和根据。

在哲学史上，黑格尔是第一个从世界历史的高度对现代性进行全面反思与批判的思想家。④ 他明确地自觉到，哲学的重大使命就是从思维的角

---

① [美] 罗蒂：《偶然、反讽与团结》，徐文瑞译，商务印书馆2003年版，第3页。
② 参见 [古希腊] 柏拉图：《理想国》，郭斌和等译，商务印书馆1997年版，第276—277页。
③ [德] 黑格尔：《法哲学原理》，范扬、张企泰译，商务印书馆1961年版，第55页。
④ 参见 [德] 哈贝马斯：《现代性的哲学话语》，曹卫东译，译林出版社2004年版，第19页。

度把握其时代,而用哲学的概念来把握现代,现代性最根本的特质就是以个人"主观理性"取代了传统社会的"客观理性",使之成为了现代社会占据统治地位的支配原则,禀赋主观理性的个人对一切进行自主判断,是现代性的基本标准。黑格尔说道:"一般说来,现代世界是以主观性的自由为其原则的,这就是说,存在于精神整体中的一切本质的方面,都在发展过程中达到它们的权利的"①,"主体的特殊性求获自我满足的这种法,或者这样说也一样,主观自由的法,是划分古代和近代的转折点和中心点"②。这意味着,从"古代"向"现代"的历史转折,标志着"理性"原则的重大变换,即从"客观理性"向"主观理性"的变换,现代社会的成就与危机,均在这种"理性"原则的转换中有着深层的根源。

众所周知,现代西方哲学是以笛卡尔的"我思"概念为开端的。黑格尔这样概括道:"从笛卡尔起,我们踏进了一种独立的哲学。这种哲学明白:它自己是独立地从理性而来的,自我意识是真理的主要环节……在这个新的时期,哲学的原则是从自身出发的思维,是内在性,这种内在性一般地表现在基督教里,是新教的原则。现在的一般原则是坚持内在性本身,抛弃僵死的外在性和权威,认为站不住脚。"它强调:存在物要被人认识到,须呈现为人的思维领域中的意识事实,必须以"我的心"、"我的意识"作为先在的逻辑根据,也即必须以主观意识的"自我"作为一切关于对象知识的基础,个人主体因此成为世界的立足点和中心。③ 可以说,自笛卡尔以来的现代西方哲学就是一部使主观意识的"自我"不断地实现中心化,并以"自我"为中心,为知识与存在确立一劳永逸的基础的过程。

现代西方哲学把"我思"确立为一切确定性和真理赖以立足的基石,这种哲学观念以一种反思意识的形式集中表达了现代人和现代社会的理性信念。它深植和奠基于现代人的生存活动方式和生活世界,体现和凝聚着现代性的根本精神。马克思曾指出,自然发生的"人的依赖关系"是人的

---

① [德] 黑格尔:《法哲学原理》,范扬、张企泰译,商务印书馆1961年版,第291页。
② [德] 黑格尔:《法哲学原理》,范扬、张企泰译,商务印书馆1961年版,第126—127页。
③ [德] 黑格尔:《哲学史讲演录》第4卷,贺麟等译,商务印书馆1996年版,第59页。

最初存在状态，而"以物的依赖性为基础的人的独立性"构成人类发展的第二大阶段，① 如果说前述"客观理性"是与人的发展第一阶段相适应的理性形态，那么，"主观理性"就是与人的发展第二阶段相适应的理性形态，表达着现代人要从抽象共同体的统治中摆脱出来，追求个性自主和独立的价值旨趣。在此意义上，从"客观理性"向"主观理性"的转换，在深层体现着现代人生存方式和发展要求的深刻变化。正如哈贝马斯所指出的，"主观理性"不仅构成哲学意义上的知识与存在的根据，更是现代以来人们确立人与社会生活价值的规范性源泉，它要代替中世纪上帝的神圣权威，为人生意义、社会理想、道德价值等确立一劳永逸的基础。他说道："在现代，宗教生活、国家和社会，以及科学、道德和艺术等都体现了主体性原则"②，正是"主观理性"原则，支撑了宗教改革、启蒙运动和法国大革命，确立了现代文化形态。人们相信，通过人的主观理性能力的发挥，不仅能实现对"自然的统治"并把人从自然的支配中解放出来，而且能够控制社会生活中统治着人的异己力量，破除偏见、迷信和外在权威对人的统治，从而克服一切外在束缚，使自身真正成为自律、自主、独立的"主体"，实现自我救赎和解放。在此意义上，"主观理性"取代了中世纪的"上帝"的神性，被确立为现代社会的价值规范基础，它不仅是哲学的思想原则，而且是体现在现代社会生活中人们的生活实践原则。

以"主观理性"取代"客观理性"，这一理性形态的重大转换，标志着现代性精神的确立。从历史的观点看，毫无疑问，个人"主观理性"的自觉和挺立，是现代性不可否认的重大成果。但与此同时，今天我们需要反思个人"主观理性"的膨胀所带来的重大挑战，而在诸种挑战中，"生活世界统一性"的危机以及由此所导致的人们"共同感"的丧失，对于今天人们的现实生活尤其具有十分特殊和迫切的意义。

所谓"生活世界统一性"是指社会生活中人们通过某种共同纽带所形成的生活世界的整体性，亦即通过某种普遍承认和一致接受的方式相结合，形成一个相互依赖和结合的共同体。所谓"共同感"是指社会生活中

---

① 《马克思恩格斯全集》第30卷，人民出版社1995年版，第107页。
② [德] 哈贝马斯：《现代性的哲学话语》，曹卫东译，译林出版社2004年版，第22页。

的个体对于"共同体"的归属感和认同感。在"客观理性"占据主导地位的条件下,"生活世界统一性"以及以此为前提形成的人们在社会生活中的"共同感"具有"自然而然"的性质。如前所述,传统社会是以"共同体"为主导的社会形态,共同体所要求的普遍、强制性的价值准则,成为所有共同体成员无条件服从和遵循的价值共识,就像黑格尔在《精神现象学》中所描述的那样,在此情况下,"伦理行为的内容必须是实体性的,换句话说,必须是整个的和普遍的;因而伦理行为所关涉的只能是整个的个体,或者说,只能是其本身是普遍物的那种个体"①,"个体"成为"普遍物个体"。这意味着,整个社会生活共同体以稳固的且被所有人一致认同的"集体意识"为纽带,维系着人们生活世界的整体性。与此相辅相成的是,生活在共同体中的所有成员也把自身存在与共同体的整体利益结合在一起,并由此生成一种"休戚与共"的"共同感"。柏拉图曾在《理想国》中说道,"对于一个国家来说,还有什么比闹分裂化一为多更恶的吗?还有什么比讲团结化多为一更善的吗?"发现一劳永逸的途径和纽带,来避免"化一为多"的"分裂"而实现"化多为一"的"团结",从而达到人们在社会生活中的"苦乐同感、息息相关"②,这是"理想国"的重要功能。在一定意义上,可以说,柏拉图所描述的"理想国"以一种生动的方式表征了传统社会人们生活世界的整体性以及人们在共同体中所享有的"共同感"。

然而,个人的"主观理性"却恰恰是以摆脱和破除上述"生活世界统一性"和共同感为基本诉求的。黑格尔曾指出,个人"主观理性"在根本上所代表的是一种"知性原则",它实质上是"以一种知性的方式设定无限",这使得它不可避免地内蕴和遵循着"对象化"与"统治性"的逻辑。作为"对象化"逻辑,它遵循着"主客二元对立"的原则,把自我确立为主体,与把自我之外的他者规定为"客体"不可分割地关联在一起。"主观理性"原则把主观意识的"自我"实体化为"主体",强调自我意识的同一性,是保证其他一切存在者存在的最终根据,立足于这种

---

① [德]黑格尔:《精神现象学》下卷,贺麟等译,商务印书馆1979年版,第9页。
② [古希腊]柏拉图:《理想国》,郭斌和等译,商务印书馆1997年版,第197、200页。

"自我",一切自我之外的"他者"都是与"我"相对立并由"我"所规定,人与人之间的关系成为一种互为对象性关系。这使得"主观理性"原则充满控制性、征服性的"暴力",体现在对他人的关系上,必将把他人"作为客体加以压迫"。个人不仅把社会共同体视为只有工具性价值,也视他人只有工具性价值,由此必然导致社会生活共同体的分裂和"伦理总体性"的瓦解。

在黑格尔看来,个人"主观理性"的这种"对象性"逻辑在现代社会的"市民社会"得到了最集中的体现:"市民社会是个人私利的战场,是一切人反对一切人的战场,同样,市民社会也是私人利益跟特殊公共事务冲突的舞台,并且是它们二者共同跟国家的最高观点和制度冲突的舞台。"① 在几乎相同的意义上,马克思指出:"在'市民社会'中,社会联系的各种形式,对个人说来,才表现为只是达到他私人目的的手段,才表现为外在的必然性。"② 可见,当"主观理性"成为现代社会的支配原则时,社会将成为因自利目的而结合在一起的个人的聚合体,并因此而丧失内在的统一性。

很显然,与"生活世界统一性"的丧失相伴随,社会生活中人们之间的休戚与共、息息相关的"共同感"也必然随之消退。一方面,社会生活的"机械团结"取代了传统社会的"有机团结",原子式的个人之间或基于"劳动分工",或基于形式化和理性化的"契约"、"规则"形成人与人之间的人际关系,实现着不同个人之的结合。正如滕尼斯指出的,在这种状态下,"尽管有种种的结合,仍然保持着分离……在这里,人人为己,人人都处于同一切其他人的紧张状况之中。他们的活动和权力的领域相互之间有严格的界限,任何人都抗拒着他人的触动和进入,触动和进入立即被视为敌意。"③ 如果在传统社会,每个人都属于共同体,"都感到自己的血循环于这一群体的血液之中的,自己的价值是群体精神中的价值的组成

---

① [德]黑格尔:《法哲学原理》,范扬、张企泰译,商务印书馆1961年版,第197、309页。
② 《马克思恩格斯选集》第2卷,人民出版社2012年版,第684页。
③ [德]滕尼斯:《共同体与社会:纯粹社会学的基本概念》,林荣远译,商务印书馆1999年版,第95页。

部分。共同感觉、共同愿望负担着全部价值",那么,在个人主观理性占据主导的现代社会,共同体的价值"只是投在个人身上的价值之和……或者,说得更简单些:'社会'恣意的、人为的、基于诺言和契约的人际关系取代了'群体'及其结构。"① 舍勒把个人"主观理性"对于"共同感"的这种"胜利",称为"价值的颠倒",很显然,在此条件下,人与人之间那种休戚与共的"共同感"必然不复存在。另一方面,个人"主观理性"必然使得价值上的"个体主义"取代价值上的"共同体主义",这进一步加重了"共同感"的危机。现代人不再能忍受和臣服于凌驾于其上的神圣权威的统治,每一个生命个体把他的主观理性看成绝对性,主观性的个人被视为价值的最高主宰者和立法者。一切价值判断都是自我"个人意志"的产物,一个人接受这种价值而拒斥另一种价值,最后的根据和权威完全是他自身。于是,"道德行为者从传统道德的外在权威中解放出来的代价是,新的自律行为者的任何所谓的道德言辞都失去了全部权威性内容。各个道德行为者可以不受外在神的律法、自然目的论或等级制度的权威的约束来表达自己的主张"②。这表明,价值判断失去统一性,就如同麦金泰尔等人所指出的,陷入了价值上的主观主义和情感主义,而失去了基本的价值共识,必然意味着人与人之间内在的、相互依赖的"共同感"处于危机之中。

"主观理性"与"共同感"的分裂,这是现代性最为深刻的矛盾和困境之一。因人的"群体本位"状态,人们形成了"客观理性",适应人的发展要求,又进一步生成和发展了"主观理性"。"主观理性"的自觉和高扬,解除"客观理性"对人的压抑,使人获得了重大解放。但是,个人"主观理性"是一种包含重大片面性的理性形态,这种片面性在当代人生活中已经充分暴露了其弊端与困境。人的自我认同的危机、人与人关系的紧张,不同种族、民族与文化之间的冲突,乃至人与自然关系的对立所导致的生态危机(正如莱斯所指出的,人对自然的控制实质上反映的是人与

---

① [德]舍勒:《价值的颠覆》,罗悌伦等译,生活·读书·新知三联书店1997年版,第153—154页。
② [美]麦金泰尔:《德性之后》,龚群等译,中国社会科学出版社1995年版,第87页。

人的关系，即"一些人企图统治和控制他人"①），等等，都在这一矛盾和困境中有着深层的根源。要克服这一深层矛盾，我们必须适应人面向未来的生存发展要求，寻求理性形态的当代转换。

二、"关系理性"与"为他人的主体性"：重建"共同感"的前提

"主观理性"与"共同感"的分裂这一现代性的重大挑战，迫切要求人们对"理性"观念进行深入反省与重建。从历史上看，个人"主观理性"的挺立，意味着个人从"共同体"的束缚中摆脱出来，获得了一定的自由和独立。以"主观理性"取代传统社会的"客观理性"，这是个人自我生成和自我发展过程中的一个重要环节，不如此，个人无法挣脱个人对他人完全屈从的依赖关系而实现个人的人格独立与自由。

但是，个人"主观理性"的主宰地位以及由此所带来的共同体的崩解和"共同感"的消失，对于人的整全存在来说，却又是一个巨大的损失。鲍曼曾这样富有诗意地描述道："'共同体'意味着的并不是一种我们可以获得和享受的世界，而是一种我们将热切希望栖息、希望重新拥有的世界。"②"共同体"带给人确定性、安全感和归宿感，这同样是人的生命存在的内在需求。然而，随着个人的"主观理性"成为支配人们生活的依据，不同个体之间相互依赖的家园感却远离我们而去。坚持个人"主观理性"，却意味着共同体的消逝，而坚持"共同体"的实在性，却又可能导致历史上种种抽象"共同体"对个人独立人格和自由伸展的压制。这一悖论表明，要克服个人"主观理性"与"共同感"的分裂，实质上就是要超越"个人自由"与"共同体"之间的矛盾。

按照威廉斯的专门研究，"community"（共同体）这一英文词最早可追溯为拉丁文"communis"，意指"普遍"、"共同"，"community"意味

---

① ［加拿大］莱斯：《自然的控制》，岳长龄等译，重庆出版社1993年版，第109页。
② ［英］鲍曼：《共同体》，欧阳景根译，江苏人民出版社2007年版，第4页。

着由某种共同的纽带联结起来的生活有机体。① 在社会思想史上第一个对"共同体"进行专门探讨的是德国社会学家滕尼斯。在他看来，人与人通过相互结合所形成的"现实的和有机的生命"，就是共同体，"共同体的理论出发点是人的意志完善的统一体，并把它作为一种原始的或者天然的状态"②。"共同体"与拥有相同身份与特质的群体有关，是建立在自然基础上的、历史和思想积淀的联合体；是相关人群共同的本能、习惯与记忆；是人们对某种共同关系的心理反应，表现为直接自愿、和睦共处、平等互助的关系。按照这种理解，"共同体"至少具有如下基本特征：第一，它代表一种通过人们之间的内在结合而形成的特殊的生存方式和生活样式。第二，共同体的所有成员在情感、信念、价值等方面都处于共享状态。第三，人在互相依赖中获得安全感、确定性和归宿感。血缘共同体、地缘共同体、精神共同体③等即是最典型的共同体形式，家庭、部落、氏族、城邦等都是共同体的具体表现。

很显然，对共同体的上述理解主要是以传统社会人们的生存方式和生活样式为原型的。今天的人们尽可以把它想象为田园诗般的、和谐美妙的生活景象，然而，暂且不论这种想象是否具有真实的历史依据，今天重提并思考共同体的可能性，需反思的一个前提性问题是：这种原始共同体是否有可能在当代社会的语境中恢复和重建？在此问题上，我们同意马克思的基本观点，那就是"应当避免重新把'社会'当作抽象的东西同个体对立起来"④，试图否弃现代性的成果，即以"主观理性"为核心的"个人主体性"所建立的"共同体"，只能是一种"虚幻的共同体"。

我们认为，今天对理性进行反省与重建，必须以当代人的生存发展要求作为基本坐标。马克思指出，人的发展在经历"人的群体本位"和"以

---

① 参见［英］威廉斯：《关键词》，刘建基译，生活·读书·新知三联书店2005年版，第79页。
② 参见［德］滕尼斯：《共同体与社会：纯粹社会学的基本概念》，林荣远译，商务印书馆1999年版，第52、58页。
③ ［德］滕尼斯：《共同体与社会：纯粹社会学的基本概念》，林荣远译，商务印书馆1999年版，第65页。
④ 《马克思恩格斯全集》第3卷，人民出版社2002年版，第302页。

物的依赖性为基础的人的独立性"阶段之后,"建立在个人全面发展和他们共同的社会生产能力成为他们社会财富这一基础上的自由个性",应成为人的新的发展要求。今天我们寻求新的理性形态,必须适应人的这一发展要求,既不能停留在"主观理性",同时也不能回归传统社会"共同体"所代表的"客观理性",而应在充分尊重和保留个人"主观理性"积极成果的前提下,克服其封闭和孤立的实体性,打开"个人"与"他人"之间的通道,从而为形成一种承认个人的自由人格,同时又为生成人与他人之间的"共同感"提供可能性。这种新的理性形态就是"关系理性"。

"关系理性"是一种在超越实体化、单子化个人的社会关系中,去理解"个体"的存在规定、生存意义和根据的理性。它既要求破除人的自我理解问题上的"唯实论",也要求破除人的自我理解问题上的"唯名论";既融解和扬弃人的"普遍本质",也融解和扬弃孤立"自我"的实体化。它要求从"关系"而不是从"实体"出发对人的现实存在进行规定,现实的人不能被解读为"普遍的人的本质"的显现和定在,也并非孤立的"个体",而是与自我发生关系同时也与他人发生关系的"关系中的个体"。

具体而言,"关系理性"具有如下双重旨趣:第一,它要求从人与人的"交互性关系"理解人的存在。所谓"交互性关系",是"一种既实现共同规划又支持每个人各有差异的规划的社会合作模式",在其中,"每一个人都承认另一个人的自由并且都是为了提高另一个人的自由而行动的"①。"交互性"意味着人与人之间彼此的相互承认,就像马克思所概括的那样,在这种关系中,每个人成为"他自己为别人的存在,同时是这个别人的存在,而且也是这个别人为他的存在"②。在此意义上,"关系理性"原则拒斥一个人对另一个人或一群人对另一群人的外在支配和控制,强调任何单方面的权力意志和控制欲望都是与"关系理性"原则相违背的。第二,它要求从人与人的"互依性关系"理解人的存在。所谓"互依

---

① [美]古尔德:《马克思的社会本体论:马克思社会实在理论中的个性和共同体》,王虎学译,北京师范大学出版社2009年版,第143页。
② 《马克思恩格斯全集》第3卷,人民出版社2002年版,第298页。

性",意味着人与人之间的互相依赖、互为目的,强调只有在"自身"与"他者"的交织中,个人才能真正确立起"自我"人格的同一性和实现自身发展,"自身性"与"他者性"乃是不可分割的一体之两者,离开"他人"以及与"他人"的相互构成关系,所谓"自我"将成为毫无内容的空无,因此,每个人都不应把别人当成实现自己欲望和利益的工具和手段,而应彼此视为成就自身的目的。马克思曾批判资本主义市民社会"利己主义领域的、一切人反对一切人的战争的精神"①,认为它"使人的世界分解为原子的相互敌对的个人的世界"②,批判资产阶级国民经济学家试图从"贪欲以及贪欲者之间的战争即竞争"③出发把资本主义社会关系永恒化,所表达的正是对人与人"工具性关系"的否定以及对"互依性关系"的追求。

"关系理性"不同于"客观理性"。如前所述,"客观理性"是与人的"群体本位"发展阶段相适应的、前现代社会占据主导地位的理性形态,代表着要求个人无条件服从的、普遍性的、强制性的价值尺度与标准。它相信,个人只有在抽象的"共同体"中才成为"人",个人存在价值和意义不在自身而在个人之上的"共同体",它完全忽视和压制个人的"主观理性",认为只有"共同体"才是人的化身。在此条件下,不可能形成人与人之间平等和开放的交往关系,更谈不上人与人之间的"自由联合"。与此不同,"关系理性"则要求破除与个人相对立的抽象"共同体"的统治,充分吸取现代性在推动个人的独立和解放方面的积极成果,是在对个人"主观理性"批判反思的基础上并对之采取"扬弃"态度的结果,它承认个人独立的价值和意义并以此为基础,去寻求人与人之间的自由交往和联合。对于二者的这种重大区别,马克思曾这样论述道:"在过去的种种冒称的共同体中,如在国家等等中,个人自由只是对那些在统治阶级范围内发展的个人来说是存在的……从前各个人联合而成的虚假的共同体,总是相对于各个人而独立的……它不仅是完全虚幻的共同体,而且是新的

---

① 《马克思恩格斯全集》第3卷,人民出版社2002年版,第174页。
② 《马克思恩格斯全集》第3卷,人民出版社2002年版,第196页。
③ 《马克思恩格斯全集》第3卷,人民出版社2002年版,第266页。

桎梏。在真正的共同体的条件下，各个人在自己的联合中并通过这种联合获得自己的自由。"① 在"虚假共同体"成为马克思所说的人生存发展"桎梏"的条件下，人们的思想和行为必然会以抹杀个人的"客观理性"为依归，而马克思所说"各个人在自己的联合中并通过这种联合获得自己的自由"，所体现的正是"关系理性"的自觉。

"关系理性"也不同于个人"主观理性"，如前所述，个人"主观理性"是现代社会占据主导地位的理性形态，它把"个人"视为"没有窗户"的封闭实体，它以个人的"小我"取代了抽象"共同体"的"大我"，认为个人的"主观理性"构成人的思想和行为的终极根据。很显然，以此为前提，它必然以"自我"为中心并把他人视为"客体"和"对象"，其极端膨胀将导致人与人之间的分裂和对立。与此相区别，"关系理性"则要求打开个人主观性封闭的"窗户"，让人从"孤立的自我主体"困境中走出来，寻求"建立在人们的现实差别基础上的人与人的统一"②，在"个人"与"他人"的内在关系中重新理解和确立自身思想和行为的根据。

可见，"关系理性"试图实现对抽象共同体的"客观理性"与个人"主观理性"的双重超越，意味着对人的存在的"实在性"的重新规定，它要求在人的自我理解问题上实现理解方式和思维原则的根本改变，即实现从"实体思维"向"关系思维"的转换。它要求既融解和扬弃人"普遍本质"，也融解和扬弃孤立"自我"的实体化，同时又努力把人的"个性"与"普遍性"内在统一起来，实现对人的具体的、历史的理解。它的基本信念是："个人"就其真实存在而言，不能脱离与他人的"在"关系而存在，或者说，"关系中的个人"而非"实体化的个人主体"是人的"本真存在"状态。"人生在世"，如果说"世界"构成了人的存在的内在规定，那么所谓"世界"，最根本的就是人与他人的"共在"中所展开的生存空间与生活境遇。

"关系理性"的确立，是人的自我理解的一次重大深化，它代表着一

---

① 《马克思恩格斯选集》第1卷，人民出版社2012年版，第199页。
② 《马克思恩格斯全集》第47卷，人民出版社2004年版，第73页。

种新的人的"主体性"观念的确立,这种"主体性"不再是孤立的实体化的"自我",而是只有在与他人的关系中才能确立的新型"主体性",我们可以称之为"为他人的主体性"。

首先,它自觉地意识到,每一个生命个体的存在和成长,都离不开与他人的"共在"关系。"我"的存在意味着我"生活",我"做事",而无论"生活"还是"做事",都已"先在"地处于与"他人"的共在关系中,离开这种关系,个体既无法存在,也无法生活与做事。企图否定这一事实而把"自我"实体化和总体化,是"自我"的僭妄。

黑格尔在《精神现象学》中曾对此进行过精彩描述,在黑格尔看来,人之区别于动物,在于人的欲望的满足与动物有着根本不同,动物欲望通过"消灭客观的对象"得到满足,人的欲望之所以具有"人性",在于人的每一个欲望,都最终是与获得他人"承认"的欲望内在联系在一起,黑格尔说道:"这里的问题是一个自我意识对一个自我意识。这样一来,它才是真实的自我意识;因为在这里自我意识才第一次成为它自己和它的对方的统一……精神是这样的绝对的实体,它在它的对立面充分的自由和独立中,亦即在互相差异,各个独立存在的自我意识中,作为它们的统一而存在:我就是我们,而我们就是我。"①

黑格尔试图告诉人们:"自我"之所以成为可能,前提在于与其"自我"的"共在"以及其他"自我"对他的承认。马克思从人作为"社会存在物"的角度,进一步指出:人的生命表现,"即使不采取共同的、同他人一起完成的生命表现这种直接形式,也是社会生活的表现和确证。人的个体生活和类生活不是各不相同的,尽管个体生活的存在方式是——必然是——类生活的较为特殊的或者较为普遍的方式,而类生活是较为特殊的或者较为普遍的个体生活。"②"类"意味着每个人与他人相互交往形成的社会生活,所有这些都向我们彰显了一种对于人自身形象的自觉。正如"自我"是他人存在密不可分的环节一样,"他人"同样构成"自我"成为可能的基本条件。

---

① [德] 黑格尔:《精神现象学》上卷,贺麟等译,商务印书馆1979年版,第122页。
② 《马克思恩格斯全集》第3卷,人民出版社2002年版,第302页。

其次，与上述内在相关，每一生命个体的存在意义和价值的实现、幸福的获得和实现，都离不开与他人的"共在"并以"他人"为条件。如果有人认为离开和排斥"他人"，"占有欲"得到越大程度的满足，其存在的意义和价值就越大，那么这是一种自欺欺人的幻觉。"自我"利益的最大化无助于幸福的最大化，孤立的"自我"把膨胀一己欲望视为生活意义和人生幸福的源泉，结果恰恰是对生活意义和幸福的否定。霍耐特曾中肯地说道："与爱、法律和团结相关的承认形式提供了主体间的保护屏障，保护着外在和内在自由的条件，无强制地表达和实现个体生活目标的过程就依存于这些条件。"[①] 有效地抵御侮辱、蔑视和暴力对公共生活及其成员的侵害，这是每一个人获得生存意义和生活幸福的基本前提。

"为他人"的"主体性"，既区别于"大写的人"，即实体化的"共同体"，又区别于"小写的人"，即实体化的"自我"，把"自我"与对他人的责任内在地统一起来，把"自己"与"陌生人"内在地关联在一起。法国哲学家列维纳斯通过对现代哲学"自我中心主义"的、以"反对他人"为取向的"主体性"观念的反省，认为与"他者"的关系是主体性的基本条件，他把人的"主体"描述为"同中之他"，把与"他者"的相遇视为"主体"的内在构成要素，把对"他人"的责任视为"主体性"的确证与自觉。这种与"自我中心主义"不同的"主体性"，与本文所说的"为他人"的"个人主体性"具有共同的旨趣，那就是要真正突破"共同体"与"自我"的实体化，确立每一个"自我"对于"他人"的道德责任。

可以看到，"为他人的主体性"观念要求拆除"自我"与"他人"之间的藩篱，自觉意识到"自身性"与"他者性"之间不可分割的辩证关系，把"自我"的存在及其生存意义与"他人"内在关联，强调离开"他人"的维度，个人的"主体性"将失去存在的根据和依归。这为克服个人"主观理性"与"共同感"的矛盾，重建真实的"共同体"提供了前提。在此意义上，"关系理性"代表着一种区别于抽象的"主观理性"

[①] [德] 霍耐特：《为承认而斗争》，胡继华译，上海人民出版社2005年版，第181页。

与"客观理性"的新型理性,意味着哲学对自身思想任务和价值立场的新自觉。

三、"关系理性"与哲学价值立场的当代自觉

哲学对"关系理性"的自觉,既是人的自我理解的深化,也是对哲学思想任务和价值关怀在当代理论与现实语境中的一次重新设定。对于中哲、西哲、马哲来说,在推动个体自由发展的同时,促进人们之间的自觉联合,应成为其自觉的哲学意识和价值眷注。

哲学自产生以来,就试图通过对理性的自觉反思,为人的思维、存在和价值奠定最坚实的基础。哲学对理性的理解与人们的生存方式是内在相关的,无论是"客观理性"还是"主观理性",实质上都是以思想的方式凝聚和映射着人的历史生存状态。

对于当代哲学来说,由于现代性所蕴含的深刻困境,内在地要求哲学对现代性的深层哲学根据,即以"主观理性"为核心的"主体性"观念进行深入的批判性反省,为哲学自身重新寻求存在根据和价值立场,这是当代哲学所面临的重大挑战。对此,美国哲学家多尔迈引用加塞特的话说道:"假如这个作为现代性根基的主体性观念应该予以取代的话,假如有一种更深刻更确实的观念会使它无效的话,那么这将意味着一种新的气候、一个新的时代的开始。"① 超越曾经作为哲学阿基米德点的"主体性"观念,意味着对哲学提出重大课题:即哲学在当代所应持有的价值立场和价值坐标是什么?哲学应以何种价值理念作为自身的安身立命根基?

面对这一挑战所产生的对哲学理性的怀疑主义和悲观主义,是当代哲学中一个十分重要的理论现象。这集中体现在一种基本观念,即认为一旦确立某种肯定性的价值立场,就难以摆脱"主体中心主义"的陷阱,而不能摆脱以主体为中心的"主观理性",就无法真正克服现代性。因此,要

---

① [美]多尔迈:《主体性的黄昏》,万俊人等译,上海译文出版社1992年版,第1页。

彻底告别现代性，就必须对一切价值立场采取否定和解构的立场。对此，哈贝马斯评价道："这些理论想要指明，近代曾经从中获得自己的自我意识和自己乌托邦期望的那些增强影响力的力量，事实上却可以使自主性转变为依从性，使解放转变为压迫，使合理性转变为非理性。德里达从海德格尔对近代主体性的批判引出了如下结论：我们只有通过无目标的鼓动才能摆脱西方逻辑中心主义这种单调乏味的苦役……富科把霍克海默尔和阿多诺对工具理性的批判，推进为关于力量永恒回归的理论。连他对那一不断更新的旋转式结构的永恒同一的力量循环的宣示，也只能窒息西方文化的自信心和乌托邦的最后一点火花。"① 很显然，这种思想观念充满着"主观理性"终结之后，对于理性力量的深深的怀疑主义和悲观主义。

拒绝怀疑主义和悲观主义，却仍执着于陈旧的理性观，这是当代哲学中另一引人注目的现象。这主要体现在两个方面。

一是试图在当代社会继续坚持和捍卫以"主观理性"为核心的个体自我立场，认为与此相违背的观念都是不合时宜的。例如诺齐克的《国家、无政府与乌托邦》，为当代语境中的"个人自由"和"个人权利"的绝对性和无条件性作了新的辩护。在他看来，具有"主观理性"的个人是终极的实体，个人的存在和价值拥有绝对的优先地位。与之相比，包括国家在内的一切共同体都处于从属地位，以"他人"或"共同体"的名义对个人权利和自由的限制，既是对现代社会生活秩序的损害，也是对人之为人的道德价值的亵渎。他理想中的乌托邦是每个人被"当做不可侵犯的个人，不可以被别人以某种方式用作手段、工具、器械或资源的个人：它把我们当做拥有个人权利的人，并带有由此构成的尊严"②。

二是试图回归与复兴以"客观理性"为核心的"共同体"，建立起超越个人"主观理性"的"共同感"。其重要的代表是社群主义。在他们看来，随着个体的"主观理性"占据主导地位，脱离开"共同体"的"自

---

① ［德］哈贝马斯：《新的非了然性》，见［德］哈贝马斯：《哈贝马斯的商谈伦理学》，薛华译，辽宁教育出版社1988年版，第90页。
② ［美］诺齐克：《无政府、国家与乌托邦》，姚大志译，中国社会科学出版社2008年版，第399页。

我"成为人们看待世界与他人的出发点,这导致了麦金泰尔所说的"无标准的自我",使人们在价值上失去了"客观标准"而陷入无所皈依的主观主义和相对主义。克服它的一个前提是重新理解人的存在论意义,颠倒被现代哲学所颠倒的"个人"与"共同体"关系,把"共同体"视为规定人的存在的根本向度。较之孤立的个体,整体性的社群具有更为源始和基底的真实性。以此为基础,社群主义者进一步论证"共同体"对于道德价值重建所具有的意义:既然"共同体"构成人之为人的基本存在方式,那么,以"个人自我"作为唯一的价值根据就无疑是一种虚妄。与此相对,追求共同体普遍的、共同的善或美德,就应成为每个人的自觉归宿,正是在共同体中并通过共同体与其他成员实现了主体间的一致性,真实地体验到一种休戚与共的"共同感"。基于这种观点,社群主义者主张恢复传统的社群制度及其价值的约束力。例如,麦金泰尔认为古希腊时期的城邦即是这种完美地体现了人们之间内在统一的共同体。

在上述背景下,哲学对"关系理性"的自觉就显示出了它的特殊意义。它表明,以个人"主观理性"为核心的主体性所确立的价值规范基础的裂变,并不意味着哲学丧失了一切价值根基的可能。哲学可以通过对理性的重新阐释和重置,在一个新的地基上获得自身的价值基点。这一价值基点的核心,即在于克服和超越"主观理性"的狭隘性、封闭性以及由此造成的对"他者"的对象化和控制性欲望,从"自我"与"他人"关系的角度重新理解和阐释"自我"的存在;在推进个人自由发展的同时,促进人们之间的团结与联合,通过人们之间的自由交往、相互承认,推动真实的共同体的生成和创造。以此为价值基点,哲学既摆脱和超越了个人"主观理性"与抽象共同体的"客观理性"的狭隘专断的价值设定,也摆脱和克服了上述在"主观理性"终结之后哲学的怀疑主义与虚无主义,从而使自身获得了一种新的价值自觉。

以"关系理性"为切入点和结合点,马克思主义哲学、西方当代哲学与中国传统哲学将实现内在的汇通,并在思想原则和价值观念上充分关切现实,立足当下,使自身真正成为创造性的思想力量。三者在为推动当代社会克服现代性的"主观理性"与"共同感"的分裂、促进"真实的共同体"生成过程中贡献出智慧。

在西方当代哲学中，通过对现代个人"主观理性"的深刻反思，超越"主观理性"的"个人中心主义"，从"关系理性"视角理解人的真实存在，构成其思考的趋向。比如，维特根斯坦深入地论证了"私人语言"的不可能性，离开与他人的语言游戏和主体间的交流互动，就不可能形成和遵循规则。① 这意味着，任何规范的形成都不能把个人的"主观理性"作为出发点，而必须以现实生活中从事社会实践的成员的"相互承认"为前提。海德格尔明确把与他人的"共在"视为"此在"的存在论规定，因而拒绝把自我作为一种没有他人的、现成存在的孤立自我来理解。② 舍勒通过对"同情"、"爱"等的现象学分析，深刻地论证了个人与他人之间所具有的不可分离的"共契关系"，等等，都从不同视角显示出从"关系理性"视角重新理解和把握人的存在的趋向。

在西方马克思主义哲学阵营内，哈贝马斯等哲学家更加明确地论证了以"商谈理性"扬弃"主观理性"的范式转换。在"商谈理性"视野中，"个性化"与"社会化"乃是一个二者不可分离的过程，离开人与他人的这种相互承认、相互确证的关系，个人的"主体性"将成为抽象的存在。哈贝马斯的学生霍耐特从青年黑格尔"相互承认"理论出发，进一步阐发了"自我"与"他人"之间互为前提的辩证关系。黑格尔认为，每个人只有"通过它的对方才是它自己"③，"不同他人发生关系的个人不是一个现实的人"④。霍耐特把黑格尔的这一思想与米德的社会心理学结合起来，系统地论证了"人类主体同一性来自于主体间承认的经验"⑤，从而使"关系理性"成为理解哲学价值规范基础的理论视域。

中国传统哲学有着极为丰富的思想内容，其所蕴含的"关系理性"视

---

① 参见［奥地利］维特根斯坦：《哲学研究》，汤潮等译，生活·读书·新知三联书店1992年版，第110页。
② 参见［德］海德格尔：《存在与时间》，陈嘉映等译，生活·读书·新知三联书店1999年版，第14页。
③ 参见［德］黑格尔：《精神现象学》上卷，贺麟等译，商务印书馆1979年版，第122、119页。
④ ［德］黑格尔：《法哲学原理》，范扬、张企泰译，商务印书馆1961年版，第347页。
⑤ ［德］霍耐特：《为承认而斗争》，胡继华译，上海人民出版社2005年版，第77页。

域，在经过批判性反思和创造性转换后，理应成为推动当代哲学价值自觉和当代人自我理解的重要思想财富。多数学者承认，中国传统哲学区别于西方哲学的一个重要特质在于其"非实体性"思维。这种"非实体主义"的重要表现之一就是从"关系论"视域来观照世界。例如，高清海就提出："中国哲学的概念不是西方式的逻辑'范畴'，也就是说，它不是靠概念体系中的逻辑关系来规定内涵的，而是对事物自身内在关系的直接表征。"[①] 在此意义上，从"关系理性"视角理解和把握人的存在及其价值，这在中国传统哲学中有着丰富的思想资源。联系本文主题，中国传统哲学没有形成如西方现代哲学中那种脱离与他人关系的实体化的"个人主体性"观念，相反，它总是要求从自身与他人的关系中把握和规定人的存在。以儒家哲学为例，其核心概念如仁、义、忠、恕、诚等，所体现的都是从"关系理性"的角度对人的存在论理解。"夫仁者，己欲立而立人，己欲达而达人。"（《论语·雍也》）"己所不欲，勿施于人。"（《论语·卫灵公》）只有在个人与他人的相互对待、相互构成、相互造就的关系中才能生成人自身的存在。荀子亦认为，只有个人与他人的"共在"与"合作"，才是人得以存在的基础。每一个人只有在与人们的关系中，才能获得生存的条件，获得脱离"禽兽"的真正的人的存在应具的规定。把个人实体化，并因此把他人视为"对象"，通过这"主客对立"方式确证个人的"主体性"，这对中国传统哲学思维是一件十分陌生的事情。只有在"诸父有善，诸舅有义，族人有序，昆弟有亲，师长有尊，朋友有旧"（《白虎通·三纲六纪》）的伦理关系中，在"父子有亲，君臣有义，夫妇有别，长幼有序，朋友有信"（《孟子·滕文公上》）的关系认同中，人的存在才能得到确证。

上述中国传统哲学所蕴含的"关系理性"向度表明，它对于人的存在的"他者"维度与"共同体"维度有着自觉的认识。这为克服现代性所造成的个人自由与共同体的分裂提供了深刻的思想智慧。但不可讳言，由于没有经历现代性的洗礼，中国传统哲学中所包含的"关系理性"缺少以"主观理性"为核心的个人主体性这一重要环节，这使得它在面对现代性

---

① 参见高清海：《中国传统哲学的思维特质及其价值》，载《中国社会科学》2002年第1期。

"主观理性"与"共同感"的分裂时,需要经过批判性改造以获得其当代意义。我们应该清醒地意识到,中国传统哲学关于"他人"和"共同体"的思想植根于中国传统社会的生存方式,尤其是植根于传统宗族与小农社会的生活世界基础,在很大程度上,中国传统文化和社会的伦理价值体系是以直接的血缘亲族关系为中心并向外扩展而形成的。林安梧曾中肯地指出,中国人的道德意围绕着"血缘性纵贯轴"而展开:"'血缘性的自然连结'与'人格性的道德连结'相渗透而成为一体之两面,使得那'血缘的'不再停留在'自然的血性'中,而提到了'道德的感通'这层次,同时也使得'道德的'不再停留在'权力的理性的'规约之中,而渗入了'自然的血性'之中。自然的血性与道德的感通关联成一个整体,不可两分。"① 道德价值规范与血缘亲情、道德性与血缘性内在地联结在一起,使得"共同体"不可避免地具有狭隘性和排他性。但立足于当代人的现生活世界,以一种批判性的态度,剥离其狭隘和排他性内涵,创造性地转换为现代性语境中回应个体与共同体的分裂和矛盾、推动真实"共同体"生成的理论资源和哲学智慧,那么,在此问题上,它与马克思主义哲学、当代西方哲学将可能呈现出相通的思想视域,成为对当代哲学和当代人与社会发展富有启示性的思想资源。

在哲学史上,马克思在现代性语境中深刻地意识到"主观理性"与"共同感"、"个人"与"共同体"分裂,并通过"关系理性"的哲学自觉,寻求弥合分裂,寻求真实"共同体"。在此方面,马克思主义哲学与当代西方哲学、中国传统哲学有着广泛的对话空间。

四、真实的"共同体"超越抽象 "主观理性"与"客观理性"

对"关系理性"的自觉,是马克思主义哲学的理论特质和重要贡献。

---

① 参见林安梧:《儒学与中国传统社会之哲学省察:以"血缘性纵贯轴"为核心的理解与诠释》,学林出版社1998年版,第20—21页。

这一点既体现在马克思主义哲学总体性的思维方式和理论原则中，也体现在其具体的理论思想和观点中。他关于"社会关系"及"社会关系中的个人"的思想，可谓最为集中地体现了这一理论特质和贡献。

众所周知，历史唯物主义是马克思最重大的理论贡献之一。恩格斯把历史唯物主义规定为"现实的人及其历史发展的科学"①，马克思在同样的意义上指出历史唯物主义的真正出发点是"从事实际活动的人"②。对"现实的人"的关注，是马克思哲学的重要主题。问题的关键在于："现实的人"何以获得其"现实性"并避免"抽象性"？

对于马克思而言，"关系理性"的自觉，是超越长期占据主导地位的"实体思维"，并因此克服后者对人的抽象化理解，这是使人获得"现实性"的重要思想前提。在哲学史上，"实体思维"代表着一种追求终极实在并从它出发来理解和规定人与世界的形而上学思维方式。③海德格尔曾这样规定"实体"："把'实体'的存在特征描画出来就是：无所需求。完全不需要其它存在者而存在的东西就在本真的意义上满足了实体观念。"④"无所需求"即意味着，"终极实在"是自因自足的，它不依赖其他任何存在者而独立存在。在此意义上，"实体思维"实质上是一种"非关系思维"。在人的自我理解问题上，"实体思维"有两种主要表现形式：第一，把人归结为某种抽象的"普遍本质"，在此方面，最典型的代表是黑格尔和费尔巴哈，黑格尔把人把握为"自我意识"的理性存在，费尔巴哈则把人理解为"内在的、无声的、把许多个人自然地联系起来的普遍性"类本质⑤，虽然具体内容截然不同，但在把人归结为抽象的"普遍本质"这一点上，二者皆贯彻着"实体思维"；第二，把人等同于为某种抽象的无所依存的"个人自我"，在此方面，最典型的无疑是施蒂纳作为"唯一者"的"自我"。无论是把人归结为某种"普遍本质"，还是归结为

---

① 《马克思恩格斯选集》第4卷，人民出版社1995年版，第241页。
② 《马克思恩格斯选集》第1卷，人民出版社2012年版，第152页。
③ 对形而上学实体思维方式的专门分析与批评，参见贺来：《论马克思哲学与形而上学的深层关系——"形而上学"的终结与"形上维度"的拯救》，载《哲学研究》2009年第10期。
④ [德]海德格尔：《存在与时间》，陈嘉映等译，生活·读书·新知三联书店1999年版，第108页。
⑤ 《马克思恩格斯选集》第1卷，人民出版社2012年版，第135页。

孑然独立的"自我"实体，虽然表现各异，但在实质上殊途同归，他们都脱离人与人的社会关系把握人，结果人都被实体化为抽象的幽灵。

在马克思看来，要破解人的自我理解上的"实体思维"，把握真正的"现实的人"的存在，就必须自觉地意识到"人不是抽象的蛰居于世界之外的存在物。人就是人的世界，就是国家，社会"①，而"社会本身，即处于社会关系中的人本身"②，只有"社会关系中的人本身"才具有真正的现实性。马克思的这一思想集中凝结为这样一个基本判断："人的本质不是单个人所固有的抽象物，在其现实性上，它是一切社会关系的总和。"③ 对于这一熟知的论述，人们经常或者从常识的意义把它理解为流俗的"人际关系"，或者在经验科学的意义上简单地把它理解为人存在的"社会关系网络"，结果其深刻丰富的哲学内涵被遮蔽起来。如果把它与上述哲学史上种种把人抽象化的"实体思维"进行比较，我们就可以看到，这一论断凝结着马克思对黑格尔、费尔巴哈、施蒂纳等人深入反思批判的思想成果，标志着在人的自我理解问题上哲学理论原则和思维方式的重大变换，意味着"关系理性"这一与人独特的存在特性相适应的思想视野的展开。

从"社会关系"的视野理解"人的现实本质"，马克思首先肯定"现实的个人"不能被蒸馏和虚化为人的"普遍本质"。他明确说道："我们开始要谈的前提不是任意提出的，它们不是教条，而是一些只有在臆想中才能抛开的现实前提。这是一些现实的个人，是他们的活动和他们的物质生活条件"，"全部人类历史的第一个前提无疑是有生命的个人的存在。"④ 这就明确肯定了"个人"作为历史前提的重大意义。但另一方面，作为历史前提的"生命个体"并非世界之外的抽象实体，而是处于"社会关系"之中的"社会化"的"个体"。马克思说道："人是最名副其实的政治动物，不仅是一种合群的动物，而且是只有在社会中才能独立的动物。孤立

---

① 《马克思恩格斯全集》第3卷，人民出版社2002年版，第199页。
② 《马克思恩格斯选集》第2卷，人民出版社2005年版，第791页。
③ 《马克思恩格斯选集》第1卷，人民出版社2012年版，第135页。
④ 《马克思恩格斯选集》第1卷，人民出版社2012年版，第146页。

的一个人在社会之外进行生产——这是罕见的事"①,"人对自身的任何关系,只有通过人对他人的关系才得到实现和表现"②。这两重内涵的统一表明,人既不能被解读为"普遍的人的本质"的显现和定在,也不是脱离他人、与他人对立的"占有式"的个人主体,而是与自我发生关系同时也与他人发生关系的"关系中的个体"。正像古尔德所指出的,对马克思来说,社会关系中的个人才是构成社会的基本实体③。"关系理性"的自觉意味着马克思形成了一种区别于传统形而上学实体论的"社会本体论",即"关系中的个人本体论"④,在此,无论是人的"普遍本质"还是孤立"自我",都彻底失去了沦为抽象实体的可能。

更重要的是,人是"社会关系中的个人",这不仅是一种"事实"的描述,更蕴含着深刻的价值规范内涵。从这种观点出发,每个人的价值实现不是孤立自我的"私人性"活动,而是依赖于人们"共在"的社会关系以及以此为基础所形成的生存条件。每一个人的生活状态、生存品性乃至生存命运都受到每个人与他人所形成的社会关系的深刻影响,不同性质的社会关系规定了其在社会生活中的地位与生活前景。正如马克思所说的:"成为奴隶或成为公民,这是社会的规定,是人和人或 A 和 B 的关系。A 作为人并不是奴隶。他在社会里并通过社会才成为奴隶。"⑤ 因此,一个人的幸与不幸、快乐与痛苦,都与他人以及与他人形成的社会关系密切相关,一个人在自由与解放程度及其社会关系的合乎人性的程度内在地关联在一起。按照这种观点,结论是显然的,那就是要推动和实现人的自由,追求人的幸福,就必须改变与人的生存发展不相适应的社会关系,追求和创造使人的自由和幸福成为可能的、合乎人性的社会关系。马克思之所以特别重视对异化劳动、商品拜物教、资本逻辑的批判,其目的就是要

---

① 《马克思恩格斯全集》第 30 卷,人民出版社 1995 年版,第 25 页。
② 《马克思恩格斯全集》第 3 卷,人民出版社 2002 年版,第 275 页。
③ [美] 古尔德:《马克思的社会本体论:马克思社会实在理论中的个性和共同体》,王虎学译,北京师范大学出版社 2009 年版,第 13 页。
④ [美] 古尔德:《马克思的社会本体论:马克思社会实在理论中的个性和共同体》,王虎学译,北京师范大学出版社 2009 年版,第 37 页。
⑤ 《马克思恩格斯全集》第 30 卷,人民出版社 1995 年版,第 221 页。

在物与物关系的遮蔽和扭曲下揭示出人与人之间的真实关系,从而推动人的解放。马克思强调,在人的个性解放与社会关系的变革之间,存在着内在的一致性:"全面发展的个人——他们的社会关系作为他们自己的共同的关系,也是服从于他们自己的共同的控制的——不是自然的产物,而是历史的产物。"①

从历史发展角度看,马克思认为无论是抽象"共同体"主导的社会关系,还是以"个人主体性"为原则的社会关系,对个人来说都不是真正自由和独立的社会关系,而分别代表两种片面的人的存在样式。只有扬弃二者的片面性,寻求一种既使个人实现充分的独立,同时又实现与他人一体性的社会关系,以此为前提所建立的才能是"真实"而非"虚假的共同体"。

马克思指出:"在发展的早期阶段,单个人显得比较全面,那正是因为他还没有造成自己丰富的关系,并且还没有使这种关系作为独立于他自身之外的社会权力和社会关系同他自己相对立。留恋那种原始的丰富,是可笑的,相信必须停留在那种完全的空虚化之中,也是可笑的。"② 以封建和贵族"共同体"为主导的社会关系形态是遗忘和抹杀"个人主体性"所形成的社会结合形式,在此阶段,个人"表现为不独立,从属于一个较大的整体"③,与个人相比,抽象"共同体"是自因自足的实体,而个人则是依附于这一实体的附属品;"共同体"是真正的目的和意义,共同体和共同体的代表按照自己的意志来行使对共同体成员的支配和统治,个人只有在这一整体中通过整体所分配的角色和地位才能获得存在的价值和意义。马克思指出,这种"虚假的共同体"对于个人来说完全是"新的桎梏"④。很显然,按照这种观点,当代西方哲学"社群主义"实质是把前现代社会的"共同体"涂上了一层浪漫主义的油彩并使之理想化了,而中国传统哲学关于"共同体"的思想也需要在充分吸收现代性成果的基础上

---

① 《马克思恩格斯全集》第30卷,人民出版社1995年版,第112页。
② 《马克思恩格斯全集》第30卷,人民出版社1995年版,第112页。
③ 《马克思恩格斯全集》第30卷,人民出版社1995年版,第25页。
④ 参见《马克思恩格斯选集》第1卷,人民出版社2012年版,第199页。

予以批判性的转换。

否定"虚幻的共同体",这也就意味着人的发展必须充分吸取现代性的重大成果,即"主观理性"以及以此为根据的"主体性"原则。马克思充分肯定它对于人的发展所具有的巨大作用,认为它使个人从人身依附的支配关系中摆脱出来,形成了与他人更为平等和开放的交往关系,个人也因此获得了更大的独立和自由空间,因而是人的发展过程不可或缺的环节。

但马克思同时看到,这种个人的"独立"和"自由"在根本上具有形式性和外在性,资本主义的生产关系使得个人并没有真正摆脱"依赖状态"。对此,马克思论述道:"这些外部关系并未排除'依赖关系'……个人现在受抽象统治,而他们以前是互相依赖的。"① 区别仅在于,它使个人从对共同体的依赖变成了对物的依赖,如果说在抽象"共同体"阶段,只有共同体才是自足、自由的绝对存在,那么在市民社会阶段,只有物的关系才是自足的绝对存在。以"主观理性"为核心的"个人主体性"原则所体现的是"资产者"的原则,它对"个人"的解放只是一种狭隘的解放,即把大多数"无产者"排除在外的、剥夺大多数人自由的解放:"私有财产这一人权是任意地、同他人无关地、不受社会影响地享有和处理自己的财产的权利;这一权利是自私自利的权利。这种个人自由和对这种自由的应用构成了市民社会的基础。这种自由使每个人不是把他人看作自己自由的实现,而是看作自己自由的限制。"② 建立在"自私自利的权利"基础上,个人仍受制于物化的社会关系的束缚,因而不可能获得真正的自由个性。

只有超越上述二者的片面性,才能形成与人的自由全面发展相适应的社会关系。在马克思看来,真实的"共同体"是"这样一个联合体,在那里,每个人的自由发展是一切人的自由发展的条件"③。在这种"自由人的联合体"中,个人主体性与社会共同体的分裂将实现真正的和解与超

---

① 《马克思恩格斯全集》第30卷,人民出版社1995年版,第114页。
② 《马克思恩格斯全集》第3卷,人民出版社2002年版,第184页。
③ 《马克思恩格斯选集》第1卷,人民出版社2012年版,第422页。

越，它将在承认、保存和容纳个人主体性这一重大成果的前提下，追求人与人的联合与统一。"在真正的共同体的条件下，各个人在自己的联合中并通过这种联合获得自己的自由。"① 即在真正的"共同体"中，个人自由不是建立在人与人相分隔的基础上，而恰恰以人与人的结合为前提。它不再把他人看成自身自由的束缚和限制，而是看作自身自由的条件与实现。

很显然，在马克思对个人自由的这种理解中，所体现的正是前文所论述的"为他人的主体性"观念。

以这种对个人自由的全新理解为依据，"个体存在"与普遍的"类存在"之间的矛盾将得到克服和超越，个人自由与共同体的自由实现了一种内在的统一：一方面，"代替那存在着阶级和阶级对立的资产阶级旧社会的，将是这样一个联合体，在那里，每个人的自由发展是一切人的自由发展的条件"；另一方面，"只有在共同体中，个人才能获得全面发展其才能的手段，也就是说，只有在共同体中才可能有个人自由"②。正是在这种"个人"与"共同体"的互为条件和交互关系中，"自由人联合体"取代前现代社会的抽象"共同体"，也取代现代社会抽象的"个人主体性"以及由此所形成的人与人之间的外在联系，成为真正的"共同体"。

从上述讨论可以看出，马克思主义哲学在此问题上，表现出对一切形式的实体主义思维方式的拒斥态度。它既反对把抽象的"个人"实体化（脱离与他人关系的实体化的个人是封闭的），又反对把抽象的"共同体"实体化（与"个人自由"和"自由个性"对立的"共同体"是虚假和专制的），而要求在自由个性的个人之间的交互关系中理解共同体的可能性。"真实的共同体"是由自由个人之间的相互关系而形成的，构成"共同体"的是"自由的社会的个人"，或者说是"处于相互关系中的个人"。在其中，"每一个人都承认另一个人的自由并且都是为了提高另一个人的自由而行动的。因此，不存在一个个人或一群人对另一个个人或另一群个人的支配。毋宁说，它是一种既实现共同规则又支持每个人各有差异的规

---

① 《马克思恩格斯选集》第 1 卷，人民出版社 2012 年版，第 199 页。
② 《马克思恩格斯选集》第 1 卷，人民出版社 2012 年版，第 199 页。

划的社会合作模式。因此，这种社会形式的核心价值和动力原则是积极自由，积极自由被理解为社会个人最为充分的自我实现。这些交互性关系（积极自由在其中得以实现）都不再是形式性和工具性交互性关系，它们都在交换过程中得到了检验。因而这种关系可以被称之为互依性关系"①。人们形成"共同体"，既不是出于以"自我"为中心并把他人对象化的欲望，也不是出于对共同体中他人的被动依赖，而是出于个人相互的自由的联合。对于个人，"共同体"不是抹杀和消解个人自由个性的抽象普遍性，而是每个人既充分发展自己全面的个性，同时又向他人敞开自身，与他人内在统一的社会结合形式。

马克思主义哲学以"关系理性"为理论原则，走进社会历史现实的深处，为解决"主观理性"和"共同感"、"个人"与"共同体"的分裂和矛盾提供了独特的思路。超越抽象的"主观理性"与"客观理性"，推动人们在"关系理性"的自觉引导下，不断克服抽象个人和抽象共同体的"实体主义"并追求真实的"共同体"，以克服"主观理性"与"共同感"这一现代性的深层矛盾，是马克思主义哲学通过对现代性的社会历史批判所获得的重大理论自觉。

无论是所处的历史背景还是在诸多重要的理论观点等方面，马克思主义哲学与当代西方哲学的许多流派都有着分歧与区别。但它们共同面对着前述个人"主观理性"与"共同感"的矛盾这一现代性的深层挑战，在回应这一重大挑战的过程中，它们表现出了具有"家族相似"性的思维方式和价值诉求。当代西方许多哲学家通过对以往哲学观念和现代社会人的生存状态的批判性反思，把超越个人的自我中心主义，加强人与人之间的自由结合、促进人们之间的团结、推动以理性说服而非暴力的方式来解决公共生活的矛盾和冲突，从而不断地增进人们的"共同感"，视为每个人应自觉追求的价值目标。伯恩斯坦曾指出：无论阿伦特、哈贝马斯还是阿佩尔、罗蒂，都"关心地向我们说明了什么对人类系统是至关重要的，并

---

① ［美］古尔德：《马克思的社会本体论：马克思社会实在理论中的个性和共同体》，王虎学译，北京师范大学出版社 2009 年版，第 143—144 页。

说明了对话、交流、询问、联合和共同体的概念。"① 以罗蒂为例,他明确地把"协同性"(团结)与"客观性"对照起来,要求用"协同性"(团结)取代传统形而上学在漫长历史中对"客观性"的追求,对人们的社会生活来说,最重要的是"赞成容忍、自由探讨和追求通畅的交流","人类团结乃是大家努力达到的目标,而且达到这个目标的方式,不是透过研究探讨,而是透过想象力,把陌生人想象为和我们处境类似、休戚与共的人。团结不是反省所发现到的,而是创造出来的。如果我们对其他不熟悉的人所承受痛苦和侮辱和详细原委,能够提升感应相通的敏感度,那么,我们便可以创造出团结。"② 很显然,按照这种理路,打开"自我"封闭的藩篱,向他人开放,不断促进人们之间的自由联合,加强人们之间的团结,"逐渐把别人视为'我们之一'而不是'他们'"③,从而催生和创造出一种生活共同体,在此过程中,个人的自由与社会的团结实现了内在的统一。撇开种种分歧与区别,我们可以看到马克思主义哲学与上述当代西方哲学家基本一致的思想旨趣,那就是在"关系理性"的指引下,超越个人"主观理性"与"共同感"的分裂这一现代性的深层二律背反,激励和推动人们面向未来,寻求和重建新的"生活共同体",以克服与超越现代性的深层困境。在此方面,马克思主义哲学与当代西方哲学有着广泛的对话与融汇空间。

与前述中国传统哲学所蕴含的"关系理性"相比较,马克思主义哲学对于"关系理性"的自觉和以此为根据对"真实共同体"的憧憬,建立在对于现代性深层矛盾和困境的自觉反思与深刻批判基础之上,同时,它所设想的"自由人联合体"内在地包含和扬弃了个人"主观理性"这一现代性的重大成果,就此而言,马克思主义哲学体现出更为广阔的世界历史视野。

在以"关系理性"消解人的自我理解上的实体思维,寻求建立人与人

---

① 参见[美]理查德·J. 伯恩斯坦:《超越客观主义与相对主义》,郭小平等译,光明日报出版社1992年版,第257—258页。
② [美]罗蒂:《偶然、反讽与团结》,徐文瑞译,商务印书馆2003年版,第7页。
③ [美]罗蒂:《偶然、反讽与团结》,徐文瑞译,商务印书馆2003年版,第7页。

之间、个人与共同体之间更为合理的关系这一问题上，马克思主义哲学与中国传统哲学体现出具有某种亲合性的思维方式与价值理想，这为二者打开了可进行深入对话与融汇的广阔思想空间。尤其是在当代中国社会特有的时空背景下，这种对话与融汇尤其具有其特殊的理论与现实意义。就现实性而言，它将为建构我们的现代性道路贡献重要的思想资源。我们所建设的中国特色社会主义实质上寻求的是一种根植于中国具体的历史和现实的、不照搬西方经验的现代性建构之路，在此问题上，中国传统哲学与马克思主义哲学所共同彰显的"关系理性"视域将为反思西方现代性的内在矛盾，超越"主观理性"与"共同感"的矛盾，寻求我们自身现代性道路提供深刻的思想启示。在理论上，它将为加强马克思主义哲学与中国传统哲学的深层结合、推进马克思主义哲学的中国化开拓出一个重要的思想空间。实现"马克思主义哲学中国化"，除了要求面对"中国的现代性"这一重大现实处境和课题，还必须深植中国传统哲学并从中吸取营养。从"关系理性"视域，马克思主义哲学将获得一个与中国传统哲学实现内在而非外在结合的恰切生长点，在推动中国传统哲学的现代诠释和转化创造的同时，有力地深化马克思主义哲学的中国化。

有尊严的幸福生活何以可能[①]

为人的尊严和幸福进行论证和申辩,这是哲学不可推卸的使命。近年来在我们国家,人的"尊严"和"幸福"越来越成为社会各界热烈讨论的话题,"有尊严的幸福生活"第一次被写进了政府工作报告。这的确是一个具有重大意义的历史事件。那么,有尊严的幸福究竟如何成为可能?须具备哪些基本的前提条件,它才有可能成为现实?在对这些课题的回应中,马克思哲学所固有的人文关怀和人文向度将显现其深刻的时代内涵。本文试图对此作一初步的讨论,以期推动对它的深入探讨。

一、"人真正成为目的":有尊严的幸福生活的必要条件

把人视为"内在的目的",而不是把人视为达到某种"外在目标"的工具和手段,这是有尊严的幸福生活成为可能的必要条件。

人成为"内在的目的"意味着,"人"是与"物"有着根本区别的特殊存在。人们可以把"物"作为实现"外在目标"的工具和手段,但由于人区别于物的特殊存在方式,她永远不应被视为如同物一般的工具和手段因而具有至高无上的内在价值和尊严。

把人当成工具和手段而不是把人当成目的,这是人类历史上屡见不鲜

[①] 原载《哲学研究》2011年第7期。

的现象。其中有三种最为突出的表现：第一，把人当成共同体的工具；第二，把人当成物的工具；第二，把人当成历史的工具。

把人当成共同体的工具，即是把人视为抽象共同体达成自己目的的手段，认为后者是人的生存命运的最后主宰者，拥有绝对的、无条件的最高权威。马克思曾用"人的依赖关系"来概括人的这种生存状态，认为这是前现代社会人的存在状态的本质特征："我们越往前追溯历史，个人，从而也是进行生产的个人，就越表现为不独立，从属于一个较大的整体。"①很清楚，在人的这种存在状态中，个人必然成为共同体满足自己利益和需要的工具。

把人视为物的工具，就是在物与人的关系中，把物视为人的主宰，认为它具有最高的绝对价值，有着对人无条件的支配权和主宰权。马克思曾用"以物的依赖性为基础的人的独立性"来描述这种人的生存状态，认为在这种状态中，"活动的社会性质，正如产品的社会形式和个人对生产的参与，在这里表现为对于个人是异己的东西，物的东西；不是表现为个人的相互关系，而是表现为他们从属于这样一些关系，这些关系是不以个人为转移而存在的，并且是由毫不相干的个人互相的利害冲突而产生的"②。很显然，在这种情况下，人的价值必然还原为"物的价值"，人沦为"物化"的存在，成为物的手段和工具。

人成为历史的工具，即是说把人视为实现某历史目的和意义的工具和手段。按照这种观点，人类历史遵循着自然界一样的因果必然性，在历史的这种铁的必然性面前，人所能做的是放弃自我选择，无条件服从这种必然性，受历史必然性的驱策，做它的工具。黑格尔在《历史哲学》中对此作了十分明确的表述：面对"绝对必然性"的世界历史，"自古到今努力的目标，也就是茫茫大地上千秋万岁一切牺牲的祭坛"③，人的"欲望、兴趣和活动"，都不过是"'世界精神'为完成它的目的——使这目的具

---

① 《马克思恩格斯全集》第30卷，人民出版社1995年版，第25页。
② 《马克思恩格斯全集》第30卷，人民出版社1995年版，第107页。
③ [德] 黑格尔：《历史哲学》，王造时译，中华书局2006年版，第18页。

有意识，并且实现这目的——所用的工具和手段"①。

以上三者，虽然在具体表现形式和内涵上并不完全相同，但只要人成为手段和工具，他实质上就是被视为如同物一样的被规定、被支配的存在。在此条件下，是根本谈不上人的尊严和幸福的。

因此，人的尊严和幸福要成为可能，就必须克服人被工具化的命运，把人确立为真正的目的。在此方面，马克思哲学继承德国古典哲学的优秀遗产，作出了历史性的贡献。

康德作为德国古典哲学的肇始者，在哲学史上第一次深刻论证了"人是目的"这一思想。康德在其哲学体系中自觉区分了理论理性与价值理性，并由此区分了"认知主体"与"价值主体"，前者所面对的是受机械因果必然性规律支配的"自然界"，而后者所面对的则是由自由规律所规定的人的实践领域。在前者那里，"任何东西都不能由自由概念来解释，而在这里自然的机械作用必须始终构成向导"②，但后者恰恰要超越自然的机械作用而成为自由和自律的："德性的唯一原则就在于它对于法则的一切质料（亦即欲求的客体）的独立性，同时还在于通过一个准则必定具有的单纯的普遍立法形式来决定意愿……道德法则无非表达了纯粹实践理性的自律，亦即自由的自律，而这种自律本身就是一切准则的形式条件，唯有在这个条件下，一切准则才能与最高实践法则符合一致。"③ 因此，人服膺于道德价值法则，就是服从自己的自由意志，因而也就是确立自身作为价值主体的存在。随着人成为"价值主体"，人作为至高无上的目的也得以确立："每个有理性的东西必须服从这样的规律：不论是谁在任何时候都不应把自己和他人仅仅当作工具，而应该永远看作自身就是目的。"④ 遵守"每个人都应被视为目的"这一"绝对命令"，所组成的将是一个人与人互为目的的"目的王国"，每一个有理性的人都成为这一目的王国的成员。"目的王国"区别于"自然王国"，它不受制于任何机械必然性，因

---

① ［德］黑格尔：《历史哲学》，王造时译，中华书局2006年版，第23页。
② ［德］康德：《实践理性批判》，韩水法译，商务印书馆1999年版，第30页。
③ ［德］康德：《实践理性批判》，韩水法译，商务印书馆1999年版第34—35页。
④ ［德］康德：《道德形而上学原理》，苗力田译，上海世纪出版集团2005年版，第53页。

而它永远不能被"物化"为外在的手段和工具。正因为这一点，人真正确立了作为人的价值和尊严："目的王国中的一切，或者有价值，或者有尊严。一个有价值的东西能被其他东西所代替，这是等价；与此相反，超越于一切价值之上，没有等价物可代替，才是尊严。"①

马克思在其著作中对康德有许多深刻的批判，但把人自由的生活领域与受机械必然性支配的自然领域区分开来，强调人不能像物一样成为工具和手段的特殊本性，从而为有尊严的幸福生活奠定坚实的基础，在此方面，他与康德有着深层的一致。

在马克思看来，人是一种与物有着根本区别的特殊存在者。在《1844年经济学哲学手稿》中，马克思这样论述到："一个种的整体特性、种的类特性就在于生命活动的性质，而自由的有意识的活动恰恰就是人的类特性"②；在《德意志意识形态》中，马克思更进一步这样说道："个人怎样表现自己的生活，他们自己也就怎样。因此，他们是什么样的，这同他们的生产是一致的——既和他们生产什么一致，又和他们怎样生产一致。"③马克思这些论述表明，人之区别于物，最为根本之处就在于它摆脱了"物"的存在方式，而真正成为"以自身为根源"、具有"自为本性"的自我创造性存在，它意味着人的生命存在与物相比，已经发生了"质"的变化，人超越了物种规定的限制，不再受生命本能的完全支配，具有了自我主宰和自我创造的"自由"和"自觉"的特性。

"自由"和"自觉"的生命活动特性意味着人的生命的"主体性"、"目的性"和"价值性"。它表明，人不是如同物一样被外在力量所支配、由自然本能所规定的"客体"，而成为了自己存在和活动的主人和主宰。而且，由于人的活动摆脱了本能生命的支配，成为自我主宰的活动，这同时也就意味着人被赋予了超越物的更高价值追求，这一价值追求最根本的就是成为具有"自由个性"的人，"建立在个人全面发展和他们共同的、

---

① [德]康德：《道德形而上学原理》，苗力田译，上海世纪出版集团2005年版，第55页。
② 《马克思恩格斯全集》第3卷，人民出版社2002年版，第273页。
③ 《马克思恩格斯全集》第3卷，人民出版社1960年版，第24页。

社会的生产能力成为从属于他们的社会财富这一基础上的自由个性"①,成为人的最高追求。通过自身的创造性活动,完善自己的生命,实现自己的价值,在此意义上,人又成为禀赋目的性和价值性的生命存在。

随着人的"主体性"、"目的性"和"价值性"的凸显和确立,人真正避免了被"工具化"的命运而成为自己命运的主宰。

首先,人不再成为"共同体"的工具,相反,人成为了"共同体"的目的。对此,马克思明确地说道:"首先应当避免重新把'社会'当作抽象的东西同个体对立起来。个体是社会存在物。因此,他的生命表现,即使不采取共同的、同他人一起完成的生命表现这种直接形式,也是社会生活的表现和确证"②,压制个人自由和独立的"共同体",只能是抽象的"虚幻的共同体"。推动每个人的全面发展,是真实的"共同体"最为重要和根本的目的,正是在此意义上,马克思才说"每个人的自由发展是一切人的自由发展的条件",真正的"共同体"将是"把每一个人都有完全的自由发展作为根本原则"的"自由人的联合体"。

同时,人也不再是物的工具和手段,而成为物的目的。马克思哲学的重大主题之一就在于对资本主义生产方式中物质的普遍样态——商品拜物教的批判,破除使人沦为物的工具的社会关系,并由此建立一个人控制物、物为人服务的新型社会。马克思说道:"联合起来的生产者,将合理地调节他们和自然之间的物质变换,把它置于他们的共同控制之下,而不让它作为盲目的力量来统治自己;靠消耗最小的力量,在最无愧于和最适合于他们的人类本性的条件下进行这种物质变换。"③ 在人与物的关系中,人是"主词",物是"宾词",这是人的"主体性"、"目的性"和"价值性"的题中应有之义。

同样,人不再是"历史"的工具和手段,而成为历史的创造者和目的。历史是人的实践活动所推动和创造的,"整个所谓世界历史不外是人

---

① 《马克思恩格斯全集》第30卷,人民出版社1995年版,第108页。
② 《马克思恩格斯全集》第3卷,人民出版社2002年版,第302页。
③ 《马克思恩格斯全集》第25卷,人民出版社1974年版,第926—927页。

通过人的劳动而诞生的过程"①。承认这一点，也就必然承认人作为历史发展的主体和目的的特殊地位，对此，马克思说道："历史什么事情也没有做，它'并不拥有任何无穷尽的丰富性'，它并'没有在任何战斗中作战'！创造这一切、拥有这一切并为这一切而斗争的，不是'历史'，而正是人，现实的、活生生的人。'历史'并不是把人当做达到自己目的的工具来利用的某种特殊的人格。历史不过是追求着自己目的的人的活动而已。"②

人成为自由、自觉的"价值主体"并因此而成为了内在的目的，摆脱了如同物一般沦为工具和手段的命运。以此为条件，人有尊严的幸福生活才真正成为可能。

二、"自由"与"正义"：有尊严的幸福生活的重大前提

人的生活包含既相互关联但同时又可相对区分的两个领域③：一是个人的"私人生活领域"，另一是人与人在交往过程中形成的公共、重叠的社会生活领域。有尊严的幸福生活要成为可能，一个必不可少的重大前提是"私人生活领域"的"个人自由"与"公共生活领域"的"社会正义"，离开这二者，人们就失去尊严和幸福的可能。

"私人生活领域"的"个人自由"，亦即当代哲学家伯林所说的"消极自由"。它所关注的是："主体被允许或必须被允许不受别人干涉地做他有能力做的事、成为他愿意成为的人的那个领域是什么"④？它强调的是：每一个生命个体都拥有不受强制的以自己的方式选择自己的生活目标的自由。在这里，"选择"意味着，在生命个体前面，存在多种"生活的可能

---

① 《马克思恩格斯全集》第3卷，人民出版社2002年版，第310页。
② 《马克思恩格斯全集》第2卷，人民出版社1957年版，第118—119页。
③ 对此两个领域及其关系的详细讨论，参见贺来：《边界意识和人的解放》，上海人民出版社2007年版，第四、五章。
④ ［英］以赛亚·伯林：《自由论》，胡传胜译，译林出版社2003年版，第168页。

性",有多扇"大门"向他敞开,它可以在多种选择中去追求和创造自己的"可能生活"而不是在外在压制下进行非此即彼的"决定"。它相信,人之有别于动物,首要之处"不在于拥有理性,也不在于发明了工具与方法,而在于能选择,人在选择而不是被选择时才最成为自己;人是骑士而非马匹;人是目的的寻求者(而不仅仅是手段),并以他自己的方式追求目的;可想而知,追求的方式越多,人的生活就变得越丰满;个体间相互影响的领域越广,新的和预料之外的机会就越多;他沿着新鲜而未被探索的方向改变其自身性格的可能性越多,展示在每一个个体面前的道路也就越多,他的行动与思想的自由就越宽广"①。自由地创造"自我"的个性和人格,选择和追求自己的生活目标,这就是个体生命自由的核心内涵。

上述意义的"个人自由"对于人有尊严的幸福生活具有十分重要的意义。首先,只有在"个人自由"得到保证的条件下,个人才能彻底避免外在的专横力量对其生活的侵害,从而真正捍卫其独立性和自主性。如果面对突破边界的入侵力量,一个人只能说"是"而失去了说"不"的可能,那么,个体生命的私人空间将随时面临被外在权威侵入并被它完全溶解的危险。不仅如此,只有确立了"个人自由",每个人也才能为自己的行为真正承担起责任,"自由"和"责任"乃是一枚铜币的两面,二者是相辅相成的,内在统一的。倘若失去了自由意志,完全按照自然领域的因果必然性规律来规范人的生活,那么,人也就失去了承担责任的可能与必要。因为此时,人实际上被视为"机器",而作为"机器",是没有任何理由要求它承担"责任"的。对此,康德的论述是十分深刻的,他说道:"没有这种乃系唯一先天实践的先验自由,任何道德法则,任何依照道德法则的责任都是不可能的……我们可以把这种过程在其中出现的主体称为物质的自动机,因为在这里机器是由物质推动的"②,"只要自由应当在一个属于感觉世界的存在者身上与自然的机械作用结合在一起,它就仍然面临一种困难:这种困难,纵使到此为止所述的一切都已为人认可,它仍然使自由处于彻底毁灭的威胁之下……人就会是由至上匠师制做和上紧发条的一

---

① [英] 以赛亚·伯林:《自由论》,胡传胜译,译林出版社2003年版,第252页。
② [德] 康德:《实践理性批判》,韩水法译,商务印书馆1999年版,第105—106页。

个木偶或一架沃康松式的自动机。"① 正如木偶或自动机是不可能"负责"的一样，失去了"自由"和"人格"的人也就完全失去了担当责任的可能性与必要性。

可见，只有确立起"个人自由"，个人的生活才能免于依赖和奴役，并为自己的生活切实地负起责任来。因此，它构成了人的有尊严的幸福生活的重要前提。

"个人自由"对于有尊严的幸福生活是重要的，但它并非是唯一的价值，极端自由主义的根本缺陷正在于此，它把个人自由绝对化和实体化，把它视为至终究极的唯一价值，而遗忘了有尊严的幸福生活的另一条件，那就是"社会公正"。在现实中，每个人不仅有其"私人生活"，而且总是生活在一定的社会条件下，人的生存状况、生活前景和发展机遇甚至整个生存命运深受他所处的社会基本结构和制度的影响，而且这种影响往往超出个人的控制范围因而是他所无法选择的。在此意义上，一个社会的社会基本结构和制度是否正义和公正，对于人的尊严和幸福具有极为重大的意义。

社会正义对于人的尊严和幸福的重要性可以从与"正义状态"相对的"自然状态"的比较中得到最为清楚的凸显。所谓"自然状态"，就是每个人都从自身利己欲望出发，努力把自己的利益最大化并因此导致人与人之间相互争斗的野蛮状态。霍布斯把它称为"每一个人对每一个人的战争状态"，每个人为了"求利益"、"求安全"、"求荣誉"，都把其他人视为"敌人"，"在这种状况下，产业是无法存在的，因为其成果不稳定……最糟糕的是人们不断处于暴力死亡的恐惧和危险中，人的生活孤独、贫困、卑污、残忍而短寿"②。康德把"自然状态"称为由"盲目的偶然性"控制的状态，人与人、国家与国家之间相互对抗，人的生活被充满分裂和冲突的"非社会性"原则所统治，由此所导致的结果将把人类拖向毁灭的"坟场"③。毫无疑问，在此状态下，人的尊严必然让位于人与人"奴役"

---

① ［德］康德：《实践理性批判》，韩水法译，商务印书馆1999年版，第109—110页。
② ［英］霍布斯：《利维坦》，梁思复等译，商务印书馆1985年版，第94—95页。
③ ［德］康德：《历史理性批判文集》，何兆武译，商务印书馆1990年版，第97页。

与"被奴役"的两极对立关系,"幸福"必然让位于令人绝望的恐惧和战栗。

只有避免上述"自然状态",人的尊严和幸福才成为可能。而要从"自然状态"摆脱出来,建立起"文明社会",最为根本的条件就是在社会结构和社会制度层面确立起"社会正义"的价值。通过"正义"的社会结构和社会制度的确立,调整人与人之间的冲突,协调其利益关系,实现从"自然状态"向"文明的法治状态"的根本转变,并因此使个人的尊严和幸福在社会制度的层面得到最为有力的保证。

在哲学史上,康德是对此最早进行深入探讨的思想家之一。在其晚年著作《道德形而上学》中,康德把道德理论分为"正义的哲学原理"和"善的哲学原理"两个部分。已有学者指出,康德把"正义的哲学原理"纳入其道德理论,表明了康德思想的一个重大变化,那就是从仅仅关注个体性道德立法的"善的哲学原理"转向了对"正义"与"德性"的二分①,它表明了康德这样的关注:"要是没有以有效法律表现的正义,就根本不会有道德,而人类生活就会失去价值"。② 在康德看来,"正义原理"所要处理的是不同个体之间如何彼此共存、自由的存在者如何克服外在冲突的问题,它要回答如何"外在地要这样去行动:你的意志的自由行使,根据一条普遍法则,能够和所有其他人的自由并存"③。只有按照这一普遍法则确立起正义的社会制度,协调人们的关系,人类才能避免在人和人的相互分裂和冲突中陷入毁灭,才能超越"自然状态",建立一个有秩序的文明社会:"正义的至上要求是:具有理性的感性存在者不应该生活在自然状态,而应该生活在法治状态"④。正义的普遍原则构成了对于社会生活的所有成员都具有约束力的、有效的"绝对命令",离开它,人的生活将失去基本秩序并变得毫无意义。

---

① 参见[美]博格:《康德、罗尔斯与全球正义》,刘莘等译,上海译文出版社2010年版,第36—37页。
② 参见[美]博格:《康德、罗尔斯与全球正义》,刘莘等译,上海译文出版社2010年版,第39页。
③ [德]康德:《法的形而上学原理》,沈叔平等译,商务印书馆1991年版,第41页。
④ [美]博格:《康德、罗尔斯与全球正义》,刘莘等译,上海译文出版社2010年版,第42页。

在当代哲学中，罗尔斯是继承并发扬了康德上述思路的代表人物，他开启了当代哲学以"正义"问题为中心的政治哲学景观。罗尔斯承认：他之所以把"正义"作为自己毕生关注的主题，是因为他相信，正义构成人的尊严和幸福的最为基本的条件。在《正义论》一开头，罗尔斯说道："正义是社会制度的首要价值，正象真理是思想体系的首要价值一样。一种理论，无论它多么精致和简洁，只要它不真实，就必须加以拒绝或修正；同样，某些法律和制度，不管它们如何有效率和有条理，只要它们不正义，就必须加以改造或废除。"① 正是怀着这种信念，罗尔斯形成了他关于社会正义原则的系统论证，并因此使得"社会正义"成为当代整个政治哲学的关键主题，人们普遍承认：《正义论》是一部具有"轴心转折"意义的巨著，它不仅恢复了道德哲学的尊严，而且也开创并证明了一种崭新的规范伦理学类型——现代民主社会的自由正义之制度伦理学。很显然，关于"社会正义"的探讨之所以获得这种特殊的地位，根本原因就在于人们越来越自觉地认识到：只有社会制度层面的正义，才能保证社会生活的良善秩序，实现社会生活的真正稳定与长治久安。这是生活在社会中的每一个生命个体获得尊严和幸福的最为基本的保障。

上述"自由"与"正义"这两个基本价值，分别从个人与社会两个层面构成人的尊严和幸福的基本前提。只有当它们被牢固地确立起来并在现实社会生活中得以落实和贯彻时，有尊严的幸福生活才能真正成为可能。

三、全面丰富的生命存在方式：有尊严的幸福生活的根本保证

有尊严的幸福生活要成为可能，最后还需要一种健全的生命存在方式作为保证。这种生命存在方式的本质特征，可以用"全面"和"丰富"来概括。"全面"和"丰富"与"片面"和"贫瘠"相对，"片面"和

---

① ［美］罗尔斯：《正义论》，何怀宏等译，中国人民大学出版社1988年版，第1页。

"贫瘠"的生活是一种抽象化的、使人失去人性的生活，因而必然是一种无尊严的不幸的生活，只有克服和超越这种生存方式，人的尊严和幸福才成为可能。

所谓人的生命的"全面性"与"丰富性"，按照马克思哲学的理解，包含两方面基本涵义：第一，它意指人的生命不能还原为单一、片面的"原则"或"先验本质"，它是一个由多重、多向、多面和异质性的环节和内涵所构成的全面和丰富的立体性存在，用马克思的话说，就是"具有丰富的、全面而深刻的感觉的人"①，就是"富有的人和富有的人的需要"，而所谓"富有的人"，就是"有总体的人的生命表现的人"②；第二，它意指人是一种面向整个世界的世界性的存在，人存在于与他人的内在一体性关系中，并同时存在于与自然的内在一体性关系中，就前者而言，"个人是社会存在物。因此，他的生命表现，即使不采取共同的、同他人一起完成的生命表现这种直接形式，也是社会生活的表现和确证"，就后者而言，自然构成了人生命表现的对象："人只有凭借现实的、感性的对象才能表现自己的生命"③，离开实践活动中与他人、与自然所形成的这种能动的一体性关系，人的生命将成为孤立的、封闭和僵化的存在。

在马克思看来，只有当人拥有上述"全面性"和"丰富性"时，他才是有尊严的幸福的人。因为这种"全面性"与"丰富性"，是人区别于动物的根本特征，是人具有完整人性的标志。动物的生命活动是狭隘、片面和单一的，"动物只生产它自己或它的幼仔所直接需要的东西"④，"只是在直接的肉体需要的支配下生产"⑤，而人"甚至不受肉体需要的支配也进行生产，并且只有不受这种需要的支配时才进行生产"；动物"只生产自身"，"只是按照它所属的那个种的尺度和需要来建造"⑥；而人"再生产整个自然界"，能够"自由地面对自己的产品"，"懂得按照任何一个种

---

① 《马克思恩格斯全集》第3卷，人民出版社2002年版，第306页。
② 《马克思恩格斯全集》第3卷，人民出版社2002年版，第308页。
③ 《马克思恩格斯全集》第3卷，人民出版社2002年版，第324页。
④ 《马克思恩格斯全集》第3卷，人民出版社2002年版，第273页。
⑤ 《马克思恩格斯全集》第3卷，人民出版社2002年版，第273页。
⑥ 《马克思恩格斯全集》第3卷，人民出版社2002年版，第274页。

的尺度来进行生产，并且懂得处处都把内在的尺度运用于对象；因此，人也按照美的规律来构造"①。它表明，人的生命是一个由多重矛盾关系相互渗透、相互交错的复杂系统，自然性与超自然性、肉体与灵魂、感性与理性、历史性与超越性、有限性与无限性……这些相互对立的两极性矛盾在人身上同在共存，共同构成人生命的有机环节，人的生命不存在于任何一极，而存在于这些矛盾环节的否定性统一之中。同时，人的存在是一个由多重矛盾关系构成的开放网络，其中交织着人与自然、人与人之间既有确定区别同时又否定性统一的复杂关系，人、自然与他人，三者三位一体，密不可分，形成了人既以自身为中心，同时又向自然、向他人开放的新型关系。人的这种"全面性"和"丰富性"，表明"人以一种全面的方式，就是说，作为一个总体的人，占有自己的全面的本质"②，意味着人超越了动物的片面性和狭隘性，获得了做人的尊严和人之为人的幸福。

按照这种理解，人的尊严的丧失和不幸，就体现在把人全面和丰富的生命抽象和还原为单一、片面的向度，把活生生的人的生命蒸馏成单向、单极的抽象化幽灵。人的生命因此失去了"现实性"和"具体性"而成为僵化、干瘪和贫乏的存在。

在历史和现实中，人的被抽象化和被片面化主要表现为两种最为典型的形式：一是人的被"神化"；二是人的被"物化"。

人的被"神化"就是把人的生命存在中的超越性和应然性向度绝对化，把人归结为脱离现实生活的、不食人间烟火的绝对超越的理想性存在。如前所述，人的生命是由自然性和超越性、现实性与应然性等多重矛盾关系构成的全面、丰富的张力结构，分裂和瓦解这种多重矛盾关系的张力结构，把超越性和应然性这一极孤立地抽象出来，把它视为人的生命的全部，人因此成为单向化的"神化"幽灵。以柏拉图、黑格尔为代表的传统形而上学对人的理解所表现的正是这种鲜明的把人"神化"的取向。海德格尔指出，传统形而上学一直把"超感性"的理念世界视为人所应当生活其中的真实世界，并因此否定现实的感性世界："自晚期希腊和基督教

---

① 《马克思恩格斯全集》第 3 卷，人民出版社 2002 年版，第 274 页。
② 《马克思恩格斯全集》第 3 卷，人民出版社 2002 年版，第 303 页。

对柏拉图哲学的解释以来，这一超感性领域就被当作真实的和真正现实的世界了。与之相区别，感性世界只不过是尘世的、易变的，因而是完全表面的、非现实的世界。尘世的世界是红尘苦海，不同于彼岸世界的永恒极乐的天国。"① 马克思曾批判黑格尔把人的生命表现过程"看成神性的过程，然而是人的神性的过程，——人的与自身有区别的、抽象的、纯粹的、绝对的本质本身所经历的过程"②，认为他"惟一知道并承认的劳动是抽象的精神的劳动"③。两人虽然批判的对象和立足点不同，但都共同地指向传统形而上学把人"神化"的倾向。很清楚，人被"神化"的后果就是人的生命存在中感性的、现实性的一极被彻底否定，全面、丰富的人的生命存在被瓦解与分裂为脱离现实生活的抽象幽灵。

人的"物化"与人的"神化"相反，它完全抽离了人的生命存在中超越性、理想性的一极，把人归结为纯粹自然性的、物质化的存在。马克思曾从资本主义社会现实出发，对此进行了十分深入的揭示。在《德意志意识形态》中，马克思说道："在现代，物的关系对个人的统治、偶然性对个性的压抑，已具有最尖锐最普遍的形式。"④ 在《共产党宣言》中，马克思再次表达同样的思想："在资产阶级社会里，资本具有独立性和个性，而活动着的个人却没有独立性和个性。"⑤ 在《1857—1858年经济学手稿》中，更进一步指出："个人现在受抽象统治，而他们以前是互相依赖的。但是，抽象或观念，无非是那些统治个人的物质关系的理论表现。"⑥ 物对人的统治，使人的生命退化为片面而贫乏的存在：人"变得如此愚蠢而片面，以致一个对象，只有当它为我们拥有的时候，就是说，当它对我们来说作为资本而存在，或者它被我们直接占有，被我们吃、喝、穿、住等等的时候，简言之，在它被我们使用的时候，才是我们的"⑦。物的统治如同

---

① [德]海德格尔：《海德格尔选集》下卷，孙周兴选编，生活·读书·新知三联书店1996年版，第770—771页。
② 《马克思恩格斯全集》第3卷，人民出版社2002年版，第332页。
③ 《马克思恩格斯全集》第3卷，人民出版社2002年版，第320页。
④ 《马克思恩格斯全集》第3卷，人民出版社1960年版，第515页。
⑤ 《马克思恩格斯选集》第1卷，人民出版社1995年版，第287页。
⑥ 《马克思恩格斯全集》第30卷，人民出版社1995年版，第114页。
⑦ 《马克思恩格斯全集》第3卷，人民出版社2002年版，第303页。

吞噬一切的黑洞，它使人与人、人与自然的关系成为异己的、敌对的、以"物化"为本质的关系，把人自由自觉的活动贬低为维持肉体生存的手段，把人无限丰富的肉体和精神需要化约为对物的动物般的占有机能。很显然，人的这种存在状况，必然意味着他"不是肯定自己，而是否定自己，不是感到幸福，而是感到不幸，不是自由地发挥自己的体力和智力，而是使自己的肉体受折磨、精神遭摧残"①，而这也必然意味着人的尊严的丧失。

人的"神化"和人的"物化"表面上相互对立，但实质上内在相通，二者都是以不同的方式实现对人全面、丰富的生命存在的分裂和瓦解。人的"神化"把人虚化为远离人间的幽灵，人的"物化"把人降低为欲望的"禽兽"。在中国和人类的历史上，这二者都曾以种种变化的形式影响和支配着人的自我理解，而其结果无一例外的是人的尊严被亵渎，人的幸福被贬损。这些深刻的教训提醒我们：只有把人当成全面、丰富的从而"活生生"的存在，有尊严和幸福的生活才能真正成为可能。

---

① 《马克思恩格斯全集》第3卷，人民出版社2002年版，第270页。

中国哲学、西方哲学、
马克思主义哲学：价值信念层面的对话[①]

一、"知识"、"方法"与"价值信念"三层面的对话

不同哲学形态之间的对话，大体上在三个层次上进行，这三个层面分别为"知识"层面、"方法"层面和"价值信念"层面。

回顾历史，我们看到，自从20世纪初马克思主义哲学与西方哲学传入中国以来，中西马哲学之间并不缺少"对话"与"沟通"。20世纪不同时期的哲学家在不同程度上都进行过融合中西马哲学、探求现当代中国哲学发展的新道路、开辟现当代中国哲学发展方向的种种努力。不过，这种努力主要是在两个层面上进行的：其一，是"哲学知识"的层面。自从西方哲学与马克思主义哲学传入中国以后，这一层次上的对话和沟通从来就没有停止过。在马克思主义哲学研究中，中国传统哲学与西方哲学的概念范畴、各流派和人物的思想观点、哲学史的演化逻辑等等，都已成为马克思主义哲学在阐发自身内容时不可缺少的重要背景和参照；在西方哲学研究中，马克思主义哲学的一些基本观点、理论原理也曾经占据重要地位并产生过很大影响；在中国传统哲学研究中，马克思主义哲学与西方哲学所

[①] 原载《中国社会科学》2008年第5期。

提供的概念框架与基本原理在阐释和理解中国哲学时扮演过重要的角色。因此，在"哲学知识"的层面上，中西马哲学的对话与沟通是一个长期存在的事实。其二，是"哲学方法"的层面。中西马哲学相互吸收和借鉴彼此的哲学方法，来对各自的理论传统进行阐释，已经成为一种普遍的学术现象。运用西方哲学的语言分析方法、现象学方法，或者借助生命哲学、存在主义哲学的视角等来阐释中国哲学；用中国哲学的"天道观"来比附现当代西方哲学的某些流派和哲学家；运用马克思哲学的辩证法、唯物史观等来阐释中西哲学，等等，这些都是许多哲学研究者以各种方式所做过的尝试。因此，从"哲学知识"和"哲学方法"的层面来看，在现当代中国哲学中，中西马哲学之间的对话事实上一直没有间断过。

既然如此，那么，为什么我们今天还一再呼吁中西马哲学的对话与融合，并仍然把这种对话与融合当作重大课题来关注和讨论呢？这种吁求所包含的深层意义和目的究竟是什么？

实际上，这种吁求所呼唤的是对话的更高层次、更深入的方式和更开放宽容的心态。而在这一方面，哲学对话的第三个层次，即价值信念层面的对话具有至关重要的意义。

在我们看来，中西马三种哲学形态虽然表现各异，但同作为"哲学"，它们都是以一种理性的形式表达着对于人的生命本性的自我理解和自觉意识，都内在地蕴含和表达着对于人的生命价值的反思以及通过这种反思所形成的信念。冯友兰先生曾言："哲学，就是对于人生的有系统的反思的思想。"[1] 梁漱溟先生认为：不同的哲学在根底上是对人的生命"意欲"或生命精神的不同表达样式和路向。[2] 哲学之区别于实证科学，在于它"超验"的"形而上"性质，当它研究宇宙并表现为"宇宙观"时，哲学不是要提供关于宇宙的物理学知识，而是在其中贯彻着人自身对其"在宇宙中地位"的领会；当它研究人的认识并表现为"认识论"时，哲学不是要提供关于人的心灵的心理学知识，而是表达着对于人的自我反思和自我意识；当它把"存在论"或"本体论"作为自己的研究领域时，在它对

---

[1] 冯友兰：《中国哲学简史》，北京大学出版社1985年版，第4页。
[2] 参见梁漱溟：《东西文化及其哲学》，商务印书馆1999年版，第62页。

"存在"的悬设中,所投射的是关于人的理想生命形象的憧憬;当它研究"社会"和"历史"发展时,哲学不是要提供关于社会和历史的社会学或历史学知识,而是在其中贯注着对人在社会与历史中意义和价值的理解。可以说,虽然不同哲学在思想路径、理论重心、表现形态等方面各异其趣,但是其中都凝聚着人们对于生命价值、人生境界和人生态度的悟觉。在此意义上,中西马三种哲学形态,虽然内容与形式有着重大区别,但它们都是不同民族和文化立足于其生活世界和生命经验,对生活意义、生命价值与理想生活的自我理解,正是这一点构成了中西马哲学在其异质性与差别性之中的共同性与相通性,也正是有了这种共同性和相通性,才使得三者的对话具有必要性与可能性,否则三者就只能是封闭在自己的话语系统中的独白和自言自语。

哲学对于价值信念的表达与宗教神学等有着重大不同,它是以一种理性的、反思意识的方式来展开和呈现这种价值信念及其内容的,这种价值信念及其内容凝聚在中西马哲学家所创作和留下的哲学著作和思想文本中。哲学的这一特点决定了它所表达的价值信念不是非理性的、只可通过个人的精神信仰来体证的神秘之物,而具有公共性和开放性。毫无疑问,价值信念不是知识,不是现成的工具性物品,因此,它总是带有"终极关怀"的性质,但这种"终极关怀"是哲学家们发挥意识能动性,以理性反思的方式所获致的,而且这种思考所获得的成果被哲学家用语言文字的方式"对象化"到了经典文本中,成为向他人敞开的、可供他人阅读、阐释和理解的精神世界。这就意味着,哲学所表达的价值信念不是纯粹私人的隐秘体验和"价值直觉"的对象,后者由于不具有公共性与开放性,所以这是封闭和排它的,"独白性"与不可对话性构成了其根本特质。与之不同,哲学所表达的价值信念凝聚在中、西、马哲学家们用语言所表述的文本中,正如伽达默尔所言:"能够被理解的存在就是语言",能够被理解的东西,就是达乎语言的东西,"语言是那种根本上沟通一切世界交道方式的东西"①。因此,哲学所表达的价值信念是开放的,是能够被理解的。这

---

① [德]伽达默尔、德里达等:《德法之争》,孙周兴、孙善春编译,同济大学出版社2004年版,第13页。

一特点为中国哲学、西方哲学与马克思主义哲学进行价值信念层面的对话提供了充分的可能性。

二、价值信念层面对话的匮乏：
中西马哲学对话的重大缺失

价值信念层面的对话是哲学对话的深层维度，同时也是最为困难和艰难的维度。这一点是由哲学的特殊性质所决定的。如同以其他方式所表达的价值信念一样，哲学所表达的价值信念具有如下几个基本特质。首先，它具有"终极性"。无论是中国哲学、西方哲学还是马克思主义哲学，所表达的都是对人的"生活样式"的自我理解，集中凝聚了一个民族和社会的希望和梦想，构成了人们思考、生存与行动的终极依据，就此而言，价值信念总是具有"终极关怀"和"终极眷注"的性质。其次，它具有"特殊性"。马克思曾言，"人民的最美好、最珍贵、最隐蔽的精髓都汇集在哲学思想里"①，但不同民族和社会对这种最精致、最珍贵和看不见的精髓的领会总是与其特殊的生存环境、生存历史与生存命运内在关联在一起的；海德格尔曾言，在对形而上学的基本问题即"存在"意义的追问中包含着西方的精神命运，哲学与"民族历史的本真历程生发最内在的共振谐响"②。因此，不同的哲学形态所表达的价值信念不可避免地具有区别于其他民族和社会的"特殊性"。第三，它具有"完备性"或者"全整性"（comprehensive）。这一概念借用于罗尔斯，意指任何一种价值信念都具有把自身普遍化的本性："完备性的学说或教义，无论是宗教的还是世俗的，意在涵盖生活的全部"③。虽然"它并不能够真正地涵盖一切，但是其目

---

① 《马克思恩格斯全集》第1卷，人民出版社1995年版，第219—220页。
② [德] 海德格尔：《形而上学导论》，熊伟、王庆节译，商务印书馆1996年版，第10页。
③ [美] 罗尔斯：《政治自由主义：批评与辩护》，万俊人等译，广东人民出版社2003年版，第252页。

的就是要涵盖一切"①。"终极性"、"特殊性"与"全整性",哲学所表达的价值信念所具有的这些特点注定了价值信念天然具有逃避对话甚至拒斥对话的倾向。

正因为如此,与"知识"、"方法"等层面的对话相比,"价值信念"层面的对话要显得艰巨与匮乏得多。"知识"与"方法"由于其"工具性"意义而相对容易获得认同并被接受。但在"价值信念"层面上,人们则往往倾向于相互戒备、怀疑与拒斥,经常有意无意地选择回避,甚至人为地制造出价值等级上的对立和冲突,从而使中西马哲学之间的深层对话变得困难重重。

回顾历史,这种价值信念层面的冲突在不同时期有着不同表现。我们可以相对地把它区分为三种形式。

第一种形式,把中国哲学所表达的价值信念置于价值等级的最高位置,并由此出发,来评判于它之外的其他哲学形态。在它看来,在中西哲学关系上,必须以中国哲学为本,后者代表着最高的价值理念。像梁漱溟、熊十力、唐君毅、牟宗三等哲学家,虽然也承认西方哲学有其优点,但在基本的价值评判上,他们始终认为中国哲学在根底上要高于西方哲学,尤其对于人类文化的未来担负着拯救世道人心、开辟新路的职责。例如梁漱溟先生就明确说:"近世西方人的心理方面,理智的活动太强太盛,实为显著之特点……然而他们精神上也因此受了伤,生活上吃了苦,这是十九世纪以来暴露不可掩的事实。"② 与此不同,中国儒家哲学则因其对生命精神的独特体认,可以克服西方文化之弊,因而"世界未来文化就是中国文化的复兴"③。再如唐君毅先生以道德理性为根据,把中国哲学和文化的根本精神概括为"人文精神",而把西方哲学和西方文化的精神概括为"非人文和超人文的精神",前者可以涵盖后者,后者则由于"人文精神"的匮乏因而是无根的,因此结论便是:"世界人类人文思想的主流,在中

---

① [美]罗尔斯:《政治自由主义:批评与辩护》,万俊人等译,广东人民出版社2003年版,第252页。
② 梁漱溟:《东西文化及其哲学》,商务印书馆1999年版,第70页。
③ 梁漱溟:《东西文化及其哲学》,商务印书馆1999年版,第202页。

国,不在西方"①,"中国文化之精神于立本以持末,求绝乱于机先,以拨乱反正,长治久安之道,实高于世界任何民族之文化"②。很显然,这种立场只在"用"和"器"的层面上承认西方哲学与文化的地位,一旦涉及价值评判,就非得为中国哲学争得一个优越的地位,同时把西方哲学和文化贬低为价值上的"他者"。

第二种形式,则是把西方哲学所表达的价值信念置于价值等级的最高处,以此为出发点来评价其他哲学形态。这种倾向,用余英时先生的话来概括,便是:"视西人若摆帝天,视西籍如神圣"③。按照这种思路,西方哲学代表着"哲学"的正统形态,它的基本问题、概念框架与思维方式规定了"哲学"的方向和正途,在阐释和研究中国哲学和马克思主义哲学时,必须无条件地依照这种问题结构、基本框架和思维方式来展开。其后果,就如同余英时先生所感慨的那样:"今日之谈中国文、史、哲学诸学者,大抵即谈西方某一流派之学者也。"④ 正是出于对这种立场的不满和反拨,中国哲学界才有了"中国是否有哲学"的讨论和对"中国哲学合法性"的辩护和捍卫,马克思主义哲学界才有了"探索当代中国哲学的思想道路"和创造"有中国气派的马克思主义哲学"的声音。

第三种形式,是用一种简单、教条的态度来理解马克思主义哲学所表达的价值信念,并以此来任意褒贬和剪裁中国哲学与西方哲学。在历史上很长一段时间里,人们用"唯物论"与"唯心论"、"辩证法"与"形而上学"相对立的简单框架来勾画中西哲学的演化图景,用"进步"与"反动"、"革命"与"反革命"、"腐朽没落阶级的哲学"与"先进阶级的哲学"等抽象的两极对立模式来给中西哲学家和哲学流派"盖棺定论",用唯物论、辩证法、认识论、历史观等几大板块来理解诠释全部哲学,并把中西哲学的极为丰富的思想内容都人为地塞进其中,如此等等。所有这些做法,都武断地把马克思主义哲学与人类文化发展的优秀成果割

---

① 唐君毅:《中国文化精神之发展》,台湾学生书局1984年版,第45页。
② 唐君毅:《中国文化精神之发展》,台湾学生书局1984年版,第667页。
③ 余英时:《现代危机与思想人物》,生活·读书·新知三联书店2012年版,第39页。
④ 余英时:《现代危机与思想人物》,生活·读书·新知三联书店2012年版,第39页。

裂开来，把马克思哲学的基本原理抽象化与绝对化，认为它们拥有对于中国哲学和西方哲学终极的裁判权。

从以上讨论不难看到，中西马哲学之间形成一种彼此开放、相互承认的良性关系，对于三者内在的对话和融合具有十分重要的前提性意义。只有自觉地意识到这一点，才能为我们克服历史上在此问题上的种种误区，实现中西马哲学更深层次的对话和融合开创一个新的视野。

三、价值信念层面的对话：推动当代中国哲学发展必须面对的"现代性课题"

上述中西马哲学在价值信念层面的对话所遭遇的困难不是偶然的，它是在中国特有的现代性语境中产生的一种典型的"现代性现象"。众所周知，正是在中国从传统社会向现代社会转型的过程中，才有了西方哲学与马克思主义哲学的传入，才有了中国哲学、西方哲学与马克思主义哲学在中国人精神生活空间的同时"在场"，因而也才提出中西马哲学的对话这一任务。在传统社会，中国哲学所表达的价值信念毫无疑问占据着绝对统治地位，但是，随着从中国逐渐从传统社会进入现代社会，中国哲学的这种"独尊"地位失去了社会制度与生活基础的支撑，与此同时，西方哲学与马克思主义哲学进入了中国人的精神生活世界。于是，三种哲学形态所表达的价值信念之间的争执和冲突就成为一个现实的课题。按照马克斯·韦伯的概括，现代社会之区别于传统社会，在于它是一个"祛魅"的世界，世界的"祛魅"意味着前现代社会那种"唯一必然之神"的消失，并由此使得"价值的多神化"与"诸神的争斗"变得不可避免。在韦伯看来，"价值的多神化"必然导致"价值的争斗"，人们坚执自己选定的价值信念，必然就会排斥其他人的价值信念，你"侍奉这个神，如果你决定赞成这一立场，你必得罪所有其他的神"，这里有"不同的神在无休止地相互争斗……那些古老的神，魔力已逝，于是以非人格力量的形式，又从坟墓中站了起来，既对我们的生活施威，同时他们之间也再度陷入无休止的争斗之中"①。这表明，现代社会必然是一个多种多样的哲学、道德和宗教学说和思想体系等同时并存的社会，这些思想体系和理论学说都在谋求自己的接受者和拥护者，并寻求对人们的精神世界和社会生活产生影响，对于现代社会的这一特点，罗尔斯称之为"理性多元论事实"②。在此意义上，历史上中国哲学、西方哲学与马克思主义哲学三者在价值信念层面所出现的分歧和冲突乃是世界"祛魅"的必然后果，并且是与中国现代性探索与建构过程相伴相随的。

价值信念的争执与对立，是最深层的、最尖锐的冲突，其中所贯注的是不同民族和文化最深刻的情感、想象与憧憬，因而它们的相遇，总是不可避免地产生一种带有根本性的激动与紧张。中西马哲学相遇之前，三者各自呈相对独立的发展态势，各自表达着生活在不同时空条件下的人们的生活理想和人生信念，凝聚着不同民族和文化的智慧、体验和情感，规定着人们对世界的感受方式、体验方式和情感态度。但是，随着中国进入现代社会，本来属于不同生活世界及其生命经验的异质性价值信念在同一个时空中会聚，由此所产生的争执和冲突难以避免。如何处理这三种哲学形态及其所代表的价值信念之间的关系，凸显为一个前所未有的具有挑战性的课题，摆在我们面前。

面对这种价值信念层面的争执和冲突，一种有代表性的方式是"拒斥对话"。这意味着异质性的价值信念各自把自身绝对化与中心化，试图占据"话语霸权"并谋求"唯我独尊"的地位，由此出发，必然会排斥其他价值信念作为平等的对话主体的地位，并把遏制其他价值信念视为理所当然。于是，价值信念之间的无休止的"你死我活"的争斗便变得不可避免。以此为前提，必然不可能有真正意义上的对话与沟通，无论对于哲学、文化还是社会发展，都将带来严重的后果。正是在此意义上，对以"同一性思维"为核心的形而上学的批评和解构，已成为现当代哲学的根本性主题之一，像阿多诺等哲学家已经深刻地指出，"奥斯维辛之后"，任何同一性的价值信念，任何唯一的人性理解，任何绝对性的生活原则，都

---

① ［德］韦伯：《学术与政治》，冯克利译，生活·读书·新知三联书店1998年版，第40—41页。
② ［美］罗尔斯：《政治自由主义》，万俊人等译，译林出版社2000年版，第3页。

可能是因包含着"形而上学的恐怖"而导致社会生活的灾难①。前述在历史上曾经出现的不同哲学都试图以自己为中心,建立一个价值等级体系并由此派生出的种种问题,即是这种处理方式及其后果的体现。

对于已进入现代社会的中国人而言,其生活世界与生命经验已经发生了巨大的变化,中西马哲学所反映的生活世界及其生命经验在同一个时空中交织在一起,使中国人的生存状况和生存方式不再单一和均质,而是充满了异质性、丰富性与复杂性。在此情况下,坚执一种价值信念而拒斥对话,必然导致对这种生活世界及其生命经验的抽象化和片面化。因此,"拒斥对话"的态度与当代中国人的生活世界与生命性质是完全相悖的。如何超越价值信念上的自我中心主义而逐步达成不同形态的哲学间的良性对话格局,是当代中国哲学进一步发展所必须面对的"现代性课题"。

这一课题之所以重要,首先因为价值信念层面的良性对话,是中国哲学、西方哲学、马克思主义哲学三者之间进行一种真正开放和深入的沟通和融合的前提条件。只有以价值信念层面的对话为前提,中国哲学、西方哲学、马克思主义哲学才能以一种平和的姿态,在三者的"相互承认"中展开建设性的对话,否则就有可能堵塞了真正对话的通道。哲学解释学的代表人物伽达默尔曾就对话成为可能的前提条件作过深入的探讨,他指出,"善良意志"是一切真正意义上的对话和沟通的前提条件,所谓"善良意志",就是克服自己的狭隘性和有限性以理解他人的意志,它意味着愿意开放地面对和倾听"他者"所要说的一切东西,并在此过程中让对话双方跨越彼此之间的沟壑,从而使人们之间达成创造性的共识。②哈贝马斯在与伽达默尔颇为相近的意义上,把"真诚性"、"真实性"与"正确性"视为"对话"或"商谈"的规范性要求。无论伽达默尔还是哈贝马斯,他们所强调的都是价值信念的开放与包容对于真正意义上的对话所具有的前提性意义。这就启示我们,中西马哲学之间要进行深度的、富有成果的融合,离不开价值信念层面的沟通与对话。

---

① [德] 阿多诺:《否定的辩证法》,张峰译,重庆出版社1993年版,第362页。
② [德] 伽达默尔、德里达等:《德法之争》,孙周兴、孙善春编译,同济大学出版社2004年版,第123页。

更重要的是，价值信念层面的对话是立足于当代中国人的生活世界，推进当代中国人生命存在的自我理解、建构当代中国哲学形态并生成我们民族"哲学自我"的重要内容与根本途径。

在长期的历史过程中，中国传统哲学一直是中华民族占据主导地位的哲学形态，它立足于传统社会中国人的生活世界与生命经验，凝聚着人们对于生命价值、人生境界与人生态度的自我理解与自觉领会，是人们理解世界、把握社会历史、领会人生意义的内有根据。就此而言，中国传统哲学表征着民族的自我认同，代表着民族的"哲学自我"。但是，中国传统哲学所对应的社会生活基础主要是前现代的传统社会，随着近百年来中国逐渐从传统社会进入现代社会，它所表达的关于人的生命存在的价值信念在一些方面与现代中国人的生活世界已不相适应。与中国传统哲学不同，西方哲学对人的意识能动性的强调、所包含的理性主义精神、对个人主体性价值的弘扬以及在此基础上发展出来的关于社会公共生活的现代性价值理念等，是中国传统哲学所欠缺的。但这并不意味着中国传统哲学所代表的价值信念在当代社会失去了其积极意义，相反，它对人生命内在的道德能动性与创造性的自觉，对人与自然、人与人之间一气流通、毫无隔碍、生机盎然的和谐境界的领悟等，同样是西方哲学所欠缺的。这即是说，中西哲学各自代表着对人的生命自觉理解的不同向度与侧面，二者所表达的价值信念各有其优长与不足。马克思哲学在哲学史上的重大贡献在于它为理解人的生命存在、实现人的生命发展与完善提供了现实的基础，并从中升华出一种高远而通达的价值信念。马克思指出："一个种的整体特性、种的类特性就在于生命活动的性质，而自由的有意识的活动恰恰就是人的类特性"[①]，在此，"自由的有意识的活动"所指的就是人的实践活动，通过对象性的实践活动，在历史发展过程中，创造人与人、人与自然之间否定性的统一，实现人的自然生命与超自然生命、个性与社会性的辩证和解，最终达到"人以一种全面的方式，就是说，作为一个总体的人，占有自己的全面的本质"[②]的全面发展境界。因此，一方面，区别于传统西方

[①] 马克思：《1844年经济学哲学手稿》，人民出版社2000年版，第57页。
[②] 马克思：《1844年经济学哲学手稿》，人民出版社2000年版，第85页。

哲学对意识能动性的"抽象发挥",马克思强调感性实践活动所具有的比意识活动更为本源和基础的地位,也区别于中国传统哲学对道德能动性的偏重,马克思强调通过现实实践活动去追求和实现人的生命解放;另一方面,马克思并没有否定意识能动性与道德能动性,而是视它们为实践活动的内在环节,认为意识能动性与道德能动性只有以实践活动为基础,并通过实践活动才能得到落实与实现。

可见,中西马三者都源于对人的生命价值的自我理解和自觉领会,它们从不同视域出发,对合理的生活样式和理想的人生境界提供了其独特的生命智慧和价值理念,这是它们所贡献的最为重要的思想财富。因此,从价值信念的层面进行中西马哲学的对话与融合,将为我们今天立足于中国人的现实生活世界,创造性地综合三种哲学形态的生命智慧与价值理想、拓展和丰富我们对于人现实的生命存在的自我理解、开辟关于人的生命价值创新性的思想视域等,提供内在的结合点与深层的基础。我们相信,在当代语境中通过价值信念的对话,在中西马哲学彼此向"他者"的不断敞开中,将为探索和形成当代中国哲学的新形态,重构民族的"哲学自我"提供最为真切的途径,而这,正是我们强调从价值信念的层面来进行中西马哲学对话和融合的根本旨趣。

马克思的哲学变革与价值虚无主义课题[①]

在探讨马克思哲学变革的实质及其当代意义的时候，有一个在全部现代哲学中占据核心地位的重大课题始终没有得到应有的重视，那就是"价值虚无主义"。在哲学史上，马克思是洞烛先机、最早系统而深刻地揭示现代人遭遇价值虚无并对此作了透辟分析的思想家之一。可以说，马克思之所以能够超出同时代人并实现其哲学变革，是与他对现代人的价值虚无主义命运的深切体认和阐释内在联系在一起的。本文试图作一初步探讨，以引起人们对此的关注。

一、理性的幻象与解放的神话：马克思对价值虚无主义思想根源的揭示

马克思哲学对现代人虚无主义命运的洞察首先体现在他对现代性的核心理念"理性"及对理性的解放承诺所具有的虚幻性和无根性的深刻揭示上。

按照利奥塔的观点，所谓现代性，其根本标志就是对于"元叙事"的信任，即社会的变革和运动总是通过承诺一个目的论式的、总体性的宏大叙事来论证自己的合法性，人们的全部生活也总是在与这一宏大叙事的关

---

① 原载《复旦学报（社会科学）》2004年第6期。

联中获得其目的和意义。具体而言，这一在现代人生活中扮演着重要角色的元叙事就是"理性主义"，在中世纪，人们从上帝那里获得生存的理由和意义，而走出中世纪的现代人则要对价值基础和价值秩序进行重新论证，把生活意义和价值建立在以"理性主义"为核心的元叙事之上。它相信，通过理性的启蒙和人的理性能力的发挥，社会和历史即可克服一切愚昧、不公和奴役，实现终极的和谐和完善。它承诺，社会组织的理性化和思想的理性力量将克服宗教、愚昧、迷信等对人的压抑，把人们从匮乏、灾难中解放出来，使人获得自由和幸福。

这一"元叙事"的奠基者无疑是 18 世纪的启蒙思想家们，恩格斯曾指出："在法国为行将到来的革命启发过人们头脑的那些伟大人物，本身都是非常革命的。他们不承认任何外界的权威，不管这种权威是什么样的。宗教、自然观、社会、国家制度，一切都受到了最无情的批判；一切都必须在理性的法庭面前为自己的存在作辩护或者放弃存在的权利。"[①] 他们相信，理性是人之所以为人的最根本的规定，也是人能实现"自我救赎"、实现价值理想的最重要、最可靠的手段，不是上帝的神意，而是个人无所不能的理性将把人们带入未来的理想世界。

在德国古典哲学中，这一"理性王国"的价值理想以一种思辨的方式得到了集中的表述。马克思指出应该"把康德的哲学看成是法国革命的德国理论"[②]，正是康德，把"敢于运用你的理性"明确规定为"启蒙"的座右铭，黑格尔更是把理性与上帝等同起来，使理性成为了纵横天地之间、统治宇宙八方的"客观理性"。"理性主宰现实"是全部黑格尔哲学最为深层的信念，在黑格尔看来，"理性的使命就是使对立实现和谐，并在一个真正的统一体中扬弃对立。理性使命的实现，同时就意味着重建人的社会关系中所丧失的统一体"[③]，他相信通过理性的辩证运动，可以实现主客的统一，最终达到理性与现实的真正和解，从而实现人的最终自由。

与大多数同代人不同，马克思没有沉浸于上述理性王国的价值承诺，

---

① 《马克思恩格斯选集》第 3 卷，人民出版社 1995 年版，第 355 页。
② 《马克思恩格斯全集》第 1 卷，人民出版社 1956 年版，第 100 页。
③ [德] 马尔库塞：《理性和革命》，程志民等译，重庆出版社 1993 年版，第 41 页。

相反，马克思成为思想史上最先洞察到其虚假性并揭露其虚无主义本性的思想家之一。马克思最早提出了这样的基本质疑：理性主义的宏大叙事承诺通过理性将所有的人带向自由和解放，这一普遍主义的叙事果真具有它所声称的"普遍性"吗？"理性王国"的价值理想承诺以理性为基础和尺度，在人间实现一个没有任何瑕疵的千年王国，这种承诺果真如它所声称的那般纯净和透明吗？它所宣称的自由和解放，究竟是属于谁的自由和解放？马克思在思想史上前所未有地揭示了：在理性主义宏大叙事的普遍主义承诺背后，深深蕴含着一种特殊主义的权力关系，它体现着的是特殊者的特殊利益，贯彻着的是特殊者的特殊意志，因此，理性主义的宏大叙事在实质上是一种充满压制性、排他性和垄断性的专制话语，以之作为现代人的价值基础和价值尺度，等于树立了一个虚假的偶像。

马克思指出，证明"理性王国"虚幻性和虚无主义本性的最恰切的证据就是工人阶级无家可归的命运。马克思敏锐地看到了这样一个理性王国的宣扬者们不愿看到的"当前的经济事实"："工人生产的财富越多，他的产品的力量和数量越大，他就越贫穷。工人创造的商品越多，他就越变成廉价的商品。物的世界的增值同人的世界的贬值成正比。劳动生产的不仅是商品，它生产作为商品的劳动自身和工人，而且是按它一般生产商品的比例生产的"①，这一事实清楚地表明："劳动所生产的对象，即劳动的产品，作为一种异己的存在物，作为不依赖于生产者的力量，同劳动相对立……对象化表现为对象的丧失和被对象奴役"②，在此情况下，"劳动的现实化竟如此表现为非现实化，以致工人非现实化到饿死的地步中。对象化竟如此表现为对象的丧失，以致工人被剥夺了最必要的对象……对对象的占有竟如此表现为异化，以致工人生产的对象越多，他能够占有的对象就越少，而且越受自己的产品即资本的统治"③。

这一事实与"理性王国"所承诺的价值理想是完全相冲突和矛盾的。它清楚地表明，工人阶级的这种生存状态不是理性的实现，而是相反，它

---

① 《马克思恩格斯全集》第3卷，人民出版社2002年版，第267页。
② 《马克思恩格斯全集》第3卷，人民出版社2002年版，第267—268页。
③ 《马克思恩格斯全集》第3卷，人民出版社2002年版，第268页。

证明的恰恰正是整个社会的悖论和错乱:"劳动为富人生产了奇迹般的东西,但是为工人生产了赤贫。劳动创造了宫殿,但是给工人生产了棚舍。劳动生产了美,但是使工人变成畸形。劳动用机器代替了手工劳动,但是使一部分工人回到野蛮的劳动,并使另一部分工人变成机器。劳动生产了智慧,但是给工人生产了愚钝和痴呆"①。面对这种人的病态和畸形的生存现实,"理性王国"的一切承诺都暴露出了其虚假和苍白;工人阶级的劳动本来是现代文明赖以依存的基石,然而,作为现代文明创造者的这一阶级却导致了人性的完全丧失,陷入了"普遍的痛苦"和"普遍的不公正",这充分暴露了"理性王国"所承诺的权力、自由和幸福的虚伪性。一言以蔽之,工人阶级的命运宣告了"理性王国"的破产和虚妄,正如恩格斯所说的:"这个理性的王国不过是资产阶级的理想化的王国;永恒的正义在资产阶级的司法中得到实现;平等归结为法律面前的资产阶级的平等;被宣布为最主要的人权之一的是资产阶级的所有权;而理性的国家、卢梭的社会契约在实践中表现为,而且也只能表现为资产阶级的民主共和国"②,因而,理性主义的价值承诺并不像它所宣称的那样具有普遍性,在其中体现的不过是特殊者的权利意志。

马克思对"理性王国"虚幻性的揭露在它对黑格尔哲学的批判中得到了集中的表达。在马克思看来,黑格尔哲学在根本上是"资产阶级"思想原则和价值理想的最充分和广泛的表述,它以一种思辨的方式,在思想中阐明了在德国现实中尚不存在的资产阶级的原则。马克思肯定黑格尔在《精神现象学》等著作中对"劳动"概念所作出的杰出分析,但是,黑格尔所知道的劳动只是抽象的"精神的劳动",这表明黑格尔犯有双重的错误。第一,他把抽象的"哲学思维"确立为整个世界的本质和尺度,预先用抽象思维的尺度裁割了感性现实及其历史,导致了抽象精神与人的现实生命和现实世界之间关系的颠倒,使"现实的历史"蒸馏成"抽象思维的历史"。与此内在相关,他的第二个错误在于,他所谓的对"人的本质力量"、对感性现实重新加以占有和恢复,同样也只能采用一种抽象的方式;

---

① 《马克思恩格斯全集》第3卷,人民出版社2002年版,第269—270页。
② 《马克思恩格斯选集》第3卷,人民出版社1995年版,第720页。

"对于人的已成为对象而且是异己对象的本质力量的占有,首先不过是那种在意识中、在纯思维中即在抽象中发生的占有,是对这些作为思想和思想运动的对象的占有"①。正因为这双重错误,使他只看到了劳动的积极的方面,而没有看到劳动的消极方面,而所谓消极方面,也就是劳动的异化方面,即"劳动作为一种与他相异的东西不依赖于他而在他之外存在,并成为同他相对立的独立力量;意味着他给予对象的生命是作为敌对的和相异的东西同他相对立"②,资本主义社会中工人阶级的生存状况正是这种劳动的"消极方面"的最直接的证据,它的存在,生动地证明了黑格尔所承诺的"理性主宰现实"的理想并没有实现,理性与现实并没有实现如黑格尔所期望的那种和解。正是在此意义上,马克思指出,黑格尔的辩证法最终丧失了其本应具有的革命性和批判性而成为为现存状态作辩护的保守主义,黑格尔的理性原则在实质上只不过是"虚假的实证主义"。

因此,当"理性王国"自以为在为现代人提供真实的价值基础时,实质上不过是为现代人提供了一个虚假的幻象,当现代人自以为获得了绝对可靠的价值的阿基米德点时,实质上这一价值基点的底部已裂开了一个巨大的深渊。在思想史上,马克思是最早识破这一价值偶像的抽象性和虚幻性,并揭示了这一价值偶像中所隐含的现代人无家可归的命运的思想家之一。海德格尔曾指出,马克思"在基本而重要的意义上",揭示了现代人"无家可归的命运",在这一点上,马克思的学说"比其余的历史学优越"。③ 应该说,这是对马克思在思想史上所占有的重要地位的一个相当中肯的评价,同时也是对马克思理论变革的一个富有洞察力的概括。

二、资本的"虚无力量":马克思对价值虚无主义的现实根源的揭示

马克思没有停留于对价值虚无主义思想根源的揭示,他还进一步剖析

---

① 《马克思恩格斯全集》第3卷,人民出版社2002年版,第318页。
② 《马克思恩格斯全集》第3卷,人民出版社2002年版,第268页。
③ [德]海德格尔:《海德格尔选集》上卷,孙周兴选编,生活·读书·新知三联书店1996年版,第383页。

了"资本"这一资本主义社会最本源的要素和驱动力量所具有的消解、毁灭一切价值的虚无本性，进一步分析了价值虚无主义的现实根源。

资本对价值的毁灭首先体现在它把一切"价值"都还原和等同于市场"价格"，结果"价格"完全取代了"价值"并最终导致了"价值"的隐退和丧失。一方面，在资本占据统治地位的条件下，人的生命的一切丰富的因素，社会生活中的一切内容，其存在"价值"的唯一衡量标准就是它的"交换价值"，它们必须到市场中，贴上价格标签，作为一种商品获得其存在的唯一理由。真、善、美、艺术、尊严、人格等，如果不能被换算为市场价值，就等于失去了存在的意义。另一方面，作为"消费者"，只要他愿意按照商品的价格支付货币，就可以从市场中购买到所需要的一切，"我是什么和我能够做是什么，决不是由我的个人特征决定的。我是丑的，但是我能给我买到最美的女人。可见，我并不丑，因为丑的作用，丑的吓人的力量，被货币化为乌有了。我——就我的个人特征而言——是个跛子，可是货币使我获得二十四只脚；可见，我并不是跛子。我是一个邪恶的、不诚实的、没有良心的、没有头脑的人，可是货币是受尊敬的，因此，它的持有者也受尊敬。货币是最高的善，因此，它的占有者也是善的"①，"谁能买到勇气，谁就是勇敢的，即使他是胆小鬼……从货币占有者的观点看来，货币能把任何特性和任何对象同其他任何即使与它相矛盾的特性和对象相交换，货币能使冰炭化为胶漆，能迫使仇敌互相亲吻"②。它的基本逻辑是：只要是可以"买来"的，就是有"价值"的，只要支付货币，一切便都是可能的，"它把人的尊严变成了交换价值，用一种没有良心的贸易自由代替了无数特许的和自力挣得的自由"③，很显然，按照这种逻辑，任何真正的价值都必然失去存在之地。

不仅如此，"交换价值"还是一种颠倒黑白、混淆善恶的力量。"它把坚贞变成背叛，把爱变成恨，把恨变成爱，把德行变成恶行，把恶行变成德行，把奴隶变成主人，把主人变成奴隶，把愚蠢变成明智，把明智变成

---

① 《马克思恩格斯全集》第3卷，人民出版社2002年版，第362页。
② 《马克思恩格斯全集》第3卷，人民出版社2002年版，第364页。
③ 《马克思恩格斯选集》第1卷，人民出版社1995年版，第275页。

愚蠢",它把一切事物都混淆和颠倒了,"它是一切事物的普遍的混淆和替换,从而是颠倒的世界,是一切自然的品质和人的品质的混淆和替换"①,它如同传说中的巫师,把"一切人的和自然的特性变成了它们的对立物",真正的价值在此变成了非价值,而非价值的东西在此反而以价值之物的面目出现,黑的变成白的,丑的变成美的,卑贱变成尊贵,懦夫变成勇士。不难看出,这完全是一种价值的无政府状态,它废弃了任何真正的价值秩序和价值标准,导致了价值的普遍混淆,使一切价值判断都失去了真实的根据。

在此基础上,马克思更进一步深入到资本主义的经济机制内部,探讨了资本毁灭一切价值、破坏一切价值秩序的本性。

首先,马克思指出,"资本"具有融化一切确定性、使一切固定的东西都摇晃起来的冲动和本性,这一点破坏了稳定的价值秩序,导致了所有可靠的价值基础的建立都成为不可能。资本的唯一目的就是不断实现自身的增殖,这一点决定了它不断膨胀、骚动和扩张的欲望和冲动,它要求不断地把剩余价值再转化为资本,以实现资本的不断积累。同时,资本积累的根本目的又是无止境地繁殖剩余价值,为此,资本家必须不断提高劳动生产力,以在激烈的市场竞争中求得生存和壮大。这就是说,它不能有丝毫的停顿,不能有片刻的歇息,任何停顿和歇息都意味着资本生命力的衰竭和死亡。在资本这种无休止的冲动的支配之下,整个社会必然处于永不停息的动荡不安之中,"生产的不断变革,一切社会状况不停的动荡,永远的不安定和变动,这就是资产阶级时代不同于过去一切时代的地方。一切固定的僵化的关系以及与之相适应的素被尊崇的观念和见解都被消除了,一切新形成的关系等不到固定下来就陈旧了。一切等级的和固定的东西都烟消云散了,一切神圣的东西都被亵渎了"②。在此情势之下,一切稳定的价值信念必然变得不确定了,一切可靠的价值准则都被动摇了,任何想找到一个坚实的价值立足点的希望,在资本裹挟一切的骚动力量面前,都被无情地击碎了。

---

① 《马克思恩格斯全集》第3卷,人民出版社2002年版,第364页。
② 《马克思恩格斯选集》第1卷,人民出版社1995年版,第275页。

更进一步，马克思探讨了资本这种骚动不宁、无限膨胀的品格所具有的自我摧毁、自相反对的荒谬逻辑以及这种荒谬逻辑所具有的破坏一切价值的虚无本性。资本凭借自己的力量，不断地征服越来越大的领域，然而，资本的进一步扩张必须以不断让自己的创造物过时、贬值和毁灭为前提，"'一切坚固的东西'——从我们穿在身上的衣服，到织出它们的织布机和纺织厂、操纵机器的男男女女、工人们所居住的房屋和小区、雇用工人的工厂和公司，一直到将所有这些人与物包容在内的城镇、整个地区乃至国家——所有这一切都是为了在明天被打破，被打碎、切割、碾磨或溶解制造出来，因此它们能够在下星期就被复制或替换，而这整个过程能够一而再、再而三地、希望能永远为了获得更多的利润不断地继续下去"①。为了追逐更大的利润，资本的创造物必须过时、贬值和毁灭，这是它积蓄、充实和强化自己力量的源泉和继续存在和扩张的条件，而这种继续存在和扩张又必然会带来更大的贬值和破坏性结果，创造是为了贬值和破坏，贬值和破坏推动创造，扩张——破坏——进一步扩张——更大的破坏，如此一种充满内在悖论的恶性循环构成资本特有的存在和运动方式，这种创造与破坏的循环生动地体现了资本基因中所内在蕴含的非理性的、荒谬的逻辑，它清楚地表明了资本反价值和反文明的本质：如果说创造是为了毁灭，毁灭构成了创造的前提和结果，那么，人们所追求的价值又有什么意义呢？真正的价值秩序的建立又如何能获得其坚实性和可靠性呢？很显然，面对这种非理性的荒谬逻辑，一切价值都变形和扭曲了，一切价值遭到了无情的嘲弄，一切坚固的价值都烟消云散了。

更重要的是，这种荒谬的逻辑暴露了资本必然将整个社会带入完全失控的无政府状态的趋向，这使得一切建立牢固价值基础的希望都彻底归于破灭。在资本统治之下，"这个曾经仿佛用法术创造了如此庞大的生产资料和交换手段的现代资产阶级社会，现在像一个魔法师一样不能再支配自己用法术呼唤出来的魔鬼了"，资本犹如一匹脱缰的野马，永无休止地实现自己的欲望和释放自己的能量，然而，与此相伴随的是周期性的商业危

---

① ［美］伯曼：《一切坚固的东西都烟消云散了》，徐大建、张辑译，商务印书馆2003年版，第127—128页。

机,"在商业危机期间,总是不仅有很大一部分制成的产品被毁灭掉,而且有很大一部分已经造成的生产力被毁灭掉。在危机期间,发生一种在过去一切时代看来都好像是荒唐现象的社会瘟疫,即生产过剩的瘟疫。社会突然发现自己回到了一时的野蛮状态;仿佛是一次饥荒、一场普遍的毁灭性战争,使社会失去了全部生活资料;仿佛是工业和商业全被毁灭了"[1]。资本创造了丰富的财富,充分展示了人的力量,然而资本的创造物却像一个魔鬼一样,挣脱了人的控制,把人的生活带向了毁灭的深渊。这充分表明,资本所统治的社会是一个完全失控的社会,生活于其中的人们只能任由外于它的盲目力量所支配。受这种盲目力量的支配,一切价值判断都被挖掉了根基,一切价值尺度都失去了真实的规范力量。

马克思通过上述分析,向人们清楚地昭示出:价值虚无主义实质上是资本所统治的资产阶级经济秩序的固有内涵,只要这种经济秩序不发生变化,价值虚无主义就必然与之如影随形,成为人们挥之不去的梦魇。

三、人自觉自由的生存本性的遮蔽和拯救:价值虚无主义的实质和超越

马克思对价值虚无主义根源的分析,其根本动机是寻求超越价值虚无主义的途径。在马克思看来,资本对价值的毁灭本性在实质上是资本对劳动,即对人的现实的感性生命的奴役和统治。因此,要克服价值虚无主义,关键在于超越资本对劳动的奴役,拯救人自由自觉的生存本性,从而实现"劳动的解放"。

马克思认为,人之为人,就在于它不是一种如物一样的"现成的存在者",而是一种不断超越"现成性"的、具有自由自觉的生存本性的特殊存在者。然而,资本对劳动的统治却完全遮蔽和埋葬了人之为人的最本己、最本源的存在本性,使人成为了"物",人失去了自由自觉的"生存

---

[1] 《马克思恩格斯选集》第1卷,人民出版社1995年版,第278页。

本性"而成为物一样的"现成存在者"。

对于人特殊的生存本性，马克思有过这样的经典表述："生产生活本来就是类生活。这是产生生命的生活。一个种的全部特性、种的类特性就在于生命活动的性质，而人的类特性恰恰就是自由的自觉的活动"①；"可以根据意识、宗教或随便别的什么来区别人和动物。一当人们开始生产自己的生活资料的时候，这一步是由他们的肉体组织所决定的，人本身就开始把自己和动物区别开来"②；"个人怎样表现自己的生活，他们自己就怎样，因此，他们是什么样的，这同他们的生产是一致的——既和他们生产什么一致，又和他们怎样生产一致。"③

从这些论述，我们可以清楚地看出：马克思把人的类本性归结为"自由自觉的活动"，这意味着马克思完全是从"生存活动"而不是从"现成存在者"的角度来理解人的"本性"的，与动物的"现成性"相比，人的"生存性"具有如下鲜明特征。

（1）人的生存性意味着人的生命活动的自由开放性，而动物的生命活动则是封闭和被动的。对此，马克思明确说道："动物和自己的生命活动是直接同一的。动物不把自己同自己的生命活动区别开来。它就是自己的生命活动。人则使自己的生命活动本身变成自己意志的和自己意识的对象。他具有有意识的生命活动。这不是人与之直接融为一体的那种规定性。有意识的生命活动把人同动物的生命活动直接区别开来。正是由于这一点，人才是类存在物……就是说，他自己的生活对他来说是对象。仅仅由于这一点，他的活动才是自由的活动。"④

（2）人的生存性意味着人的生命活动的全面性和丰富性，而动物的生命活动是狭隘、片面和单一的。对此，马克思明确说道："动物只生产它自己或它的幼仔所直接需要的东西"⑤，"只是在直接的肉体需要的支配下

---

① 《马克思恩格斯全集》第 42 卷，人民出版社 1979 年版，第 96 页。
② 《马克思恩格斯选集》第 1 卷，人民出版社 1995 年版，第 67 页。
③ 《马克思恩格斯全集》第 3 卷，人民出版社 1960 年版，第 24 页。
④ 《马克思恩格斯全集》第 3 卷，人民出版社 2002 年版，第 273 页。
⑤ 《马克思恩格斯全集》第 3 卷，人民出版社 2002 年版，第 273 页。

生产"①，而人"甚至不受肉体需要的支配也进行生产，并且只有不受这种需要的支配时才进行生产"；"富有的人同时就是需要有总体的人的生命表现的人"，而动物"只生产自身"，其产品"直接属于它的肉体"，"只是按照它所属的那个种的尺度和需要来构造"②；而人"再生产整个自然界"，能够"自由地面对自己的产品"，并"懂得按照任何一个种的尺度来进行生产，并且懂得处处都把内在的尺度运用于对象；因此，人也按照美的规律来构造"③。

（3）人的生存性意味着人的生命活动的自我创造、自我超越和自我否定本性，而动物的生命活动是依赖性和被动性的。人从来不是一个"现成"的、被某种前定本质所规定的存在者，通过生存实践活动，不断否定和超出自身，在生存筹划活动中面向未来敞开自我超越的空间，"是其所不是，不是其所是"，并在此历史过程中"成其所是"，正是人最基本的生存本性。与此不同，动物的自然物种规定使之只能屈从生命的本能、依赖外界环境而生存，其行为完全由它的生命本能所支配。

然而，资本的专制，却恰恰使人彻底失去了上述自由自觉的生存品性，人沦为与物无异的"现成存在者"，在资本的统治之下，人呈现的是如下一幅形象。

（1）人成为了一种完全失去自由和创造本性的消极被动的现成存在物，在资本的统治之下，工人的"活动是受动；力量是无力；生殖是去势；工人自己的体力和智力，他个人的生命……是不依赖于他、不属于他、转过来反对他自身的活动"④，人完全成为了自己活动对象的奴隶，成为了无力支配自己命运的被动存在。

（2）人成为了一种完全失去生命丰富性和全面性的片面而贫乏的现成存在物，在资本的统治之下，人"变得如此愚蠢和片面，以致一个对象，只有当它为我们拥有的时候，就是说，当它对我们来说作为资本而存在，

---

① 《马克思恩格斯全集》第3卷，人民出版社2002年版，第273页。
② 《马克思恩格斯全集》第3卷，人民出版社2002年版，第274页。
③ 《马克思恩格斯全集》第3卷，人民出版社2002年版，第274页。
④ 《马克思恩格斯全集》第3卷，人民出版社2002年版，第71页。

或者它被我们直接占有,被我们吃,喝、穿、住的时候。简言之,在它被我们使用的时候,才是我们",资本如同吞噬一切的黑洞,把人自由自觉的活动贬低为维持肉体生存的手段,把人无限丰富的肉体和精神需要化约和同一化为对物的占有机能,这种机能脱离人的其他活动领域并成为人最后和唯一的终极目的,人的机能于是完全退化为动物的机能。

（3）人成为了完全失去自我超越和自我否定本性的单向度的现成存在物。在资本的统治之下,工人"不是自由地发挥自己的体力和智力,而是使自己的肉体受折磨、精神遭摧残。因此,工人只有在劳动之外才感到自在,而在劳动中则感到不自在……他的劳动不是自愿的劳动,而是被迫的强制劳动"①,在此情形下,人们的活动不再是一种自我主宰的活动,他的活动不属于自己,而是属于别人,人的生命完全失去了自我超越和自我否定的能力。

可以清楚地看到,在资本的统治之下,人完全成为了一种现成存在物,人自由自觉的生存本性被严严实实地锁闭起来了。从此出发,不难得出这样的结论：要克服价值虚无主义,唯一的途径是创造出"具有丰富的、全面而深刻的感觉的人"②,即克服人沦为现成存在者的命运,拯救人本源性的自由自觉的生存本性。

四、从价值虚无主义课题看马克思的理论变革

讨论价值虚无主义课题与马克思哲学变革之间的深层关系,是为了更深入地理解马克思哲学变革。我们认为,从价值虚无主义课题出发,将为阐发马克思哲学变革的内涵和实质提供一个富有启发性的切入点,这集中地体现在如下四个基本方面。

首先,它将有力地推动我们深入领会马克思哲学变革的深层理论背景和所要变革的对象。要真正理解马克思哲学变革,一个基本前提是准确理

---

① 《马克思恩格斯全集》第3卷,人民出版社2002年版,第270页。
② 《马克思恩格斯全集》第3卷,人民出版社2002年版,第306页。

解它究竟是在何种理论语境中，针对何种理论对象而提出其变革任务。从价值虚无主义课题入手，我们可以清楚地看到，马克思所要批判和超越的就是抽象理性主义的理论传统。马克思看到了传统理性主义的虚幻性和无根基性，他通过对近代以来的启蒙理性的抽象性和深层矛盾的分析，尤其通过对以黑格尔为代表的唯理主义哲学的批判，马克思揭示了传统理性主义脱离人的现实生命，甚至与人的现实的感性生命相敌对的性质。正是基于这种见解，马克思为自己提出的理论使命便是，超越抽象的传统的理性主义哲学传统，克服其虚无主义本性，在一个新的基础上重建价值秩序。在此意义上，价值虚无主义课题凸显了马克思哲学变革的理论目标和思想主题，为我们把握马克思的哲学变革的内涵和实质提供了一个重要而独特的视角。

其次，它将有助于我们把马克思哲学置于整个现代哲学转向的基本趋势中，来把握它与整个现代哲学变革的深层关系和在现代哲学转向中的重要地位。马克思哲学究竟在何种意义上参与和推动了现代哲学转向？对这一众说纷纭的问题，从价值虚无主义课题切入，将会得到一个富有启示力的回答。自尼采以来，现代哲学的一个重大任务就是克服以抽象理性主义为核心的传统形而上学的无根性，其共同努力是试图把哲学从抽象理性主义的统治下拯救出来，揭示抽象的理性王国并不是哲学和人的真实家园，相反，活生生的"前逻辑"、"前理性"的东西（"权力意志"、"此在的生存"、"解释学的前见"、"反思前的我思"、"生活形式"等等）才是真正属于哲学和人的亲切的家园，因此必须把颠倒的东西颠倒过来，哲学才能确立自身真实的根基。马克思同样对抽象理性主义的无根性和虚无性进行了深入的批判，并且通过拯救人本源性的生存本性和人开启人自由自觉的感性生命，来实现价值的回归和重建，以超越价值虚无主义的威胁。在此意义上，价值虚无主义课题从一个特殊的视角，使马克思与现代哲学基本主流的深层一致性和马克思作为现代哲学重要开创者的地位得以清楚地凸显出来。

第三，从价值虚无主义课题入手，马克思哲学变革中一个至关重要的向度即"价值学"向度前所未有地得以展示出来，这对于我们更深入理解马克思哲学变革的内涵和实质,具有十分重大的意义。对于马克思哲学变革的内涵和实质,人们曾经从多个层面进行阐述,但长期以来,马克思哲学变革中价值学向度的内涵和意义一直没有获得应有的重视和探讨。以价值虚无主义课题为切入点,这一不足将得到有力的弥补,它将使人们清楚地看到,批判性地审查传统抽象理性主义哲学所承诺的价值基础和价值秩序,克服其价值虚无主义本性,并在一个崭新的地基上,重建人类的价值尺度和价值理想,这一点构成了马克思哲学变革的基本主题。马克思哲学变革的实质因而也就集中地体现在超越传统抽象理性主义哲学的虚幻性和无根性,为现代人和人类未来重新奠定价值基础。这也就是说,马克思的哲学变革在实质上是一种价值基础的变革,破除陈旧的价值信念,为现代人和人类未来奠定一种崭新的价值秩序,这构成了马克思哲学变革的基本旨趣和思想内核。我们相信,从这一角度出发,我们对马克思哲学变革实质的理解将会达到一个新的高度。

最后,从价值虚无主义课题入手,将使马克思哲学在当代人所面临的重大理论和实践问题上发挥更大的思想启示力量,从而使马克思的哲学变革所带来的当代意义得到最充分的展现。海德格尔曾指出,随着"诸神的消失"和"世界的没落","无家可归状态变成了世界命运"[①]。如何确立与现代人的生活相适应的价值秩序,克服价值虚无主义对现代人生命的侵袭,已成为整个现代哲学和现代人生活所面临的最根本的课题。在一定意义上,现代哲学就是一部不断反省和对抗价值虚无主义的历史,这一点清楚地体现在尼采、胡塞尔、维特根斯坦、海德格尔、哈贝马斯等重要现代哲学家的理论工作之中。从前面分析可以清楚地看出,在此课题上,马克思表现出了敏锐的思想洞察力和独创性。马克思和上述现代哲学家一样,看到了传统理性主义的虚幻性和无根性并致力于寻求克服价值虚无主义的途径,但又区别于他们,他没有仅仅到传统形而上学的思想谱系中去寻找价值虚无主义的根源,而是深入到资本主义经济秩序的内在机制中,具体地剖析资本所蕴含的颠倒、混淆和毁灭价值的本性,认为要充分理解价值

---

① [德]海德格尔:《海德格尔选集》上卷,孙周兴选编,生活·读书·新知三联书店1996年版,第383页。

虚无主义的根源并有效地克服它，不能仅仅分析柏拉图以来形而上学学说史（像尼采、海德格尔那样），而必须深入到物质生活的内在矛盾中，对资本主义社会经济机制和资本的本性进行深入的解剖，透析使价值虚无主义成为可能的现实力量。在此意义上，在价值虚无主义这一整个现代哲学和现代人类生活中极为重大的问题上，马克思哲学既可与整个现代哲学展开充分的对话，同时又由于它所提供的独特理论视角和分析方法，将显示出其特殊的启示力量，因而具有重大的当代意义。

索 引

外国人名

阿多尔诺　29，54，162，212，278，313，314
阿伦特　182，289
阿佩尔　182，289
巴尔扎克　17
白瑞德　4
柏拉图　17，20，22
柏拉威尔　17
柏林（以赛亚·伯林）　46，297，298
鲍曼　270
彼德洛维奇　83
柄谷行人　18
波普尔　54
波雅多　17

伯恩斯坦　182，203，289，290
伯曼　324
但丁　17
德里达　54，87，209，212，278，308，314
笛卡尔　33，41，42，75，116，117，121，202，203，216，220，224，265
杜威　120
多尔迈　277
费尔巴哈　17，30，37，59，67，106，108，124，125，129，133，166，249，250，283，284
费希特　134
弗莱格　34

索引

福柯 54，87，209，210，212

富科 278

伽达默尔 145，182，308，314

古尔德 40

哈贝马斯 40，272，285，289

哈耶克 54

海德格尔 5，7，15，26，35，43，64，75，87，88，89，90，98，99，100，105，109，111，112，114，116，117，122，123，154，166，167，187，188，195，203，210，216，217，263，278，280，283，303，304，309，321，330，331

豪克 70

赫拉克利特 5

黑格尔 7，9，10，15，16，17，19，20，21，22，24，25，33，41，42，43，59，61，62，63，74，75，76，77，78，79，81，84，85，101，102，103，104，128，129，130，131，132，134，135，137，140，141，144，145，146，150，151，162，164，167，168，170，174，175，176，178，179，195，198，199，202，203，216，243，264，265，267，268，275，280，283，284，293，294，303，304，318，320，321，329

胡塞尔 5，15，117，121，330

霍布斯 299

霍克海默尔 278

霍克海姆 54，121

霍耐特 44，182，276，280

吉登斯 82，91，259

加塞特 277

康德 3，6，10，15，43，44，48，49，50，51，52，53，54，56，83，116，117，121，167，168，171，173，174，175，176，196，203，204，216，217，218，219，223，225，226，228，294，295，298，299，300，301，318

柯尔施 8，9

柯拉柯夫斯基 54

奎因 35，118，119

莱布尼茨 134

莱斯 211，269，270

赖尔 34

列维纳斯 54，212，276

卢卡奇 44，45，134，135，141

卢克斯 222

罗蒂 3，18，31，32，35，36，98，119，179，180，182，212，263，264，289，290

罗尔斯 87，91，177，300，301，309，310，313

罗素 118

洛克摩尔 216

马尔科维奇 83

马尔库塞 83

马克思 1，3，4，5，6，7，8，9，10，11，12，13，14，15，16，17，18，19，21，22，23，24，25，26，27，28，29，30，36，37，38，39，40，

41, 42, 43, 44, 45, 46, 53, 57, 59, 60, 61, 62, 63, 64, 65, 66, 67, 68, 69, 70, 71, 72, 73, 74, 77, 78, 79, 80, 81, 82, 83, 84, 85, 86, 87, 88, 89, 90, 91, 92, 93, 95, 97, 100, 101, 102, 103, 104, 105, 106, 107, 108, 109, 110, 111, 112, 114, 115, 124, 125, 126, 127, 128, 129, 130, 131, 132, 133, 135, 136, 137, 138, 139, 140, 141, 143, 144, 145, 146, 147, 149, 150, 153, 154, 155, 156, 158, 159, 164, 165, 166, 167, 168, 169, 170, 171, 172, 173, 175, 176, 183, 184, 185, 186, 189, 190, 191, 192, 194, 195, 196, 197, 198, 199, 200, 201, 212, 213, 214, 215, 219, 223, 224, 225, 226, 227, 228, 229, 231, 233, 236, 237, 238, 239, 240, 241, 242, 243, 244, 245, 246, 248, 249, 250, 251, 252, 253, 254, 255, 256, 257, 258, 259, 260, 263, 265, 266, 268, 271, 272, 273, 274, 275, 279, 280, 282, 283, 284, 285, 286, 287, 288, 289, 290, 291, 292, 293, 294, 295, 296, 297, 302, 303, 304, 305, 306, 307, 309, 311, 312, 313, 314, 315, 316, 317, 318, 319, 320, 321, 322, 323, 324, 325, 326, 327, 328, 329, 330, 331

麦金泰尔 269, 279

米 德 6, 33, 88, 120, 203, 277, 280, 321

尼 采 26, 87, 90, 114, 195, 208, 210, 329, 330, 331

普特南 31, 35, 46, 117, 118, 119, 123, 124

齐泽克 18, 29, 209

塞万提斯 17

莎士比亚 17

舍 勒 109, 188, 269, 280

施太格缪勒 50, 51

斯宾诺莎 134

苏格拉底 5

塔 索 17

汤普森 24, 205

滕尼斯 268, 271

涂尔干 263

威廉·巴雷特 101

威廉斯 270, 271

韦 伯 3, 74, 312, 313

维尔默 208, 220, 221

维特根斯坦 34, 64, 280, 330

雅克·施兰格 7, 19, 20, 32, 73, 74, 84, 85, 115

亚里士多德 115

朱阿蕾罗 100

中国人名

曹卫东　66，75，77，79，168，203，204，226，264，266
陈嘉映　7，36，98，105，109，123，166，188，263，280，283
陈维纲　44
陈小文　75，216
陈亚军　123，124
陈越　206，207
程志民　16，76，198，318
邓晓芒　171，225
董乐山　17
杜章智　44，135，141
段德智　101
范扬　10，21，42，74，76，77，264，265，268，280
冯克利　313
冯友兰　307
付德根　66，226
傅惟慈　17
高清海　165，281
高铦　24，205
龚群　269
顾爱彬　213
郭斌和　174，264，267
郭小平　182，203，290
韩水法　6，218，219，223，294，298，299

何怀宏　301
何兆武　204，299
贺来　57，174，176，283，297
贺麟　7，20，21，33，129，130，134，144，151，167，168，174，175，216，265，267，275，280
洪佩郁　262
胡传胜　297，298
胡继华　44，276，280
胡宗泽　259
江天骥　35，119
孔德龙　222
李伯杰　109，188
李光程　31，35，118
李瑞华　213
李永平　70
李幼蒸　3，31，32，98，180
梁漱溟　307，310
梁思复　299
林安梧　282
林荣远　74，268，271
刘继　20，61
刘建基　271
刘小枫　130
刘莘　300
罗悌伦　269
梅绍武　17

苗力田　32，294，295
牟宗三　310
欧阳景根　270
彭镜禧　4
钦文　208，220，221
曲跃厚　83
渠东　44，135，141
任立　44
荣新海　9
沈叔平　300
宋国诚　249
孙善春　308，314
孙正聿　160
孙周兴　26，43，75，88，90，98，99，116，203，216，217，304，308，314，321，330
汤潮　280
唐君毅　310，311
童世骏　31，35，118
万俊人　177，277，309，310，313
王炳文　51
王虎学　40，272，285，289
王南湜　9，72
王庆节　7，98，105，109，166，309
王造时　10，48，49，50，52，53，56，116，173，217
韦卓民　116
吴晓明　59

夏镇平　145
谢林　134
熊十力　310
熊伟　309
徐大建　324
徐开来　181
徐文瑞　179，264，290
徐向东　216
徐友渔　100
燕宏远　44，135，141
尹宏毅　91，259
余英时　311
俞吾金　16，196，202
岳长龄　270
张峰　162，314
张国清　36，76，119
张辑　324
张企泰　10，21，42，74，76，77，264，265，268，280
张庆熊　5
张汝伦　73
赵国新　46
赵汀阳　122
赵旭东　82
郑一明　83
朱红文　222
邹化政　130

专业词汇

阿基米德点 6，33，88，120，203，277，321

霸权 56，86，88，169，172，313

本体论承诺 35，118，119

边界意识 223，297

辩证运动 118，131，134，144，165，199，318

辩证本性 41，128，133，136，137，138，147，149，150，151，153，154，156

辩证法 6，21，43，81，101，103，104，128，129，130，131，132，133，134，135，137，138，140，141，142，143，144，145，146，147，150，151，153，154，156，157，158，159，160，161，162，163，164，165，166，167，168，169，170，171，172，173，174，175，176，177，180，181，182，183，185，195，198，199，208，220，221，243，307，311，314，321

辩证思维 153，154

不可终结性 48

超感性 7，22，60，61，67，68，97，98，99，100，101，102，103，104，105，109，110，111，112，113，115，144，145，150，152，174，216，264，303，304

超感性实体 98，102，104，105，109，110，113，150

超越精神 22，29，61，62，63，70，71

超自然性 148，155，189，303

抽象对人的统治 12，27，69，205，256

抽象共同体 257，261，263，264，266，274，279，289，293

纯思想的辩证法 137

存在论 59，64，97，98，99，101，105，109，114，122，136，137，174，279，280，281，307

存在逻辑 150，151，154

道德法则 218，294，298

道德价值 203，218，219，226，266，278，279，282，294

道德实践 176，219

动力主体 245，247

断言的天真 99，102，145

对象化 42，44，79，99，106，108，131，145，146，148，178，187，190，192，193，197，243，251，253，267，279，289，308，319

对象化的逻辑 42

对象性的逻辑 75

反价值 324

反思的天真 99，102，145

反文明 324

反现代性 88，89

非人文和超人文精神 310

非实体性思维

否定性的整体

富有的人 302，327

概念的天真 102，145

感性实践 22，101，104，105，107，108，109，131，132，146，199，316

个人主体性 41，74，75，77，78，79，80，84，85，178，182，271，276，281，286，287，288，315

工具性关系 273

公共生活领域 297

共契关系 280

共同感 262，266，267，268，269，270，272，276，278，279，282，289，290，291

共在 38，108，117，126，274，275，276，280，281，285

关系理性 262，270，272，273，274，276，277，279，280，281，282，283，284，285，289，290，291

关系思维 274，284

和解 6，7，22，24，26，39，40，42，43，46，51，60，66，71，74，76，77，78，79，84，89，92，114，120，127，129，136，138，141，161，175，180，187，189，204，205，210，222，225，234，252，266，273，278，287，313，315，318，319，321

后形而上学转向 47

互为主体性 47

互依性 272，273，289

幻象的逻辑 171，176

机械团结 268

积极自由 289

集体意识 263，267

价值尺度 88，89，90，210，263，273，319，325，330

价值的多神化 312

价值的争斗 312

价值关怀 21，248，277

价值基点 88，279，321

价值理想 21，88，89，90，291，316，318，319，320，330

价值信念 90，306，307，308，309，310，311，312，313，314，315，316，323，330

价值虚无主义 89，90，317，321，322，325，328，329，330，331

价值主体 215，217，218，219，220，221，222，223，225，226，228，245，247，294，297

价值自觉 279，281

交互性关系 272，289

交换价值 27，40，65，258，322

解放 12，13，22，24，39，40，44，59，63，69，70，71，75，76，79，80，81，82，85，88，90，92，127，154，165，172，194，203，204，210，211，213，217，252，266，269，273，278，285，286，287，297，316，317，318，319，325

精神武器 81

客观理性 132，174，263，264，265，266，267，269，270，272，273，

274，277，278，279，282，289，318
类存在 79，83，108，112，149，197，249，250，252，288，326
类思维 136，253，254，255，256，260
类特性 83，110，191，195，227，240，250，295，315，326
理性 3，4，5，6，7，8，9，10，12，13，16，20，21，22，27，28，29，31，33，34，35，43，44，48，49，50，52，53，55，56，60，61，62，65，67，70，73，75，76，88，89，90，98，99，100，101，103，107，109，110，112，113，116，117，118，120，129，131，132，133，134，140，141，148，162，163，164，166，167，171，173，174，175，176，177，178，179，180，181，182，183，184，185，187，196，198，199，202，204，208，209，210，211，212，213，217，218，219，220，221，222，223，224，226，235，236，240，258，262，263，264，265，266，267，268，269，270，271，272，273，274，276，277，278，279，280，281，282，283，284，285，287，289，290，291，294，298，299，300，303，307，308，310，313，315，317，318，319，320，321，324，329，330
理性多元论的事实 177
理性化 3，89，268，318
历史唯物主义 15，16，92，128，129，132，133，135，136，137，138，140，141，142，283
伦理总体性 75，76，268
目的主体 227，228
内在实在论 119，123，124
批判 6，8，9，10，11，12，13，14，15，16，17，18，21，22，23，24，25，26，28，29，32，34，36，43，44，47，48，49，50，51，52，53，54，55，56，57，58，61，62，63，64，65，66，69，70，71，77，81，83，85，86，87，88，89，90，91，101，102，103，104，106，116，118，119，124，127，128，137，138，139，140，141，142，144，145，146，153，154，158，159，160，161，162，163，165，167，168，169，170，171，172，173，175，176，183，198，201，202，203，204，205，206，208，209，210，214，217，218，219，220，221，222，223，225，231，249，264，273，277，278，281，282，284，285，287，289，290，294，295，296，298，299，304，318，320，321，329，330
普遍主体 201，210
潜能和现实 20
群体本位 263，269，271，273
热情的生命方式 5，6
人的被"神化" 303
人的被"物化" 303
人的发展 154，222，227，242，244，

263，266，269，271，287
人的自然化 155，237
人的自我理解 23，153，186，191，192，194，253，254，272，274，277，283，284，290，305
人类命运共同体 248，249，250，253，254，256，260，261
人文精神 246，310
人与人相分隔 80，252，259，288
认识论转向 33，38，116，117，119，120，121，125，166，216，221
认知主体 215，216，217，218，219，220，221，222，223，225，226，228，294
善良意志 314
商谈理性 280
社会本体论 40，272，285，289
社会存在 39，84，126，138，140，184，196，209，233，238，245，250，252，275，296，302
社会的集群化 233，234，244
社会发展 92，227，231，232，233，234，235，236，238，240，244，245，246，247，282，313
社会共同体 74，77，78，79，82，84，85，268，287
社会化的人类 83，85，184，252
社会化了的人类 83
社会历史的辩证法 137
社会正义 17，297，299，300，301
社会自然化 236，237
社群主义 278，279，286
神的视角 178，179

生存论本体论 111，113，114，147
生存性 107，186，191，193，194，197，263，264，326，327
生活实践转向 38，126
实践本性 150，240
实体本体论 45，97，99，100，101，104，105，110，111，113，114
实体化的社会观 232，234，236，240
实体思维 274，283，284，290
实体统一性 105，113，150，151
实在之感 115，122
世界的哲学化 7
视差之见 18
私人生活领域 297
思维主体 33，34，35，36，40，42，43，44，216，217，221，222，223，225
斯特劳逊 118
同一性本质 67
外在的超越 33
外在的观点 31
为他人的主体性 270，275，276，288
唯一者 39，126，283
问题意识 165，177，248
无标准的自我 279
无家可归的命运 88，319，321
无条件的总体 49，52，54，55，57，169
无条件总体 54，55，57，58，171
物化 44，46，188，190，194，232，234，235，236，244，245，246，254，287，293，295，303，304，305
物化的发展观 232，234，236
物质武器 81
物种存在方式 188

物种思维　188，189，194，253，254，256，260

物自体　43

先验幻象知性思维

现成存在者　107，147，153，187，188，189，190，192，193，194，195，199，200，253，326，327，328

现成性　186，191，192，193，194，197，241，325，326

现存性　20

现代性　3，4，6，9，18，41，74，75，77，78，79，82，84，86，87，88，89，90，91，92，203，204，210，211，213，223，259，262，264，265，266，269，270，271，273，277，278，279，281，282，286，287，289，290，291，312，313，314，315，317

现代性的危机　88

现实性　8，11，20，21，23，37，38，39，76，83，102，106，110，125，126，155，167，193，251，283，284，291，303，304

相互承认　181，182，183，207，272，279，280，312，314

消极自由　297

形而上维度的拯救　59，60，71

形而上学的终结　47，48，51，57，59，60，66，71

形而上学的总体性　54

形而上学批判　26，47，51，52，54，55，56，57，58，66

形而上学终结　47，48，50，51，52，55，58，66，71

幸福生活　292，295，297，298，299，301

虚幻共同体　80，81，84

虚假共同体　274

扬弃　62，76，84，106，131，145，146，184，223，242，243，272，273，274，280，286，290，318

依赖关系　40，239，260，265，270，287，293

意识形态的假象　170

意识之惑　122

有机团结　268

语言学转向　38，66，119，120，121，126，182

语用学转向

责任主体　227，228，246，247

哲学的世界化　7

哲学的终结　48，51

哲学之惑　115

真理逻辑　130，131

真实共同体　290

知性化　45，97，99，101，104，105，110，111，113，114，151，152，187，190，192

知性化的实体本体论　45，97，101，104，105，110，111，113，114

知性逻辑　98，99，107，109，111，150，151，152，178，179，180，187，190，192，194

知性实体　101，106，114

直接同一性　189，251

终极实在　26，32，37，53，57，60，

100，115，116，117，119，120，121，122，124，125，127，138，175，177，283

主观理性 262，264，265，266，267，268，269，270，271，272，273，274，276，277，278，279，280，281，282，287，289，290，291

主观能动性 224

主体间 182，207，276，279，280

主体批判 220

主体形而上学 178，203，206，208，209，214，216，223

主体性 33，41，42，44，72，74，75，76，77，78，79，80，84，85，117，131，178，179，180，182，201，202，203，204，206，207，208，209，210，211，212，213，214，215，216，217，218，219，220，221，222，223，224，225，226，228，266，270，271，275，276，277，278，279，280，281，286，287，288，295，296，315

主体性的终结 223

主体之死 223

资本的逻辑 27，29，65，258

资本逻辑 26，27，28，64，65，67，68，256，258，259，260，261，285

自然实在论 119，124

自然性 148，155，156，189，303，304

自然状态 299，300

自为辩证法 167

自我创造 54，68，79，131，132，149，156，183，240，241，243，246，295，327

自我解放 69，81，194

自我理解 5，6，16，17，18，23，30，31，55，91，92，93，127，146，153，157，186，191，192，194，253，254，272，274，277，281，283，284，290，305，307，308，309，315，316

自我确认 197

自我推动 156，243

自信 197，200，278

自性 196，197，200

自由开放性 326

自由人的联合体 74，83，84，85，185，255，261，287，296

自由意向 61，62，63，70，71

自由主体 226，228

自由自觉 79，83，135，183，192，196，250，255，258，260，305，325，326，327，328，329

自在辩证法 159，165，166，167

自足 8，32，62，68，103，117，122，133，138，150，171，197，200，206，207，220，257，283，286，287

总体的人 302，303，315，327

尊严 27，44，56，65，201，222，223，278，292，294，295，297，298，299，300，301，302，303，305，322

（本索引词条由杜永明编制）